SAÚDE MENTAL, GÊNERO E DISPOSITIVOS

Cultura e processos de subjetivação

Catalogação na Fonte
Elaborado por: Dayanne Leal Souza
Bibliotecária CRB 9/2162

Z28s
2024

Zanello, Valeska
Saúde mental, gênero e dispositivos: cultura e processos de subjetivação / Valeska Zanello. - 17. ed. - Curitiba: Appris, 2024.
305 p. : il. ; 23 cm. - (PSI (Psicologia)).

Inclui referências.
ISBN 978-65-250-6710-0

1. Saúde mental. 2. Identidade de gênero. 3. Psicoterapia. I. Título.
II. Série.

CDD - 158.24

Livro de acordo com a normalização técnica da ABNT

Appris editora

Editora e Livraria Appris Ltda.
Av. Manoel Ribas, 2265 - Mercês
Curitiba/PR - CEP: 80810-002
Tel. (41) 3156 - 4731
www.editoraappris.com.br

Printed in Brazil
Impresso no Brasil

Valeska Zanello

SAÚDE MENTAL, GÊNERO E DISPOSITIVOS

Cultura e processos de subjetivação

Appris
editora

Curitiba - PR
2024

A imagem da capa deste livro não foi escolhida aleatoriamente. Trata-se de um quadro que pertenceu por muitos anos a meus avós maternos. Meu avô, que adorava objetos de arte, comprou-o em um mercado na Itália. Ele esteve pendurado, desde então, ora na sala de visitas, ora perto da mesa na qual a grande família que eles tiveram se reunia para fazer suas refeições. Esse quadro tem uma história aparentemente engraçada, mas no fundo portadora de muitas revelações sobre a nossa cultura, e o espaço e os saberes das mulheres. Meu avô era um homem muito carinhoso, mas, de família italiana e bastante religioso, encarnava, como quase todos os homens de sua época, o patriarca. Tudo dentro do prescrito, não fosse minha avó uma potencial revolucionária, nascida em uma fazenda, no interior do Espírito Santo. Eles se casaram no terceiro encontro que tiveram. No primeiro, minha avó era noiva, mas desmanchou o noivado para ficar com o homem que, nas palavras dela, arrebatou seu coração. Seu enxoval de casamento já estava quase pronto. O ex-noivo se chamava Alberto e em todas as roupas de cama e banho, minha avó havia bordado A & M (Alberto e Maria). Com a guinada de destino que seu coração apaixonado lhe deu, não teve dúvidas em remendar o A em O, transformando todo o enxoval em O & M (Oswaldo, nome do meu avô, e Maria). Isso já é uma parte da história. Minha avó aprendeu, assim como várias ou a maior parte das mulheres de sua geração, a contornar mal-estares, a se responsabilizar em evitar qualquer descontentamento naquele que era seu parceiro amoroso. Voltando à história do quadro. Em uma das viagens a trabalho do meu avô, meus tios, então adolescentes, pediram para minha avó para que os deixasse realizar uma festa dançante para os amigos, em casa. Meu avô era um homem rígido, com valores morais sexistas e sua ausência seria a oportunidade de os filhos se divertirem de forma mais livre. Minha avó, como quase sempre, consentiu, e a casa virou uma algazarra. Uma de minhas tias retirou então o quadro da parede, para colocar em seu lugar outro enfeite. No entanto, ao colocá-lo em outro local, não percebeu que havia um prego, de forma que, ao encostar o quadro, o prego o perfurou. Depois da festa, minha avó, preocupada com o desgosto que isso causaria no meu avô, bem como no "rastro" que isso significaria (teria que contar e explicar por que a festa foi realizada em sua ausência), teve uma ideia que eu considero brilhante. Ela colou um esparadrapo por trás do quadro, para tapar o buraco. No entanto a marca ali permanecia e evidenciava o segredo. Então ela não teve dúvida: "ajudou" o pintor em sua obra, adicionando naquele espaço outra árvore. Meu avô, todas as vezes que ia jantar, desde então, ficava encucado: "Maria... tão estranho... naquele quadro ali só tinha uma árvore... tenho quase certeza". E minha avó respondia: "Tá doido, Zanello? Claro que tinham duas...". Meu avô morreu sem saber dessa história. Hoje, ela é motivo de riso na minha família. Mas, para mim, como feminista, ela me diz muito mais do que simplesmente provocar risada. Ela me conta sobre o "jeitinho" e os saberes que as mulheres precisaram inventar para sobreviver em um mundo patriarcal, no qual, dentre outras coisas, elas foram responsabilizadas por cuidar dos homens, das relações e do bem-estar dos outros. E o custo emocional e de investimento afetivo nessa árdua tarefa.

Este livro é dedicado à minha avó e a todas as mulheres que, antes de mim, construíram esses saberes invisíveis, mas também àquelas que tiveram a coragem de contestá-los e de provocar transformações, das quais eu meu sinto uma grande beneficiária.

AGRADECIMENTOS

Somos um emaranhado de contribuições alheias em combustão para produzir ideias que, se de um lado, configuraram-se com enorme esforço de nossa parte, por outro, não são nem poderiam ser exclusivamente frutos de nossa cabeça. Devo assim meu muito obrigada ao trabalho de todas as feministas que me antecederam. Devo também agradecer aos professores, pacientes, sujeitos de pesquisa e alunas(os) que me inspiraram e muito me ensinaram em minha trajetória como psicóloga clínica e pesquisadora.

Minha gratidão a Fernando Teixeira Filho, que me recebeu de braços abertos em meu pos-doutorado, na UNESP. Sem minha licença de capacitação, o trabalho de escrita deste livro teria sido muito mais difícil.

Meu reconhecimento especial a João Vianney Nuto, Wanderson Flor, Nina Zanello, Marizete Gouveia e Henrique Campagnollo Dávila Fernandes, que se dedicaram à leitura minuciosa deste manuscrito, antes de sua publicação. Gratidão enorme a vocês.

À Carol Romero, que se incumbiu de fazer a tradução para o inglês, meu muito obrigada.

Por fim, agradeço de alma e coração à Jolie, minha grande companheira por 16 anos. Com ela aprendi, literalmente, que o amor não tem barreiras de nenhuma *espécie*.

NOTA SOBRE A OBRA

Segundo a Prof.ª Dr.ª Valeska Zanello, partindo de um binarismo estratégico, há caminhos privilegiados de subjetivação no tornar-se homem e mulher na cultura brasileira, nos tempos atuais. Para os homens, destaca-se o dispositivo da eficácia, baseado na virilidade laborativa e sexual. Sucintamente, um "verdadeiro" homem seria um bom provedor/trabalhador e um "comedor" sexual ativo. Para as mulheres, destacam-se os dispositivos amoroso e materno. O dispositivo amoroso configura uma certa forma de amar que vulnerabiliza as mulheres. Segundo a autora, elas se subjetivam na "prateleira" do amor, na qual "ser escolhida" e validada por um homem torna-se uma legitimação fundamental. Isto porque o amor é identitário para as mulheres, de um modo que não se constitui para os homens. Já o dispositivo materno coloca as mulheres em uma relação naturalizada com o cuidar, tornando ideologicamente biológicas performances que, de fato, são interpeladas na e pela cultura desde que se nasce. A autora intersecciona, ainda, os dispositivos com as discussões raciais, tema de suma importância em um país tão marcado pela prática escravista e, até hoje, profundamente racista. Por fim, Valeska Zanello coloca em xeque se a subversão do dispositivo da sexualidade leva necesessariamente a uma subversão dos dispositivos de gênero, apontando que essa relação não é compulsória.

APRESENTAÇÃO

A necessidade de escrever este livro constituiu-se no decorrer de pelo menos 13 anos, em função da escuta de queixas específicas recorrentes em homens e mulheres, tanto em atendimentos psicoterápicos individuais como em pesquisas realizadas no campo da saúde mental, no Brasil. Por que mulheres têm tantas queixas na esfera do amor? De se sentirem não amadas, de não receberem tanto afeto quanto gostariam ou quanto sentem que oferecem e, um fato que sempre me encucou, simplesmente de estarem sozinhas? Por que quando não têm alguém se sentem "encalhadas"? Por que mulheres que são mães carregam tanta culpa? E as que não são, por que se sentem na obrigação de estarem disponíveis a cuidar dos demais? E, de outro lado, por que os homens, diferentemente das mulheres, preocupam-se tanto com o seu desempenho no trabalho e na vida sexual? Por que certas experiências, por exemplo, o desemprego, a aposentadoria ou a impotência, são tão ameaçadoras para eles enquanto homens?

Um ponto então se delineou claramente para mim: o sofrimento apresenta-se de forma gendrada. Em culturas sexistas, como o Brasil, tornar-se pessoa é tornar-se homem ou mulher, em um binarismo que ainda estamos longe de desconstruir. Assim, como conceber categorias analíticas que nos amparem a pensar, a escutar e a intervir clinicamente levando em consideração as especificidades de gênero? Quais são os mecanismos que moldam esses processos de subjetivação? E que pedagogias afetivas são utilizadas? Essas são questões norteadoras que me acompanharam no decorrer da escrita deste livro.

De forma sucinta, o livro é resultado de um processo que partiu da fenomenologia da clínica e de pesquisas, para a elaboração teórica sobre os processos de subjetivação, tentando relacionar a vulnerabilidade e o sofrimento gendrados, com o que se aprende (corporal e afetivamente) em nossa cultura, nesse tornar-se homem e tornar-se mulher. As interseccionalidades são aí bem importantes e foram abordadas, dentro de certos limites. Esses limites são: sou branca, heterossexual e de classe média. Apesar de ter ouvido pessoas de outras localizações subjetivas, não me proponho a dar conta de seus locais de fala e, muito menos, de falar por elas. Nesse sentido, teço apontamentos a partir do que me parece ser certo ideal hegemônico do tornar-se mulher e tornar-se homem. Vejo este livro, assim, como um estopim de conversação e penso que muitos trabalhos poderão ser desenvolvidos a partir das contribuições a que me proponho por meio dele, ou simplesmente com a intenção de desconstruí-lo. Se o processo de subjetivação é mutável, pois que dependente da cultura, as teorias que dele tentam dar conta não poderiam fugir de tal destino: serem temporárias. Ainda assim, podem ser potentes, pois que, ao nomear certos processos ainda invisibilizados, podem alterá-los, provocando aquilo que Ian Hacking denominou de *looping effect*. Nomear é objetivar, é re-presentar, é tornar possível falar *disso*, ao invés de simplesmente viver *isso*.

Nesse sentido, acredito que a leitura do livro provocará efeitos em muitas(os) leitoras(es), ao dar a ver questões que, na Psicologia, estamos pouquíssimo habituados a discutir ou mesmo a enxergar. O processo de escrita para mim, devo confessar, além do trabalho árduo que sempre exige projetos de grande fôlego como um livro, custou-me afetivamente como mulher. Ao mesmo tempo foi bastante libertador. Na verdade, me sinto acertando contas com vários aspectos das teorias da Psicologia com os quais nunca me senti à vontade, nem à época como estudante de graduação, nem como profissional da clínica e pesquisadora. O livro só me deixou, cada vez mais, convicta de que precisamos realizar uma profunda faxina epistemológica nas teorias da clínica e incluir em sua perspectiva o gendramento e a racialização, para dar conta das especificidades do papel e dos impactos do sexismo e do racismo (profundamente arraigados no Brasil) sobre a saúde mental das pessoas reais, de carne e osso.

Em suma, neste livro tenho por objetivo apontar categorias analíticas que uma leitura de gênero pode fornecer para nos proporcionar uma escuta e compreensão diferenciadas no campo da saúde mental, bem como nos levar a propostas de intervenção clínicas e psicossociais que considerem esse importante fator. De maneira didática, dividi o livro em 3 partes e em 8 capítulos, sendo eles: **Parte I- Introdução:** 1) Saúde mental, cultura e processos de subjetivação; 2) Estudos de gênero, dispositivos e caminhos privilegiados de subjetivação; **Parte II- Mulheres e dispositivos amoroso e materno:** 3) Configurações históricas do dispositivo amoroso; 4) Dispositivo amoroso; 5) Configurações históricas do dispositivo materno; 6) Dispositivo materno; **Parte III- Homens e dispositivo da eficácia**: 7) Configurações históricas do dispositivo da eficácia: as virilidades sexual e laborativa; 8) Dispositivo da eficácia. Ao final, teço ainda uma breve conclusão.

Por fim, um adendo importante: creio que a publicação do conhecimento científico pode ser uma forma de intervenção social. Ou seja, o saber, sobretudo nas ciências humanas, tem o potencial de nomear mal estares e sofrimentos, podendo visibilizar, traduzir, certas questões para as próprias pessoas implicadas nos processos descritos. Nesse sentido, optei por uma linguagem mais informal e, portanto, acessível, na escrita das ideias desse livro. O intuito é que sua leitura não fique restrita ao meio acadêmico *psi*.

A autora

LISTA DE ABREVIATURAS E SIGLAS

CID	Classificação Estatística Internacional de Doenças e Problemas Relacionados com a Saúde
CAPS	Centro de Atenção Psicossocial
DSM	Diagnostic and Statistical Manual of Mental Disorders
TMC	Transtorno Mental Comum
UnB	Universidade de Brasília

SUMÁRIO

PARTE I
INTRODUÇÃO 17

CAPÍTULO 1
SAÚDE MENTAL, CULTURA E PROCESSOS DE SUBJETIVAÇÃO 19

CAPÍTULO 2
ESTUDOS DE GÊNERO, DISPOSITIVOS E CAMINHOS PRIVILEGIADOS DE SUBJETIVAÇÃO 39

PARTE II
MULHERES E DISPOSITIVOS AMOROSO E MATERNO 59

CAPÍTULO 3
CONFIGURAÇÕES HISTÓRICAS DO DISPOSITIVO AMOROSO 61

CAPÍTULO 4
DISPOSITIVO AMOROSO 83

CAPÍTULO 5
CONFIGURAÇÕES HISTÓRICAS DO DISPOSITIVO MATERNO 125

CAPÍTULO 6
DISPOSITIVO MATERNO 143

PARTE III
HOMENS E DISPOSITIVO DA EFICÁCIA 175

CAPÍTULO 7
CONFIGURAÇÕES HISTÓRICAS DO DISPOSITIVO DA EFICÁCIA: AS VIRILIDADES SEXUAL E LABORATIVA 177

CAPÍTULO 8
DISPOSITIVO DA EFICÁCIA.......... 219

CONCLUSÕES.......... 269

REFERÊNCIA BIBLIOGRÁFICA.......... 281

PARTE I

INTRODUÇÃO

CAPÍTULO 1

SAÚDE MENTAL, CULTURA E PROCESSOS DE SUBJETIVAÇÃO

Gênero é um poderoso determinante social que deveria ser levado em consideração nas análises e compreensão dos processos de saúde mental pelo mundo (Patel, 2005). No entanto os estudos realizados sob essa perspectiva são, até esse momento, incipientes, tanto internacionalmente quanto na realidade brasileira. Mesmo autores que se propõem a uma leitura da história da loucura no ocidente, tais como Foucault e Pessotti, passam despercebido pelo tema, ainda que grande parte dos exemplos, dados nessas obras, sejam de mulheres (Flor & Zanello, 2014; Zanello & Flor, 2014). Trata-se, como diz Wittig (1992), de um mostrar mais do que um dizer: *what goes without saying*.

A experiência da loucura e do sofrimento no mundo ocidental, antes do século XIX, mostrou-se bastante polimorfa, a cada momento histórico (Foucault, 1975), até ser confiscada no conceito de "doença mental", sob a égide da Psiquiatria. Somente nesse século, período de criação da clínica psiquiátrica, é que o "louco" atingiu sua especificidade enquanto sujeito/objeto a ser estudado e tratado. A partir do século XVII, a racionalidade adquiriu paulatinamente maior credibilidade, havendo uma desvalorização das explicações míticas e religiosas típicas da Idade Média.

Ao ser transformado em "doente mental"[1], o louco foi separado de outros grupos marginais e excluído em asilos específicos, os manicômios. Entendido agora como paciente, separado em sua especificidade ("alienação mental"), passou a ser tratado como *objeto* de estudo. Para Foucault, a "doença mental", mais do que uma verdade descoberta, trata-se de uma entidade produzida (Foucault, 1982). Nesse momento, foi retirada do louco a sua voz (Foucault, 1982), isto é, sua capacidade de

[1] A discussão do termo "doença mental" mereceria um trabalho à parte, tamanha sua importância. Faz-se necessário destacar que o conceito de "saúde mental" surge como contrapartida, em binômio, ao de "doença mental, portanto dentro de um modelo biomédico que se alastrou e prevalece nesse momento histórico- motivo pelo qual tem sido ampla e duramente criticado por muitos autores que levam em consideração em suas análises questões históricas e sociais. Uma das propostas é que se denomine algo como "bem viver" (*well being*), mais contextualizado e local. Como o uso desse termo ainda é restrito no Brasil, optamos por utilizar o termo "saúde mental". Mas a ideia que adotamos nesse livro se aproxima ao sentido do "bem viver".

falar sobre si mesmo. A loucura foi reificada e objetivada na não razão. Showalter (1987) destaca, no entanto, que foi, acima de tudo, a voz das mulheres que foi silenciada, sendo a história da psiquiatria uma história acerca dos discursos de psiquiatras homens sobre mulheres loucas (Showalter, 1987). Não é à toa, portanto, que a abundância de exemplos encontrados nos tratados e compilações históricas seja predominantemente feminina[2].

Figura 1- *A Lição Clinica do Doutor Charcot* (1887), de Pierre André Brouillet Charroux. Imagem clássica das aulas de Charcot sobre histeria. Destaca-se que todos os observadores, especialistas, são homens e o objeto a ser estudado, perscrutado, é uma mulher[3].

De acordo com Showalter (1987), o manicômio, como casa do desespero, deve ser entendido como símbolo de todas as instituições

[2] Esse é um trabalho de meta-análise que merece ainda ser feito: uma releitura crítica da história da loucura sob o prisma das relações de gênero. Há tentativas interessantes nesse sentido, tais como o de Lisa Appignanesi (2011). Faz-se mister destacar que o silêncio do discurso das mulheres parece ser um problema em todas as áreas, ou seja, em geral temos, historicamente, homens escrevendo sobre mulheres (Perrot, 2012)

[3] Imagem recuperada em 13/07/2017, de https://www.google.com.br/search?q=charcot+histeria&rlz=1C1AVNG_enBR722BR722&espv=2&biw=1366&bih=662&source=lnms&tbm=isch&sa=X&ved=0ahUKEwi20YbTmKjRAhUBkJAKHe2XAtoQ_AUIBigB#imgrc=NyALhjuk5GfiZM%3A.

criadas pelos homens, do casamento à lei, que confinaram e confinam as mulheres, e as deixam loucas. Segundo essa autora, nos últimos séculos o homem foi identificado à racionalidade e a mulher à figura da insana, nesse caso em uma dupla polaridade: a loucura como um dos erros das mulheres e, por outro lado, como a própria essência feminina. Neste último sentido, Showalter (1987) aponta o quanto a loucura tem sido mais experenciada por mulheres do que por homens e que, mesmo quando a loucura é vivenciada pelos homens, é metafórica e simbolicamente representada como feminina.

O momento histórico da criação dos manicômios iniciou os grandes debates acerca da classificação nosológica dos tipos de alienação. Além disso, o século XIX foi um período de grande transformação na epistemologia da clínica médica em geral, quando ocorreu a passagem da tradição classificatória taxonômica para uma busca etiológica (Foucault, 2004). A psiquiatria permaneceu como um filho bastardo, pois, na impossibilidade de encontrar uma causalidade certa para as doenças da alma, fixou-se cada vez mais em uma prática descritora e classificadora das supostas patologias, sendo que essa classificação pautava-se, muitas vezes, por valores morais.

No Brasil, Engel (2004) realizou uma importante pesquisa sobre a prática psiquiátrica e as mulheres no final do século XIX. Em seu trabalho exegético de prontuários de casos reais de internação psiquiátrica nessa época, a autora encontrou situações diferenciadas para o diagnóstico de doença mental entre homens e mulheres. Para elas, as razões agrupavam-se sobretudo na esfera da sexualidade (fora do casamento, não contida, com fins não reprodutivos) e o rompimento de um ideal de maternidade; no caso deles, tratava-se de desvios relativos aos papéis sociais atribuídos aos homens, qual seja, o de trabalhador e provedor. No entanto, como destaca a autora,

> lugar de ambiguidades e espaço por excelência da loucura, o corpo e a sexualidade femininos inspirariam grande temor aos médicos e aos alienistas, constituindo-se em alvo prioritário das intervenções normalizadoras da medicina e da psiquiatria" (Engel, 2004, p. 333).

No organismo da mulher, em sua fisiologia específica, estariam inscritas as predisposições ao adoecimento mental[4].

[4] Infelizmente, essa é uma leitura que ainda se faz muito presente na contemporaneidade, sobretudo nas

Segundo a autora,

> a construção da imagem feminina a partir da natureza e das suas leis implicaria em qualificar a mulher como naturalmente frágil, bonita, sedutora, submissa, doce, etc. Aquelas que revelassem atributos opostos seriam consideradas seres antinaturais (Engel, 2004, p. 332).

Com o advento da criação dos neurolépticos, na década de 50 do século XX, fortaleceu-se ainda mais a prática taxonômica, com o surgimento e a dispersão cada vez maior dos Manuais de Transtornos Mentais[5], os DSMs – *Diagnostic and Statistical Manual of Mental Disorders* (Rodrigues, 2003) – e os CIDs – *Classificação Estatística Internacional de Doenças e Problemas Relacionados com a Saúde*. Se antes o louco era confinado, agora a ideia de patologia, de "transtorno mental", passa a ganhar campo dentro da própria normalidade. Ou seja, houve uma patologização da vida: no contínuo entre o normal e o patológico, ocorreu um processo de patologização do normal (Maluf, 2010)[6]. O discurso do sujeito em sofrimento passou a ser traduzido em termos de presença/ausência de sintomas (identificados pelo especialista), tais como os descritos nos manuais, caracterizando-se por uma lógica binária (Zanello, Macedo & Romero, 2011).

Exemplos de perguntas realizadas nas entrevistas psiquiátricas e o que se busca apreender por meio delas

Como você se chama? (ou quem é você?) (auto-orientação, também delírio)
Você sabe que dia é hoje? Mês? Ano? (para ver orientação temporal)
Você sabe onde está? (orientação espacial)
Você escuta vozes? (alucinação auditiva)
Vê filminho passando pela parede? (alucinação visual)
Acredita que alguém queira te fazer mal? (delírio)

Para perfazer um transtorno, o "paciente" deveria "apresentar" um número mínimo de sintomas, por certo período de tempo. No entanto

---

pesquisas em transtorno de humor, cuja ênfase é predominantemente a de base biológica-hormonal (Dantas & Zanello, submetido).

[5] O termo "transtorno" é um termo técnico para padrões problemáticos de comportamento, tornado popular pelo DSM. Sua utilidade é diretamente relacionada à sua ambiguidade. Está entre dois conceitos: entre a ideia de doença e de síndrome (Kirmayer, 1994). Subentende-se em seu uso que, finalmente, os transtornos psiquiátricos serão mapeados em doenças. Mas hoje o mapeamento reflete nossos modelos teóricos de psicologia e fisiologia. Crenças culturais e valores podem fazer uma ou outra função mais proeminente e nos levar a reorganizar nossa nosologia.

[6] Com a medicalização, criou-se também outra forma de controle do sujeito, por meio da mordaça química.

essa compilação de sintomas, tal como descrita nos manuais, apresenta limitações, sob uma perspectiva de gênero.

A primeira delas diz acerca do gendramento dos sintomas (Zanello, 2014a). Um exemplo clássico é o choro, cuja expressão é inibida socialmente em homens, mas não apenas permitida, como até incentivada em mulheres, em culturas sexistas. Destaca-se que "choro" é o exemplo dado nos principais manuais de classificação diagnóstica para o sintoma "tristeza", para diagnosticar o transtorno mental da "depressão". Seria à toa que índices epidemiológicos desse transtorno sejam mundialmente bem maiores em mulheres? Ao definir os sintomas que compõem certo transtorno, sem uma crítica de gênero, pode-se criar um olhar enviesado que hiperdiagnostique transtornos em certo grupo e invisibilize-os em outros. Além disso, os resultados epidemiológicos acabam por naturalizar diferenças construídas culturalmente, as quais deveriam ter sido problematizadas na base mesmo de definição do transtorno.

Phillips e First (2008) e Widiger e First (2008) apontam duas tendências teórico-práticas atuais, levando em consideração a tentativa de superar essa limitação (sem se desfazer dos manuais): de um lado, há quem sugira que haja descrição de sinais e sintomas de certas síndromes de forma diferenciada para homens e mulheres; por outro lado, há quem aponte que a diferença deveria ocorrer no número de sintomas necessários para perfazer a síndrome, caso fosse um homem ou uma mulher. Apesar da existência dessas críticas, realizadas, sobretudo, ao DSM IV, não houve mudanças significativas nesses quesitos no DSM V.

A segunda limitação toca o problema do questionamento do que é considerado como sintoma (e, portanto, o que aparece na *queixa* do paciente): em geral, são aspectos que entram em conflito com certos *scripts* sociais/ideais calcados nos valores de gênero e por meio dos quais o sujeito se constituiu (Zanello 2014a). O incômodo e o sofrimento surgem, muitas vezes, pelo descompasso com esses ideais[7].

Como terceira limitação, precisamos considerar os valores e ideais de gênero do próprio médico (mas também do clínico ou profissional de saúde), pois o sintoma, apesar de vir na queixa do paciente, é inter-

[7] Segundo Brinkmann (2008), conflitos e discrepâncias podem levar ao sofrimento identitário, em seus múltiplos níveis: societário e autointerpretativo explícito; societário e autointerpretativo implícito; individual e autointerpretativo explícito; e, por fim, individual e autointerpretativo implícito. A nosso ver, pode haver uma abertura para passagem do sofrimento à consciência de gênero, como veremos no decorrer deste livro.

pretado pelo profissional. Em saúde mental, o diagnóstico do médico não é, jamais, um ato neutro e nem baseado em um processo de mensuração. É um ato de julgamento moral, como afirma Thomas Szaz (1980) e como podemos ver em trabalhos de exegese de prontuários psiquiátricos (Engel, 2004; Zanello & Silva, 2012; Campos & Zanello, 2016). Nesse sentido, o que seria uma "sexualidade exacerbada" ou "um excesso de agressividade"? O parâmetro utilizado geralmente pelos médicos (e profissionais de saúde) seriam os mesmos para homens e mulheres? É esse parâmetro, invisível, acrítico, profundamente gendrado, que precisa ser questionado, refletido, problematizado; pois ele é a "ponte" entre os manuais de classificação, o efetivo diagnóstico e qualquer possibilidade de tratamento a vir a ser oferecida.

Chesler (2005) destaca, nesse sentido, por exemplo, que, na década de 70, as mulheres americanas confinadas em instituições de saúde mental eram uma espécie de heroínas rebeldes contra os limites apertados de um ideal de feminilidade, condenadas por sua busca de potência, cujo estigma de insana se dava pela quebra das normas de gênero. Em outras palavras, "a loucura tem sido a etiqueta histórica para o protesto feminino e a revolução" (Showalter, 1987, p. 5). A "loucura" poderia aqui ser compreendida como uma comunicação desesperada de falta de poder, interpretada sob um prisma gendrado/moral acrítico.

Além disso, o que se observa é que houve, historicamente, uma confusão semiológica na Psiquiatria, na qual signos simbólicos passaram a ser tratados como signos indiciais (Martins, 2003; Zanello & Martins, 2010). A lógica indicial funciona mediante a operação que concatena efeito e causa, ou seja, parte-se de um efeito para se implicar uma causa, o que funcionaria bem para o campo das doenças físicas, corporais. Nesse caso, os sintomas são imediatos, ou seja, sem mediação da linguagem, da cultura, e do próprio processo de *semiosis* do sujeito. São mais facilmente universalizáveis e podemos encontrar sintomas patognomônicos, isto é, sintomas que, quando presentes, apontam necessária e biunivocamente para uma única causa ou doença.

Já a lógica simbólica é aquela mediada pela linguagem e que lida com a arbitrariedade dos signos. Aqui encontramos a formação simbólica dos sintomas, tão presente no campo especificamente da psicopatologia, tal como apontado pela psicanálise freudiana (Freud, 1974a;

Freud, 1974 b). Há a necessidade de qualificar a linguagem e a cultura na mediação da formação de tais sintomas[8].

Um exemplo de formação simbólica do sintoma pode ser retirado da própria obra freudiana:

"Minha observação de Frau Cecily M. proporcionou-me a oportunidade de fazer uma coletânea regular de tais simbolizações. Todo um grupo de sensações físicas que ordinariamente seriam consideradas por causas orgânicas eram, no seu caso, de origem psíquica, ou pelo menos possuíam um significado psíquico. Uma série específica de suas experiências foram acompanhadas por uma sensação de apunhalamento na região do coração (significando 'apunhalou-me até o coração') (...) Dores dessa espécie eram logo dissipadas, quando os problemas em jogo eram esclarecidos. Junto com a sensação de uma 'aura' histérica na garganta, quando aquela sensação surgia após um insulto, encontrava-se o pensamento 'terei que engolir isto'" (Freud, 1893-1895, p. 230).

Diferentemente dos sintomas regidos pela lógica indicial, os sintomas simbólicos podem se transformar no decorrer da história, são metabléticos (Van den Bergh, 1965). Além disso, esses tipos de sintomas são também formas expressivas que refletem os mundos locais de sentido (Martínez-Hernáez, 2000). Martínez-Hernáez (2000) ressalta, assim, a necessidade de se passar da pergunta "qual a causa do sintoma?" para "qual o sentido do sintoma?".

Para acessá-lo, é necessário qualificar tanto a experiência biográfica do sujeito (e como ele entende/interpreta seu sofrimento), a partir de uma escuta qualificada de sua fala, quanto os sentidos sociais, culturalmente partilhados pela comunidade da qual faz parte. Aqui é necessário destacar que a Psiquiatria possui várias linhagens, com enfoques e compreensão dos sintomas e do sofrimento bem diferenciadas, o que leva a práticas também distintas.

Em um extremo, temos a psiquiatria biológica, cuja epistemologia facilmente confunde semelhança de sintomas com a universalidade do funcionamento anatômico/fisiológico do corpo, atribuindo certas formas prevalentes de sofrimento (em homens e mulheres), na contem-

[8] Para se aprofundar nessa discussão, ver Zanello (2007a) e Martins (2013), que abordam essa temática em uma perspectiva psicanalítica.

poraneidade, a seus sistemas orgânicos. A própria linguagem é tratada como objeto de escrutínio de alguma disfunção, mais do que fruto do trabalho de *semiosis* do sujeito e, portanto, como repleta de sentido.

No outro extremo, temos a psiquiatria cultural[9], a qual, a nosso ver, oferece subsídios para uma aproximação e compreensão cultural/social do sofrimento. A própria adoção da ideia da plasticidade corpóreo-cerebral, nessa vertente, apresenta pontos importantes para a reflexão e a pesquisa, que aqui nos interessa, do que é tornar-se pessoa homem e mulher em sociedades nas quais o sexismo persiste em maior ou menor grau.

A Psiquiatria Cultural aponta que há um processo no qual o mundo social é transmutado na experiência corporal e/ou mental, sendo que a própria eleição do palco privilegiado para a formação de sintomas (mais somáticos ou mentais) depende do contexto cultural e do momento histórico[10].

Nichter (1981) destaca que o sofrimento pode se expressar por meio de várias linguagens e que aquilo considerado classicamente como "sintoma" (em uma linguagem biopsiquiátrica) é apenas uma delas[11]. Para esse autor, as linguagens do sofrimento (mal-estar) são múltiplas e se constituem como respostas plausíveis, adaptativas, ou tentativas de resolver uma situação patológica em uma direção culturalmente significante: "Idiomas de aflição (sofrimento/mal-estar) são meios social e culturalmente ressonantes de experenciar e expressar aflição/mal-estar em mundos locais" (Nichter, 2010, p. 405). Sua ideia de "idiomas da aflicção" (sofrimento, mal-estar) serve para pensar não apenas "os outros" não ocidentais, mas nossa própria cultura (Nichter, 2010). Como ele mesmo afirma: "Diagnóstico e sistemas de tratamento não se desenvolvem independentemente da matriz cultural que dá forma à experiência e à expressão do mal-estar" (p. 402).

---

[9] A psiquiatria cultural "se mantém em uma encruzilhada que concerne ao impacto da cultura no comportamento e na experiência" (Kirmayer, 2007, p.11), algo fundamental ao campo da psicopatologia. Para Kirmayer (2007), a psiquiatria cultural se difere das ciências sociais e da medicina por estar primariamente guiada pelo imperativo clínico.

[10] Aproximamo-nos aqui da Psiquiatria Transcultural da Escola de McGill.

[11] Exemplos dados pelo autor, em sua pesquisa na sociedade Indiana, são: comensalidade, perda de peso, jejum, envenenamento, pureza, obsessão e ambivalência etc. O modo como a pessoa seleciona/elege certos "sintomas", o quanto os enfatiza em sua fala, tem a ver com a padronização cultural e com as crenças epistemológicas que podem ser religiosas, científicas etc. Há um interjogo entre cultura e sintomas, de acordo com a orientação de valores determinantes. Em artigo mais recente (Nichter, 2010), o autor elencou, a partir de sua experiência clínica, alguns comportamentos que têm servido como idiomas de aflição/mal-estar: comportamento de tomar remédios; uso e reformulação da nomenclatura biomédica da doença; uso de testes diagnósticos; busca de médicos ou sistemas de saúde; mudanças no padrão de consumo.

Assim, temos, de um lado, tanto a criação de quadros/modelos de compreensão e classificação dos sofrimentos (e etnoterapias para tratá-los), dentro de determinada cultura, quanto a configuração e manifestação da aflição psíquica em certos quadros passíveis de serem identificados e reconhecidos (legitimados) culturalmente como sofrimento (Borch-Jacobsen, 2013). Trata-se de dois lados da mesma moeda.

Para entender a ligação entre esses fenômenos, devemos levar em consideração os aportes teóricos trazidos por Shweder (1988). Segundo esse autor, faz-se mister diferenciar dois tipos de fenômenos: os de tipo natural e outros que são categorias intencionais. Os primeiros apresentam uma causa que independe do sentido que possuem para nós ou de nosso envolvimento, avaliação ou experiência com o fenômeno. As categorias intencionais, diferentemente, têm uma relação causal ligada às nossas representações, concepções e aos significados/sentidos construídos.

Ian Hacking (1995) propõe, a partir desta diferenciação, a categoria tipo "interativo humano". Esta, diferentemente dos "tipos naturais" (ligados a fatos), seria carregada de valores. Esses valores acabam por produzir uma ideia de "normalidade" (desenvolvimento "normal", reação "normal", sentimentos "normais", comportamento "normal" etc.) e, no caso de alguns grupos alvos de "descrição científica", criam-se os "desviantes" (geralmente compreendidos como "maus").

Um exemplo da categoria "tipo natural" seria a molécula de água: independentemente do que você pense ou seja afirmado sobre ela, ela manterá a mesma estrutura química, aqui ou em outro planeta com qualidades atmosféricas semelhantes. Por outro lado, um exemplo da categoria de "tipo humano" seria a "criação" da pessoa do autista ou do homossexual, em determinado momento histórico. No caso do "homossexual", trata-se de pensar que certo comportamento sexual (dentre tantos outros possíveis) passou a definir um tipo humano (a partir do fim do século XIX), o qual passou a ser objeto de estudo e de descrição científica peculiar. Essa descrição teve influência na constituição da autocompreensão das próprias pessoas descritas, de sua vivência identitária[12], ressentida, em muitos casos, como patológica.

---

[12] Partindo das contribuições da filosofia de Foucault, bem como da Hermenêutica, em uma vertente heideggeriana e gadameriana (para os quais o *Dasein* sempre se encontra numa pré-compreensão autoimplicativa, que se desconhece), Brinkmann (2008) aponta que no núcleo da ideia de identidade existe a autointerpre-

O que ocorre é o *looping effect* (Hacking, 1995): uma tendência de que categorias criadas utilizadas para entender e pensar comportamentos, atos e temperamentos humanos (pelas ciências sociais e humanas) se tornem reificadas e institucionalizadas como fatos sociais. Segundo Hacking, são criações humanas que dão sentido a determinadas experiências, e que têm como consequência alterar a própria vivência delas. Trata-se de uma ficção, porém performativa. Criar novas formas de classificação é, assim, mudar também a forma como nós pensamos em nós mesmos, mudar nosso senso de autovalor e a maneira como lembramos/descrevemos nosso passado. Como Hacking (1995) mesmo afirma, tipos humanos bem estabelecidos pelas ciências sociais e humanas afetam intensamente nossas preocupações sociais (e pessoais).

Segundo Hacking (1995), as características da categoria dos "tipos humanos" seriam: a) tipos que são relevantes para alguns de nós; b) tipos que primariamente ordenam pessoas, suas ações, seus comportamentos; c) tipos que são estudados nas ciências humanas e sociais, ou seja, que esperamos ter conhecimento sobre; d) destaca-se, ainda, o efeito que estas categorias têm sobre os sujeitos por elas descritos.

Por outro lado, ao criar "identidades" para certos grupos, o *looping effect* também traz a possibilidade de que eles possam "lutar" contra a descrição científica em tela e modificá-la, como foi o caso da extinção do "transtorno mental" "homossexualismo", do DSM, fruto das lutas dos movimentos LGBTs. Também traz a possibilidade da luta por certos direitos políticos. Nesse sentido, o *looping effect* não é necessariamente algo ruim. Movimentos que lutam por avanços sociais, que aprovamos, fazem parte do jogo (Brinkmann, 2005). Quanto maior a conotação moral da classificação do "tipo humano", maior o potencial para o *looping effect*.

Ian Hacking (1995) deixa em suspenso o quanto gênero e raça são categorias do tipo "interativo humano". Seu argumento é de que as estudiosas de gênero se atêm pouco às discussões da área biológica, aquela

---

tação. Não só isso, segundo ele, só podemos ter identidade se estamos comprometidos, saibamos ou não, com questões de valor moral. Ou seja, com o que nos capacita a definir o que é importante para nós. Ter identidade, nesse sentido, concerne nem tanto ao que você faz, mas ao "lugar" a que você pertence. O senso/sentido de quem nós somos é ligado ao tecido que nos é dado socialmente, baseado em tradições, práticas compartilhadas, instituições, imaginário social e não apenas em escolhas pessoais ou por meio da autorreflexão. Assim, como pessoas, "não temos apenas desejos, mas desejos sobre quais desejos ter" (p. 409). Dessa forma, a autointerpretação identitária não seria algo somente consciente e reflexivo, mas incluiria também elementos de saber, práticas corporais e emoções. Nesse sentido, a criação de "tipos humanos" tem como um dos *looping effects* interpelar identidades. Ao mesmo tempo, práticas institucionais e mudanças materiais podem também fazê-lo.

que se dedica aos fenômenos da categoria tipo natural. O autor parece ter permanecido na segunda onda de debates feministas (a qual veremos no próximo capítulo), na qual sexo é entendido como categoria irredutível corporal e gênero como construção social. Aqui é necessário apontarmos nossa divergência em relação a esse autor. A própria compreensão binária do sexo já é uma leitura de gênero, histórica e culturalmente localizada, cujos efeitos se fazem sentir na própria construção da corporeidade vivida e de suas performances. Ou seja, gênero deveria ser pensado como categoria do tipo "interativo humano", cujo *looping effect* atua desde os primórdios da concepção, passando pela escolha do nome ao imaginário gendrado que recobre o advir daquele futuro bebê. Voltaremos a esse ponto mais adiante no livro.

Na definição de Hacking, diagnósticos psiquiátricos em geral pertencem, portanto, à categoria do "tipo humano", assim como os objetos psicológicos, da Psicologia[13] (Brinkmann, 2005). Tanto diagnósticos quanto conceitos psicológicos dão sentido às vivências e ao sofrimento da pessoa, ao mesmo tempo em que validam esse sofrimento ("isso me acontece por que sou bipolar, obsessiva"; "é meu superego" etc.), alterando a vivência do sujeito em relação a ele e a si mesmo.

Em outras palavras, os "transtornos mentais" são criações culturais que possuem efeitos performativos: prescrevem formas de sofrimento que são passíveis de serem reconhecidas, validadas e amenizadas com terapêuticas também culturais, ou etnoterapias[14] (Zanello & Martins, 2012; Zanello, Hösel, Soares, Alfonso & Santos, 2015). Não se trata de negar a biologia, mas de pensar em uma interface complexa entre mente, cérebro, corpo, cultura. Como apontam Gone e Kirmayer (2010, p. 35), "os transtornos psiquiátricos refletem o resultado de interações, entre os processos biológicos e o meio social, mediadas por mecanismos psicológicos sobre a trajetória de desenvolvimento de uma vida humana".

Cultura aqui deve ser entendida em termos semióticos. Nas palavras de Geertz (2008),

> o homem é um animal amarrado a teias de significados que ele mesmo teceu, assumo a cultura como sendo essas teias e sua análise; portanto, não como uma ciência experimental em busca de leis, mas como uma ciência interpretativa, à procura do significado" (p. 4).

[13] Segundo Brinkmann (2005), Freud foi o rei dos *loopers*!

[14] As psicoterapias são formas de etnoterapias. Ver Zanello et al. (2015).

Um exemplo, utilizado pelo autor, a partir da leitura de Ryle (filósofo britânico), trata da diferença entre um tique involuntário e uma piscadela conspiratória a um amigo. Ou ainda, a imitação de uma piscadela conspiratória com a intenção de enganar alguém. A descrição fenomenológica "superficial" (de superfície) não bastaria para diferenciar uma das demais. Confundi-las seria incorrer em um erro no qual o sentido especificamente simbólico, semiótico, humano, escaparia: é necessária uma "descrição densa". O autor conclui: "Contrair as pálpebras de propósito, quando existe um código público no qual agir assim significa um sinal conspiratório, é piscar. É tudo que há a respeito: uma partícula de comportamento, um sinal de cultura e – *voilá*- um gesto" (Geertz, 2008, p. 5).

É necessário, portanto, descrever, conhecer as estruturas de significação. Isso vale também para as expressões humanas consideradas ou não como sintomas pela psiquiatria. "O que devemos indagar é qual é sua importância: o que está sendo transmitido com a sua ocorrência e através de sua agência" (Geertz, 2008, p. 8). Como aponta Ryder, Ban e Chentsova-Duttonl (2011), há um número finito de sintomas disponíveis para expressar o sofrimento ou a aflição, legitimamente validados e reconhecidos, passíveis de serem "decodificados" e tratados em determinada cultura. Essa expressão é, portanto, mediada, configurada pela/na cultura, ancorada no corpo vivido.

Gone e Kirmayer (2010) apontam as seguintes características para *cultura*: é social, é configurada, é historicamente reproduzida e é simbólica. A cultura compreende padrões compartilhados de atividades, interações e interpretações, sendo a linguagem o principal sistema semiótico mediador da reprodução cultural transgeracional.

Outro aspecto a se destacar é que as culturas são investidas e investem certos grupos com poderes e autoridade de forma desigual (Gone & Kirmayer, 2010). As hierarquias são configuradas na história daquele povo:

> O poder ligado a sistemas culturais específicos e comunidades deriva de uma história de dominação e controle próprios, a qual deve continuar a exercer efeitos na forma de pensar mesmo depois que a maquinaria de dominação tenha sido desafiada ou desmantelada" (Gone & Kirmayer, 2010, p. 40).

O desempoderamento, em certo grupo social, tem sido apontado por autores tais como Good e Kleinman (1985) e Littlewood (2002) como um dos principais fatores relacionados ao que comumente denominamos de transtornos mentais comuns (TMCs- depressão e ansiedade). Segundo os autores, a incidência desses quadros é bem maior (mundo afora) entre mulheres, indivíduos que ocupam *status* sociais de relativa falta de poder e os economicamente marginais. Seus comportamentos e sentimentos deveriam assim ser compreendidos mais como respostas plausíveis, quando contextualizados, do que como sintomas psiquiátricos. Há "dinâmicas de protesto e de resistência" (Kirmayer, 2007, p. 15).

Além disso, a própria noção de "pessoa" é culturalmente variável. No ocidente, há uma tendência a compreender a pessoa de modo individualista, nos limites de seu próprio corpo e com uma constância identitária temporal. Em sociedades indígenas, aqui mesmo no Brasil, encontramos noções diferentes, mais coletivistas e fluidas (Viveiros de Castro, 1996; Viveiros de Castro, 2002; Seeger, Da Matta & Viveiros de Castro, 1987). Esse tema foge ao escopo deste livro. No entanto faz-se mister destacar que essa concepção de pessoa, presente em cada cultura, é imbuída de valores e ideais prescritos socialmente e constantes em várias camadas, desde as mais explícitas (como leis etc.), aos rituais e aos valores invisibilisados[15].

Kitayama e Park (2007) apontam que, ao longo da história construída transgeracionalmente, são selecionadas práticas culturais (tais como *scripts*) e significados públicos em referência a certa visão privilegiada do que é/deve ser uma pessoa. Configuram-se assim tendências motivacionais nos sujeitos, influenciando substantivamente suas emoções, bem-estar e saúde. Práticas e sentidos que são congruentes com a visão predominante de *self*, valorizada em determinada cultura, tendem a ser preservados e os que são conflitantes, eliminados. Um tema muito debatido nesse campo diz respeito ao valor da independência ou da interdependência na configuração e afirmação do *self*[16].

Ryder et al. (2011) sublinham o papel de intermediação que esses *scripts* culturais possuem. Eles tanto refletem as estruturas de sentido/significado na mente quanto agem como guias práticos comportamentais no mundo:

[15] Wanderson Flor, estudioso e pesquisador em filosofia africana, ao ler este livro (antes de ser publicado) apontou que há também ascendências africanas em tradições afro-herdeiras brasileiras que possuem uma noção coletivista de pessoa. Segundo ele, isso pode ser constatado nos terreiros: "Essa experiência 'entre-mundos' dos terreiros preserva a noção coletiva e 'pluralista' de pessoa" (SIC).

[16] A cultura americana seria um bom exemplo do primeiro caso, caracterizando-se como uma sociedade mais individualista (interpelando e valorando emoções tais como autodireção, realização, poder- raiva e orgulho) ao passo que os japoneses representariam o segundo, uma sociedade mais coletivista (interpelando emoções tais como conformidade, interdependência, harmonia social- tais como sentimentos amistosos e culpa).

> (...) *scripts* se referem a unidades organizadas de conhecimento que codificam e propagam significados/sentidos e práticas. Eles servem como mecanismos que permitem uma recuperação automática rápida e o uso da informação adquirida a partir do mundo enquanto configuram o modo como a informação é percebida. Prescritos como comportamentos, *scripts* são observáveis aos outros e vêm a ser parte do contexto cultural, configurando suposições sobre o que os outros pensam, e expectativas sobre como eles se comportarão. (p. 264-265)

Em sociedades em que o gênero é fator estruturante (nas quais tornar-se pessoa significa tornar-se homem ou mulher, marcado pelo binarismo), podemos questionar sobre os *scripts* e as expectativas normativas diferentes sobre o que é ser uma "pessoa", seja homem (ser um homem "de verdade"), seja mulher (ser uma mulher "de verdade").

Dimen (1997) afirma, nessa direção, que há uma divisão de trabalho emocional em sociedades patriarcais. O patriarcado[17] "denota uma estrutura de poder político disfarçado em sistema de diferença natural" (Dimen, 1997, p. 46). Segundo a autora, a divisão de trabalho emocional sugere que aos homens é interpelada a individualização e a autonomia, ou a independência; já às mulheres, a ligação e o cuidado, ou seja, a interdependência.

Aqui é necessário pensar nos processos por meio dos quais a cultura participa e configura certos traços, perfomances e afetos, socialmente valorizados, inibindo outros que, quando expressos, causam conflitos sociais para o sujeito. Trata-se de uma pedagogia dos afetos ou colonização afetiva, pois os contextos culturais provêm também as pessoas com *scripts* sobre como devem sentir e expressar emoções.

Apesar de sempre haver a agência e possibilidades de contestação dos valores dominantes, o preço a se pagar pode ser caro. A ideia chave é que toda experiência humana é culturalmente constituída. E mesmo as emoções são respostas culturalmente condicionadas, configuram-se na interface entre o sentido, as sensações corporais e os significados culturais (Leavitt, 1996).

---

[17] Todas as vezes que utilizarmos o termo "patriarcado" no decorrer deste livro, estamos nos referindo a um sistema sexo/gênero no qual há uma forma específica do domínio masculino (e não necessariamente da figura paterna). Como aponta Pateman (1993), "abandonar o termo "patriarcado" representaria a perda pela teoria política feminista do único conceito que se refere especificamente à sujeição da mulher e que singulariza a forma de direito político que todos os homens exercem pelo fato de serem homens" (p. 39).

Nesse campo precisamos fazer um adendo, pois há um grande debate sobre se as emoções são "naturais", fruto apenas do processo evolutivo (seriam internas e expressão direta da evolução filogenética), ou se configuram-se e expressam-se de acordo com a constituição da cultura.

A perspectiva naturalística, derivada do estudo da expressão das emoções em animais, por Darwin, pensa as emoções como inatas, universais e invariantes. Primeiramente elas estão "no" sujeito e somente depois se expressariam nas interações. Um importante exemplo dessa perspectiva são os estudos de Paul Eckman (2011). Segundo esse autor, cada emoção gera um padrão único de sensações em nosso corpo, o qual apresentaria "sinais únicos, principalmente na fisionomia e na voz" (Eckman, 2011, p. 15)[18]. Esses sinais seriam universais. Eckman descreve da seguinte maneira a relação entre emoções e palavras:

> As palavras são representações das emoções e não as próprias emoções. A emoção é um processo, um tipo específico de avaliação automática, influenciado por nosso passado evolucionista e pessoal, em que sentimos que algo importante para nosso bem-estar está acontecendo e um conjunto de mudanças fisiológicas e comportamentos emocionais influencia a situação. As palavras são uma maneira de lidar com as emoções. (Eckman, 2011, p. 31)

As emoções existiriam em e por si mesmas, independentemente da cultura. Segundo o autor, haveria temas universais (que constituem gatilhos emocionais) e, por outro lado, variações desses temas que se desenvolvem nas experiências individuais. Os primeiros seriam dados, os demais adquiridos. As formas para lidar com essas expressões também seriam mediadas pela cultura[19]. O autor conclui: "Ficamos emocionados a respeito de questões relevantes para nossos antepassados e a respeito do que achamos importantes em nossas próprias vidas" (Eckman, 2011, p. 242). Esse modelo explanatório de base biológica assume que a lin-

---

[18] Para Eckman (2011), as expressões faciais são o mais breve dos sinais emocionais. Além disso, para ele, o sistema de sinal primário para emoções felizes seria a voz e não a face. Aqui seria interessante cruzar o campo de estudos das emoções com aqueles da psicofonética, realizados por Fonagy (1970; 1983).

[19] Nesse caso, faz-se mister destacar um exemplo dado pelo próprio autor: o controle da expressão das emoções por parte dos homens. "No entanto, o fato de um homem não querer demonstrar seus sentimentos não significa que ele terá sucesso... Propositadamente, utilizei um homem no parágrafo anterior pois isso (ocultar sentimentos) é mais comum entre os homens, embora não seja, de forma nenhuma, uma regra entre os homens ou desconhecido de mulheres" (Eckman, 2011, p. 106). Eckman destaca que até recentemente, lágrimas de tristeza ou angústia eram sinal de fraqueza em homens adultos em Tuzla. Em sociedades sexistas, patriarcais, como a brasileira, esse sentido parece não ter se extinguido.

guagem e outros sistemas simbólicos têm uma função puramente referencial, sendo as emoções experiências transculturais.

Já para a perspectiva construtivista, próxima a que adotamos neste livro, as emoções são configuradas nas interações sociais e, portanto, dependem do contexto cultural, da linguagem e da construção de significados. Leavitt (1996, p. 526), afirma que:

> (...) deveríamos ver as emoções nem como sendo primariamente significado, nem como sensações psicobiológicas, mas como experiências aprendidas e expressas no corpo em interações sociais através da mediação de signos, verbais e não-verbais. Nós deveríamos vê-las como fundamentalmente sociais, ao invés de simplesmente de natureza individual; como expressas ordinariamente, ao invés de inefáveis; e como culturais e situacionais. Mas deveríamos igualmente reconhecer na teoria o que todos nós assumimos em nossos cotidianos: que as emoções são sentidas na experiência corporal, não somente conhecida, pensada ou avaliada.

Para Leavitt (1996), o debate sobre as emoções não caberia na dicotomia corpo e palavra, significado e psicobiologia, pois elas envolvem sentido e sensação, mente e corpo, e cultura e biologia. Um exemplo dado pelo autor é a experiência de um "remexido" no sistema digestivo. Como consigo diferenciar que é ansiedade e não apenas o resultado de um lanche infeliz que fiz agora há pouco? O autor responde: "estar ansioso é ter uma sensação associada a um sentido/significado" (Leavitt, 1996, p. 515). A cultura cria assim experiências reconhecidas que envolvem sentido/significado e sensação corporal. A linguagem usada no cotidiano é extremamente esclarecedora e aponta para uma ponte entre o domínio corporal e o conceitual[20].

Nessa perspectiva, a linguagem é entendida não apenas como mera etiqueta sobre uma experiência universal, mas como processo mediador, simbólico, que permite que certas experiências (corporais e mentais) venham a se configurar e ocorrer de determinada forma. O próprio corpo é compreendido, portanto, como sendo situado e socializado, diferentemente de uma visão do corpo como o "último nível" biológico e universal, indiferente à cultura. O corpo, apesar de limitado, é plástico. Os corpos existem em interação, mais do que entidades iso-

[20] As metáforas exercem aqui um papel fundamental, tal como já desenvolvemos em nossa tese doutoral (Zanello, 2007a). Ver também Lakoff e Johnson (1986).

ladas. Nesse sentido, a base biológica seria responsável não apenas pelas similaridades entre diferentes culturas, mas também o que tornaria possível a enorme variedade de linguagens, culturas, padrões sociais.

Geertz (2008) pode ser aqui esclarecedor:

> Entre o padrão cultural, o corpo e o cérebro, foi criado um sistema de realimentação (feedback) positiva, no qual cada um modelava o progresso do outro, um sistema no qual a interação entre o uso crescente de ferramentas, a mudança da anatomia da mão e a representação expandida do polegar no córtex é apenas um dos exemplos mais gráficos. Submetendo-se ao governo de programas simbolicamente mediados para a produção de artefatos, organizando a vida social ou expressando emoções, o homem determinou, embora inconscientemente, os estágios culminantes do seu próprio destino biológico. Literalmente, embora inadvertidamente, ele próprio se criou (...). As mudanças muito mais importantes e dramáticas foram as que tiveram lugar, evidentemente, no sistema nervoso central. Esse foi o período em que o cérebro humano (*Homo Sapiens*), principalmente sua parte anterior, alcançou as pesadas proporções atuais (...). O que separa aparentemente os verdadeiros homens dos proto-homens não é a forma corpórea total, mas a complexidade da organização nervosa. O período superposto de mudança cultural e biológica parece ter consistido numa intensa concentração do desenvolvimento neural (...). Grosso modo, isso sugere não existir o que chamamos de natureza humana independente da cultura. Os homens sem cultura (...) seriam monstruosidades incontroláveis, com muito poucos instintos úteis, menos sentimentos reconhecíveis e nenhum intelecto (...)[21]. Como nosso sistema nervoso central -e principalmente a maldição e glória que o coroam, o néocortex- cresceu, em sua maior parte, em interação com a cultura, ele é incapaz de dirigir nosso comportamento ou organizar nossa experiência sem a orientação fornecida por sistemas de símbolos significantes. (Geertz, 2008, p. 35)

Para ele, tantos as ideias, quanto "as próprias emoções são, no homem, artefatos culturais" (Geertz, 2008, p. 59). Leavitt (1996), nesse mesmo sentido, afirma que as emoções não são, portanto, primaria-

[21] Suprimimos "verdadeiros casos psiquiátricos" por acreditarmos ter sido uma infelicidade do autor o uso dessa expressão e ideia, visto que nesse capítulo defendemos justamente que mesmo pacientes passíveis de serem psiquiatrizados produzem sintomas corporais e atos plenos de sentido.

mente nem sentidos (*meanings*) nem sensações (*feelings*)[22], "mas experiências aprendidas e expressadas no corpo, nas interações sociais através da mediação dos sistemas de signos, verbal e não-verbal" (p. 526). Como aponta o autor, associações afetivas, assim como semânticas, são tanto coletivas como individuais; elas operam por meio de experiências comuns ou similares de membros de um grupo vivendo em circunstâncias parecidas, mediante estereótipos culturais da experiência, e a partir de expectativas, memórias e fantasias partilhadas.

Nessa mesma perspectiva, Boiger e Mesquita (2016) ressaltam que as emoções são engajamentos em relações sociais que estão continuamente em mudança. Mais do que entidades internas, "separadas", trata-se de processos em curso, dinâmicos, interativos, e que são socialmente construídos. Ou seja, as emoções quase sempre ocorrem em interações sociais e relações. Dessa feita, o contexto social constitui, molda e define as emoções, as quais retroalimentam as interações e as relações. Segundo os autores, é a avaliação da situação interacional/social vivida pela pessoa que organiza sua emoção, ou seja, qual sentido esta possui.

Pelos menos três contextos precisam ser levados em consideração na formação/configuração das emoções (Boiger & Mesquita, 2012): as interações momento a momento; as relações estabelecidas; e os contextos socioculturais. Os autores sublinham que a construção social da emoção é um processo iterativo e em curso "que se desdobra desde as interações e relações, e derivam sua forma e sentido das ideias e práticas prevalentes do largo contexto cultural" (p. 222). Assim, "interações e relações são sempre enquadradas pelas ideias, significados e práticas prevalentes sobre o que é uma pessoa e como se relacionar com os outros, que também está referido a modelos culturais" (Boiger & Mesquita, 2012, p.225).

Como já sublinhamos, em uma cultura sexista, o tornar-se pessoa é sempre estruturado pelo binarismo do tornar-se homem ou mulher. Como o gênero marca este enquadramento cultural, no qual as interações ocorrem e são sempre gendradas? Ainda que essa não seja, em momento algum, a questão para os autores, eles mesmos apontam para respostas possíveis: "Modelos culturais informam valores centrais, propósitos, preocupações fundamentais da pessoa e isso constitui o pano de fundo contra o qual as avaliações (dela pelos outros e por si mesma)

[22] Interessante apontar a polissemia do termo "sentido": pode ser no aspecto cognitivo, corporal e de direção. Wierzbicka (1994) sublinha que as duas primeiras acepções são válidas para várias culturas.

são formadas" (Boiger & Mesquita, 2012, p. 237). Se as qualidades das emoções derivam das interações em que elas ocorrem, as quais são elas mesmas significadas em um quadro/contexto cultural, e se as interações são gendradas, faz-se necessário pensar se há e quais seriam as emoções interpeladas diferentemente em homens e mulheres.

Em suma, que emoções são permitidas e legitimadas como sendo de mulheres e de homens? Como afirmam Kitayama e Park (2007), as tendências pessoais motivacionais são adquiridas mediante anos de socialização, as quais começam muito cedo, desde os primeiros anos de vida, e são, em consequência, automatizadas, performadas e incorporadas. A cultura é tácita e, portanto, altamente poderosa no processo de configuração da experiência emocional, dos processos psicológicos e mecanismos subjacentes a eles. No próximo capítulo vamos discutir os processos gendrados de subjetivação.

CAPÍTULO 2

ESTUDOS DE GÊNERO, DISPOSITIVOS E CAMINHOS PRIVILEGIADOS DE SUBJETIVAÇÃO

Segundo Laqueur (2001), a ideia/teoria de uma diferença sexual substantiva e binária-oposta (homem/mulher) nem sempre existiu. Desde Aristóteles até o século XVIII houve a predominância da teoria do sexo único. Segundo essa teoria, entre homens e mulheres haveria apenas uma diferença de grau, sendo as mulheres consideradas como homens menores.

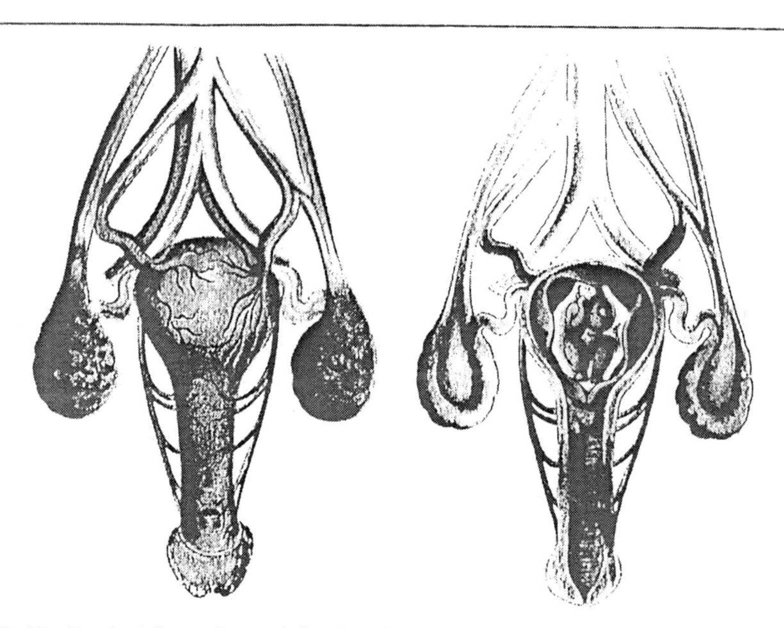

Figs. 30–31. On the left are the penislike female organs of generation from Georg Bartisch, *Kunstbuche* (1575). On the right the front of the uterus is cut away to reveal its contents.

Figura 2- Exemplo de retratação dos órgãos genitais femininos, por Georg Bartisch, em 1575. Percebe-se claramente o foco sobre a semelhança com o pênis masculino[23].

[23] Retirado de http://jaclynngscrapbook.blogspot.com.br/2011_02_06_archive.html, em 25/02/2017.

A explicação etiológica estaria no não desenvolvimento completo das mulheres por falta de calor durante a gestação de uma menina. No entanto existiam relatos de estórias de meninas que, em certas situações de esforço físico e transpiração, transformavam-se em meninos. A descrição anatômica de homens e mulheres se esforçava em demonstrar a semelhança dos órgãos sexuais, sendo que a grande diferença seria a não saída desses órgãos para o exterior, nas mulheres. Nesse sentido, Laqueur (2001) aponta que o sexo não era uma categoria ontológica, mas sociológica, antes do século XVII.

O sexo "oposto" é um produto criado no final do século XVIII. Para o autor, só houve interesse em buscar evidência de dois sexos distintos, com diferenças anatômicas e fisiológicas concretas em homens e mulheres, quando essas diferenças se tornaram politicamente importantes:

> A história da representação das diferenças anatômicas entre mulheres e homens é independente das verdadeiras estruturas destes órgãos (...). A ideologia, não a exatidão da observação, determina como eles foram vistos e quais as diferenças importantes" (Laqueur, 2001, p. 111).

A Gestalt pode nos ajudar a entender as ideias de Laqueur. Um dos processos mais importantes apontados por essa escola é a eleição de um foco, com a subsequente eleição de um fundo, para que seja possível a percepção de um objeto. Abaixo um dos vários exemplos para ilustrar esse processo, o vaso de Rubin:

Figura 3 – "Vaso de Rubin", da *Gestalt*[24].

[24] Retirado de https://www.google.com.br/search?q=vaso+de+rubin&rlz=1C1AVNG_enBR722BR722&tbm=i

Dependendo de onde se foca o olhar, será percebido um vaso ou duas faces. É impossível perceber as duas coisas, ao *mesmo* tempo. O que Laqueur aponta, em sua pesquisa, é que, historicamente houve uma mudança da eleição do foco de interesse das semelhanças entre os órgãos genitais masculinos e femininos (como pudemos ver na retratação feita em 1575), para suas diferenças. Essa mudança se deu por motivos ideológicos, em função de importantes transformações sociais nesse momento. Como sabido, foi no século XVIII/XIX que ocorreu a consolidação do capitalismo (com a revolução industrial). Esse sistema trouxe profundas mudanças sociais, mas talvez umas das principais tenha sido a ideia da possibilidade de mobilidade social. Ou seja, no início do século XV, nascer em certa família tinha um caráter quase destinal, daí a repetição de ofícios (ou a própria servidão) por várias gerações. Havia uma separação social bem clara e delimitada. Porém, o advento crescente do capitalismo trouxe o sonho da possibilidade de mobilidade social para *todos*, e não para *todas*[25]. Trouxe também uma distinção, histórica e cultural, entre o âmbito público e privado. Como justificar que uma parte da população (feminina, branca) não tivesse acesso a essa mobilidade? E ainda, como justificar que essa mesma parte ficasse dedicada aos trabalhos do agora âmbito privado? Foi por meio da afirmação da diferença física (colocada como foco) que as diferenças sociais puderam ser "naturalizadas".

Segundo Kehl (2007), com a consolidação do capitalismo, houve uma transformação social na qual se constituiu um lugar específico para algumas mulheres: a família nuclear e o lar burguês. Segundo a autora, esse lugar é tributário "da criação de um padrão de feminilidade que sobrevive ainda hoje, cuja principal função (...) é promover o casamento, não entre a mulher e o homem, mas entre as mulheres e o lar" (p. 44). Para ela, a "função da feminilidade, nos moldes modernos, foi a adequação entre a mulher e o homem a partir da produção de uma posição feminina que sustentasse a virilidade do homem burguês" (Kehl, 2007, p. 44). Assim, aos ideais de submissão feminina, contrapunham-se os ideais de autonomia do sujeito moderno, apregoados

---

sch&source=iu&pf=m&ictx=1&fir=uTSax-L2_qo-rM%253A%252CMdylsx09abDm4M%252C_&usg=__ZBB--NhdGSazUHPCCe2ePGkUmm60%3D&sa=X&ved=0ahUKEwjag4mLzp3XAhWHFZAKHSctD8YQ9QEIRDAG#imgrc=uTSax-L2_qo-rM:, em 27/02/2017.

[25] Nem para escravos e ex-escravos, estes muitas vezes não eram considerados nem como pessoas, humanas, mas animais. Ver Davis (2016).

pelos ares do capitalismo. Além disso, "aos ideais de domesticidade contrapunham-se o de liberdade; à ideia de uma vida predestinada ao casamento e à maternidade contrapunha-se a ideia, também moderna, de que cada sujeito deve escrever seu próprio destino, de acordo com sua própria vontade" (Kehl, 2007, p. 44). Não foi à toa, portanto, a grande quantidade de mulheres burguesas adoecidas psiquicamente na era vitoriana. "Histeria"[26] foi o nome privilegiado dado a esse sofrimento, nesse momento histórico.

Não se trata aqui de negar a diferença corporal, mas de apontar que certas diferenças foram eleitas em determinado momento histórico para justificar desigualdades sociais. Além de provocar adoecimento em parte das mulheres, esse espaço restrito trouxe outros dois fatores importantes: de um lado, um mal-estar que foi canalizado em movimentos sociais que fortaleceram, posteriormente, as lutas feministas (que inicialmente eram compostas por mulheres brancas de classe média e alta). E, por outro lado, esse espaço, restrito à domesticidade, foi apresentado como uma forma de empoderamento colonizado às mulheres. Por ter corpo de "mulher", as mulheres foram exaltadas como mães, as formadoras do "futuro da nação" (Soihet, 1989; Matos, 2003). Essa ambivalência, marca característica desse espaço social, construído, é essencial, pois se faz presente até os dias atuais, ainda que com novas roupagens. Houve a construção de um ideal de maternidade, o qual recebeu importantes contribuições "científicas", tanto da medicina quanto da psicanálise, no começo do século XX (Edmonds, 2012; Freire, 2008; Jeremiah, 2006; Moura & Araújo, 2004; Smith & Morrow, 2012).

O desconforto de algumas mulheres em relação a esses papéis fortaleceu a possibilidade de contestá-los. Isso ocorreu em várias esferas: em pesquisas acadêmicas, como as realizadas por Mead, na Filosofia, a partir das contribuições de Beauvoir, e nos movimentos sociais, evidentemente presentes a partir da década de 60 do século passado. Apesar dessas contribuições para a desconstrução da suposta naturalidade das diferenças entre os sexos, foi a psicologia, em sua vertente médica (por intermédio dos trabalhos de Robert Stoller[27]) quem cunhou a palavra

[26] O termo surgiu na Grécia antiga, na teoria hipocrática, cuja explicação etiológica para certos quadros "femininos" de loucura era a movimentação uterina (*hysterus*) no ventre.

[27] Segundo esse autor, gênero seria uma "identidade genérica essencial". O autor claramente defende a ideia de uma "feminilidade" e "masculinidade" que não fazem referência necessária à anatomia ou à fisiologia (Stoller, 1968). Para ele, a identidade genérica não é apenas a primeira que se adquire, mas também a de

"gênero" (Lamas, 1986): tratava-se da construção social do "feminino" e do "masculino".

Desde uma perspectiva psicológica, "gênero" articulava três instâncias básicas: a) a assinalação (rotulação, atribuição) de gênero; b) a identidade de gênero; c) o papel de gênero. Nesse momento, considerado por alguns estudiosos como a segunda onda/fase do feminismo[28] (a primeira teria sido a luta pelo sufrágio universal[29]), o conceito de "gênero" foi introduzido para suplementar o de "sexo" e não para substituí-lo: o biológico foi assumido como a base sobre a qual os significados culturais são constituídos (Nicholson, 2000). Dois pilares epistemológicos se fizeram importantes, portanto, na segunda onda: a diferença sexual como um "fato" (sendo o gênero a construção social a partir dessas diferenças) e a noção de identidade como algo substancial, marcado pela constância. Além disso, a categoria utilizada nesse momento histórico foi o de "mulher", entendida como uma essência comum às mulheres. Nesse sentido, foi escamoteada a diversidade de realidades de várias mulheres que não as brancas de classe média e alta.

Um importante exemplo desse momento histórico/epistemológico é a obra genial de Gayle Rubin (1975), *The traffic in women*. Rubin aponta a construção cultural do que ela denomina de "sistema sexo/gênero". A autora parte do argumento de que "um negro é um negro, ele só vem a ser escravo em certas relações". Da mesma maneira, "uma mulher é uma mulher, ela só vem a ser uma doméstica, esposa, coelhinha da *Playboy*, prostituta etc. sob certas relações". Em sua definição, o sistema sexo/gênero seria o "conjunto de arranjos pelos quais uma sociedade transforma a sexualidade biológica em produtos da atividade humana, e na

---

maior alcance e duração.

[28] Segundo Fraisse (1993), a palavra "feminismo" foi usada primeiramente para qualificar um rapaz com tuberculose que apresentava signos de feminilidade; posteriormente, foi usada para designar mulheres emancipadas que tinham características viris. Segunda ela, "feminista" é aquele(a) que não está em seu lugar, no lugar de seu sexo, que está fora de seu sexo. Ou seja, é aquele(a) que problematiza o jogo do masculino e do feminino.

[29] Davis (2016) aborda os encontros e desencontros entre a luta pelo sufrágio das feministas brancas americanas e o movimento pela abolição da escravatura negra. As necessidades das mulheres negras eram bem distintas das brancas de classe média e alta, letradas. Mulheres negras eram tratadas/instrumentalizadas como "fêmeas" animais, aptas a todos os trabalhos dos homens escrav(izad)os, e com o adendo ainda mais cruel de serem consideradas "matrizes" para novas "crias" escravas. Muitas feministas brancas, que lutavam pelo acesso ao sufrágio, apoiavam o fim da escravatura; no entanto, em determinado momento político no qual se fez necessário lutar pelo sufrágio dos homens negros, em detrimento do acesso das mulheres brancas a ele, houve um rompimento e uma discordância. Davis critica a falta de hierarquia em relação às situações mais opressoras (do povo negro) e, também, a importação acrítica do termo "escravidão" para pensar a situação das mulheres brancas.

qual essas necessidades sexuais transformadas são satisfeitas" (Rubin, 1975, p. 159)[30]. Segundo a autora, a sexualidade é expressa por meio da intervenção da cultura. Toda sociedade tem um sistema sexo/gênero específico e que organiza socialmente a sexualidade. Em suas próprias palavras: "Precisamos estudar cada sociedade para determinar os exatos mecanismos pelos quais convenções particulares da sexualidade são produzidas e mantidas" (Rubin, 1975, p. 177). Nesse sentido, o gênero seria uma divisão sexual imposta aos sexos, a qual transformaria a fêmea em mulher e o macho em homem. Em nossa cultura, essa organização se caracterizaria pela heterossexualidade obrigatória, pelo binarismo e pelas restrições da sexualidade feminina. A autora aponta assim que, longe de ser a expressão de diferenças naturais, a identidade de gênero exclusiva é a supressão de similaridades naturais.

A terceira onda do feminismo, a partir do final da década de 80 do século passado, veio justamente questionar muitos dos pressupostos teóricos assumidos pela segunda onda. O primeiro deles, fruto das contribuições da filósofa Judith Butler (2012), colocou em xeque a inquestionabilidade da diferença sexual, anatômica, biológica. Ou seja, a ideia de que a biologia é um fato que antecede a própria história. Como vimos com Laqueur (2001), não se trata de negar que existam diferenças (pois elas existem aos montes, mesmo entre duas mulheres ou dois homens), mas antes, de apontar como e porque exatamente essas diferenças foram tomadas de uma determinada forma, para justificar espaços sociais de maior ou menor empoderamento. Ou seja, a diferença foi traduzida em oposição e desigualdade. "Gênero" é, portanto, um conceito relacional e implica, sempre, relações de poder, de privilégios, de maior ou menor prestígio[31]. O que Butler destaca, então, é que a diferença sexual é uma construção de gênero. Não existe acesso direto e atemporal ao corpo: esse acesso é sempre mediado pela cultura. Esse acesso é gendrado,

[30] A autora procede a uma releitura da noção de "troca de mulheres" como garantia da exogamia, na obra "Estruturas elementares de parentesco" de Lévi-Strauss (1982), apontando que este é um conceito poderoso porque localiza a opressão da mulher no sistema social ao invés de situá-lo na biologia. No entanto, se a "troca de mulheres" passa a ser vista como uma necessidade para o surgimento da cultura, passa a ser um "ofuscamento", visto que é naturalizada. A autora faz também uma releitura da obra de Freud, casando-a com a leitura realizada em Lévi-Strauss. Mostra assim como o gênero não pode ser subsumido na ideia marxista de classe e que é necessário pensar em uma economia política dos sistemas sexuais. Nesse sentido, ressalta a profunda diferença da experiência social dos homens e das mulheres, apontando que a análise da reprodução do trabalho não explica porque é a mulher quem faz o trabalho doméstico em casa.

[31] Trata-se, claramente, de uma categoria política. Política deve ser aqui entendida como um conjunto de estratagemas destinadas a manter um sistema; assim como o conjunto de relações e compromissos estruturados de acordo com o poder, em virtude dos quais há hierarquias de poder e privilégios (Millett, 2010).

sendo esse gendramento compreendido, de forma geral, como binário e em oposição[32]. Como aponta Scott (1990, p. 73): "Não podemos ver as diferenças sexuais a não ser como uma função de nosso conhecimento sobre o corpo, e esse conhecimento não é puro, não pode ser isolado de sua implicação num amplo espectro de contextos discursivos".

A categoria adotada, primeiramente, foi o de "mulheres", justamente para apontar a diversidade de experiências e localização de mulheres que não se viam representadas na categoria "mulher", tais como as mulheres negras, indígenas, lésbicas, dentre outras (Pedro, 2011). A partir da década de 90, a categoria "relações de gênero" passou a ser amplamente utilizada nos países do hemisfério norte (Pedro, 2011). No entanto as novas categorias que foram surgindo não fizeram desaparecer as anteriores (Pedro, 2011).[33]

Butler também contestou a noção de "identidade de gênero", como algo estático. Mais do que identidade fixa, trata-se de uma identidade debilmente construída no tempo, uma "identidade instituída por uma repetição estilizada de atos" (Butler, 1990, p. 297). Butler (2012) aponta, nesse sentido, o quanto o conceito de identidade é herdeiro de uma tradição metafísica ocidental marcada pela ideia de substância. Segundo ela, o gênero não é de maneira alguma estável, tão pouco seria um lócus operativo do qual procederiam os diferentes atos (como na teoria dos papéis de gênero[34], da segunda onda). Gênero deve ser en-

[32] Evelyn Fox Keller (1995) propõe que mesmo em ciências mais "exatas", tais como a biologia, há um gendramento do olhar para o objeto de estudo. Nesse sentido, a própria classificação "científica" da natureza (mesmo plantas) como macho/fêmea seria uma projeção dessa percepção e dos valores culturais. Quais são as metáforas gendradas de base do fazer científico? Trata-se de um questionamento com possibilidades de importantes desdobramentos epistemológicos. A autora afirma assim que as metáforas de gênero funcionam como imagens sociais: elas importam expectativas sociais para nossas representações da natureza e, fazendo isso, reificam ou naturalizam crenças e práticas culturais. Martin (2006) realizou, nessa direção, uma análise exegética sobre o que os livros de biologia ensinam acerca do ciclo reprodutivo de homens e mulheres. O que a autora aponta são os valores de gênero presentes na "avaliação" da eficácia desses ciclos, presente na escolha dos termos para a descrição dos homens, havendo uma exaltação do aparelho reprodutor masculino, e uma leitura da menstruação feminina como uma "falência" da mulher (um bebê que não deu certo). Vale a pena conferir.

[33] Segundo Pedro (2011), a ideia de ondas refere-se a um centro (como uma pedra que atinge um lago) cujas ondas são os movimentos circulares que saem para a periferia. O centro seriam os países do hemisfério norte e a periferia, os países do sul. Trata-se de uma metáfora colonial, motivo pelo qual autores do cone sul propõem outras leituras. A discussão desse tema excede por demais o escopo deste livro. No Brasil, temos ampla utilização das categorias da segunda onda, um pouco da terceira, menos da quarta (considerada a leitura pós-colonial, aquela que qualifica a história a partir dos colonizados). Em relação às lutas políticas e os feminismos no país, consultar Pinto (2003).

[34] Money e Ehrhardt (1972) assim os definem: "tudo aquilo que uma pessoa diz e faz para indicar aos outros ou a si mesma o quanto é masculina, feminina ou ambivalente" (p. 4). A identidade de gênero seria a experiência privada do papel de gênero, e o papel de gênero, a experiência pública da identidade de gênero. A crítica que

tendido como uma perfomance, a qual, via repetição estilizada dos atos, vai aos poucos se cristalizando, dando uma ideia (equivocada) de substancialização. Essa repetição não se dá livremente: há *scripts* culturais (como agir, pensar, sentir, se locomover etc. para ser considerado como "verdadeiramente" uma mulher ou um homem) que já existem antes de nascermos e são mantidos por práticas sociais. Como nos aponta a pensadora, há uma "estratégia de sobrevivência", a qual sugere existir uma situação de coação social, claramente punitiva, na qual esta performance se dá. Assim, o tornar-se mulher ou o tornar-se homem, em nossa sociedade binária, seria "obrigar o corpo a conformar-se com uma ideia histórica de 'mulher' ou de 'homem'" (Butler, 1990, p. 300).

Como são interpeladas essas performances e repassados/reafirmados esses *scripts*? Como forma de microfísica de poder, no sentido não apenas de representar os valores de gênero, mas de criá-los e reafirmá-los, temos as tecnologias de gênero (Lauretis, 1984). Segundo Lauretis (1984), o sujeito é constituído no gênero, mas não apenas pela diferença sexual, e sim por meio de códigos linguísticos[35] e representações culturais. Partindo das contribuições de Foucault, a autora sublinha gênero como representação e autorrepresentação, produto de diferentes tecnologias sociais, como o cinema, a mídia, mas também as práticas da vida cotidiana, tais como brinquedos e brincadeiras, xingamentos (fenômeno social amplamente estudado por nós; ver Zanello, 2008; Zanello & Gomes, 2010; Zanello, Bukowitz & Coelho, 2011; Zanello & Romero, 2012; Baère, Zanello & Romero, 2015), músicas etc. As tecnologias de gênero não são, portanto, apenas a representação desse sistema de diferenças, mas também a produção delas[36]. Assim, o gênero seria "o conjunto de efeitos produzidos em corpos, comportamentos e relações sociais" (Lauretis, 1984, p. 208). O sistema gênero/sexo teria como função constituir indivíduos concretos em homens e mulheres. Ser homem e ser mulher, nesse sentido, seria uma forma de assujeitamento.

Os principais exemplos de tecnologia de gênero, no mundo contemporâneo, são as mídias: o cinema (filmes), desenhos, propagandas,

---

essa abordagem recebeu apontava o quanto a mesma assinalava uma suposta complementariedade entre os sexos, negligenciando justamente a dominação masculina (Cecchetto, 2004).

[35] A relação entre a constituição subjetiva no gênero e a linguagem é fundamental. Desnaturalizar a linguagem (e seus usos) é descolonizar afetos.

[36] A construção do gênero ocorre por meio das várias tecnologias do gênero e discursos institucionais que produzem, promovem e implantam certas representações, incluindo aí os próprios discursos "científicos" e acadêmicos.

revistas. Para esclarecer a ideia de tecnologia de gênero, darei aos (às) leitores(as) alguns exemplos banais, e apontarei quais performances podem ser interpeladas por intermédio deles.

O primeiro exemplo trata-se de um sucesso de bilheteria da Disney (Monteiro & Zanello, 2015): *A pequena sereia*[37]. Ariel é uma sereia curiosa e ávida pela vida. Não se submete às interdições paternas sobre que lugares ir e o que fazer/não fazer. Em uma de suas explorações, avista um homem e se apaixona por ele. Decide então tomar forma de humana, para ter chances de seduzir seu objeto de amor. Para isso, negocia com a bruxa (Úrsula), a qual pede em troca de retirar-lhe o rabo (e dar-lhe pernas), a voz.

Ariel: "*Mas sem minha voz... como posso?*".

Úrsula: "*Terá sua aparência, seu belo rosto... e não subestime a importância da linguagem do corpo* [diz a vilã enquanto move os quadris, rebolando-os]".

Além disso, os serezinhos que acompanham Ariel cantam para ela:

"*O homem abomina tagarela /Garota caladinha ele adora/ Se a mulher ficar falando/ O dia inteiro e fofocando/ O homem se zanga,/ diz adeus e vai embora./ Não! Não vá querer jogar conversa fora/ Que os homens fazem tudo pra evitar/ Sabe quem é mais querida?/ É a garota retraída/ E só as bem quietinhas vão casar*".

O primeiro ponto que se destaca nesse desenho é algo bem recorrente em quase todos os produtos culturais direcionados às mulheres: a ideia de que a coisa mais importante que pode lhes acontecer na vida é encontrar um homem e que ele é/deve ser o centro motivador organizador de sua vida. Ou seja, naturaliza-se a ideia de que o sonho de toda mulher é se casar. Trata-se, como diz Monique Wittig (1992), de *what goes without saying* (o que vai sem ser dito). A tecnologia de gênero, além de interpelar performances, constitui-se em uma pedagogia dos afetos, uma colonização afetiva.

Além de ensinar às meninas a verdadeira "benção" pela qual devem buscar em suas vidas (o amor por/de um homem), esse desenho mostra também os sacrifícios esperados para ser possível obtê-la: de todos, o que mais se destaca é a afirmação do silêncio, como algo desejável para

[37] Clements; Musker e Ashman, H. A pequena sereia. [Filme-vídeo]. Produção de John Musker e Howard Ashman e direção de Ron Clements e John Musker, 1989.

as mulheres. Como trabalho há anos na área de saúde mental, não me escapa o quanto o adoecimento psíquico de muitas mulheres, de classes sociais diferentes, brancas e negras, está relacionado ao valor do silêncio que aprenderam[38]. É necessário destacar a mensagem claramente passada: a de que o silêncio é o preço a se pagar para manter uma relação heterossexual. Não é incomum que mulheres que se expressem sejam tachadas de chatas, reclamonas, ou termos pejorativos equivalentes. Se você quer manter seu "homem", silencie-se! (muitas vezes, mesmo que ele faça coisas que você considere abominável). E aprenda a mexer os quadris. Veremos no próximo capítulo o quanto essa pedagogia dos afetos é importante para a interpelação de perfomances relacionadas ao dispositivo amoroso (e à objetificação sexual)- um dos principais fatores de desempoderamento, a meu ver, das mulheres, em nossa cultura.

Outro exemplo: sugiro aos(às) leitores(as) que passeiem em alguma banca de jornal e prestem atenção nas capas e chamadas das revistas[39]. Em geral, homens são destacados como economistas, pensadores, políticos etc. Já mulheres ganham destaque por emagrecerem ("emagreci 2 kilos em uma semana!"), por realizarem cirurgias plásticas ("Fulana colocou tantos litros de silicone"), por encontrarem algum "grande amor". As revistas a elas direcionadas são bons exemplos de tecnologias de gênero com forte pedagogia e colonização afetiva. Abaixo darei exemplos invertidos para explicitar (pelo contrário) o quanto as performances interpeladas podem ser risíveis, quando são problematizadas, apesar de serem bem efetivas:

[38] É necessário pensar nos tipos e sentidos de silêncios e a que jogos opressivos interseccionais obedecem. Mais adiante tratarei desse tema, sobretudo a diferença do sentido da performance do silêncio para mulheres e homens.

[39] As revistas são direcionadas a classes sociais determinadas. Porém, podemos encontrar programas televisivos com recortes parecidos: ensinando a emagrecer, a endurecer os músculos para ficar "gostosa", como resolver problemas relacionais com os homens, como seduzir etc. Programas televisivos (tv aberta) atingem o grande público, em um recorte transversal de classe social.

Figura 4- Capas fictícias de revistas masculinas, para exemplificar, pela inversão, como elas seriam, caso as performances interpeladas às mulheres fossem interpeladas aos homens[40].

Lendo essas capas, com dizeres direcionados comumente às mulheres, podemos destacar, novamente, a prescrição da importância de ter um relacionamento amoroso com um homem e a responsabilidade por mantê-lo (por meio de várias performances). Esse é um ideal apregoado por vários meios, tais como novelas, filmes de *Hollywood*, propagandas etc. Não é de se espantar, portanto, o dado apontado no relatório realizado pelo IPEA (2014), de que, no Brasil, 78,7% dos respondentes que participaram dessa pesquisa (de todas as regiões, sexos, classes sociais) concordaram, total ou parcialmente, com a afirmação de que "toda mulher sonha em se casar". Certo ideal estético feminino, outro aspecto bastante explorado, é pautado mesmo em revistas de notícias nacionais e internacionais, de grande circulação no Brasil, como a Veja (Portela, 2016). Ser "bonita" (dentro desse ideal) é relacionado à ideia, para as mulheres, de ser "bem-sucedida".

[40] Post que circulou livremente e sem autoria no Facebook. A primeira capa encontra-se também em https://www.google.com.br/search?rlz=1C1AVNG_enBR722BR722&biw=1366&bih=613&tbm=isch&sa=1&ei=od35WbK7OIaDwQTNgKUg&q=capas+de+revistas+masculinas+claudio&oq=capas+de+revistas+masculinas+claudio&gs_l=psy-ab.3...13527.14972.0.15308.8.8.0.0.0.0.174.891.0j7.7.0....0...1.1.64.psy-ab..1.1.128...0i24k1.0.4mQ_3ekRHvk#imgrc=faUNbZDovoZfpM:, em 22/10/2017.

Por fim, gostaria de dar o exemplo das propagandas de cerveja. Uma moça morena, bonita (dentro dos padrões ideais de beleza), corpo torneado, serve, como garçonete, homens sentados em uma mesa, os quais pedem "Vem, verão!". Há um trocadilho sobre o verdadeiro pedido: se a cerveja ou a mulher... propagandas desse tipo são recorrentes e estamos tão acostumadas a assisti-las que já não lhes ressentimos como sendo violentas e relacionadas a uma cultura de objetificação das mulheres. Há aqui uma pedagogia/colonização afetiva de mulheres e homens. Aos homens se ensina certa forma de virilidade típica, como veremos, da masculinidade hegemônica (na qual um dos pilares identitários de um "verdadeiro" homem seria "consumir" mulheres). Em relação às mulheres, há a construção de um ideal estético, para que elas possam se fazer desejar. Voltarei a esse ponto no próximo capítulo. É uma pena que eu não possa me prolongar em mais exemplos (teria vários), muitos dos quais se encontram disponíveis em palestras que já ministrei, e de fácil acesso na internet.

Uma pergunta precisa então ser lançada em relação às tecnologias de gênero e seus impactos nos processos de subjetivação: Quais as relações entre as tecnologias de gênero[41] e o *looping effect* (o qual abordamos na introdução)? Ou seja, como as tecnologias de gênero (enquanto/como processo de gendramento do sujeito, no binarismo homem/mulher), tem efeito nos processos de subjetivação, na interpelação das performances (dentro de *scripts* culturais), e também na criação – ainda que ilusória – de identidades e de autodescrições? Essa é uma seara que merece amplos e diversificados estudos.

Pode-se sugerir que a identidade de gênero exclusiva (essa, fruto da repetição estilizada de performances e ressentida ilusoriamente como constante), mais do que a expressão das diferenças naturais, é a supressão de similaridades *potenciais*, de performances que poderiam ter sido interpeladas e não foram. Ou ainda, que foram encenadas e foram punidas, extintas. Aqui as tecnologias de gênero (para interpelar) e a microfísica do poder, em suas várias facetas, que vão das punições sociais (como xingamentos, exclusão etc.) às leis e instituições (justiça, manicômios ou medicalização[42], prisões), exibem toda sua eficácia.

[41] Necessário destacar que as próprias teorias científicas constituem-se, muitas vezes, em tecnologias de gênero, como é o caso da naturalização do sentimento materno nas mulheres, operada por teorias médicas e psis, sobretudo no século XX, como veremos adiante.

[42] Com a criação dos neurolépticos houve uma substituição da mordaça física para a mordaça química, o

Apresentamos até aqui, didaticamente e de forma sintética, uma história das mudanças pelas quais os enfoques dos estudos de gênero passaram e como podem ser entendidos, hoje, os mecanismos de (en) gendramento do tornar-se pessoa homem ou mulher. No entanto faz-se mister destacar que, atualmente, a palavra "gênero" é usada em várias acepções e pode apontar para ideias diferentes, a depender de seu uso (Wittgenstein, 1991). Hoje em dia, essa palavra tem sido utilizada em pelo menos três sentidos distintos (Zanello, 2017):

1) para apontar o binarismo[43], o qual mantém uma ideia de masculino/feminino, masculinidade/feminilidade como essências, entendidas tanto no sentido metafísico, como também de forma "naturalizante". Por exemplo, que mulheres têm instinto materno, são naturalmente cuidadoras e homens, naturalmente agressivos. O binarismo ou forma binária de compreensão do mundo e da vida é uma construção social, criada, reafirmada e mantida por diversos mecanismos, dentre eles as tecnologias de gênero, as quais interpelam performances diferentes a sujeitos considerados homens e mulheres[44]. A oposição é construída e não inerente e fixa, e é necessário historicizá-la, explicitando a hierarquia presente nessa polarização (Louro, 2000);

2) para sublinhar a relação (que deveria ser biunívoca) entre performances de gênero (mas também valores e estereótipos) ditas femininas/ masculinas e certas especificidades corporais (binarismo do sexo[45]). Assim, a anatomia – ter um pênis ou uma vagina – deveria aparecer sempre ligada, no primeiro caso, à masculinidade, e no segundo, à feminilidade. Nesse campo se dá a discussão das questões cis e trans[46];

---

que não deixa de ser outra forma de reorganização de poder e de controle de um saber especializado, a psiquiatria. Rohden (2009) define da seguinte forma a "medicalização": é um "fenômeno bastante amplo e complexo que envolve desde a definição em termos médicos de um comportamento como desviante até as descobertas científicas que o legitimam, os tratamentos propostos e a densa rede de interesses sociais, políticos e econômicos em jogo" (p. 90). Segundo Conrad (2007), trata-se de um processo no qual problemas não médicos vêm a ser definidos e tratados como problemas médicos, em termos de doença e transtornos.

[43] Fausto-Sterling (2000) faz importantes críticas ao binarismo, demonstrando que, mesmo de um ponto de vista anatômico/fisiológico, não existe um "isso ou aquilo", e sim nuances de diferença. Segundo a autora, rotular alguém como homem ou mulher é uma decisão social.

[44] Leia-se "de pessoas consideradas e colocadas em lugares de homens e mulheres", de acordo com todas as ideias desenvolvidas anteriormente.

[45] Mesmo de um ponto de vista biológico fica difícil sustentar o binarismo, pois há os casos de intersexo (vulgarmente denominados de hermafroditas). A leitura prevalente que se faz desses casos é que são "anomalias", o que só afirma a "normalidade" do binarismo (ao invés de serem tomados como desafios a essa classificação). Ou seja, trata-se de uma forma de reafirmação das estruturas de poder.

[46] *Cis* seriam as pessoas nas quais a identidade de gênero corresponde àquela imposta culturalmente ao sexo. Exemplo: uma pessoa que nasceu com pênis e se identifica com os valores e performances ditas "masculinas"

3) para apontar a orientação sexual, a qual se baseia em um pressuposto de heterossexualidade compulsória. Ou seja, na ideia de que seres considerados mulheres devem por natureza desejar homens, e vice-versa. Uma das premissas aqui é a ideia do sexo procriativo e uma naturalização da sexualidade[47]. Precisamos sublinhar que a subversão do dispositivo da sexualidade (mediante práticas heterodestoantes) não necessariamente implica em uma subversão dos dispositivos de gênero, os quais iremos apresentar nos próximos capítulos e que estão relacionados, sobretudo, à primeira acepção e, em parte, com a segunda. Em nossas pesquisas com grupos que se autodenominam gays e lésbicas, por exemplo, encontramos, pelo contrário, uma potencialização dos dispositivos de gênero. Discutiremos mais adiante esse ponto. Além disso, é necessário destacar que "atos sexuais fisicamente idênticos podem ter variada significação social e variado sentido subjetivo, dependendo de como eles são definidos e compreendidos em diferentes culturas e períodos históricos" (Weeks, 2001, p. 47). Portanto, a própria noção de "homossexualidade" é uma construção histórica, com período definido e relacionada a certa forma de pensar e produzir a sexualidade.

É necessário ainda destacar que, além de ser "engendrado" nas relações de gênero, o sujeito também o é nas relações de classe e raça (Lauretis, 1984). Ele seria assim marcado pela multiplicidade e contradição. Como vimos com Laqueur, há uma leitura histórica que privilegia certas diferenças físicas para justificar desigualdades sociais e hierarquias de poder. Nesse sentido, o sexismo encontra-se muito mais próximo do racismo do que da homofobia, pois nesse último caso cabe a política do armário (Sedgwick, 2007), ou seja, algum autocontrole sobre as performances (em que se abre ou não o armário), o que não é possível em relação ao sexo e, menos ainda, à cor da pele. Como afirmou uma das mulheres entrevistadas por Neusa Souza (1983, p. 62): "Uma amiga minha, judia, me dizia que nós tínhamos os mesmos problemas (o do preconceito e discriminação). Eu dizia que era muito diferente: o judeu, só se sabe se ele mostrar a Estrela de Davi. E o negro, não. Está na cara".

---

em nossa cultura. Nas pessoas *trans* essa correspondência não ocorre ou é fluida.

[47] A sexualidade humana é mediada pela cultura, o que pode ser observado no imaginário erótico presente nas mais diversas situações passíveis de causar excitação. Stoller (1998) faz uma interessante leitura acerca desse tema. Um ponto importante sobre essa discussão é a subversão que há, no caso do humano, do próprio "instinto" (presente nos animais), pela pulsão sexual (humana). Assim, grande parte do sexo praticado, pelo menos no ocidente, não tem como finalidade a procriação, mas simplesmente o prazer (seja com outros humanos, seja com objetos fetichizados etc.).

Portanto, no caso do racismo, de forma ainda mais cruel que o sexismo, há uma exclusão e uma leitura simbólica violenta sobre os corpos negros[48]. Como apontamos na introdução, lugares desempoderados e de pouco prestígio levam ao sofrimento psíquico e se correlacionam (vulnerabilizam) a transtornos mentais comuns, os quais, em nossas pesquisas, parecem ser mais recorrentes – e não sem razão – em mulheres negras. A interseccionalidade traz, assim, especificidades importantes para a compreensão do sofrimento psíquico, as quais devem ser levadas em consideração em todo e qualquer atendimento e intervenção em saúde mental e/ou psicossocial[49].

Braidotti (1994) sublinha, dessa forma, como a subjetividade é uma rede de formações de poder simultâneas. A autora propõe um projeto de uma subjetividade nômade, na qual se faz necessário apontar as diferenças em pelo menos três níveis: a) a diferença entre homens e mulheres; b) a diferença entre as mulheres; c) as diferenças dentro de cada mulher. Trata-se, novamente, de enfatizar a ideia de interseccionalidade e da atenção a um conhecimento/discurso situado, o que foi nomeado por algumas feministas como "política da localização", se opondo ao discurso metafísico presente nas ciências, de modo geral, que falam da "mulher" e do "homem" como essências em si mesmas (Mohanty, 1992; Phillips, 1992).

Essa é uma discussão importante nos estudos feministas e de gênero atuais. De um lado, a necessidade de não afirmar um "próprio da mulher" que seja essencial (Rodrigues, 2009); de outro a necessidade de haver "algo em comum", ainda que transitoriamente[50], para ser possível qualquer pensamento e estratégia política, visto que as desigualdades, apesar dos avanços, ainda persistem em muitas áreas, como a econômica – desemprego, emprego informal, feminização da pobreza

[48] Como afirma Souza (1983): "A sociedade escravista, ao transformar o africano em escravo, definiu o negro como raça, demarcou o seu lugar, a maneira de tratar e ser tratado, os padrões de interação com o branco e instituiu o paralelismo entre cor negra e posição social inferior" (p. 19). Ainda, segundo a autora, "quando a natureza toma o lugar da história, quando a contingência se transforma em eternidade" (p. 25), se instaura o mito da ideologia racial. O irracional, o ruim, o feio, o sujo, o exótico, o hipersexual, o superpotente, o sensitivo para música/dança, seriam representações associadas a esse mito. Conclui a autora: "Ser negro não é uma condição dada, a priori. É um vir a ser. Ser negro é tornar-se negro" (p. 77).

[49] Um autor fundamental para a discussão do racismo e a saúde mental é Frantz Fanon (2008). Em seu livro "Pele negra, máscaras brancas", um clássico, o autor discute o impacto do racismo e da colonização sobre a subjetividade dos negros.

[50] Mohanty propõe o termo "coalisão".

– ou a violência psicológica, física e sexual, só para dar dois exemplos cujo impacto podemos ver claramente na saúde mental das mulheres[51].

Spivak (1998) aponta, nesse sentido, a necessidade de mantermos um essencialismo/binarismo estratégico. É essa a posição que adotaremos neste livro, quando tratarmos dos dispositivos. Temos uma leitura feminista das relações de gênero. Quando falamos de "mulher" e "homem" não se trata de uma leitura essencialista, ingênua (característica da segunda onda), mas de um binarismo essencialista estratégico, que nos auxilia a revelar certas estruturas presentes nos processos de subjetivação de mulheres e homens em nossa cultura[52], nesse momento histórico. Em sua aplicação, na prática, devem ser levadas em consideração, sempre, as idiossincrasias das interseccionalidades, principalmente a de raça e classe social, as quais dão, a esses dispositivos, facetas específicas, que merecem ser pesquisadas e compreendidas[53]. Algumas ideias e vivências fora do padrão branco, heteronormativo, me foram sugeridas por ouvintes em palestras que já ministrei, ou em pesquisas nas quais entrevistei pessoas de sexos, raças/etnias e classes sociais distintas. Apresentá-las-ei no momento oportuno. O intuito deste livro é, portanto, lançar mais questões do que resolvê-las. Abrir possibilidades de conversação com especificidades de vivências que, em reposta à leitura do livro, possam nomear essas configurações. Não conseguirei fazer uma análise interseccional dos dispositivos, mas compartilharei ideias, intuições e reflexões sobre ela. Minha análise se baseará dessa forma na primeira distinção apontada por Braidotti, usando para isso de um essencialismo/binarismo estratégico.

---

[51] Hooks (2015a) apresenta importantes reflexões sobre essas questões. A autora aponta que as opressões podem não ser as mesmas e que é necessário identificá-las e nomeá-las, para traçar planos políticos com hierarquias de urgência. Pobreza, racismo e gênero criam lugares sociais de desempoderamento, mas por razões e de formas diferentes. Ser oprimida, segundo a autora, significaria não ter escolhas. Concordamos plenamente com a autora, mas é necessário discutir essas escolhas: há tanto as "externas" quanto as "internas". As externas se apresentam como mais urgentes (falta de acesso ao ensino, falta de oportunidades de ascensão social, direitos básicos etc.), mas as internas não podem ser esquecidas, pois tocam no tema da colonização afetiva.

[52] Como aponta Pedro (2011, p. 275): "O que se reivindica é a retomada da categoria 'mulher', não mais na perspectiva anterior, universal e determinada pela biologia. Argumenta-se que, agora, o uso dessa categoria seria bem-vindo, pois se trataria de um essencialismo estratégico', ou uma 'categoria situada', visando à mobilização política".

[53] É necessário levar em conta, também, a fase do desenvolvimento. Como já apontamos em artigos publicados, diferentes aspectos tanto das performances quanto da identidade (a sensação identitária) de gênero podem ser interpelados e colocados em xeque em cada "fase" do desenvolvimento. Vale lembrar que essas "fases" são criações culturais e históricas, chanceladas pelas ciências sociais e pela psicologia, criando o *looping effect*. Caso claro é a noção de infância e adolescência. Ver em Ariès (1978).

Partindo das contribuições de Butler, Lauretis e Braidotti, propomos então explicitar, pela diferença entre mulheres e homens, algo que subjaz, no momento histórico atual e em nossa cultura, como caminhos privilegiados de subjetivação, construídos, mantidos, reafirmados pelas tecnologias de gênero. Esses caminhos privilegiados de subjetivação são proporcionados, mantidos, interpelados, criados pelos "dispositivos", tais quais Foucault os compreendeu.

Foucault (1996) define o dispositivo como um conjunto decididamente heterogêneo que engloba discursos, instituições, organizações arquitetônicas, decisões regulamentares, leis, medidas administrativas, enunciados científicos, proposições filosóficas, morais, filantrópicas" (p. 244). Para ele, "o dito e o não dito são os elementos do dispositivo. O dispositivo é a rede que se pode tecer entre estes elementos" (Foucault, 1996, p. 244).

Foucault distingue três dimensões em um dispositivo: saber, poder e subjetividade. Na dimensão do saber, encontramos as curvas de visibilidade e de enunciação. Os dispositivos configuram-se assim em máquinas de fazer ver e de fazer falar. Em relação ao poder, os dispositivos implicam linhas de força, distribuição e tensão de forças. E, por último, há um processo de subjetivação, uma produção de subjetividades (Deleuze, 1990).

Trata-se da "relação entre os indivíduos como seres viventes e o elemento histórico, entendendo com este termo o conjunto das instituições, dos processos de subjetivação e das regras em que se concretizam as relações de poder" (Agamben, 2009, p. 32). O dispositivo teria assim sempre uma função estratégica, resultante das relações de poder e de saber, a qual "parece remeter a um conjunto de práticas e mecanismos (ao mesmo tempo linguísticos e não linguísticos, jurídicos, técnicos e militares) que têm o objetivo de fazer frente a uma urgência e de obter efeito mais ou menos imediato" (Agamben, 2009, p. 35).

Os dispositivos implicam sempre, portanto, um processo de subjetivação, ou seja, devem produzir o seu sujeito. Como aponta Agamben (2009, p. 40): "chamarei literalmente de dispositivo qualquer coisa que tenha de algum modo a capacidade de capturar, orientar, determinar, interceptar, modelar, controlar e assegurar os gestos, as condutas, as opiniões e os discursos dos seres viventes". E "todo dispositivo implica um processo de subjetivação, sem o qual o dispositivo não pode funcionar como dispositivo de governo, mas se reduz a um mero exercício de violência" (p. 46).

Assim, segundo Agamben (2009, p. 46), Foucault

> (...) mostrou como, numa sociedade disciplinar, os dispositivos visam, através de uma série de práticas e de discursos, de saberes e de exercícios, à criação de corpos dóceis, mas livres, que assumem a sua identidade e a sua "liberdade" de sujeitos no próprio processo de seu assujeitamento. Isto é, o dispositivo é, antes de tudo, uma máquina que produz subjetivações e somente enquanto tal é também uma máquina de governo.

As tecnologias de gênero são, portanto, um importante fator constituinte dos dispositivos, os quais configuram caminhos privilegiados de subjetivação. Elas interpelam *scripts* culturais (do tornar-se pessoa homem ou mulher, em nossa cultura), performances de gênero, e ocorrem em múltiplas esferas que vão desde as produções simbólicas midiáticas a regras dos comportamentos da vida cotidiana. Retomando o questionamento que fizemos anteriormente (na introdução), de que gênero faz parte da categoria do tipo "interativo humano", devemos recuperar as palavras do próprio Ian Hacking (1995, p. 368):

> É um tema comum na teoria da ação humana que performar um ato intencional é fazer algo 'sob uma descrição'. Como os tipos humanos são feitos e moldados, o campo das descrições muda e assim também as ações que eu performo, isto é, os tipos humanos afetam o campo das possíveis ações intencionais.

Aqui, devemos apontar o efeito de *looping* (*looping effect*) das tecnologias de gênero ("Uma menina age assim", "uma verdadeira mulher faz isso ou sente aquilo", "um homem de verdade não faz isso, mas faz aquilo" etc.).

Quais são os *scripts* culturais, atuais, do tornar-se pessoa homem e mulher em nossa cultura? Como esses *scripts* moldam performances que, repetidas exaustivamente, criam a sensação de identidade? Quais os afetos e sentimentos configurados nesse processo? São questões fundamentais para qualquer clínica *psi* que leve os estudos de gênero em consideração.

Como Brinkmann (2005), em sua leitura de Foucault, sublinha, a "alma" seria aquilo que é produzido quando o corpo é trabalhado e disciplinado em certas direções. Esse parece ser o caso dos dispositivos. Por isso, a "alma" seria a prisão do corpo: "Não somos simplesmente sujeitos. Antes, somos feitos sujeitos através de processos de subjetivação" (Brinkmann, 2005, p. 777). Esse processo se dá por meio das interações sociais, mas também a partir da relação do sujeito consigo mesmo (os seres humanos são seres autointerpretantes).

Sobre a configuração dos afetos e modos de sentir, Le Breton (2009) sublinha que

> (...) a cultura afetiva não oprime o ator com uma carapaça de chumbo: ela é manual de instruções (*poderíamos dizer, script*) que lhe sugere a resposta adequada a cada particular circunstância. Ela não se impõe como uma fatalidade mecânica, não apenas porque o ator a "encena" com a expressão dos seus estados afetivos, mas também porque esse último nem sempre está de acordo com as expectativas implícitas do grupo (...) Quando abdica de expectativas às quais conferia importância, ele se esforça em tergiversar a fim de aproximá-las mediante um remendo pessoal e de manter assim sua auto-estima, bem como a imagem pessoal que pretende transmitir a seus *significant others*. (...) As emoções ou os sentimentos revelam-se papéis desempenhados socialmente. (grifo nosso; Le Breton, 2009, p. 141-142)

Como apontamos, a pedagogia afetiva faz parte do tornar-se pessoa, membro de certo grupo, em uma determinada cultura. Em culturas sexistas, tornar-se pessoa é acoplado com o tornar-se homem ou mulher e, portanto, implica em pedagogias afetivas (e performáticas) distintas[54].

O objetivo dos próximos capítulos é apresentar os dispositivos privilegiados dos processos de subjetivação existentes atualmente. Neste momento histórico, e em nossa cultura, podemos destacar para as mulheres dois dispositivos importantes: o amoroso, mediado pelo ideal estético, e o materno. Já os homens teriam como caminho privilegiado de subjetivação o dispositivo da eficácia, baseado na virilidade sexual e na virilidade laborativa. Os processos de subjetivação gendrados criam também vulnerabilidades identitárias específicas e diferenciadas para homens e mulheres, as quais se evidenciam no sofrimento psíquico.

---

[54] Por isso, nem sempre o empoderamento externo (como por exemplo, a aquisição de direitos civis como o voto) leva necessariamente ao empoderamento interno, o qual deveria ocorrer pela desconstrução/descolonização afetiva que discutiremos mais adiante neste livro. Em síntese: empoderar-se fora não necessariamente desconstrói dentro.

É necessário, no entanto, destacar que esses dispositivos não existem concretamente no sujeito, muito menos como entidades em si mesmas (em uma espécie de substância, metafísica), mas são meramente categorias analíticas. Enquanto tais, são fruto de nossas leituras a partir da contribuição de outras feministas, bem como de pesquisas que temos realizado na área de saúde mental nos últimos treze anos. Portanto, elas têm história (se inscrevem em um momento histórico), são localizadas (escrevo como mulher, psicóloga, brasileira, branca e pertencente à classe média) e podem ser utilizadas como instrumento analítico tanto por movimentos sociais (Pedro, 2011), como por todos aqueles que trabalham na clínica ou que lidam, de uma forma ou outra, com a subjetividade.

Em suma, é uma ficção categórica (assim como toda e qualquer categoria/teoria nas Ciências Humanas e Sociais), que talvez – espero – adquira caráter performativo, produzindo (contra-)*loopings effects* diferentes daqueles produzidos pelas teorias hegemônicas, nas quais a perspectiva de gênero não foi/é levada em consideração (por exemplo, a biológica, mas também o psicologismo[55] ou a psicanalização). Nessa descentração será possível visibilizar questões que têm sido negligenciadas na clínica *psi* e nas abordagens da subjetividade em geral.

[55] Psicologismo se refere aqui ao abarcamento e explicação de vários fenômenos humanos, complexos, apenas sob o prisma da psicologia, ou seja, efetuando um reducionismo. Exemplo: explicar o sofrimento de uma mulher, negra, pobre, usando apenas conceitos tais como autoestima, sem levar em consideração todos os fatores sociais que configuram um quadro de vulnerabilidade psíquica, dos quais podemos destacar o racismo. O psicologismo se liga ao conceito de psicologização, utilizado pela Psiquiatria Cultural, mas dele deve ser diferenciado. Este último diz respeito ao lugar privilegiado no qual aparece ou se forma o sintoma e a queixa do sujeito. Em geral, percebe-se uma psicologização dos sintomas em sociedades ocidentais e uma somatização, em sociedades não ocidentais. A psicologização ocorre em função de que uma das principais etnofisiologias aceitáveis no Ocidente, como explicação plausível para o sofrimento, são as explicações psicológicas, mesmo em seus excessos, como é o caso do psicologismo.

PARTE II

MULHERES E DISPOSITIVOS AMOROSO E MATERNO

CAPÍTULO 3

Por serem os dispositivos configurados histórica e socialmente, contextualizaremos suas raízes e formação em nossa cultura. Dentre os dispositivos das mulheres, o amoroso apresenta-se como central, e como o maior fator de desempoderamento delas e de empoderamento e proteção psíquica para os homens. Por isso, seu esboço histórico tomará mais espaço que os demais. Esse esboço servirá também de base para os dispositivos a serem apresentados posteriormente. Nesse sentido, retomaremos, no momento oportuno, a base histórica abaixo apresentada, para acrescentar a ela outros fatos/dados históricos que facilitem a compreensão da configuração do dispositivo em questão.

CONFIGURAÇÕES HISTÓRICAS DO DISPOSITIVO AMOROSO

> O amor (...) essa concentração sobre um objeto. (...) Amar é antes selecionar o eleito do coração. É notar, é colocar à parte, é singularizar. Um, ou uma, entre todos. Um rosto, um nome. Isso implica a seleção que entroniza o objeto como excepcional. O eleito é distinto: superior como um rei ou distante como uma estrela. O amor, dirá finalmente alguém, é um problema de vida, de ordem sensível, de estética e poética, não de conceitos. (...). O amor e suas práticas estão inscritos em nossa natureza mais profunda. Cada cultura reserva-lhe um espaço privilegiado, representando-o à sua maneira. Há quem diga até que ele é uma invenção do Ocidente. E o amor não muda só no espaço, mas no tempo também. O de ontem não é o mesmo de hoje. Isso porque, diferentemente dos tubarões, o amor e as formas de amar se transformam ao longo dos séculos. (Del Priore, 2011, p. 12-13)

Como vimos em nossa introdução, os sentimentos não são naturais, mas configurados culturalmente, na interpessoalidade, em certo momento histórico e em certa sociedade. Há mecanismos sociais e políticos que interpelam determinadas performances e formas de sentir. O amor não foge a essa regra. Não é um fato natural, nem a-histórico, mas configuração de possibilidade afetiva mediada pela cultura (Esteban, 2011). Sendo assim, cabe apontar que o amor é específico para cada gênero, classe social, idade e povo. "Que o amor é histórico significa que o amor tem tido conteúdos diferentes nas diferentes épocas históricas" (Lagarde, 2001, p. 20).

Parte da qualidade afetiva do que denominamos "amor" nos dias de hoje, em nossa cultura, remonta ao século XII, na Europa, período no qual trovadores introduziram novas relações entre homens e mulheres: criaram, por meio de seus versos, a mulher idealizada, adorada, mediante um amor nobre e desinteressado marcado por um ardor erótico, restrito, contudo, somente aos versos (Lipovetsky, 2000). Nesse momento, a mulher real, de carne e osso, ocupava um lugar completamente diferente, de posição submissa, em casamento ou união com homens. Os casamentos eram realizados em função de arranjos familiares ou políticos, ou seja, cumpriam um interesse coletivo, como um "negócio" entre famílias, por interesse (Del Priore, 2011). Pouco importava a vontade dos cônjuges: a ideia da necessidade de paixão, de sentimentos pré-união, era algo inexistente. E passou a existir somente no imaginário literário. O casamento era uma instituição para transmissão do patrimônio (daí a importância da procriação), por isso deveria ocorrer entre iguais, para impedir a dispersão de fortunas acumuladas. A escolha do cônjuge era paterna e a construção relacional entre os pares, baseada no valor da amizade e na tradição.

A unção do casamento como sacramento religioso só ocorreu, também, no século XII, em um movimento de expansão política da própria Igreja Católica. Ao torná-lo sacramento, quebrá-lo seria um dos maiores pecados que o ser humano podia cometer. Além disso, no século XIII, no Concílio de Latrão, instituiu-se a monogamia como seu pilar fundamental. Ou seja, instalou-se um controle cada vez maior da sexualidade e dos prazeres. O casamento legítimo era aquele colocado a serviço da prole e da família. Esta última foi eleita como centro divulgador da fé cristã. Ademais, houve um interesse crescente do Estado moderno em controlar as uniões e os frutos delas decorrentes: a natalidade. Nesse sentido, o controle do casamento passou a ser, cada vez mais, um projeto político e religioso.

Na Modernidade, a divisão entre amor-amizade (a que deveria existir no casamento) e amor-paixão (a que existia na literatura; bem como em casos extraconjugais) foi ainda mais reforçada. A luxúria[56], marca desse último, deveria ser mesmo evitada na união legítima. Três mudanças importantes ocorreram nesse período, a saber (Del Priore, 2011): o estímulo à oficialização dos casamentos e a perseguição aos celibatários, com o reforço à autoridade dos maridos e ao desempoderamento das mulheres como esposas (marcadas pela incapacidade jurídica); as reformas Protestante e Católica, com o aumento da vigilância de seus fiéis; e, por fim, a divulgação da leitura e do livro, trazendo novas possibilidades de mentalidades aos letrados. No entanto a literatura continuava a reforçar a representação de amores antagônicos, a paixão e a amizade.

O século das luzes (XVIII) teve forte impacto nas pretensões de avanço colonizador afetivo tanto da Igreja quanto do Estado, sobretudo em países com maior índice de pessoas letradas, o que não foi o caso de Portugal, país responsável pela colonização do Brasil. A influência cultural portuguesa trouxe, justamente por ser um dos países mais atrasados no avanço do letramento de seus cidadãos na Europa, e pela força e influência política da Igreja Católica daí decorrentes, um moralismo extremo para o nosso país. Como aponta Del Priore (2011, p. 22):

> A colonização consistiu em uma verdadeira cruzada espiritual que tinha por objetivo regulamentar o cotidiano das pessoas pela orientação ética, pela catequese e pela educação espiritual, além de exercer severa vigilância doutrinal e de costumes pela confissão, pelo sermão dominical e pelas devassas da Inquisição (...).

A defesa do casamento interessava tanto ao Estado português quanto à Igreja Católica. De um lado, era necessário um contingente de pessoas elevado para desenvolver e ocupar o país. Por outro, tratava-se, sob os interesses da Igreja, de divulgar a fé cristã (Del Priore, 1994). No entanto, apesar do moralismo trazido pelos portugueses, a realidade social/conjugal colonial era bem diversificada, com influência tanto dos grupos de africanos (de várias origens e costumes) para cá trazidos

---

[56] O conceito de "luxúria" é criado pela Igreja para dar conta de tudo que não fosse coito para reprodução, inaugurando um discurso médico sobre os corpos, para combater os excessos da carne, os quais seriam maléficos para a alma da pessoa. A medicina dos séculos XVII e XVIII endossou essa posição, afirmando que a sexualidade desregrada afetava a saúde não mais da alma, mas do corpo (Del Priore, 1994).

como escravos, como pelas culturas indígenas. A maior parte da população vivia em concubinato[57] ou em relações consensuais estáveis. Para essa população, as escolhas amorosas eram mais livres e fluidas, pois não havia patrimônio a ser zelado. Os recursos usados pela Igreja para convencê-las a se casar no religioso eram outros, além das ameaças, censuras, excomunhões etc. Casar-se na Igreja poderia trazer benefícios "políticos", como por exemplo: evitar que casais de pessoas escravizadas, negras, fossem vendidas separadamente (Del Priore, 2011); ou, no caso de pessoas pobres livres, impedir que o homem abandonasse a esposa à sua própria sorte (ficava obrigado a ajudar no sustento) ou cometesse atos de grande violência contra ela (poderia cometê-los, mas não de forma exagerada; Del Priore, 2009).

O que se pregava era a orientação para o casamento, devendo o sexo ser apenas exercido com a finalidade de procriação. O casamento era indissolúvel e não deveria ter nada de amor-paixão ou sentimento parecido. Propagando a mentalidade patriarcal e machista, a Igreja defendia uma hierarquia no matrimônio, na configuração dos papéis de homens e mulheres. Se, de um lado, ao homem era dada certa liberdade sexual, marcada pela poligamia consentida (pecado perdoável e até esperado: a vivência do amor-paixão com mulheres fora do casamento), houve forte controle da sexualidade feminina. A mulher ideal, para casar, era aquela tida como pura, generosa, fiel e assexuada. Nela, valorizava-se como "capital" matrimonial o recato e a virgindade. Além disso, deveria ser obediente (submissa) ao marido e provedora de um amor que inspirasse apenas a ordem familiar. Como aponta Del Priore (2011, p. 28): "Na visão da Igreja, não era por amor que os cônjuges deviam se unir, mas sim por dever; para pagar o débito conjugal[58], procriar e, finalmente, lutar contra a tentação do adultério".

[57] "Organização familiar típica das camadas populares, (...) ora reproduzia o padrão estrutural do matrimônio quando reunia mulher e homem solteiros, ora era mantido concomitantemente ao casamento, ligando viúvas e solteiras a homens casados. Numa solução mais rara, ocorria também que mulheres casadas abandonassem suas casas e maridos, por outro companheiro com quem passavam a viver" (Del Priore, 1994, p. 33). O concubinato possibilitava, assim, a mulheres solteiras e viúvas uma opção em lugar do matrimônio.

[58] A própria Del Priore dá a seguinte definição de débito conjugal: "A jurisdição desse termo traduz bem os limites do ato. Um ato higiênico, contido, quase cirúrgico. Tratava-se, sobretudo, de diminuir o desejo e não mais de aumentá-lo ou de fazê-lo durar" (Del Priore, 2011, p. 76). Del Priore (2009) aponta que, no período colonial, poucas razões poderiam ser utilizadas pelas mulheres para não cumprirem com o dever sexual, sendo uma delas a febre, por exemplo. Por outro lado, dor de cabeça ou dor de dente não seriam razões suficientes para se negar ao marido. O débito conjugal era, assim, um apanágio masculino. E a voz sobre as mulheres e seus desejos também.

No casamento, o amor-paixão era inimigo, pois a lascívia era um afeto excessivo. As relações sexuais deveriam ser breves, desprovidas de calor e durar apenas o suficiente para a liberação das secreções necessárias à fertilização[59]. Muitas vezes, elas ocorriam entre buracos de lençóis para evitar a nudez e que os corpos dos cônjuges roçassem um no outro, gerando prazeres "perigosos" e desnecessários. O que se combatia, moralmente, era o prazer, pois ele seria obra de *Satã*. A beleza feminina era vista com desconfiança, pois podia ameaçar o equilíbrio de forças no matrimônio. De fato, a beleza só passou a ser capital matrimonial para as mulheres, com o avanço do capitalismo industrial.

Já em relação aos homens, os valores apregoados eram outros. O que lhes era exigido era o *status*, os bens e o nome de família. Como apontamos, o desejo sexual era um direito exclusivo deles, devendo ter as esposas o papel de submissão. Além disso, mesmo sendo considerado um pecado, os homens podiam satisfazer necessidades de amor-paixão com outras mulheres, fora do casamento[60]. No século XIX,

> (...) o adultério perpetuava-se como sobrevivência de doutrinas morais tradicionais. Fazia-se amor com a esposa quando se queria descendência; o restante do tempo, era com a outra. A fidelidade conjugal era sempre tarefa feminina; a falta de fidelidade masculina vista como um mal inevitável que se havia de suportar. É sobre a honra e a fidelidade da esposa que repousava a perenidade do casal. (Del Priore, 2011, p. 187)

Em geral, o adultério era cometido com as mulheres negras, mestiças ou pobres. Como aponta Del Priore (2011, p. 60): "a misoginia racista da sociedade colonial as classificava como mulheres fáceis, alvos naturais de investidas sexuais, a quem se podia ir direto ao assunto sem

---

[59] Nesse sentido, deveria ser evitado qualquer tipo de controle da concepção, como por exemplo, o sexo anal. O sêmen deveria ser depositado somente no "vaso natural", ou seja, na vagina.

[60] As prostitutas exerceram aqui enorme papel, pois como afirma Del Priore (1994), elas, aos olhos da Igreja, eram a salvaguarda do casamento moderno: "Para os teólogos, a prostituição se constituía num crime menor que o adultério ou a sodomia, pois desde o século XIII que textos de São Tomás de Aquino e Santo Agostinho justificavam que 'a sociedade carecia tanto de bordéis quanto necessitava de cloacas'. A velada cumplicidade com a prostituição convivia com as preocupações contra os concubinários, e com a ideia de que uma boa ordem familiar dependia do meretrício ordenado em função dos celibatários. Estes, portanto, deveriam pacificar seus ânimos nos bordéis com mulheres 'públicas e postas a ganho', cuja sexualidade era uma mercadoria que caracterizasse seu ofício" (Del Priore, 1994, p. 22). Portanto, as prostitutas eram fundamentais para a manutenção dos casamentos de "carnes frias".

causar melindres". Não à toa, existia à época o seguinte ditado popular: "Branca para casar, mulata para foder e negra para trabalhar" (Maior, 1980, p. 56; Perez, 1969, p. 25). Na falta de mulheres brancas, "fosse para casar ou fornicar, caberia mesmo às mulheres de cor o papel de meretrizes de ofício ou amantes solteiras em toda a história da colonização" (Del Priore, 2011, p. 61). É marcada a separação e a diferença entre mulheres "de família", para casar, e as "outras". Posteriormente, também foram incluídas nesse grupo de "outras" índias e caboclas, e bem depois, com o processo de imigração para as lavouras de café, as imigrantes europeias pobres. A burguesia crescente reforçará ainda mais essa divisão: de um lado, a mulher respeitável, feita para o casamento, a quem não necessariamente se ama, mas em quem se faz filhos; de outro, aquelas com quem se pode viver as delícias eróticas, sem culpa e sem compromisso. As "puras" e as "impuras"[61]. No caso das mulheres, o adultério era considerado não apenas pecado, mas crime grave, muitas vezes resolvido pela morte da própria mulher ("lavar a honra" do marido com o sangue)[62]. "Adultério masculino era sinônimo de problema de foro íntimo; o feminino, de crime e escândalo" (Del Priore, 2011, p. 265).

O moralismo religioso, vindo para o Brasil pela colonização portuguesa, fortaleceu-se ainda mais no século XVIII/XIX por meio do encontro com o discurso médico, que deu a esse moralismo um verniz científico. O casamento, entendido como remédio para as tentações de *Satã* (antídoto à fornicação), passou a ser visto agora também como medicamento para o furor uterino das mulheres. Ou seja, passou a ser encarado como tratamento para a alma e para o corpo. Em linhas gerais, não bastava, portanto, apenas se casar e manter relações sexuais com o marido: a meta deveria ser a procriação, para o justo adestramento e manutenção da ordem dos instintos femininos (o "instinto sexual" deveria ser subjugado pelo instinto materno, para salvaguardar a saúde da mulher). Em outras palavras, a maternidade também passou a ser erigida como "remédio". Assim, por exemplo, segundo Rodrigo José

---

[61] Que se aproximam sempre da ideia de "prostitutas", "putas", "lascivas".

[62] Aqui se observam especificidades interseccionais: trata-se do homem branco e com status/bens. Para eles, não haveria punição. No caso de homens negros, não existiria a "benevolência" na compreensão de casos de assassinato de esposas adúlteras, pois, nesses casos, não haveria "honra" a ser lavada. Lê-se nas ordenações filipinas: "Achando o homem casado sua mulher em adultério, licitamente poderá matar assim a ela, como o adúltero, salvo se o marido for peão, e o adúltero, fidalgo, desembargador, ou pessoa de maior qualidade" (apud Del Priore, 2011, p. 58). Outra punição para as mulheres adúlteras seria o envio para um convento. Já as mulheres que matassem os maridos adúlteros eram presas.

Maurício Júnior, um famoso médico de meados do século XIX, mulheres com muito ardor sexual tinham sérios problemas mentais. Acreditava-se que, quando havia muita volúpia, era o caso de o útero haver dominado o cérebro feminino. Um sintoma óbvio, segundo a psiquiatria da época, e facilmente detectável desse problema: essas mulheres seriam péssimas donas de casa.

Mesmo o sexo solitário, a masturbação, deveria ser evitado, pois era o vício em estado puro: além de fazer mal à saúde, prejudicaria os trabalhos domésticos, esgotaria as forças, destruindo lares, casamentos e famílias. Segundo Del Priore (2011), era intolerável o fato de que a mulher pudesse ter prazer sem o homem. A mulher deveria ser "naturalmente" (esse natural sendo uma construção social e histórica) frágil, agradável, doce e boa mãe. A patologia do amor se refinará assim no século XIX quando uma longa série de doenças lhe foi atribuída (Del Priore, 2011). Igreja e Medicina se mantiveram, portanto, juntas na tentativa de manter o amor-paixão como algo perigoso, pecado e doença; e o casamento como algo desejável e saudável.

A Medicina passou, nesse momento, a tornar-se cada vez mais uma instituição de fiscalização e de repressão moral. Preocupados em esmiuçar a sexualidade, sobretudo a feminina (para melhor controlá-la sob a pecha de um discurso higienista), os médicos acabaram por produzir, de meados a fins do século XIX, verdadeira literatura pornográfica, mas com a chancela de ser apenas interesse "científico". Há relatos detalhados (e condenações explícitas, sobretudo às mulheres) de toda espécie: desejos infames, masturbação, adultério, posições indesejáveis etc. Além disso, "os progressos da repressão sexual tiveram algumas consequências interessantes. Uma delas foi a de levar a sociedade ocidental, em princípio condenada a respeitar a decência e o pudor, a uma obsessão erótica ligada, muitas vezes, ao culto clandestino da pornografia" (Del Priore, 2011, p. 80). Ou seja, lado a lado coexistiram a coação à vida conjugal e a promoção do bordel.

Como vimos no capítulo anterior, os séculos XVIII/XIX trouxeram profundas mudanças no quesito da possibilidade de mobilidade social para os homens (brancos), e quase nada para as mulheres (brancas); e, sobretudo, a construção da divisão do espaço público e privado. É ligado a este último que se erige a representação de "esposa", no século XIX e em grande parte do XX. Além disso, houve uma classificação das mulheres em relação ao exercício de sua sexualidade: de um lado, a da prostituta ("perdida", doente pelo excesso da sexualidade), de outro lado, a malsucedida, a não escolhida, a imagem da celibatária, cada vez mais entendida como "solteirona" (vista como fracassada, mutilada, incapaz de amar, doente por não cumprir seu destino de mulher, pela falta de sexo e da maternidade)[63].

> A emergência do celibato feminino, como foco de uma problemática social e da imagem estigmatizada da solteirona no Brasil, está profundamente ligada ao projeto de modernidade burguesa em que a família conjugal, legalmente constituída pelo casamento civil, cresceu como preocupação do estado republicano. (Maia, 2011, p. 63)

Tanto a construção discursiva contra a luxúria abominável das putas, quanto a ironia e o sarcasmo contra as solteironas faziam parte e reforçavam a desejabilidade do casamento para todas as mulheres e do papel de esposa e mãe (Maia, 2011)[64]. A ciência exerceu aí grande função:

> (...) a família se tornou alvo de investimentos políticos e de diversos saberes científicos pois, como braço fundamental do Estado, ela possibilitava o controle, a disciplina na vida cotidiana dos novos cidadãos e, sobretudo, a constituição de modelos idealizados de homens e mulheres marcados pelo gênero. A enunciação científica foi o que, de forma definitiva, produziu e reforçou o celibato estigmatizado porque o discurso da 'solteirona' não é outra coisa que um discurso higiênico-moral. (Maia, 2011, p. 63)

Tratava-se de instaurar um terror moral e a própria psiquiatria teve um importante papel, como vimos na introdução do livro (mulheres com muita volúpia, ou sem nenhuma, eram estigmatizadas como loucas e

---

[63] Como afirma Maia (2011): "A solteirona e a prostituta foram uma invenção masculina" (p. 272).

[64] Segundo Maia (2011), a partir da metade do século XIX e, sobretudo, início do XX, as celibatárias ou solteiras passaram a circular no discurso com a pecha de "solteironas", primeiro na literatura, por meio de sua representação como mulheres malsucedidas, egoístas, infelizes e invejosas. Isso reforçava o discurso de "felicidade" (e a desejabilidade) do casamento dentre as esposas ("Consegui um marido", "Ruim com ele, mas muito pior ser solteirona"). Posteriormente, houve a apropriação desse estereótipo pelo discurso médico, o qual patologizou essas mulheres como insatisfeitas sexualmente (criando e reforçando a ideia de um desejo inato de casar-se e de ser mãe nas mulheres – sendo essa a sua verdadeira "natureza feminina"). O discurso sobre a "solteirona" passou assim a circular no Brasil no momento em que o celibato feminino passou a ser percebido como ameaça à conjugalidade apregoada pela Igreja e pelo Estado. Ser solteira, colocar-se como centro de sua própria vida e de seus interesses, abdicar do casamento hegemônico e da maternidade, foi ressentido como algo que precisava ser combatido.

podiam receber tratamentos severos e mesmo a internação em asilos para doenças mentais). Lombroso e Ferrero (1896), por exemplo, afirmavam, nesse sentido: "Todos os seus esforços (das mulheres) convergem para a conquista do homem: ela busca cativar sua atenção com a ajuda de todos os artifícios que estão no seu poder" (p. 154) e "Ela não pode evitar sua infelicidade nem criar sua felicidade. É preciso que o homem amado a escolha e que seus filhos sejam afetuosos" (p. 129).

O que era, portanto, interpelado às mulheres era o casamento – heterossexual, monogâmico e tradicional – e as performances a ele relacionadas. O casamento mantinha-se na divisão amor-amizade e amor-paixão. E perpetuava também não apenas a hierarquia homem/mulher, mas também a hierarquia dentre as mulheres (a esposa, a puta e a solteirona).

Para as que liam, popularizaram-se os romances que contavam estórias de mulheres que abandonavam seus casamentos tradicionais por um grande amor-paixão[65]. Se, de um lado, isso diluía (por meio do imaginário) mal-estares do cotidiano, acendia e alimentava esperanças de afetos e sentimentos novos, os quais só culminariam como possibilidade real (vivência do amor-paixão no casamento) no século XX. Uma questão importante acerca desses romances é que seus finais eram quase sempre trágicos: muitos tinham como desfecho o suicídio da heroína, como são o caso de *Anna Karenina*, de Tolstói e de *Madame Bovary*, de Flaubert. Ou seja, ao mesmo tempo que insuflavam anseios de novos sentimentos, configuravam-se como importante pedagogia afetiva, ensinando às mulheres que destinos poderiam elas terem se se dessem ao direito de ousar tais arroubos (Kehl, 2007).

[65] Porque os romances podiam indisciplinar a imaginação da jovem e arruinar sua inocência, provocando sentimentos e desejos secretos, sua leitura deveria ser controlada, seja pelos pais, seja inclusive por prescrição médica (Lipovetsky, 2000).

Figura 5- Exemplos de duas obras do século XIX que retratam os "perigos" do amor-paixão, fora do casamento, para as mulheres. Com fim trágico, marcado pelo suicídio das duas protagonistas, a lição é clara: o que se interpela é que mulheres permaneçam no papel "seguro" de esposa. Em casos de adoecimento psíquico, comumente denominado nessa época como "histeria", uma das prescrições médicas era proibir leituras desse tipo, pois insuflavam por demais o imaginário feminino (poderíamos dizer, aumentando a insatisfação com a vida real). Vale a pena o leitor conferir mais do que os filmes cujas imagens aparecem acima, as próprias obras de Flaubert (2002) e Tolstói (2011).

Para os homens, havia também os romances "masculinos". Nestes, usava-se e abusava-se de imagens de cópulas e uso sucessivo de palavras chulas, tais como "pica", "caralho", "porra" (Del Priore, 2011). Como afirma Arango (1991), por remeterem a tabus sociais, esses termos constituem-se como palavras com alto poder alucinatório erótico. Ou seja, tratava-se de uma literatura cuja finalidade era a excitação e a masturbação; portanto, deveria ser mantida longe dos olhos femininos.

Em suma, um aspecto importante, no fim do século XIX, relacionado à configuração do dispositivo amoroso contemporâneo para as mulheres e o dispositivo da eficácia para os homens, foi a divulgação/ampliação da imprensa (como vimos, potencial tecnologia de gênero) e o aumento do número de pessoas letradas. A literatura ocupou um espaço importante na retratação de (outras) formas de sentir, como a necessidade da existência do amor-paixão nas relações amorosas. Essa ideia passou a ser cada vez mais consumida, aumentando a amplitude de sua influência, a qual, de fato, se consolidará cada vez mais em fins do século XIX e começo do XX.

Houve também o processo de industrialização/urbanização e a afirmação crescente do individualismo. Assim, se de um lado insuflava-se a possibilidade do amor-paixão (erótico) em relações conjugais, também se criava a sensação de que esta deveria ser uma escolha pessoal (individual) e não familiar. No entanto, se a livre escolha firmava-se como um direito, ele se restringia aos homens (Maia, 2011). Para as mulheres era o caso de se fazerem escolher. Como publicou um jornal mineiro, na década de 1950:

> As moças escolhem noivos da maneira seguinte:
> Aos quinze annos, veem se está bem vestido e se têm muitos pares de calça.
> Aos dezoito querem um moço alegre, divertido e que saiba assobiar e dançar.
> Aos vinte e cinco, querem um homem grave e sério.
> Aos vinte e seis fecham os olhos e o que vier está nas unhas, o que cair na rede é peixe. (apud Maia, 2011, p. 141)

Não sendo mais necessário o dote, o que contava agora eram os atributos individuais:

> encontrar um marido tornava-se, para as mulheres, uma questão de sucesso ou fracasso, um mérito pessoal, dependia das suas capacidades física, estética, intelectual, artística e doméstica, de despertar o interesse e o amor dos homens (Maia, 2011, p. 127).

A aparência feminina também começou a ganhar vulto como capital matrimonial, ou seja, passou cada vez mais a se relacionar com a conquista amorosa. O ideal que a mediava já possuía fortes marcas racistas (como a necessidade de branquear a pele e esconder o cabelo "pixaim"), e receberá acréscimos nessa configuração no começo do século XX, com a crescente e lucrativa indústria da beleza. Para os homens, a afirmação do individualismo trouxe a valorização da autossuficiência econômica, bem como da realização profissional e pessoal.

Se a ideia do amor (paixão) romântico foi assim, aos poucos, adentrando no amor amizade conjugal, criando novas mentalidades afetivas, configurando formas de sentir, é somente no século XX que se firmou então a ideia de casamento por amor e da sexualidade realizada como um dos pilares da felicidade conjugal (Del Priore, 2011), da qual somos herdeiros nos dias atuais. Foi somente nesse momento que a nudez completa pôde ser praticada dentro do casamento e não apenas no bordel. Nesse sentido, o amor romântico, tal qual o conhecemos, é um fenômeno tardio, o qual se consolidou no fim da era moderna e ganhou força junto com o processo de industrialização e urbanização.

Porém, a disseminação de tal mentalidade não se deu de forma uniforme. Dentre os brancos ricos, manteve-se ainda, por algum tempo, o ideal do casamento por interesse (em função do dote). É, sobretudo, na classe média (funcionários públicos, trabalhadores do comércio, profissionais liberais), fruto do processo de urbanização, que tais ideais encontraram terreno fértil. Além disso, na base da pirâmide social, formava-se nova classe trabalhadora, com regras próprias de união, prevalecendo ainda as consensuais e o concubinato. A mulher trabalhadora era facilmente "confundida" como uma mulher "fácil", disponível às investidas de assédio sexual de patrões e de demais trabalhadores. Somente o espaço privado seria o lugar sagrado da "santa mãezinha e rainha do lar". Cresceu a mestiçagem, fruto sobretudo do casamento de homens negros e mulheres brancas. As negras continuaram a sofrer a profunda misoginia e o racismo. Como apontamos, configurou-se paulatinamente o ideal estético como capital matrimonial: um novo padrão de beleza passou a ser buscado e consumido, o louro e magro (Del Priore, 2000).

Junto com a crescente urbanização no país, houve a migração do campo para as cidades, e a criação de novos espaços de lazer e entretenimento, tais como teatros, cinemas, auditórios de rádio, circo etc. A ideia de amor-paixão passou a circular nesses espaços, nas canções, nos filmes etc. Como vimos no capítulo anterior, a mídia se firmou com uma das principais tecnologias de gênero contemporâneas e, isso cada vez mais, com o refinamento técnico crescente no século XX.

Apesar dessas transformações, o casamento se manteve pautado em valores bastante sexistas. O código civil de 1916 manteve a mulher em uma posição de inferioridade e dependência em relação ao marido, sendo considerada incapaz de exercer certos atos legais sem sua permissão (como por exemplo, trabalhar fora de casa). O homem passou a ser visto como trabalhador e provedor da família. Juristas, assim como médicos e profissionais de outros campos da ciência, como a própria psicologia (nascente), construíram uma ampla barreira (cheia de justificativas, muitas vezes naturalizantes) para conter mudanças na hierarquia de gênero. Em todos os cantos, repetia-se a ideia de que o lugar das mulheres era em casa, e o dos homens, na rua. Os solteiros, mas, sobretudo, as solteiras, passaram a ser "perseguidos" por leituras variadas (sobretudo médicas e *psis*) como sendo mulheres malsucedidas, mal-amadas e adoecidas. Não casar passou a ser, ainda mais, a prova do insucesso feminino. São as famosas "solteironas", aquelas que, sós, já se encontrariam fora do mercado amoroso em função de uma idade avançada (a qual poderia ser acima dos 30 anos!). As mulheres continuaram a serem vistas como as responsáveis pela manutenção do casamento:

> (...) conter os excessos masculinos e equilibrar 'a contabilidade de afetos' para a preservação do lar fazia parte do conjunto de deveres da mulher. Para isso, era preciso manter-se bela, saudável e praticar a arte de agradar, de encantar, mantendo-se sempre próximas ao ideal de amizade amorosa. (Del Priore, 2011, p. 254)

Apesar das mudanças trazidas pela urbanização, a repressão sexual se manteve dentre as mulheres. Basta ver a diferença entre as revistas direcionadas a elas e aos homens. Por exemplo, entre a década de 1950 e 1970, circulou e se tornou popular, entre os varões, os "catecismos", de Carlos Zéfiro, pseudônimo de Alcides Aguiar Caminha. Tratava-se de histórias em quadrinhos, de cunho erótico[66]. Abaixo podemos ver algumas imagens ilustrativas presentes nessas obras:

[66] El Far (2007) realizou uma interessante pesquisa sobre os "romances para homens", publicados no Brasil em fins do século XIX e a primeira metade do XX. Segundo ela, tratava-se de narrativas repletas de fantasias e desejos, as quais foram incorporando, cada vez mais, teorias médicas e científicas da época, tais como os perigos da vivência de uma sexualidade intensa e desregrada. Nas décadas de 1950-1970 destacou-se uma literatura "clandestina", de linguagem sexual direta, bastante popular, como as estórias de Zéfiro.

Figura 6- Cenas das histórias de Carlos Zéfiro (décadas de 1950-1970). Mostram claramente uma pedagogia afetiva e sexual específica para o público masculino[67].

O que se incentivava era a virilidade masculina pautada e medida pelo desempenho e número de relações sexuais. Além disso, esperava--se que o homem tomasse a iniciativa e o papel ativo de aproximação, declaração, convites, propostas, avanços etc. em relação às mulheres (Bassanezi, 1996). Por outro lado, as revistas direcionadas ao público feminino – que desempenharam importante papel na educação de mulheres letradas, nas décadas de 1950 e 1960[68] (Salerno & Cunha, 2011)- diferentemente, traziam conselhos sobre como conquistar um homem (e mantê-lo), sobre como se cuidar, como cuidar da casa etc. Mensagens muito próximas (apesar de que com roupagens diferentes) de revistas contemporâneas, tais como Marie Claire, Boa Forma, Capricho etc. Como afirma Bassanezi (1996, p. 15), as revistas femininas "são capazes de formar gostos, opiniões, padrões de consumo e de conduta. Acabam servindo muitas vezes como guias de ação, conselheiras persuasivas

[67] Imagens retiradas de https://www.google.com.br/search?rlz=1C1AVNG_enBR722BR722&biw=1366&bih=613&tbm=isch&sa=1&ei=3t35WbCDO4LywATn95lQ&q=carlos+z%C3%A9firo&oq=carlos+z%C3%A9firo&gs_l=psy-ab.3...1780.3755.0.4018.13.12.0.0.0.0.191.1316.0j9.9.0....0...1.1.64.psy-ab..4.5.764...0j0i67k1.0.1qAQ--zma8QU#imgrc=d-OdEjURQjic2M:; em 15/03/2017.

[68] Momento em que a TV era ainda bastante incipiente.

e companheiras de lazer". Abaixo podemos ver duas capas da revista Querida, uma de 1955 (no. 29) e outra de 1996 (no. 108):

Figura 7- Capas da revista feminina *Querida*, uma de 1955 (n. 29) e outra de 1996 (n. 108)[69].

Em ambas, apesar do lapso temporal, percebe-se a ênfase no amor e na "caça amorosa" (se fazer escolher por um homem, conseguir um homem) como algo central na vida das mulheres. Bassanezi (1996) ilustra esse tópico por meio de um exemplo de reportagem publicado no *Jornal das Moças*, em 1955:

> Falando sobre amor
> (...) o amor é um tema que atinge por igual os dois sexos, porém é mais abordado por mulheres (...)

[69] Retiradas de https://www.google.com.br/search?q=querida+revista&rlz=1C1AVNG_enBR722BR722&biw=1366&bih=613&tbm=isch&source=iu&pf=m&ictx=1&fir=SIXbkWy2IJreOM%253A%252CSz5yLlbPxLWqaM%252C_&usg=__drK53_qk4BlXNMnyodRHdhHbSrU%3D&sa=X&ved=0ahUKEwiW7YSyoJ3XAhUBf5AKHcPGADMQ9QEINTAE#imgrc=SIXbkWy2IJreOM: e https://www.google.com.br/search?q=querida+revista&rlz=1C1AVNG_enBR722BR722&biw=1366&bih=613&tbm=isch&source=iu&pf=m&ictx=1&fir=SIXbkWy2IJreOM%253A%252CSz5yLlbPxLWqaM%252C_&usg=__drK53_qk4BlXNMnyodRHdhHbSrU%3D&sa=X&ved=0ahUKEwiW7YSyoJ3XAhUBf5AKHcPGADMQ9QEINTAE#imgrc=0qTa6RA6mLDxxM:; em 15/03/2017.

> Desde que a menina começa a fazer-se mulher e até que a mulher entre nos umbrais da senectude, o amor é o motivo central único em torno do qual giram todos os seus sentimentos. Por isso se diz que Deus fez as mulheres exclusivamente para o amor.
> Nos passeios, nos teatros, nos bailes, nos escritórios, nas fábricas, nas tarefas domésticas, a mulher vive sua vida sem abandonar um só momento o assunto de amor (...) É algo consubstancial a ela mesma, algo que nasceu com ela e com ela morrerá (...). (Roberto M. Torres- "Bom dia senhorita", apud Bassanezi, 1996, p.75)

Além disso, as revistas davam conselhos não apenas para "laçar" um homem, mas também para mantê-lo. Caberia a elas essa "responsabilidade". Se houvesse brigas e, pior, ruptura, seria uma falha da esposa. O casamento continuou a ser marcado por uma relação assimétrica. Uma boa esposa seria

> a que não criticava, que evitava comentários desfavoráveis, a que se vestisse sobriamente, a que limitasse passeios quando o marido estivesse ausente, a que não fosse muito vaidosa nem provocasse ciúmes no marido" (Del Priore, 2011, p. 292).

Um exemplo de performance desejada dentre as esposas pode ser ilustrado pelo "teste do bom senso", presente em uma das páginas de revistas femininas da época e no qual se apresenta às leitoras a situação de descoberta da traição do marido. A pergunta é: o que elas fariam? Dentre as opções apresentadas pela própria revista, considera-se que a mais apropriada seria "fingiria ignorar tudo e esmerar-se no cuidado pessoal para atraí-lo". Isso porque "o temperamento poligâmico do homem é uma verdade; portanto, é inútil combatê-lo. Trata-se de um fato biológico que para ele não tem importância" (apud Del Priore, 2011, p. 284). Trata-se assim de uma verdadeira pedagogia afetiva. Bassanezi (1996) aponta, nesse sentido, o quanto essas revistas reforçaram a divisão de destinos entre mulheres e homens, tanto em relação à própria sexualidade quanto à divisão do mundo privado para as mulheres e do público para os homens. O que se propalava era a ideia de que pouco importa os gostos e opiniões das mulheres, o que importava era a avaliação que os homens faziam delas. Nesse sentido, as revistas aconselhavam:

> Acompanhe-o nas suas opiniões (...) quanto mais for gentil na arte de pensar, tanto maior será seu espírito no conceito dele. Esteja sempre ao seu lado, cuidando dele, animando-o (...) reconhecendo

> seus gostos e desejos (...) A mulher tem uma missão a cumprir no mundo: a de completar o homem. Ele é o empreendedor, o forte, o imaginoso. Mas precisa de uma fonte de energia (...) a mulher o inspira, o anima, o conforta (...) a arte de ser mulher exige muita perspicácia, muita bondade. Um permanente sentido de prontidão e alerta para satisfazer às necessidades dos entes queridos. (apud Del Priore, 2011, p. 292).

Como afirmam Salerno & Cunha (2011, p. 131), essas revistas "ensinam determinadas formas de ser, de se ver, de pensar e agir". Trata-se, como apontamos no capítulo anterior, de poderosas tecnologias de gênero com forte pedagogia afetiva. O discurso do amor romântico foi/é, portanto, repetido, reafirmado e naturalizado por várias instâncias e produtos culturais. Como sublinhava Maria Lacerda de Moura, já em 1932:

> (...) o amor para o homem é apenas um acidente na vida e (...) o amor para a mulher é toda a razão de ser de sua vida e ela põe nessa dor o melhor de todas as suas energias e esgota o cálice de todas as suas amarguras (...).

Vê-se claramente aqui a afirmação do homem como centro da vida da mulher, bem como da mulher como ser-para-o-outro (Basaglia, 1983), como função (Zanello, 2007b) e cuidado. Os conselhos de como agradá-los chegavam aos detalhes:

> Não telefone para o escritório dele para discutir frivolidades.
> Não se precipite para abraçá-lo no momento em que ele começa a ler o jornal.
> Não lhe peça para levá-lo ao cinema quando ele está cansado.
> Não lhe peça para receber pessoas quando não está disposto.
> Não roube do seu marido certos prazeres, *mesmo que estes a contrariem* como fumar charuto ou deixar a luz do quarto acesa para ler antes de dormir. (grifo meu, apud Del Priore, 2011, p. 292)

Se a mulher quisesse qualquer coisa diferente do desejo do homem, deveria usar o "jeitinho" para fazê-lo ceder. De preferência, sem ele mesmo notar. E sem provocar-lhe mal-estar ou irritação. Não havia simetria e, portanto, franqueza e livre expressão de pensamentos/sentimentos não eram bem-vindas. Era ele quem deveria ser colocado em primeiro lugar. A boa esposa deveria ser um complemento do marido. Ele não deveria, assim, ser contrariado, nem incomodado, ainda que a razão para qualquer discussão fosse, como vimos, uma traição. Como afirma Del Priore (2011, p. 294): "Enquanto elas se esfalfavam para mantê-los felizes, eles não se privavam das tradicionais liberdades".

Um importante acontecimento nas décadas de 1960/70 foi a revolução sexual trazida pela pílula anticoncepcional. Houve certa flexibilização da moral sexual, apesar de resistirem a essa flexibilização as noções de pecado, sujeira e imoralidade do prazer carnal, sobretudo para as mulheres. A influência da Igreja Católica persistia. Em 1950, 93,5% da população brasileira se declarava católica apostólica romana (Del Priore, 2011). No entanto novos ventos aportavam no país e traziam discussões acerca do prazer na cama.

Dentre eles, o cinema, o qual alçou grandes voos, e *Hollywood* estabeleceu um reinado, reproduzindo e reafirmando certas formas de sentir o amor, diferentemente para homens e mulheres. O amor-paixão ocupou aqui espaço pleno para as mulheres, atingindo, com o passar do tempo, todas as faixas etárias e classes sociais. Prova disso é que poucos filmes, mesmo na atualidade, passariam pelo "teste de Bechdel". Esse teste é composto por 3 itens: 1) Deve-se ter pelo menos 2 mulheres com nome no filme; 2) essas mulheres devem conversar entre si; 3) sobre algo que não seja um homem. Ou seja, os filmes, em geral, naturalizam a ideia de que a coisa mais importante que pode haver na vida de uma mulher é um homem e que o amor (romântico) é sua razão de ser.

Como parte desse imaginário, presente no dispositivo amoroso, firmou-se também a ideia da sedução feminina, da necessidade de se ter *sex appeal*, e malícia, para haver chances nessa conquista. Se no começo do século XX o que se vendia era a ideia do recato sexual, ao seu fim houve *aparentemente* uma grande mudança: a mulher agora deve se mostrar, exibir seu corpo, ser erotizada e se mostrar desejosa de sexo. A sexualidade virou um imperativo. E houve uma mudança das roupas: de laços, fitas e panos que tudo cobriam, para verdadeiras "vitrines" (roupas justas, decotadas, sutiãs com suporte etc.), muitas vezes tão pouco confortáveis como os antigos espartilhos. Estar bem nesse jogo aumentaria a chance de ser "escolhida", metáfora que persistiu nas relações amorosas mesmo na contemporaneidade, como veremos mais adiante. No entanto esse jogo é ambíguo, pois o cinema manteve a separação de dois tipos de mulheres: a boa, relacionada ao casamento e à felicidade; e a má, feita para usar e jogar fora (Del Priore, 2011). A longa espera, na vida real, pelo sexo, por parte dos homens, ainda foi um fator importante, durante muito tempo, para se valorizar a mulher (e ainda persiste em várias regiões e grupos no Brasil[70]). Ao final, persistiu a ideia de que são os homens quem avaliam e dão o valor da mulher. Seriam eles os que "escolhem".

Por fim, houve o surgimento e a aquisição progressiva da televisão pela sociedade, a qual trouxe, cada vez mais, para dentro da casa dos brasileiros, essa poderosa tecnologia de gênero, que não apenas representava, mas interpelava/interpela diferentes performances gendradas a homens e mulheres. Não era mais necessário ir ao cinema, bastava simplesmente ligar o aparelho dentro de casa e compartilhar uma torrente de representações sobre homens e mulheres, com todos os seus membros. Cada vez mais, assistir televisão passou a ser um programa de lazer da família[71]. Novelas, programas de auditório, filmes hollywoodianos etc. reproduzidos constantemente, passaram a exercer grande influência nos processos de subjetivação em nosso país. Nessas representações, o sexo foi se desvinculando do casamento, sobretudo nas novelas. E se fortaleceu, cada vez mais, a ideia da necessidade do amor-paixão no estabelecimento das relações conjugais. O casal heterossexual continuou a ser a referência e a distinção de performance desejável para homens e mulheres também.

No entanto a sexualidade passou a ocupar um espaço cada vez maior e central na relação conjugal, chegando mesmo a defini-la (Cacchioni, 2015). Predomina a ideia de que "sem tesão, não há solução" e muitos casais passaram a encontrar no fim do desejo sexual a justificativa mais que plausível para se separarem. A exibição de uma performance sexual passou a ser interpelada de formas diferentes a homens e mulheres: a eles, a eficácia, marcada sobretudo pela ereção e sustentação dela; a elas, o *sex appeal* e, sobretudo, a capacidade de se colocarem como objeto sexual e de se satisfazerem nesse papel. Como afirma Cacchioni (2015): o funcionamento sexual é agora parte e parcela do capital sexual, amoroso e matrimonial das mulheres[72]. É *necessário* viver a libe-

[70] Como aponta Sau (1976, p. 19), "Assim nos encontramos com que, ainda que vivendo em um mesmo tempo histórico e em um mesmo espaço geográfico, há entre as pessoas diferenças ideológicas de até cem anos, tempos culturais distintos, apesar de estar participando da mesma cultura – e informações simultâneas, mas contraditórias" (nossa tradução).

[71] De acordo com a Pesquisa Brasileira de Mídia, publicada em 2016, 83% dos brasileiros assistem TV regularmente e 77% a vêem todos os dias. Ver IBOPE (2016). file:///C:/Users/Usuario/Downloads/Pesquisa%20Brasileira%20de%20M%C3%ADdia%20-%20PBM%202016.pdf, Consultado em 07/05/2017.

[72] A autora realizou uma interessante pesquisa sobre o uso dessa mentalidade pela indústria farmacêutica ao tentar desenvolver o "Viagra rosa" (pílula que idealmente "consertaria" a falta de desejo e orgasmo femini-

ração sexual: há um imperativo do sexo e do orgasmo, estes ainda muito pautados no desejo e imaginário masculinos. Agora é a ausência de desejo que se tornou malvista e perseguida (Del Priore, 2011). Passou-se do "amar até enlouquecer" para o "desfrutar sem entraves" (Lipovetsky, 2000). "Porém, que não haja ilusões: (...) as mulheres nunca renunciaram aos sonhos de amor. O discurso sentimental eufemizou-se, mas não as expectativas e os valores amorosos" (Lipovetsky, 2000, p. 24).

O amor, tal como o conhecemos na atualidade é, portanto, histórica e socialmente construído, privilegiando processos específicos de configuração afetiva (de sentimentos) que precisam ser mais bem estudados e compreendidos. Como resumiu Lipovestky (2000, p. 15-16):

> No decurso de seus nove séculos de história, a cultura amorosa conheceu diversos desvios do centro de gravidade, rupturas de linguagem e de práticas, modas passageiras, mas também duradouras continuidades, limiares, mutações. De jogo de corte formal exterior à seriedade da vida que era na Idade Média, o amor metamorfoseou-se em comunicação personalizada ao extremo, em que o eu se empenha totalmente na relação com o outro. Ele passou de um código aristocrático para um código comum a todas as classes; ele excluía o casamento, mas impôs-se como seu fundamento exclusivo; ele andava de mãos dadas com a depreciação do impulso sexual, e ei-lo reconciliado com Eros. Na época das catedrais, o amor encontrava o seu fundamento na excelência e na raridade das qualidades dos amantes; com os tempos modernos, torna-se uma paixão irracional e paradoxal, não tendo outra justificativa senão ela mesma.[73]

---

nos, mas que nunca foi bem-sucedida). Nessa perspectiva, segundo ela, problemas relacionais e sociais são transmutados em uma linguagem neoliberal do self, centrado em uma visão biologizante do desejo.

[73] Utilizamos do livro "A terceira mulher", de Lipovetsky (2000), apenas a nomeação/visibilização de problemas trazidos pelo autor (as quais vêm ao encontro das problematizações levantadas neste livro). No entanto discordamos profundamente de muitas "respostas"/leituras explicativas fornecidas pelo autor a essas questões. A nosso ver, o autor incorre em diversos momentos, talvez sem se dar conta, em explicações sexistas, a partir de seu lugar privilegiado (e, aparentemente, sem autocrítica) de homem (branco), além de desqualificar o feminismo. Um exemplo disso pode ser conferido nas páginas 68 e 69, ao discorrer sobre a violência sexual contra as mulheres. Seguem alguns trechos: "Ao alargar as definições de violência, ao baixar os limiares de tolerância, ao criminalizar os actos que a consciência considera 'normais', o ultrafeminismo deixa de esclarecer o real, antes o sataniza, deixa de exumar uma face oculta da dominação masculina, antes cria um sensacionalismo e uma vitimologia imaginária". Levando em consideração a fala das mulheres e a narrativa recorrente de abusos/assédios sexuais, fica difícil pensar nesse fenômeno como "sensacionalismo" e "vitimologia imaginária". Outro trecho: "Até o momento, esta epidemia não atingiu as margens do Velho Mundo. É inegável que, tanto em França, como noutros países europeus, se assiste um nítido aumento de queixas por violação. Ao mesmo tempo, a violação conjugal é reconhecida pela lei e o assédio sexual tornou-se um delito. Todavia, até o momento, a Europa está relativamente protegida do extremismo feminista" (p. 70). O autor parece acreditar que o aumento das queixas por violação é fruto da histeria feminista e não da visibi-

No entanto, como ressalta o próprio autor, "a cultura amorosa nunca deixou de se construir segundo uma lógica social invariável: a da dissemelhança do papel do homem e do papel da mulher" (Lipovetsky, 2000, p. 16). Trata-se não apenas de espaços/lugares de subjetivação diferentes, mas de implicação identitária diferenciada e assimetria de investimentos.

> O amor não deixa de ser um dispositivo que se edificou socialmente a partir da desigualdade estrutural dos lugares dos homens e das mulheres (...) ao longo da história, os homens e as mulheres não atribuíram ao amor o mesmo lugar, não lhe conferiram nem a mesma importância nem o mesmo significado (...) o amor no masculino não é senão uma ocupação entre outras, ao passo que, no feminino, preenche a sua existência. (Lipovetsky, 2000, p. 17)

Trataremos a seguir das características gerais do funcionamento do dispositivo amoroso dentre as mulheres, na atualidade.

---

lização de um fenômeno bastante frequente, visto que naturalizado, mas nem por isso sem consequências psíquicas para as mulheres. A escrita do autor desqualifica o espaço e a voz justamente daquelas que nunca foram devidamente ouvidas. Por fim, um último trecho como exemplo: "A pornografia não é um panegírico da superioridade masculina, é o espetáculo hiperbólico dos fantasmas libinosos masculinos" (p. 86). Há uma despolitização do imaginário erótico, como se ele se fundasse em um espaço que não fosse o da socialização. Fraisse (1993) tece uma importante discussão sobre a questão da despolitização de alguns autores como Baudrillard quando abordam temas como o amor, a falocracia etc. Suas críticas seriam pertinentes também a muitas das ideias defendidas por Lipovestky no livro citado.

CAPÍTULO 4

DISPOSITIVO AMOROSO

Em nossa cultura, como vimos, o modelo de amor atual é herdeiro do amor burguês e romântico (Lagarde, 2001), cuja moral sexual se apoia na afirmação da heterossexualidade como amor "natural", bem como configura o matrimônio a via legítima para a realização do amor-paixão/eros entre homens e mulheres. Essa moral defende a monogamia e a dedicação intensa para elas; enquanto para eles, permite a poligamia e o baixo investimento. Nesse modelo se encerra, portanto, laços de domínio que geram desigualdades, dependência e propriedade sobre mulheres e privilégios para os homens[74]. O amor, mais do que o parto, é o pivô da opressão das mulheres (Firestone, 1976). Para as mulheres, o amor diz respeito à sua identidade, como uma experiência vital. O amor, em nossa cultura, se apresenta como a maior forma (e a mais invisível) de apropriação e desempoderamento das mulheres.

Como nos diz Swain (2011), o amor está para as mulheres, como o sexo está para os homens. A autora aponta que o dispositivo amoroso[75] constrói corpos-em-mulher, prontos a se sacrificarem por amor a outrem. Só se compreende o discurso de uma "verdadeira" mulher, dentro desta lógica a qual o dispositivo torna enunciável e, principalmente, constituinte das mulheres, na sua relação com "ser mulher": "É a reprodução

[74] Esteban (2011) defende que devemos identificar, descrever, explicar e denunciar as injustiças cometidas em nome do "amor", desmascarando o papel que ele cumpre na manutenção de uma ordem social completamente hierarquizada.

[75] Apesar de a autora se utilizar do termo "dispositivo amoroso", não se trata do mesmo conceito/categoria analítica aqui trabalhada. Swain (2011), assim como Lagarde (2011) e Esteban (2011) apontam uma relação cultural privilegiada entre as mulheres e o amor (bem como outras feministas que as antecederam, tais como Firestone). Esteban (2011) denomina esta disposição como "pensamento amoroso" e Lagarde (2011) como "cativeiro mãe-esposa". Estas autoras pensam o amor de forma ampla, englobando muitos aspectos que, a nosso ver, devem ser diferenciados em categorias analíticas distintas, pois implicam conflitos identitários diferentes, bem como emocionalidades específicas, a saber: o elo do amor romântico, sobretudo heterossexual, e o vínculo e a disponibilidade para os filhos e a família. Essa "mistura" pode ser vista em Swain (2011), no seguinte trecho: "Nas fendas do dispositivo da sexualidade, as mulheres são 'diferentes', isto é, sua construção em práticas e representações sociais sofre a interferência de outro dispositivo: dispositivo amoroso. Poder-se-ia seguir sua genealogia nos discursos- filosóficos, religiosos, científicos, das tradições, do senso comum- que instituem a imagem da 'verdadeira mulher', e repetem incansavelmente suas qualidades e deveres: doce, amável, devotada (incapaz, fútil, irracional, todas iguais!) e, sobretudo, amorosa. Amorosa de seu marido, de seus filhos, de sua família, além de todo limite, de toda expressão de si" (Swain, 2011, s/p).

de antigas fórmulas que caracteriza as mulheres: doces, devotadas, amáveis e, sobretudo, amantes. O amor as atualiza na expressão identitária de 'mulheres': é sua razão de ser e viver. Elas estão dispostas ao sacrifício e ao esquecimento de si por 'amor'" (Swain, 2012, p. 11).

Firestone (1976) sublinha, na mesma linha, o comportamento "adesivo" das mulheres no amor. Segundo ela, isso seria ditado pela situação social objetiva. Durante séculos, as mulheres criaram estratégias que foram passadas de mães para filhas, sobretudo para lidar com a sobrevivência e a falta de compromisso emocional masculina (cujo sentido veremos adiante). Como aponta a autora: "Requer-se o melhor de sua energia, durante a melhor parte de seus anos criativos para 'agarrar um bom partido' e uma boa parte do resto de sua vida para 'conservar esse partido' ('Amar pode ser um serviço de tempo integral para as mulheres, como a profissão é para os homens')" (p. 159-160). Não se trata então apenas de um investimento dentre outros tão ou mais importantes, mas de uma (quase) dedicação exclusiva!

O amor romântico seria um amor corrompido pelas relações de poder, pois estimula e pressupõe uma dependência psicológica das mulheres. Segundo Firestone (1976), o romantismo se desenvolveu em proporção à libertação das mulheres de sua biologia, ou seja, como nova forma de poder e controle sobre elas. Se antes as mulheres eram desrespeitadas, agora são elevadas a um falso estado de adoração, presente na galanteria, a qual constrói um ideal.

Dizer que o dispositivo amoroso apresenta-se como caminho privilegiado de subjetivação para as mulheres em nossa cultura, significa dizer que as mulheres se subjetivam, na relação consigo mesmas, mediadas pelo olhar de um homem que as "escolha". Isto é, o amor, ser escolhida por um homem, é um fator identitário para elas. Diz acerca de certa forma de amar que a elas é interpelada. Em nossa cultura, os homens aprendem a amar muitas coisas e as mulheres aprendem a amar, sobretudo, e principalmente, os homens. Vimos o quão variadas e eficazes são as tecnologias de gênero (revistas, filmes, músicas, novelas etc.) que interpelam performances relacionadas a esse dispositivo, bem como o modo como colonizam afetos. A metáfora que criei para ilustrar essa condição é a seguinte: as mulheres se subjetivam na "prateleira do amor". Essa prateleira é profundamente desigual e marcada por um ideal estético que, atualmente, é branco, louro, magro e jovem. Trata-se de uma configuração cuja construção histórica foi impulsionada pelo crescimento do individualismo e do capitalismo.

Como vimos, a noção de beleza não é universal, imutável e nem exerceu o mesmo papel/função em todas as épocas históricas. Segundo Lipovetsky (2000), a constituição da mulher como "belo sexo" é obra da era moderna. Até então, era a beleza masculina o parâmetro, e não a feminina. Nos séculos XV e XVI houve uma inversão e a mulher foi tomada como personificação suprema da beleza (Lipovetsky, 2000). Se houve exaltação da beleza física da mulher, esta ainda não havia se tornado, como apontamos, capital matrimonial, nem desarmou a misoginia vigente. A beleza feminina, real, ainda era ressentida como perigosa. Além disso, a beleza que anteriormente era associada diretamente com virtudes morais (ou seja, ser belo era a própria expressão de um belo caráter), destacou-se da moral e passou a ser compreendida como um fenômeno separado, com valor autônomo (século XVIII).

Até fins do século XIX, a idolatria da beleza feminina se restringia a um círculo rico e culto. No século XX, tornou-se capital matrimonial importante e sofreu um *boom* promovido pela expansão da indústria da beleza. Sob forte influência de uma ideologia da higiene moral burguesa, a qual promoveu a saúde como um bem a ser perseguido, a beleza tomou novas formas, regidas pelo ideal de juventude e magreza (Del Priore, 2000), caracterizando-se pela "lipofobia". Por ser vendida a ideia de que quem não nasce bela, pode tornar-se, ou seja, como um bem de consumo que depende do esforço individual, a beleza deixou de ser uma questão meramente estética para ser um dever ético (Novaes, 2006). É a fase mercantil e democrática da beleza (Lipovetsky, 2000), a qual alcançou e alcança todas as classes sociais (de produtos caros, de luxo, como a Lancôme a produtos populares como a Monange). Imprensa, indústria, cinema, moda e cosmética[76] estão ligadas a essa fase.

> Mais do que nunca, a mulher sofre prescrições. Agora não mais do marido, do padre ou do médico, mas do discurso jornalístico e publicitário que a cerca (...) (É uma) subordinação, diga-se, pior do que a que sofria antes, pois diferentemente do passado, quando

[76] O batom conhece um enorme sucesso a partir da década de 20, além de bronzeadores, esmaltes, desodorantes posteriormente; mas é, sobretudo, na segunda metade do século XX, que a indústria de cosméticos é impulsionada. De um lado, quanto maior a insatisfação das mulheres com sua aparência, maior o desejo de consumir produtos amenizadores ou que prometam resolver o "defeito". Por outro lado, o que se vende é que nunca se é bela o suficiente, que sempre é possível aprimorar: trata-se do *enhancement*.

quem mandava era o marido, hoje o algoz não tem rosto. É a mídia. São os cartazes da rua. O bombardeio de imagens na televisão. (Del Priore, 2000, p. 15)

Com a criação crescente de produtos cuja finalidade é "melhorar a aparência", firmou-se a ideia de que, por ser a beleza um bem disponível a todas, só não é bela quem não quer ou não se esforça o suficiente[77]. Quanto mais distante do ideal de beleza, maior a chance de sérios impactos na autoestima das mulheres. Além de jovem e magra, também se firmou, ainda mais, o racismo: o ideal é branco, louro[78], cabelos lisos (Del Priore, 2000). Como vimos, a branquitude sempre foi um capital matrimonial importante em nossa cultura, pois no século XIX eram as brancas as consideradas "casáveis". No século XX, isso se firmou ainda com mais força, sob a poderosa influência de Hollywood e com pesadas consequências sobre a autoestima das mulheres negras. Portanto, negras, gordas[79] e velhas[80] foram vistas, progressivamente como pouco desejáveis, "encalhadas", ocupando um lugar desfavorável na prateleira do amor. Quanto maior a insatisfação das mulheres com seus corpos, maior a possibilidade de lucro do mercado da beleza. Ser subjetivada na prateleira torna as mulheres bastante vulneráveis, pois mesmo a ocupação de um lugar privilegiado na mesma é da ordem do efêmero, visto que, ainda que com o uso de produtos, é impossível não envelhecer. Nesse quesito, o Brasil se tornou um dos líderes mundiais em cirurgias plásticas. As promessas do mercado, construídas em cima da insatisfação das mulheres, são infinitas.

---

[77] Mesmo que haja uma construção estigmatizadora da relação entre mulheres e beleza, é possível usar o próprio estereótipo para "encantar". É necessário aprofundar essa possível relação de resistência e sobrevivência dentro do empoderamento colonizado no ideal estético da prateleira do amor.

[78] Segundo Del Priore (2000), no século XIX eram as morenas as consideradas belas.

[79] Importante destacar que a gordura em mulheres já foi considerada qualidade atrativa e distintiva em outras épocas históricas, pois remetia a uma classe social favorecida, marca de abundância. Nossa cultura atual é lipofóbica. As mulheres gordas são percebidas na contemporaneidade como sem força de vontade, com baixa autoestima, fracassadas, desleixadas e sem controle sobre si mesmas. Já os homens gordos são vistos como simpáticos, gulosos e bon vivants. Basta olhar os programas televisivos abertos ao grande público: homens obesos conseguem papéis de destaque (um bom exemplo, no Brasil, seria o programa do Jô, que durou anos a fio). Já a presença de mulheres obesas é raridade. No momento, estamos realizando uma pesquisa sobre obesidade e gênero. O objetivo é criar escuta para os modos como a obesidade atinge homens e mulheres de forma gendrada. As entrevistas, riquíssimas, já foram realizadas e em breve estaremos analisando e escrevendo sobre os dados encontrados. Penso ser fundamental o aprofundamento da compreensão psicodinâmica da relação entre ideal estético, narcisismo e dispositivo amoroso em mulheres, de forma interseccional.

[80] Segundo Del Priore (2000), usando as ideias de Bruno Remaury, a identificação da beleza com juventude e saúde remonta a três condições culturais da fecundidade, ou seja, da perpetuação da linhagem. Em outras palavras, apesar das mudanças culturais, persistiria a noção de desejabilidade da mulher em função de sua capacidade procriativa. Envelhecer passou a ser associado com perda de prestígio.

Del Priore (2000) aponta nesse sentido que, já em 1996, 54% das mulheres brasileiras, em média, gastavam mais de 20% de seus salários com produtos de beleza (academia, esmalte, maquiagem, desodorante, xampu etc.)[81]. Hoje em dia, mesmo uma cirurgia plástica pode ser acessada por parcelas da população antes excluídas. Não apenas os preços baixaram, mas houve facilitação no pagamento mediante parcelamentos a perder de vista. Não ser bela passou, assim, a equivaler a ser "desleixada" ou ter uma autoestima baixa! (não fazer por onde, nem querer fazer para se tornar bela)[82].

O que se visa, na busca do ideal de beleza, é reconhecimento social e aprovação. É, dentre outras coisas, um bom lugar na prateleira do amor. Portanto, a sensação produzida é que, para se estar bem colocada, há que se esforçar (a beleza não como destino, mas como responsabilidade, como conquista pessoal). Naomi Wolf (1992) aponta o quanto houve assim uma passagem da prisão doméstica das mulheres a uma prisão estética[83]. Além de quebrar a autoconfiança e a autoestima das mulheres, essa ditadura estética, travestida de democracia (seria livre e supostamente dependente do desejo da mulher em se melhorar fisicamente), reorienta "os sonhos, as expectativas e as paixões femininas para o sucesso privado em vez do sucesso público, para o poder informal em lugar do poder formal, para o relacional em vez do poder no seio das instituições" (Lipovetsky, 2000, p. 149)[84].

---

[81] Dado de pesquisa realizada pelo Datafolha, em 1996. Essa pesquisa aponta que 50% das mulheres não estavam satisfeitas com seu peso e que 55% gostaria de fazer uma cirurgia plástica. Por outro lado, 61% não faziam exercícios físicos e preferiam cuidar da aparência por meio da compra de cosméticos. Não à toa, a indústria da beleza é uma das mais lucrativas no mundo ocidental.

[82] Interessante destacar o papel disciplinador da Psicologia, ao usar o psicologismo como forma de colonização e adestramento do comportamento das mulheres. Em minhas disciplinas da pós-graduação recebo vários alunos que ou trabalham no sistema jurídico ou são da área do Direito. Lugar comum é a utilização do julgamento do aspecto físico e de sua descrição para implicitar uma avaliação psicológica.

[83] "Diferentemente de nossas avós, não nos preocupamos mais em salvar nossas almas, mas em salvar nossos corpos da desgraça e da rejeição social. Nosso tormento não é o fogo do inferno, mas a balança e o espelho. 'Liberar-se', contrariamente ao que queriam as feministas tornou-se sinônimo de lutar, centímetro por centímetro, contra a decrepitude fatal. Decrepitude, agora, culpada, pois o prestígio exagerado da juventude tornou a velhice vergonhosa", aponta Del Priore (2000, p. 11). Ou seja, mais do que nunca, a mulher sofre prescrições. O corpo pode ser exibido, mas não qualquer corpo, e sim o corpo "em forma", jovem, delineado. "Quanto mais numerosos foram os obstáculos legais e materiais vencidos pelas mulheres, mais rígidas, pesadas e cruéis foram as imagens da beleza feminina a nós impostas" (Wolf, 1992, p. 11). Aparentemente, as mulheres são louvadas por sua beleza, mas segundo Wolf (1992), na realidade, é um composto de distanciamento emocional, político, das finanças e da repressão sexual: "uma ideologia que fizesse com que nos sentíssemos menos tornou-se urgente e necessária para se contrapor à forma pela qual o feminismo começava a fazer com que nos valorizássemos mais" (p. 22). A construção de um olhar autocrítico físico nas mulheres seria um anafrodisíaco por excelência.

[84] "A mulher é levada aos píncaros enquanto Bela e não enquanto Chefe" (Lipovetsky, 2000, p. 147). Wolf (1992, p. 90) ressalta que: "Quando se atrai a atenção para as características físicas de líderes mulheres, essas

O que está em xeque é a legitimidade da mulher como mulher, sua necessidade de ser "validada" pelo olhar desejante de um homem. A possibilidade de ser ou se sentir passível de ser escolhida. A beleza é aqui um atributo (a ser perseguido) que pode ser entendido como um sistema monetário e com valor de troca no mercado amoroso (Wolf, 1992; Novaes, 2006). No entanto, longe de fornecer uma compensação narcísica, há uma agudização da frustração e da impotência em face da potência da imagem (Novaes, 2006). Como afirma Wolf (1992): "(...) a nossa identidade deve ter como base a nossa 'beleza', de tal forma que permaneçamos vulneráveis à aprovação externa, trazendo nosso amor-próprio, esse órgão sensível e vital, exposto a todos" (p. 17). Além disso, há que se destacar que o corpo ideal, idolatrado, é um corpo de classe (média e rica). O *sex appeal* também é bastante importante. Se a mulher quiser ser digna de amor, terá que ser digna de desejo sexual.

Como aponta Del Priore:

> (...) O que estava em jogo em todo esse discurso da aparência é a transformação do corpo feminino em objeto de um desejo fetichista. Se por um lado a estética cinematográfica era sinônimo de mentalidade moderna e um domínio onde a mulher podia tomar iniciativas, por outro a sensualidade que emanava de sua representação a transformava em objeto passivo de consumo. (Del Priore, 2000, p. 75)

Um ponto importante a se destacar é que, por mais que uma mulher esteja em um lugar "privilegiado" da prateleira, esse é um profundo engodo porque: 1) processos normais do desenvolvimento fazem com que a manutenção desse lugar seja sempre muito efêmera e provisória (por exemplo, o envelhecimento e ganho de peso); 2) sempre haverá a possibilidade de surgimento de novos "produtos"/mulheres que se encaixem melhor nesse ideal; e o que considero mais importante, 3) a prateleira do amor erige um lugar para as mulheres cuja vivência de ter que ser escolhida é profundamente desempoderadora; ao mesmo tempo que 4) erige para os homens um lugar extremamente privilegiado

líderes podem ser repudiadas por serem bonitas demais ou feias demais. O resultado líquido é impedir que as mulheres se identifiquem com as questões. Se a mulher pública for estigmatizada como sendo 'bonita', ela será uma ameaça, uma rival, ou simplesmente uma pessoa não muito séria. Se for criticada por ser 'feia', qualquer mulher se arrisca a ser descrita com o mesmo adjetivo se se identificar com as ideias dela. As implicações políticas do fato de que nenhuma mulher ou grupo de mulheres, sejam elas donas-de-casa, prostitutas, astronautas, políticas, feministas poderem sobreviver ilesas ao escrutínio devastador do mito da beleza, ainda não foram avaliadas por inteiro".

e protegido de serem aqueles que avaliam e julgam/escolhem as mulheres, dando a elas seu "valor".

Assim, se elas são avaliadas, por um lado, em função de sua beleza (e de seu comportamento/performances), por outro, a prateleira do amor, no dispositivo amoroso, outorga o lugar de avaliadores aos homens. São eles que avaliam física e moralmente as mulheres. Por seu turno, nunca são avaliados de verdade por elas, e sim por seus pares, na "casa dos homens", como veremos mais adiante.

> O direito de um homem de julgar a beleza de qualquer mulher, enquanto ele próprio não é julgado, não é questionado porque é considerado divino. Tornou-se de tamanha importância que a cultura masculina o exerça porque ele é o último direito não contestado a permanecer intacto dentre a antiga lista dos privilégios masculinos. (Wolf, 1992, p. 113)

Um desdobramento importante é que as mulheres se subjetivam na relação umas com as outras por meio da rivalidade. Se trata-se de "ser escolhida", quero ser o objeto mais brilhante, mais reluzente, ou apagar o brilho alheio. A competição se faz aqui evidente. Ser escolhida é sempre um valor relacional, ou seja, produzido na comparação com outras mulheres disponíveis também nessa prateleira simbólica. Além disso, trata-se de dar a elas o que elas querem e precisam ouvir, e produzir a sensação de serem "escolhidas" ou diferentes das demais. "De fato, como membro de uma classe oprimida, ela própria participa dos insultos dirigidos às outras iguais a ela, esperando, com isso, tornar óbvio que ela, como indivíduo, está acima do comportamento das outras" (Firstone, 1976, p. 160). Como sublinha Lipovetsky:

> (...) através do amor, a mulher visa um reconhecimento e uma valorização de si mesma enquanto indivíduo não permutável. Ei-la exaltada, distinta das outras, escolhida por si mesma e pelas suas 'qualidades' individuais. Aquilo que está subjacente à sobrevalorização feminina do sentimento amoroso é menos um desejo de 'destruição de si mesma' do que o desejo de ser reconhecida e valorizada como uma subjectividade insubstituível com tudo o que isso implica de satisfações narcísicas. (Lipovetsky, 2000, p. 42)[85]

[85] Aqui é necessário fazer uma observação em relação aos tipos de escolha amorosa, sob a visão freudiana. Segundo Freud, eles são dois: o anaclítico e o narcísico. O primeiro, o qual seria mais típico nos homens, trata-se de escolher alguém que cuida ou protege como uma mãe ou um pai. O segundo, mais frequente nas mulheres, de acordo com Freud, é baseado na escolha de alguém que fez parte de você (um filho), que se

Os homens, em si, nunca são colocados em questão. E elas acabam por não tomar consciência de sua condição de gênero (ou identidade genérica; segundo Lagarde, 1998). Assim, quem mais lucra com a rivalidade feminina são os homens. Nessa rivalidade, mesmo um homem "perebado" se transforma em um deus do Olimpo. A maioria dos homens acredita narcisicamente nesse suposto valor do desespero das mulheres por eles; mas, de um ponto de vista psicodinâmico, a origem desse investimento é outra: por ser identitário, trata-se de algo narcísico. A "disputa" entre elas não é por ele, mas pelo reconhecimento ("ser escolhida") que dele pode advir[86]. As mulheres se subjetivam, assim, em uma carência a ser.

Outro aspecto importante é a quantidade de energia investida na relação amorosa. Como aponta Firestone (1976): "(...) a atual organização física dos dois sexos prescreve que a maioria das mulheres gaste sua energia emocional com os homens, ao passo que os homens devem 'sublimar' sua energia no trabalho" (p. 181). Em suma, o amor das mulheres torna-se combustível para a manutenção da relação heterossexual, para os homens e para a "máquina cultural".

Dizer que são as mulheres que se subjetivam no dispositivo amoroso não quer dizer que os homens não amem, mas que amam de forma diferente, na qual sua identidade não está em xeque. Ou seja, eles podem sofrer ao amar, mas dificilmente sofrem por não amar, ou por não serem amados por uma mulher qualquer (diferentemente do caso de amar alguém que não os ame), como parece ser o caso da experiência das mulheres. Como aponta Wolf (1992), as mulheres definem seu sucesso pela capacidade de estabelecer e manter relacionamentos sexualmente amorosos.

Gostaria de apontar alguns exemplos, que retirei da escuta clínica, do atendimento de diversas mulheres em todos esses 20 anos, nos quais fica evidente a questão identitária delas em serem subjetivadas no dispo-

---

parece com o que você foi, é, ou gostaria de ser, sendo este último caso o estado agudo do apaixonamento. Se formos traduzir para a nossa linguagem dos dispositivos: para a mulher, a escolha é narcísica, pois é identitária. Ela é necessária para o pleno funcionamento psíquico em função dos processos de subjetivação pelos quais as mulheres passam em nossa cultura. Elas se subjetivam de forma gendrada, em uma carência a ser. No caso do amor narcísico pelos filhos, trata-se do empoderamento colonizado proporcionado pelo dispositivo materno. Já os homens se beneficiam do dispositivo amoroso e materno das mulheres. Sua escolha é baseada nesse "recebimento", daí as qualidades "femininas" (do cuidado e abnegação) esperadas (e presentes) em muitas esposas.

[86] Se a "rival" (a outra opção) é bem cotada na prateleira do amor, isso aumenta ainda mais o valor de "ser escolhida". Por outro lado, em contrapartida, empodera ainda mais o homem no lugar privilegiado daquele que avalia, elege, escolhe.

sitivo amoroso: a) apesar de terem uma vida aparentemente boa e com muitas possibilidades de realização e satisfação, muitas mulheres reclamam de se sentirem "encalhadas": elas usufruem pouco de suas possibilidades, porque se centram nessa experiência de falta de um homem; b) adolescentes e jovens quando vão para as "baladas" ressentem-se quando nenhum menino teve interesse em ficar com elas, se sentem feias, gordas, com a autoestima ferida. Seria uma experiência diferente caso a questão fosse o interesse em um determinado menino que não se interessou por elas. O que está em xeque na primeira vivência diz acerca do funcionamento desse dispositivo. Não se trata de não ser amada por alguém específico, mas de não se sentir passível de ser amada e de se amar, porque nenhum homem a ama/deseja. Isso aponta para a extrema vulnerabilidade dessa posição: é aqui que o "perebado" pode se tornar o príncipe encantado. Além disso, podemos destacar as metáforas presentes não apenas nas falas das próprias mulheres, mas também, naquelas que elas escutam com certa frequência: "ficar encalhada", "ficar pra titia" etc. Da mesma forma, em atendimentos clínicos, escutamos frases do tipo "ruim com ele, pior sem ele"[87] ou "não quero voltar pra pista!". "Pista" aqui pode ser compreendida como "prateleira do amor". O que está em jogo não é apenas a perda de uma relação, mas um aspecto identitário[88].

Faz-se mister destacar, assim, que o investimento afetivo/pulsional em uma relação heterossexual e na manutenção dela quase nunca é o mesmo para mulheres e homens. Ele é gendrado. São relações mais ou menos assimétricas, em que a reciprocidade de investimento raramente existe[89]. Isso faz com que nas relações entre mulheres lésbicas haja maior simetria, pois uma mulher "lucra" com o dispositivo amoroso da outra. Faz com que, também, no mundo lésbico, seja comum a brincadeira de que "lésbicas não namoram, se casam": isso aponta para o fato de que a subversão da heterossexualidade compulsória não necessária nem auto-

[87] Isso se aplica mesmo a relações abusivas e violentas. Como aponta Dias, Machado & Gonçalves (2012): "Os repertórios que sustentam a permanência numa relação onde sofreram vitimação continuada refletem, em nosso entender, os discursos socioculturais mais alargados que veiculam a associação da felicidade/realização feminina ao contexto da conjugalidade e, simultaneamente, responsabilizam a mulher pelo êxito das relações" (p. 155). As autoras também apontam os sentidos diferentes, gendrados, da violência quando cometida por homens e mulheres na conjugalidade.

[88] Performances repetidas ressentidas como tal.

[89] Relações românticas mais simétricas (investimento parecido na relação, divisão não rígida nem sexista das tarefas de casa etc.) são correlacionadas na literatura com o aumento do bem-estar subjetivo dos pares, como veremos adiante.

maticamente leva à desconstrução do dispositivo amoroso. Para isso, é preciso um lento e dedicado esforço de descolonização afetiva.

Outro ponto importante a se destacar são as performances entre nós próprias, mulheres, que agem como tecnologias de gênero, de forma a reiterar que a coisa mais importante que pode existir na vida de uma mulher é o amor e ter um homem que a escolheu. Apresento um exemplo comum a todas nós e de minha própria experiência. Em 2013, pude realizar uma viagem dos meus sonhos: uma estadia no Serenghetti, na Tanzânia, no continente africano, local de maior migração de grandes animais do planeta. Trata-se de um lugar extraordinário, no qual ainda podemos conviver com grande quantidade dos *big five*: elefantes, leões, hipopótamos, rinocerontes e girafas. Foi uma experiência única e, com certeza, bastante privilegiada. Quando retornei ao Brasil, ao reencontrar uma amiga que sabia da minha viagem e acompanhou os preparativos para ela (juntei dinheiro por um ano para isso), ela me perguntou, em tom festivo: "amiiigaaaaaaaa! E aí, como é que foi lá? Ficou com alguém?". Em um safari que poucas pessoas no planeta têm a oportunidade de realizar, o que ela me informou, ainda que sem saber, com essa pergunta, é que a experiência/vivência mais importante que eu poderia ter a contar seria a de ter arrumado um homem. Com isso, quero chamar a atenção para o fato de que não apenas nos subjetivamos continuamente no gênero, mas repassamos, reafirmamos, e constituímos, com nossas performances, tecnologias de gênero para outras mulheres (e para os homens também).

Outro desdobramento da prateleira do amor é deixar as mulheres profundamente vulneráveis em sua forma de amar. O "botão" de acesso a elas é simplesmente o fato de se sentirem escolhidas. Assim, por exemplo, Joana não tem interesse em Pedro, na verdade considera-o até feio, enfadonho, desinteressante etc., mas, um dia, Pedro lança um olhar suficientemente diferente para Joana e tudo se transforma: Pedro "passa" a ser interessante... Uma das coisas que mais me impressionou em meus 20 anos de clínica foram essas "transformações" de investimento objetal das mulheres sobre os homens. Um "perebado" pode se transformar em um suposto príncipe encantado com muita rapidez.

Há também uma interseccionalidade importante entre o funcionamento do dispositivo amoroso e o tempo, melhor dizendo, a passagem pelas faixas etárias. Há um aumento da intensidade e da magnitude do funcionamento do dispositivo amoroso, sobretudo nas mulheres que permanecem solteiras, com o decorrer da idade. Não por razões metafísicas ou biológicas, mas pelas configurações que ele adquire. De um lado, como vimos, quanto mais velha a mulher, maior a chance de ocupar um lugar "ruim" na prateleira; por outro, a necessidade identitária de se sentir "validada" como mulher (e, em muitos casos, pelo dispositivo materno, para se tornar mãe) alcança as raias da (auto e hetero)crueldade. Isso vulnerabiliza ainda mais as mulheres e as coloca no "mercado amoroso" aceitando "qualquer negócio"[90]. Assim, as fases do desenvolvimento, tais como as conhecemos em nossa cultura (e que já são construções culturais), interpelam diferentemente certos pontos do dispositivo. No caso das mulheres, podemos ver isso por meio do discurso popular (ideológico) do "relógio biológico" ("olha o relógio biológico!", "As mulheres sentem necessidade de casar e de ter filhos, é o relógio biológico!").

Segundo Lagarde (2013), as mulheres são construídas em torno da carência, em um abandono de si mesmas, que as impede de usufruir livremente da própria solidão. Se o celibato feminino foi perseguido no começo do século XX, por meio dos diversos discursos contra as solteironas (não apenas social, mas jurídico e médico), essa condição foi vista por várias feministas, por outro lado, como uma estratégia política contra a dominação masculina. Maria Lacerda de Moura, por exemplo, defendia que todas as mulheres que conseguiram ser elas mesmas ou foram solteiras, ou viúvas ou divorciadas, ou mal vistas pela família inteira. Assim, Maia (2011) aponta que o celibato se apresentava, para muitas mulheres, como única condição velada possível para colocar seus interesses no centro de suas escolhas. Isso para se permitirem ser *ego-istas* ou *ego-cêntricas* (característica interpelada e exaltada nos homens). Não serem para os outros. Mulheres solteiras e independentes causaram e ainda causam bastante incômodo ao *status quo*. Quase nunca se pensa na possibilidade de protagonismo e escolha dessa situação.

Segundo Belotti (1983, p. 36),

> (...) às suas filhinhas as mães dizem mais ou menos o seguinte: 'Tudo vai bem enquanto preciso fazer por ti o mínimo indispensável, por isso procure virar-se sozinha', mas isto só aparentemente

[90] Em pesquisa em andamento, sobre obesidade e gênero, destacou-se dentre os homens adultos, que sempre foram gordos, a seguinte fala: "Nunca fiz muito sucesso quando era adolescente... mas, não entendo, fui ficando mais velho e até mais gordo, com cabelos grisalhos (risos), e não falta mulher!"

> é um estímulo à independência e à autonomia. Com efeito, das meninas só se irá exigir um certo tipo de auto-suficiência, ou seja, aquela que prevê não depender dos outros para os pequenos negócios cotidianos de caráter prático, mas depender completamente deles no tocante a opções de maior alcance como a auto-realização, não só, mas também colocar quanto antes possível as próprias energias psíquicas a serviço de outrem.

Belotti (1983) afirma assim que é necessária uma tremenda operação repressiva para que a menina, transbordante de vitalidade e entusiasmo pela vida, transforme-se em uma "mulherzinha", aplicando suas energias nos outros (sobretudo no dispositivo amoroso e no materno, como veremos adiante). Obviamente, parte dessa situação (o livro foi escrito na década de 80) já se transformou, mas o que queremos apontar é que as formas de controle se tornaram muito mais eficientes. Como vimos no capítulo 1, há uma forte pedagogia afetiva, configuradora das emoções.

A experiência privilegiada que é configurada, portanto, para as mulheres não é o protagonismo do escolher, mas o de "ser escolhida" (e investir nisso). Aqui gostaria de dar um exemplo cotidiano da vida das mulheres. Quando são solteiras e encontram uma amiga, uma tia e até uma conhecida, é comum escutarem: "E os namorados? Tá namorando?". Caso a resposta seja: "Tô não", uma reação comum é: "Mas por quê? Uma moça tão bonita (substitua aqui por outros adjetivos possíveis: prendada, inteligente, interessante etc.)...". A ideia subentendida é que se você está sozinha é porque não foi escolhida (coitada!), portanto deve ter algum "defeito" para ainda estar encalhada na prateleira do amor. Como dissemos, nunca se supõe um protagonismo da mulher, uma escolha ativa de ser avulsa. E nem possíveis benefícios na solteirice (eles só existiriam para os homens...). Há uma naturalização de que toda mulher quer ter um homem e, se não tem, é porque nenhum a quis. Nessa rachadura observamos os jogos de poder e hierarquia implantados e mantidos pelos dispositivos.

A discriminação que caberia à mulher seria escolher entre os homens que a escolheram. Por outro lado, o "ser escolhida" não quer dizer que elas tenham escolhido o homem em questão (ou que o desejem), são fenômenos e lugares subjetivos diferentes. Cabe a elas o lugar ativamente construído da passividade do dar-se à mostra e da sedução, importando pouco, às vezes, quem as escolha ("Ele pode não ser grande coisa, mas pelo menos, eu consegui um homem para mim" – Firestone, 1976, p. 163). Trata-se de uma questão identitária (ou ressentida como tal) na qual é colocado em xeque seu valor como "mulher" e sua autoestima. Nesse sentido, é comum que, mesmo mulheres bem-sucedidas profissionalmente, sejam julgadas (e se julguem) como "infelizes" ou, no fundo, malsucedidas na vida, por não terem se casado, não terem tido filhos, ou os dois. O estar sozinha é compreendido, portanto, não apenas socialmente, mas muitas vezes, pela própria mulher, como um "abandono", como um "encalhamento" na prateleira, com não ser boa o suficiente para ter sido escolhida. O casamento (e a maternidade) ainda são vistos como um destino "normal", naturalizado[91], sobretudo, como desejo feminino "essencial" (o próprio levantamento realizado pelo IPEA, em 2014, revelou isso). Como apontou uma entrevistada de Bosi (1979):

> *Mulher solteira não tem projeção social. Conheci uma senhora que dizia com muita graça: na escala social primeiro existe a mulher casada, em segundo lugar a viúva, em terceiro lugar a desquitada, em quarto lugar a prostituta, em último lugar... a solteirona. Nunca ninguém lembrou de escrever coisa sobre a mulher solteira.* (Bosi, 1979, p. 293)

Assim, muitas mulheres acabam por se casar com o próprio casamento, independentemente do parceiro que arranjem, e principalmente, da satisfação ou não que tenham com essa relação. Muitas mulheres suportam melhor o desamor do que o não ter alguém. E adoecem. Não pelo amor, como uma entidade metafísica, mas por um modo de entender e viver o amor como questão identitária. Em muitos casos, a mediação do casamento se dá pelo ideal que ela gostaria que seu parceiro fosse (casa-se com a esperança do que ele venha a ser), mais do que o homem real ali presente. Várias tecnologias de gênero participam na criação, recriação e manutenção da crença de que é possível transformar mesmo uma besta em um príncipe encantado, dependendo apenas do amor, da dedicação e da paciência da mulher. Em outras palavras, caso isso não aconteça, é bem possível que tenha havido uma suposta "falha" na própria mulher. Não podemos esquecer nunca que o término de uma relação amorosa, em nossa cultura, coloca identitariamente em xeque a mulher, e não ao homem, mesmo que o pivô da separação tenha sido algum comportamento dele.

[91] Como afirma Sau (1976): "O ser humano tem a tendência a qualificar de natural o que viu e observou desde sua mais tenra infância, por mais artificial que o seja" (p. 23).

Figura 8- Clássico do cinema, *A bela e a fera*, regravado recentemente, mostra a história romântica de uma bela menina apaixonada por uma besta/fera e que a amansa, através do amor e da dedicação, fazendo com que a mesma volte a ser um príncipe encantado.

Outro exemplo de tecnologia de gênero, presente em nosso cotidiano e que exemplifica as representações e performances diferenciadas acerca do casamento e do amor, para homens e mulheres, são os enfeites de bolo de casamento. Como a ilustração abaixo mostra, trata-se de uma "vitória" e uma conquista da mulher e uma "perda" e "rendição" masculinas[92]. A mesma ideia é representada em camisetas populares que circulam pelo país e traduzem o casamento como um "game over", para a suposta felicidade das mulheres (que teriam, assim, atingido seu objetivo; e tristeza dos homens, que foram "capturados", a despeito de sua resistência). Ou o "jogar o buquê" só dentre as mulheres, para ver quem terá a "sorte" de ser a próxima a se casar. Essas representações apontam para o modo como a solteirice é pensada e vivida ainda de forma completamente diferente por homens e mulheres. Ou como ambos são "incentivados" " a pensá-la.

[92] A ideia da mulher caçadora de marido ou mantenedora dele (custe o preço que custar) é lugar comum e bastante popular no Brasil, fazendo-se presente em canções e rituais que se mantêm na cultura. Exemplo são as simpatias do dia de Santo Antônio para "arrumar" namorado/marido.

Figura 9- Enfeite de bolo, comum em casamentos no Brasil, e camiseta popular "retratando" o significado do casamento para homens e mulheres: para elas, signo de "sucesso" (supostamente conseguiram o que queriam); para eles, uma derrota, afinal tiveram que ceder às obrigações.

Aqui o(a) leitor(a) poderia pensar: então o casamento deve ser um fator de proteção à saúde mental das mulheres. Não necessariamente. Como aponta Coombs (1991, p. 100):

> O folclore popular acredita que o casamento é um estado abençoado para as mulheres e uma armadilha pesada para os homens. Em realidade, no entanto, homens mais do que mulheres, recebem os benefícios do casamento na saúde mental, porque as mulheres, mais do que os homens, provêem ajuda emocional e outros suportes no casamento.

Em geral, o casamento é um fator de proteção à saúde mental dos homens (independentemente da qualidade da relação, mas sendo maior e melhor o impacto em relações mais igualitárias e felizes – Coombs, 1991; Lee & Ono, 2012; Simon, 2014). No caso das mulheres, quanto mais a relação é simétrica/igualitária e com um parceiro que é cuidadoso (dê suporte) e "nutridor" emocional, mais o casamento é um fator de proteção à saúde mental delas (Coombs, 1991; Dush & Amato, 2005). Porém relações ruins, marcadas pelo sexismo e/ou investimento desigual na mesma, constituem-se como forte fator de risco e de adoecimento psíquico (Dush & Amato, 2005)[93]. Nesses casos, mulheres ca-

[93] O casamento beneficia mais os homens, em geral, do que as mulheres, em termos de saúde mental e bem-estar. No entanto as vantagens, nesses quesitos, entre o ser casado sobre o ser solteiro têm diminuído, sobre-

sadas apresentam mais históricos de depressão que as solteiras em geral (Simon, 2014). Nas situações em que a solteirice ocorre "por opção", o nível de bem-estar se assemelha àquele das casadas[94]. Aqui temos os limites estruturais (e históricos) da prateleira do amor: essa "opção" (pela solteirice) não é igual para todas as mulheres, havendo maior tendência de solteirice "por preterimento", dentre as mulheres negras, em função do racismo que configura as preferências afetivas dos homens brancos, mas também negros, pelas mulheres brancas. Faltam estudos (em geral, mas ainda mais no Brasil) que cruzem, portanto, o impacto do status relacional (casada, morando junto, namoro, solteirice, viuvez etc.), com gênero e raça (Williams, Takeuchi & Adair, 1992)[95].

Em suma, o casamento pode ser muito bom, se for apenas uma *opção*, uma escolha pautada tanto na capacidade da mulher em estar bem sozinha, consigo mesma, quanto nas qualidades do seu parceiro e do que ele tem para lhe oferecer/proporcionar. Quando é realizado no desespero do funcionamento no dispositivo amoroso pode levar a destinos bem trágicos. Como aponta Sau (1976), de encontrar um marido a buscá-lo, há uma grande diferença.

Além disso, o sentido do casamento (e o que nele ocorre), bem como as tarefas a ele associadas são diferentes para homens e mulheres (Bebbington, Hurry, Tennant, Sturt & Wing, 1981). Os processos de subjetivação gendrados, nos dispositivos, criam, em geral, vulnerabilidades identitárias diferenciadas para homens e mulheres em nossa cultura. Como afirma Simon (2014), certos estressores são mais estressantes para as mulheres

tudo em países desenvolvidos (Mikucka, 2015). Acredita-se que uma das razões é o desenvolvimento de serviços e de tecnologias que auxiliam no cotidiano dessas pessoas (exemplos: máquina de lavar roupa, restaurantes em conta para as refeições, congelados em supermercados etc.). Em países em desenvolvimento e nos quais a cultura ainda pressupõe especializações bem marcadas de gênero, há uma tendência a existir um desnível maior nas vantagens para a saúde mental de ser casado ou ser solteiro. Ou seja, nesses países, como é o caso do Brasil, ser casado ainda é um fator de proteção à saúde mental, pois, de um lado, se apresenta como um "passaporte" para a inserção social e comunitária e, por outro, tal impacto é mediado pelas crenças societais de gênero, assim como pelo aspecto religioso (Lee & Ono, 2012). Para os homens, viver em um país com crenças de gênero tradicionais, parece estar associado mais fortemente a autodescrições de bem-estar e felicidade (Lee & Ono, 2012).

[94] Ou de relações sociais íntimas, com compromisso.

[95] Os autores destacam a invisibilidade da população negra nesses estudos. Lendo a partir da perspectiva dos dispositivos: de um lado, temos o impacto do racismo (no viés da cultura hegemônica branca), o qual medeia os processos da prateleira do amor; por outro, temos a manutenção da cultura negra (sob o viés das próprias pessoas negras, ou de parte delas), com tradições muito diferentes daquelas da hegemonia branca, a qual pode modificar o impacto do status relacional sobre a saúde mental (mesmo o sentido do casar-se pode ser diferente). Por exemplo, ficar viúvo em certas comunidades negras americanas, aumenta o status de um homem e seu acesso às mulheres. Separar-se, dentre mulheres negras, pode ter um impacto menor sobre a saúde mental delas (do que entre as brancas), tendo em vista o forte laço e espírito comunitário e familiar em suas comunidades (Williams, Takeuchi & Adair, 1992). É muito importante que estudos dessa ordem sejam realizados em nosso país, levando em consideração as especificidades da configuração do racismo e, também, das comunidades e culturas negras no Brasil.

e outros para os homens. Nesse sentido, discussões no casamento ou seu término afetam mais a saúde mental das mulheres do que a dos homens (pois elas se avaliam como "mulheres", sobretudo a partir dessa esfera). Por outro lado, restrições financeiras ou ser malsucedido/ demitido de um emprego teriam consequências mais nefastas sobre a saúde mental dos homens, que se avaliam prioritariamente pelo dispositivo da eficácia ("não consigo nem prover minha família").

A contrapartida do segundo desdobramento da prateleira do amor (mulheres se subjetivarem na rivalidade entre si) é, como já apontamos parcialmente, o empoderamento dos homens. Aqui cabe destacar vários aspectos. O primeiro deles, diz sobre a construção de um lugar subjetivo que lhes assegura estarem em uma posição privilegiada em que se erigem como aqueles que podem julgar física e moralmente as mulheres. Situações ordinárias nas quais isso se torna visível são os elogios direcionados a mulheres, mesmo para aquelas com quem eles não têm intimidade alguma. Das abordagens mais delicadas às mais toscas, o que está em xeque é um determinado lugar que precisa ser nomeado. Um exemplo clássico do funcionamento desse jogo é a situação na qual uma mulher, em um ambiente público, como um bar, recebe um elogio masculino "você é linda!". O que se espera é que ela agradeça (agradecer o que? o lugar que o sujeito se outorgou de avaliá-la? Hoje ela recebeu um elogio, amanhã poderá receber uma crítica: "baranga", "gorda" etc.). O que nunca se questiona é o lugar naturalizado onde o homem se coloca como avaliador da mulher. Um estranhamento desse lugar poderia ocorrer, caso uma mulher respondesse: "quem te perguntou?". As mulheres também consideram certos homens bonitos, mas dificilmente se dirigem a um estranho para manifestar esta apreciação. É esse lugar invisível que precisa ser pontuado, pois faz parte do dispositivo e da manutenção da prateleira do amor.

Aprofundemos ainda esse exemplo. No bar, essa mulher se senta sozinha e pede uma cerveja. Há homens no estabelecimento, ou com um colega, ou em grupos. Um homem chega à mesa da mulher e diz "uma moça tão bonita sozinha!" ou "está sozinha?". Se ele pergunta se ela tem namorado e ela diz que sim, é comum ouvir: "como seu namorado te deixa sair sozinha (ou vir sozinha) pra cá?". Suponhamos que a mulher ofereça negativas às investidas do rapaz, mesmo ele sendo insistente. De repente, um homem surge, conhecido dela (tanto faz se namorado, amigo ou colega de trabalho): o comum é que o rapaz insistente se desculpe com o outro homem que acabou de chegar e se sentar à mesa, e não com a mulher a quem ele estava perturbando. O que isso tem a nos dizer? Aparentemente, que nós mulheres somos objetos intercambiáveis entre os homens. São eles os erigidos ao protagonismo.

O segundo aspecto do empoderamento masculino diz acerca do fato de que, em nossa cultura, um homem só remanesce sozinho se assim ele o quiser. Os homens nascem com a certeza de que serão amados (não estou discutindo aqui o tipo de amor que recebem): isso quem lhes garante é justamente o processo de subjetivação das mulheres no dispositivo amoroso. Eles podem ter todos os defeitos (inclusive de caráter), qualidades poucos desejáveis e limitações físicas e mentais. Vamos dar exemplos: você leitor(a) consegue imaginar uma Stephen Hawkins casada várias vezes em sua vida com homens que a ela se dedicassem completamente (cuidando desde sua alimentação à higiene íntima) enquanto ela cuida de seu projeto de vida? Ou uma "Bruna", goleira do time de futebol feminino que matou o marido e agora retorna a campo, com mil pretendentes sorrindo-lhe e desejando-lhe?

Em outras palavras, os homens são poupados. E mais: independentemente das condições físicas, econômicas e pessoais adversas que possuam, dificilmente ficarão sozinhos. Muitos creem em suas habilidades pessoais de sedução, se vangloriando narcisicamente delas; mas o fato é que é o dispositivo amoroso no qual as mulheres se subjetivam em nossa cultura, a principal razão para isso. Ele constrói uma espécie de almofada psíquica que protege os homens, ou em outras palavras, é um fator de proteção para a saúde mental deles.

Além disso, precisamos destacar uma objetificação sexual presente em maior ou menor intensidade na prateleira do amor. Faz-se mister ressaltar que as representações disponíveis, em nossa cultura, acerca das mulheres e de seus corpos, são uma construção majoritariamente masculina, configuradas a partir do olhar dos homens. Há um excesso de nus femininos que aparecem desde as telenovelas às propagandas dos produtos mais variados. A desigualdade da presença da nudez masculina e feminina aponta para diferenças de poder e lugares no jogo erótico construído. É uma aprendizagem que começa bem cedo e ocorre o dia inteiro. Ou seja, os "próprios homens são raramente retratados como objetos eróticos" (Firestone, 1976, p. 178). São essas as representações que as mulheres têm como disponíveis para elas, na cultura, para mediar a relação consigo mesmas e com seus próprios corpos.

Como aponta Jonh Berger, "Os homens olham as mulheres. As mulheres se observam sendo olhadas. Isso determina não só as relações entre os homens e as mulheres, mas também a relação das mulheres consigo mesmas" (apud Wolf, 1992, p. 77). Os homens aprendem a desejar, as mulheres a desejar e erotizar o desejo deles, utilizando o próprio corpo.

> Já que seus corpos são vistos do ângulo do desconhecimento e do desejo *(dos homens)*, não é de se estranhar que aquilo que deveria ser conhecido e sentido como um todo (*seu corpo*) passe a ser distanciado e dividido em partes. O que as meninas aprendem cedo não é o desejo pelo outro, mas o desejo de serem desejadas. (comentários nossos; Wolf, 1992, p. 208)

Assim, seus órgãos genitais não são erotizados para elas mesmas, da mesma forma como não o são os dos homens e de outras mulheres. Não se representa a masturbação feminina: "cada mulher tem de aprender sozinha, a partir do nada, como se sentir um ser sexual (muito embora ela constantemente aprenda como aparentar sua sexualidade)"[96] (Wolf, 1992, p. 206) para o olhar masculino. Wolf (1992) destaca que, dessa maneira,

> as mulheres confundem ter uma aparência sexy com ser olhada com interesse sexual (...); muitas confundem uma sensação sexual com a sensação de ser tocada de forma sexual (...); muitas confundem o desejo com o fato de ser desejada" (p. 209)[97]

[96] Ainda são raras as obras escritas por mulheres sobre o desejo sexual, a experiência erótica e corporal delas mesmas. As que existem circulam em grupos fechados e ainda não alcançaram a grande mídia, a qual, como vimos, se constitui como verdadeira tecnologia de gênero. Em outras palavras, as representações oferecidas sobre os corpos e desejos das mulheres ainda são majoritariamente masculinas. É necessário pensar o impacto disso sobre os processos de subjetivação femininos.

[97] O relato da autora condiz com discursos de pacientes a quem já atendi em psicoterapia: "Algumas mulheres me dizem que têm inveja dos homens, que conseguem sentir tanto prazer com o corpo da mulher. Dizem que se imaginam dentro do corpo do homem que as penetra para poderem compartilhar do seu desejo" (Wolf, 1992, p. 209). E ainda: "Os rapazes crescem sendo treinados a erotizar imagens que não lhes ensinam nada sobre o desejo da mulher. Nem mesmo as mulheres aprendem a erotizar o desejo feminino. Tanto os homens quanto as mulheres tendem a erotizar somente o corpo da mulher e o desejo do homem. Isso resulta numa sensibilidade exagerada das mulheres quanto ao desejo masculino para sua própria excitação, enquanto os homens são exageradamente insensíveis ao desejo feminino para a deles" (Wolf, 1992, p. 210). Uma contrapartida de exemplo da passagem do que Foucault denominou de poder repressivo para poder constitutivo seria o gozo experimentado por muitas mulheres em deixar o homem em estado de tesão, como troféu a garantir o valor sexual na prateleira do amor daquela mulher. É a chancela de seu valor e atratividade pessoal. Firestone (1976) aponta aqui haver uma confusão entre sexualidade e individualidade. Aquela acaba sendo o caminho possível para a vivência desta última para muitas mulheres. Elas se tornam apreciadas como "traseiro", "carne", "boceta", "material". A privatização sexual estereotipa as mulheres e, por outra parte, garante um empoderamento dos homens: estes acabam por mostrar-se mais individualizados e insubstituíveis do que realmente são (Firestone, 1976).

Aqui gostaria de propor uma analogia imaginária ao que ocorre com as mulheres, caso os objetos eróticos por excelência fossem os homens. Imaginemos, em comparação às comuns propagandas de cerveja (estilo "vem verão!"), mulheres sentadas ao redor de uma mesa do bar, conversando entre si e rindo. Ao fundo, circulam garçons nus, de pênis eretos (essa seria a única analogia possível aos peitos e bundas expostos das mulheres). Elas olham os corpos, e principalmente os pênis deles, e tecem comentários "nossa, viu aquele ali? muxibento que só, fininho!" "E aquele outro? duro e grosso" (com desejo). Uma delas faz um sinal a um dos garçons e diz, gesticulando com a mão (como que segurando em um cano, subindo e descendo): "Traz uma tulipa grossa e comprida!". Se os homens fossem bombardeados (como as mulheres) com propagandas desse tipo, como se sentiriam em relação a seus corpos e a seus pênis? Mas... prossigamos. Além disso, circula no comercial da TV aberta, em pleno Carnaval, o vídeo do "Globelezo" (facilmente acessível no youtube). E sua esposa/companheira lhe diz: "Amor, tô a fim de tomar uma cerva! Bora no Picas? Tô a fim de uma pica ruiva" (em analogia ao Devassa). E, por fim, só para terminar um pequeno exemplo acerca das microviolências a que somos submetidas todos os dias e horas desde que nascemos: em um final de semana especial, você, leitor homem, decide comprar uma roupa nova. Giorgio Armani lançou tendência que está influenciando todas as lojas de roupas masculinas no Brasil, de vendedores ambulantes a lojas populares e de roupas finas. E esse é o último lançamento da moda verão:

Você olha isso na vitrine e diz: "preciso me depilar! hummmm e perder um pouco dessa barriga... eee... hummmm comprar um enchimento para esse aplique no pênis, pois ele é pequeno demais". As mulheres riem quando você sai vestido assim, parecendo mais um elefante desajeitado, com uma tromba pequena, do que o modelo da foto. Provavelmente você vai se achar um lixo. E, ainda que compre e tente usar a roupa, a não ser que esteja muito em forma, se sentirá desajeitado. É essa a "tortura" psicológica a que somos submetidas diariamente. Como apontei, a indústria da beleza ocupa aí importante lugar. Grande parte do vestuário produzido para as mulheres no Brasil não são roupas, mas "vitrines". Não visam o conforto, mas dar a ver o nosso corpo, em geral, e certas partes específicas consideradas como "mais femininas". Penso que, depois disso tudo, seriam raros os homens com uma autoimagem corporal positiva e que se sentissem à vontade com a própria nudez. Um detalhe fundamental a se destacar, tanto no vídeo do Globelezo, quanto nessa imagem acima, é que, quando se trata de objetificar um homem em nossa cultura, são sempre os negros. Não podemos nunca nos esquecer dessa importante interseccionalidade. No topo da pirâmide, os que são sempre poupados, são os homens brancos e heterossexuais.

Imagem retirada de https://www.google.com.br/search?client=safari&channel=iphone_bm&source=hp&ei=YsbXWZz7MoeKwgS2-5WoAw&q=if+male+video+game+characters+dressed+like+female&oq=if+male+video+game&gs_l=mobile-gws-hp.1.0.0i203k1l2j0i22i10i30k1j0i22i30k1l2.1679.8210.0.9881.24.21.3.0.0.0.322.4111.0j11j7j2.20.0..2..0...1.1.64.mobile-gws-hp..1.23.4194.3..0j35i39k1j0i131k1j0i10k1j0i13k1j0i13i30k1.213.6Lrz9OuzrGc#imgrc=FixyYPoI5ch6jM:, em 20/07/2017.

Nas palavras de Basaglia (1983), o que se opera é uma ruptura dentro do corpo feminino e do psiquismo das mulheres, pois seu corpo, enquanto objeto sexual para os outros (homens), se transforma ele mesmo em sua própria sensualidade: "se é objeto para os outros e não se considera a possibilidade de um enfoque que permita considerar como objeto o outro" (p. 42). Como vimos, essa possibilidade está praticamente excluída nas representações culturalmente disponíveis: "o mesmo erotismo passaria através do próprio corpo-objeto e não através do corpo do outro" (Basaglia, 1983, p. 42). Em outras palavras, as mulheres se subjetivam como objeto sexual e seu erotismo passa a se situar em colocar-se nesse lugar e não em colocar o outro como objeto.

Há, dessa forma, uma hierarquia nesse jogo gendrado, "os olhos das mulheres são voltados para os seus próprios corpos, olhando de relance para cima, só para verificar a imagem refletida nos olhos dos homens" (Wolf, 1992, p. 205). Como afirma Firestone (1976), as mulheres são os únicos objetos de amor em nossa sociedade, a tal ponto que se veem a si mesmas como eróticas. Elas só podem ser satisfeitas sexualmente pela identificação vicária com o homem que gosta delas[98]. "As mulheres, através de olhos masculinos, pintaram uma ideia masculina da mulher" (p. 184).

Como sublinhamos, quanto mais distante do ideal estético, maior a vulnerabilidade da autoestima da mulher e a probabilidade da vivência de se sentir "encalhável/encalhada" na prateleira. Faz-se mister pensar aqui as estratégias de empoderamento e de alternativas identitárias para as mulheres que fogem ao padrão estético ideal, como as negras, velhas e gordas. No caso das mulheres negras esse é um fator ainda mais premente, pois a cor da pele é imutável (apesar da lucratividade das promessas de cremes para branqueamento) e é marcada de forma estigmatizada, racista, desde o nascimento do bebê. Em nossa cultura, "o negro é o outro do belo", como aponta Souza (1983, p. 29). Como a beleza tem sentidos diferentes como atributo de homens e mulheres (Lipovetsky, 2000), é sobre as negras que recai a sombra simbólica desse peso cultural[99].

O racismo vigente na prateleira do amor faz com que as mulheres negras acabem sendo vistas pelos homens, muitas vezes, como objetos sexuais, a serem descartados[100]. O afeto é resguardado para aquelas em

[98] Em programas televisivos populares nos quais se mostra uma inversão de papéis para provocar o riso, há que se destacar a não simetria entre homens cantando mulheres em público e mulheres cantando homens em público. O olhar que objetifica e transforma o outro em objeto erótico é erigido em nossa cultura como masculino. A única experiência próxima, possível para um homem, daquele lugar construído para as mulheres, seria receber cantadas de outros homens. Os homossexuais são duplamente transgressores: por desejarem alguém do mesmo sexo e por colocarem outros homens nesse lugar de objeto de desejo.

[99] Muitas vezes, ocorre também uma objetificação sexual de si mesma (além daquela que é realizada pesadamente pelas tecnologias de gênero, em nossa cultura, configurando as perfomances masculinas em relação a elas) e é um dos únicos recursos que resta para se estar "no páreo". Lucia é um caso clínico que serve para ilustrar essa questão. Fazendo tratamento no CAPS (Centro de Atenção Psicossocial), em função de um quadro de depressão, queixa-se dos efeitos colaterais dos medicamentos que estava tomando. A principal queixa era o ganho de peso. Refere-se a seu corpo anterior como sendo o de uma "beldade". Sente-se gorda e feia, nenhum homem a deseja. Tenta arrancar elogios, colocando um short curto e indo passear na rodovia. No entanto, "mesmo quando coloco um short e vou andar na BR, não recebo um fiu-fiu dos caminhoneiros! Se bobear, passam é por cima mim!".

[100] "Mulheres brancas, enquanto grupo, são subordinadas pela sedução; mulheres negras, enquanto grupo, são subordinadas pela rejeição", nas palavras de Hurtado (1989), citada por Collins (2009, p. 177). A nosso ver, há um *continuum* entre esses dois grupos, dentro da prateleira do amor.

melhores "posições". Como vimos na contextualização histórica da configuração do dispositivo amoroso, esse aspecto já existia no século XIX. Apesar das mudanças culturais, a qualificação diferenciada das mulheres e a relação amorosa/erótica heterossexual com elas, parece manterem-se. Reproduzo abaixo um texto de Alessandra Eduardo, uma blogueira, que ilustra o profundo sofrimento instaurado pela prateleira do amor no que tange às mulheres negras[101]:

Solidão da mulher negra e níveis de preterimento

Não é uma história que eu criei para ilustrar o assunto que eu vou falar. Infelizmente é real.

"Triste né. Coitada. Ainda bem que eu não sou preterida, não sei o que é solidão, sempre tem alguém querendo uma transa, não vou embora sozinha da balada."

Eu já tive esse discurso, e estou vendo outras mulheres negras o reproduzirem para deslegitimar a pauta da solidão. E digo mais, com ares de superioridade, como se fossem ou estivessem muito melhor que as outras que são totalmente preteridas.

Melhor como?

(Antes de continuar lendo, saiba que eu não tenho como abordar essa parte de forma bonitinha.)

Sendo lanchinho da madrugada? Horrível essa expressão, eu sei, mas eles usam. Levam a branca no cinema, barzinho, restaurante, e com você pedem pra passar uma da manhã na sua casa, não tem ninguém acordado, ninguém na rua, estaciona o carro em qualquer lugar depois e está ótimo.

Ou recebendo proposta pra ser amante? Está ficando com o cara faz tempo, achando que o negócio vai evoluir, ele diz que começou a namorar uma branca, mas vocês podem continuar se vendo escondido. Que lindo.

Ou ele fingindo que não te conhece na frente dos amigos? Ou ele dizendo que os vizinhos não podem te ver? São fofoqueiros, melhor evitar falatório.

Poderia continuar, e não adianta tentar criar desculpas para estas situações, porque você sabe o que está acontecendo, a verdade é dura mas temos que encarar: a solidão da mulher negra.

[101] Retirado de https://pelaoticadamulhernegra.wordpress.com/2017/02/03/solidao-da-mulher-negra-e-niveis-de-preterimento/, em 03/03/2017.

Então quando entrarmos nesta temática, não tente tirar o corpo fora, achando que não é com você, isso afeta todas nós, de maneiras distintas. Não se ache superior à outra irmã preterida cruelmente, pois se não acontece com você, então é vista apenas como depósito de esperma. Pesado né? Eu sei. A mulher negra, no sentido coletivo, ainda não é enxergada como um ser digno de amor, que merece cuidado, que merece respeito, que não tem que ser forte o tempo todo. E é por isso que estamos lutando, agora se depois de toda essa análise, você ainda achar que é melhor que outras, eu só posso devolver o olhar penoso e dizer:

Triste né. Coitada.

Por: Alessandra Eduardo

Como afirma Souza (1983), "uma das formas de exercer autonomia é possuir um discurso sobre si mesmo" (p. 17). Nesse sentido, gostaria de relatar um encontro sobre violência contra mulheres, promovido pelo Instituto Avon, do qual participei como palestrante, no Rio de Janeiro, no ano de 2016. Nesse encontro, estavam presentes vários coletivos de mulheres negras e, ao me ouvirem falar sobre o dispositivo amoroso, a prateleira do amor e o ideal estético hegemônico, foi-me sugerido que o Candomblé (e outras religiões de matrizes africanas e mantenedoras de suas tradições), assim como a participação em grupos ativistas de mulheres negras, promovem advires identitários alternativos às mulheres negras, os quais subverteriam a lógica aqui detalhada do dispositivo amoroso.

Poderíamos pensar que certos grupos, por manterem tradições diferentes da lógica hegemônica patriarcal e branca aqui nomeada, tenham uma relação diferenciada com esses dispositivos (ou nem sejam marcados por eles). Joaquim (2001) aponta, nesse sentido, o quanto o candomblé conserva tradições africanas, com valores e relações de gênero completamente diferentes da cultura hegemônica branca. Nele, as mulheres ocupam um papel essencial, extremamente forte e empoderado, como pode-se ver nas lideranças, nas figuras das mães de santo. "Se nós consideramos a história do candomblé como fenômeno político, eu diria que é um culto feminino..."[102] disse Mãe Cléo, uma das mães de

[102] Mãe Cléo, citada mais adiante novamente no livro, conta a história de Oiá, ou Iansã. Segundo ela: *"(...) Oiá, o Orixá Iansã, tem aspectos incríveis. Ela é transgressora, mas ela é extremamente generosa. A transgressão*

santo entrevistada pela pesquisadora. Além disso, o candomblé não é apenas um culto religioso, mas a manutenção de uma tradição, de uma cosmovisão, uma forma de viver completamente infiltrada, presente, no dia a dia, na afirmação da identidade de seus membros, em sua relação com seus orixás: "os quilombos, ao lado do candomblé, consistiram numa forma de resistência da cultura negra no processo de formação do povo afro-brasileiro" (Joaquim, 2001, p. 29).

No entanto com o *boom* da popularização dos meios de comunicação desde metade do século passado para cá (com o Programa "Luz para todos", a televisão chegou mesmo aos recônditos mais distantes do país), penso ser difícil que haja uma total indiferença aos ideais estéticos hegemônicos. É o que parece ocorrer nas escolhas masculinas, mesmo de homens negros ativistas, nos quais ainda se mantém o preterimento em relação às mulheres negras.

Pacheco (2013) realizou uma pesquisa sobre esse tema: a afetividade da mulher negra e a solidão. Para isso, entrevistou mulheres negras de classes sociais e escolaridades diferentes, ativistas e não ativistas de movimentos negros. As falas sobre o preterimento de homens brancos, mas também de negros, mesmo os militantes de movimentos

---

gera generosidade. Ela é altamente... Ela é um Orixá, vamos dizer assim, que deu a banana para o medíocre. Ela contestou. Iansã foi o primeiro Orixá feminino que entrou no mercado masculino. No mercado de trabalho, que foi para a guerra nestas culturas ditas primitivas é uma coisa super masculina. Quem faz a guerra é o homem. Ogum é o dono da guerra. Agora a coisa que mais eu acho incrível... até tem um quadro ali, olha na sala, ele mostra esta história de um Odú de Ifá Ogum coroa Iansã. Mas ele coroa Iansã como? Ele tira a coroa da cabeça dele que é a coroa de Ogum. Eu acho que neste momento Ogum tá reconhecendo em Oiá um igual. Uma... sabe o que você dá para outra pessoa uma coisa sua e dizer toma, como que dividindo com ela o poder de guerra. Ela é tão guerreira quanto ele. Eu sou o rei de guerra e você é minha rainha. Mas não a rainha porque você é bonita, porque eu gosto de você. Mas porque eu te reconheço como uma igual. É o companheirismo conquistado, como demonstração de valores. Você vê que Oiá é aquela mulher que dividiu com Xangô o poder de fogo. Ela fez o fogo com Xangô. Para fazer o fogo são necessários dois gravetos. Você não faz o fogo só com um. Amanhã no Axé Opô Afonjá tem uma cerimônia, que é a cerimônia do Agerê, no qual Xangô carrega o fogo e Oiá carrega o fogo. Xangô come o fogo e Oiá também. Uma coisa que a gente concluiu é que sem Oiá, Xangô não faz fogo nenhum. Como ela não faria sem Xangô. Há necessidade dos dois para evocarem o fogo. Porque o fogo não existe. Ele está, independente de qualquer coisa. Fogo é fogo. Fogo é o elemento mais sagrado da natureza. Eu acho. Por excelência. E dos mais puros. Porque o fogo demonstra o que ele é. Porque uma criança que brinca com o fogo, ela já vai saber o que é o fogo. Ela não vai morrer queimada. A não ser, claro, que não tenha jeito de sair. Você não vai se jogar no fogo. Na água você se joga. Você se engana. Fogo queima. Não tem como ele não queimar. Fogo queima logo de cara. A água você pode achar que é rasa e se afundar. Você pode perder o pé. Agora eu acho que Oiá dividiu com Xangô o poder do fogo, com Ogum o poder da guerra e com Oxóssi, o poder da transformação. Ela é muito... Oiá é um Orixá que... engraçado... ela sempre está em relação a outro, ela sempre complementa neste particular. E tem um lado dela própria que é o lado do poder sobre os ancestrais. O lado de transformação onde ela é rainha absoluta. Agora em relação ao fogo... em relação à guerra... ela está com Ogum e está com Xangô" (Joaquim, 2001, p. 94-95) Nessa passagem dá para se vislumbrar como a relação entre feminino/masculino é bastante diferente no Candomblé quando comparado, por exemplo, ao catolicismo, o qual foi fundamental no processo de colonização brasileira e na afirmação hegemônica branca, cujos valores e relações de gênero (bastante assimétricos e sexistas) são apresentados neste livro.

políticos, foi recorrente. O motivo, como bem sublinhado pela autora, é a colonização racista e sexista, infiltrada nas ideologias e práticas socioculturais, as quais regulam as preferências afetivas das pessoas. O corpo, racializado e sexualizado, é valorado de forma diferente, persistindo práticas de tratamento em relação às mulheres negras como "não casáveis". Nesse sentido, uma queixa, fonte de sofrimento, na fala de muitas das entrevistadas, foi a falta de compromisso dos homens com elas, assim como o fato de não assumi-las em público (por vergonha de sua cor de pele e, também, em alguns casos, de sua situação socioeconômica) e para suas respectivas famílias[103].

> A mulher negra e mestiça estariam fora do 'mercado afetivo' e naturalizadas no 'mercado do sexo', da erotização, do trabalho doméstico, feminilizado e "escravizado"; em contraposição, as mulheres brancas seriam, nessas elaborações, pertencentes 'à cultura do afetivo, do casamento, da união estável. (Pacheco, 2013, p. 25)

Uma das entrevistadas referiu: "porque para transar é com as mulheres negras, mas quando é pra ter um envolvimento mais sério, pra casar, pra conviver no mesmo teto é sempre com a mulher branca" (Clementina apud Pacheco, 2013, p. 111). A "raça" parece ser, assim, um fator relevante, como já apontamos, na prateleira do amor, na chance das mulheres de encontrarem ou não um parceiro. Quanto mais preta, menores as chances. Quanto mais houver traços "brancos" tais como cabelos lisos, lábios finos e nariz afilado, maiores as chances (muitas das entrevistadas narraram vivências nas quais ouviram piadas acerca de seus corpos negros). O ideal estético da prateleira do amor é perverso. É profundamente racista. Há assim uma solidão específica, racializada, o que faz com que grande parte das mulheres solteiras (que nunca casaram, viúvas e separadas) no Brasil sejam negras (pretas e pardas)[104] (Pacheco, 2013). No entanto, mesmo dentre as brancas, como já apontamos, as chances de ser escolhida não são as mesmas, como é o caso das mulheres gordas,

[103] Souzas & Alvarenga (2007) fizeram um interessante estudo sobre o que é liberdade para mulheres brancas e negras. Para as brancas, "liberdade" se associou a galgar avanços na comparação em relação aos homens, sobretudo no espaço público; para as negras, apareceu a ideia da possibilidade de uma vivência conjugal democrática, ou seja, algo tangente à vida privada.

[104] Necessário, portanto, distinguir a solteirice "escolhida" daquela ressentida/fruto do preterimento em função do racismo social. Seria muito interessante realizar um estudo sobre as diversas vivências da solteirice e compará-las nesse aspecto.

e das velhas. No caso de serem também negras, suas chances diminuem ainda mais[105].

De todos os preconceitos, mesmo em relação ao sexismo, considero o racismo o mais profundo e nefasto, o que começa mais cedo (desde que a criança nasce, sua cor de pele é visível e sofre estigmatizações em culturas racistas como a nossa) e com menor mobilidade/chance de controle pela pessoa estigmatizada[106]. Clarear ou esconder a pele é impossível; no caso das mulheres, pode-se até certo ponto, usar roupas masculinas, fazer cirurgia de retirada das mamas quando adultas, como nos casos de trans homens etc.; no caso da homossexualidade, apesar de cansativo e desgastante, pode-se exercer a "política do armário"[107].

Porém, apesar de tudo isso, as mulheres negras ativistas, muitas delas participantes do Candomblé (tendo ele um papel fundamental no fortalecimento identitário e étnico), apresentaram uma capacidade de resiliência bastante importante, além de uma rede social de apoio (relação fortalecida com outras mulheres negras ativistas, percebidas como, além de amigas, uma "família")[108]. Como afirma Pacheco (2013), a política parece ser para elas um grande divisor de águas, um antes e depois, o qual nomeia e ressignifica as vivências raciais, além de fortalecer e recuperar o senso identitário, construído em uma perspectiva que não seja o discurso do branco.

Retomando o tema do funcionamento em geral do dispositivo amoroso, outro ponto importante é a encruzilhada que se apresenta às

---

[105] Gislene Santos (2004) faz uma análise detalhada de algumas especificidades da vivência amorosa das mulheres negras (sobretudo daquelas que ainda não desenvolveram a consciência de sua identidade racial), em sua relação com homens brancos e negros, e com as mulheres brancas. Em suas palavras: "Ao homem negro diz: *'Você não é capaz de me oferecer o que me dá valor, o homem branco é capaz'*. Às outras mulheres negras diz: *'Eu saí vitoriosa na luta para ser socialmente promovida, de modo que sou melhor do que vocês'*. Às mulheres brancas diz: *'Ok, você não pode me tratar mais como sua empregadinha. Eu também tenho um homem que pode me dar tudo o que o seu lhe oferece'*. Ao homem branco e à sociedade diz: *'Ao colocá-lo como o único recurso capaz de me fazer ascender socialmente, ao buscar essa ascensão, eu aceitei as regras da sociedade branca que me discrimina, eu tornei-me uma de vocês e eu aceito negar-me a mim mesma como sendo detentora de um valor negativo que somente pode ser eliminado através de sua redenção, de sua aceitação'* (p. 59).

[106] A vivência de desempoderamento (lugares sociais desempoderados) é altamente correlacionada com transtornos mentais comuns, como a depressão e a ansiedade. Faltam estudos, no Brasil, sobre o impacto do racismo (com as características específicas de como ele ocorre em nosso país) sobre a população negra, e em específico, nas mulheres negras.

[107] Por isso, a necessidade de explicitar claramente do que estamos falando quando usamos a palavra "gênero". Trata-se de pautas e de exclusões bem diferentes. Como afirmei no capítulo 2, a meu ver, o sexismo está bem mais próximo do racismo do que da homofobia.

[108] Williams, Takeuchi e Adair (1992) destacaram, em sua pesquisa com mulheres negras americanas, as consequências da participação em atividades religiosas e em redes informais de ajuda, sobre a saúde das mulheres negras.

mulheres entre o *quantum* de energia a ser investida em seus projetos profissionais *versus* vida amorosa e familiar. Essa encruzilhada, como opção (ou/ou), foi construída culturalmente como importante forma de desestímulo ao progresso profissional e dedicação egoística das mulheres a projetos pessoais. Como demonstra Bassanezi (1996), já em 1948, o Jornal das Moças publicava: "Há mulheres que sabem lutar para a obtenção de um posto na política, mas fracassam na conquista de um esposo. A conquista do voto é uma nimiedade comparada com a conquista do marido" (p. 86). Já se afirmava o ser escolhida na prateleira do amor como alfa e ômega da existência das mulheres, tornando-se essa uma questão identitária para elas (pelo qual perpassa seu valor pessoal e o julgamento de seu sucesso). Além disso, ter filhos de um homem que a escolheu, é a chancela de ter sido "bem-sucedida" na prateleira do amor, "sou a mãe dos filhos dele!". Aqui, dispositivos amoroso e materno (o qual veremos em detalhe mais adiante) se interseccionam, em contraposição aos interesses em um projeto profissional ou carreira[109].

Como afirma Simon (2014):

> (...) trabalho e família têm fundamentalmente diferentes sentidos para os gêneros; enquanto que os papéis familiares dos homens são baseados na provisão do suporte econômico às suas famílias, um emprego retira a habilidade da mulher em prover cuidados e nutrir seu esposo e filhos (...). Os benefícios da combinação emocional das identidades trabalho e família são maiores para os homens do que para as mulheres porque o emprego contribui para a identidade dos homens como um "bom" pai e marido, mas interfere na identidade das mulheres como "boa" mãe e esposa (p. 26).

Poderia dar mil exemplos, mas peço a você leitor/a que assista dois filmes e compare a experiência dos protagonistas. São eles: "Mil vezes boa noite" e "O sal da terra".

[109] A ênfase, nessa parte, será dada à "disponibilidade" das mulheres em acolher os projetos de vida de seus parceiros, fazendo disso seu próprio projeto, o que muito raramente ocorre ao inverso.

Figura 10- Dois filmes que retratam a vida de um(a) grande fotógrafo(a). Em mil vezes boa noite, obra fictícia, temos a história de uma mulher, apaixonada pela sua profissão, o que a coloca em profundo conflito com seus papéis de esposa e mãe. O sal da terra narra a biografia do grande fotógrafo brasileiro, Sebastião Salgado, sua paixão pela fotografia e a participação sinérgica de sua esposa em seus grandes projetos.

Nos filmes "Mil vezes boa noite" e "O sal da Terra" temos a retratação da história de uma fotógrafa e um fotógrafo. Ainda que a primeira história seja fictícia e a segunda biográfica, vamos compará-las para explicitar o que se encontra em xeque no amor e no investimento/compromisso apaixonado por uma carreira ou projeto de vida, caso o sujeito em questão seja uma mulher ou um homem. No primeiro filme, trata-se da vida da personagem Rebecca Thomas, considerada umas das 5 melhores fotógrafas do mundo. Fotógrafa social, denunciava em suas fotos situações de calamidades de guerra e injustiça. O filme começa com a cena na qual presencia a preparação de uma mulher bomba, para um ataque terrorista em Kabul. A personagem quase morre na situação de explosão da bomba, sendo transferida para a UTI de um hospital em Dubai. Seu marido, residente na França, vai até lá visitá-la e trazê-la de volta para casa. Aí se instala o drama de Rebecca: sua paixão pela sua profissão parece ser bem maior que a energia e o interesse dedicados ao marido e às filhas.

Em uma das cenas, seu marido lhe pergunta: "O que você estava fazendo lá? Porque estava lá?". Ao que ela responde: "Você disse que me amava porque sou apaixonada e comprometida e por isso você queria viver comigo". Ele retruca: "Você sabe o que é esperar por um telefonema? Tenho esperado por um telefonema desde que nos conhecemos (...) sempre acho que vão me ligar para ir pegar seu corpo (...) Rebecca, não posso voltar para essa vida de novo não, não posso mais viver com você". O filme retrata então a tentativa de Rebecca em se adequar a uma vida "normal", de uma mulher "comum", sua culpa em relação às filhas (de não ser a mãe prescrita), a cobrança delas e as exigências do marido. Steph, a filha mais velha, diz em uma das cenas para a mãe: "Espero que tenha valido a pena fotografar!" (ressentindo-se e a repreendendo). Aqui gostaria de destacar que, além dos caminhos privilegiados de subjetivação criados na e pela cultura, no caso, o dispositivo materno, também é criada uma expectativa afetiva nos filhos, diferenciada, em relação a mães e pais. A filha perguntaria isso a um pai, reconhecido e famoso internacionalmente?

Porém, para Rebecca, a fotografia é mais do que uma paixão, é uma razão de viver: "Não acho que eu preciso (estar em zonas de guerra), mas o mundo precisa ver o sofrimento e a dor que é infringida". A personagem promete então ao marido que não voltará mais para as zonas de guerra e se mostra disposta a tudo: terapia individual, terapia familiar, ser dona de casa, bancar os papéis de uma mulher "comum". Quando sua chefe liga para ela, para pedir mais fotos, Rebecca responde que não vai mais para zonas de conflito. "Você é uma das 5 melhores fotógrafas do mundo", é o que escuta; ao que responde: "Tenho duas filhas... e um marido". Passa a fazer café da manhã para as filhas, arruma a casa. Tenta se adaptar ao papel de mãe de família e dona de casa. Sua filha mais velha a procura, pois está fazendo um trabalho escolar sobre a África e sua colega de grupo lhe enviou uma foto famosa, tirada pela própria Rebecca. Surge a oportunidade para Rebecca ir tirar fotos em um campo de refugiados na África, convite ao qual dá uma negativa. Na hora do jantar, Steph questiona a decisão, pois quer ir na missão junto com a mãe. Marcus, o marido/pai diz: "Ninguém vai para o Quênia". A filha então responde: "Por que você tem que decidir tudo sozinho?". Marcus, posteriormente, acaba por "assentir" com a ida de Rebecca e Steph. O assentimento dele é central para a partida das duas. Depois de uma cena em que encontra os amigos de Marcus, diz: "eu devia calar a boca... não sou boa nisso". Marcus pergunta: "O que?". Ela: "A vida, ser normal. Não sei como você faz. Talvez eu seja louca".

Ele: "É um fato comprovado, você simplesmente não sabe". Os dois riem e se dão as mãos. Mas ali há a nomeação do esforço de Rebecca em ter que abrir mão de algo que nela é latejante, pulsátil, vivo: sua paixão pela fotografia e o projeto social que faz a partir disso. Fica implícito que o preço para manter Marcus e as filhas é abrir mão de si mesma. A leitura que o marido faz de sua coragem em se arriscar em zonas de guerra para retratar a situação calamitosa vivida por uma parte da humanidade recai sempre na direção de patologizá-la. Ele diz "eu não entendo, Rebecca, porque está arriscando sua vida". Ela responde: " Você não pensa, você se empolga, você age por meio das suas emoções, você se entrega, eu nem estava com medo....". Em uma mesa de bar, com Marcus, e novamente com seus amigos, uma colega pede para ela falar de seu trabalho, pois acabou de buscar seu nome no *Google* e ficou impressionada com o que encontrou. Rebecca responde: "Acredite, sempre que falo do meu trabalho, acabo com a reunião". Todos começam a perguntar sobre os motivos de ela ter parado de fotografar: "Por que você parou? Você é uma fotógrafa fantástica. Marcus te pressionou?". Ela responde: "Ficar em casa às vezes é mais difícil, cuidar de casa às vezes é mais difícil". Com o assentimento de Marcus, vai então para o acampamento de refugiados no Quênia, com Steph. Lá, sofrem um ataque de um grupo guerrilheiro. Rebecca deixa a filha protegida, mas novamente, tomada por sua paixão, fotografa todo o massacre, mesmo que, para isso, arrisque sua vida. Envia as fotos para a ONU, em Nova Iorque, e consegue, com elas, que sejam enviadas mais tropas de proteção para aquelas pessoas. No entanto sua filha fica com muita raiva e, posteriormente, também seu marido. Falhou novamente como mãe e mulher normal. A chantagem emocional constante a que é submetida é excruciante e lhe exige um enorme trabalho psíquico. Culpabiliza-se o tempo todo. Aqui gostaria de ressaltar que a genialidade pode ser algo arriscado para os homens, mas em geral, é completamente trágico para as mulheres. Isso subverte não apenas a "normalidade", mas as relações de gênero. Quase sempre elas devem escolher, em uma encruzilhada, centrar-se em seu projeto de vida e abrir mão de marido e filhos, ou abdicar de sua paixão, tolher-se para caber nas performances esperadas de esposa, dona de casa, mulher "normal". Quando voltam para a casa, Steph quase não se dirige a mãe. Rebecca então lhe diz: "me desculpe, eu fiz um grande erro!". E o erro é amar mais seu trabalho e projeto do que marido e filhos. Ela diz: "quando você crescer e você souber quem você é, vai entender que há coisas das quais você não pode desistir, coisas dentro de você. Eu comecei uma coisa da qual não posso desistir. Tenho que dar um jeito de terminá-la.

Espero que um dia você possa me perdoar". " Há muita culpa nessa cena. Posteriormente, a filha (Steph) lhe diz: "Teria sido mil vezes melhor se você estivesse morta". No entanto, na apresentação de seu trabalho na escola, a filha conta o que se passou em sua visita ao campo de refugiados no Quênia. Rebecca aparece para assisti-la. Ao final, ao falar da situação das crianças órfãs do acampamento, ela conclui: "acho que essas crianças precisam mais da minha mãe do que eu". O filme termina com a personagem retornando ao lugar inicial, para fazer mais fotos da preparação de mulheres bombas, em Kabul. Mas dessa vez, trata-se de uma menina, na idade de Steph. Rebecca é, então, tomada de emoção, chora, não consegue acompanhar o trajeto. Ajoelha-se no chão, prostrada.

Já o filme "O sal da terra" retrata a vida de Sebastião Salgado, fotógrafo brasileiro mundialmente conhecido. Tive a sorte de assisti-lo quando já havia visto "Mil vezes boa noite" e ter, assim, um caminho preparado para visualizar as diferenças de gênero quando o que está em xeque é a vida amorosa, e um projeto de trabalho e de vida apaixonado. O filme retrata a paixão de Sebastião pela fotografia. Ele mesmo nos diz: "eu queria ir além das montanhas, eu queria conhecer". Filho de um fazendeiro, não era muito dedicado aos estudos, mas acabou entrando em uma faculdade em função dos apelos do pai. Quando se muda da fazenda para a cidade, para estudar, conhece Lélia, uma estudante de música, por quem se apaixona perdidamente. Os dois se envolvem amorosamente. Sebastião ganha uma bolsa de mestrado em economia, em São Paulo. Eles se casam e se mudam para lá. Por defenderem ideias de esquerda, em 1969, o casal deixa o Brasil, em função da ditadura militar. Partem para a França. Sebastião continua a estudar economia e Lélia passa a estudar arquitetura, motivo pelo qual compra uma câmera fotográfica. No entanto quem se diverte com a câmera e se apaixona por ela é Sebastião Salgado. Quando ele é contratado pela OIC, o casal se muda para Londres. Nesse trabalho, precisa ir algumas vezes à África, levando junto consigo a câmera de Lélia. Faz muitas fotos. Percebendo que as fotos lhe dão muito mais prazer que os relatórios econômicos, decide, com o apoio de Lélia, abandonar a economia e se arriscar na vida de fotógrafo, recomeçar do nada. Retornam a Paris e ele, sem conhecer seu estilo, faz fotos de casamentos, aniversários etc. Até encontrar sua vocação. Retorna à África junto com Lélia. "Para ela foi mais difícil, pois ela estava grávida". Aqui Sebastião nos conta uma história que, de outra perspectiva, mostra como o gênero também restringe as escolhas das mulheres. Ele estava tirando fotos, quando um marabuto senta-se perto deles. O marabuto diz a Lélia:

"Sai daí! Vem sentar no meu colo!". Sebastião então explica para ele que ela estava grávida e devia ficar onde estava. Oferece-lhe açúcar em troca. Ao final, parece dar tudo "certo": "ele sai levando um quilo de açúcar, tão feliz como se estivesse levando Lélia", diverte-se. O filme relata: "Lélia, a jovem mãe, continuou a apoiar Sebastião como podia. Estudava, trabalhava e mostrava as fotos de Sebastião a revistas, jornais e agências". Aqui, diferentemente de Marcus, marido de Rebecca, ela toma o projeto de Sebastião para si, torce por ele e joga nele suas próprias energias. Com isso, conseguem algumas publicações importantes. O projeto dele passa a ser claramente o dela também. Constroem "Outras Américas", uma coletânea de fotos da América Latina. Sebastião decide percorrer esse continente e como nos relata o filme: "Juliano (o filho) acostumou-se aos longos períodos de ausência do pai". Sebastião nos descreve: "Essas viagens foram tão importantes para mim!". Não se vê culpa ou pesar em sua fala. Nem mesmo é mencionado qualquer conflito por deixar meses a fio Lélia sozinha, cuidando do filho. Esse projeto levou oito anos para ser completado: "Quando ele viajava ao coração da América do Sul, simplesmente desaparecia por longas temporadas". Parece que não temia perder Lélia e, menos ainda, o amor de Juliano. A presença dela investida nele, em seu projeto, na criação do filho e nos cuidados da família parece ser tão incondicional que sobra sossego para ele se dedicar de corpo e alma a sua paixão pela fotografia. "Juliano cresceu com um pai ausente. Seus pais, ao menos, escreviam-se um ao outro. Era uma época muito anterior à era da comunicação por satélite", relata o filme. Sempre que ele voltava para ver a família e editar as fotos com Lélia, "Sebastião era visto (por Juliano) como um grande aventureiro, um tipo super-herói, em vez de fotógrafo". Aqui, diferentemente de Rebecca, Sebastião é interpelado como pai, em uma baixa expectativa de dedicação exclusiva ou principal e, provavelmente, mediada pela fala da mãe, investida na pessoa e no projeto de Sebastião. O filme relata que, trinta anos depois, Juliano o acompanhou em uma expedição: "Eu queria conhecer o fotógrafo e o aventureiro pela primeira vez". Em 1979, têm o segundo filho, Rodrigo, o qual nasce com uma deficiência. Quem relata é Juliano: "meu irmão caçula nunca poderia ir à escola, nem aprender a ler e a escrever como eu aprendi. Rodrigo viveria isolado num mundo inacessível. Isso foi muito difícil para meus pais". O filme não fala mais nada de Rodrigo. Mas nem isso detém Sebastião em seu projeto. Acabada a ditadura, Lélia e Rodrigo retornam ao Brasil. Sebastião estava na Guiana Francesa e iria encontrá-los depois. Quando retorna, decide fazer uma obra sobre seu próprio país: "nesse momento, eu quis ver o Brasil mais profundamente.

Minha irmã me emprestou o carro e eu fiz uma viagem de seis meses pelo Nordeste. Eu não conhecia o Nordeste, sempre tinha sonhado com essa região". Diz que nesse momento houve uma mudança em seu trabalho: depois de fotografar o Nordeste e ser testemunha do sofrimento das pessoas, seu papel como fotógrafo adquiriu um significado novo. Parte para o Sahel, na África. Juliano relata: "havia uma urgência dele ir embora, eu ainda sentia muita saudade dele, mas entendia". Seus projetos passam então a retratar a aflição e o sofrimento das pessoas em situações de grande vulnerabilidade social. "Etiópia", "Mali": "As fotos, o livro, a exposição que Lélia editou e organizou chamaram a atenção do mundo para essas secas que ameaçavam milhões de vidas e levantaram questões sobre as causas de tais condições". Surge outro projeto, o qual durou seis anos e lhe fez viajar por quase trinta países diferentes, "Workers". O projeto era sempre pesquisado anteriormente por ele e Lélia, e mostrava uma "capacidade de empatia pelo ser humano". O próximo projeto foram as migrações humanas pelo mundo: "outra vez, ela (Lélia) foi a força motriz desse novo capítulo da vida deles". "Êxodos" conscientizou o mundo do destino dos refugiados. Na Tanzânia, Sebastião arrisca-se a ir até a fronteira: "Não havia segurança, nada! Entrei em Rwanda, uma coisa assustadora!". Na Iugoslávia, testemunha o massacre genocida que estava ocorrendo no país. Diz: "todo mundo tinha que ver essas imagens para ver como nossa espécie é terrível". Pelo que vimos na análise do filme anterior, a frase é bem parecida com aquela proferida por Rebecca, mas, na boca de um homem é uma virtude humanitária, já na boca da personagem ressoa como um egoísmo imperdoável. "Sebastião tinha visto o coração das trevas e questionou profundamente seu trabalho como fotógrafo social e testemunha da condição humana. O que lhe restava fazer depois de Rwanda?". Seu pai então adoece e precisa retornar para cuidar da fazenda onde passou sua infância. A fazenda, antes exuberante em mata e nascentes, estava destruída, seca, sem vida. "Foi aí que Lélia teve uma ideia surpreendente: por que não replantamos a mata que existia antigamente?". Criaram o Instituto Terra e um projeto fotográfico sobre meio ambiente, "Gênesis", o qual fez Sebastião percorrer o mundo outra vez, por quase uma década. Duas perguntas simples: Seria possível, ou provável, a existência de uma Sebastiana Salgado? E, sem Lélia, como teriam sido a vida e a carreira de Sebastião? Gostaria de destacar que, enquanto para as mulheres há uma encruzilhada na escolha/investimento de energia na vida amorosa *versus* profissão/trabalho/projeto de vida, para o homem há, em geral, uma sinergia.Essa encruzilhada é preparada "pelo processo educativo e pelos processos de subjetivação, em nossa cultura. O dispositivo amoroso das mulheres, mas também o materno, tem um papel importante para os homens, não apenas psíquico, mas simbólico e material

Como aponta Belotti (1983), há dois destinos distintos para o menino e a menina. Dele, espera-se que se torne um indivíduo, que será considerado por aquilo que há de ser. Da menina, se espera que se torne um objeto, e será considerada por aquilo que irá dar:

> Dois destinos absolutamente diversos. O primeiro destino implica a possibilidade de utilizar todos os recursos pessoais, ambientais e de outrem para realizar-se, é o salvo-conduto para o futuro, é o beneplácito para o egoísmo. O segundo prevê, por outro lado, a renúncia às aspirações pessoais e a interiorização das próprias energias para que os outros possam aí haurir forças. O mundo funciona exatamente conforme as energias femininas reprimidas, que estão aí, como um enorme reservatório, à disposição daqueles que empregam as próprias energias para perseguirem ambições de poder (p. 22).

Segundo a autora,

> A criatividade da maioria das meninas, por volta dos seis anos, quando entram na escola elementar, acha-se definitivamente esgotada. Poucas apenas conservam alguns traços criativos, mas elas terão ainda que superar o obstáculo da puberdade e o encontro afetivo com o outro sexo, com o inevitável dilema entre a realização de si mesmas como indivíduos e a submissão aos explícitos reclamos de 'feminilidade' por parte dos homens, que as obrigarão a comprimir ainda mais a sua personalidade criativa. (Belotti, 1983, p. 152)

A autora ainda conclui: "somente umas poucas, arrastadas quase contra a própria vontade pela força da inteligência e paixão, irão perseverar nos seus interesses de 'tipo masculino' mas serão sempre olhadas com desconfiança e suspeita" (p. 154). Beauvoir (1980) já havia delineado a encruzilhada na qual as mulheres são colocadas em nossa cultura: entre a condição humana e o ser mulher, pois "qualquer autoafirmação diminui a feminilidade e poder de sedução (...) A mulher não sobe de valor aos olhos dos homens aumentando o próprio valor humano e sim amoldando-se aos sonhos deles (...) Ser mulher significa mostrar-se impotente, frívola, passiva, dócil" (p. 81).

Betty Friedan (1971) denomina de "lei não escrita" aquela que pauta implicitamente as relações, que sabota possibilidades de vir a ser, e que é tão ou mais efetiva que a lei escrita, pois coage aquele suposto sujeito em liberdade a segui-la por "livre" vontade. Esta lei não escrita configura-se como verdadeiro obstáculo invisível para ascensão profissional das mulheres, por exemplo.

Ela pode trabalhar, ter emprego, profissão, mas não uma carreira como projeto de vida. Para isso, é necessária uma profunda descolonização dos afetos e, sobretudo, enfrentar a possibilidade real da dificuldade de encontrar parceiros amorosos.

O que se destaca na experiência vivida pelos dois personagens? Rebecca, personagem vivida por Juliette Binoche é pressionada de uma forma que Sebastião Salgado parece estar protegido. O amor que ela "recebe" é claramente condicional a suas performances como mulher. O amor da mulher de Sebastião parece ser muito menos condicional, ele se acopla. Destaca-se que, em pesquisa e análise da produção bibliográfica brasileira sobre depressão e masculinidades, publicada de 2003 a 2013 (Windmöller & Zanello, 2016) nas principais plataformas científicas brasileiras, encontramos que o fator de risco à saúde mental masculina, recorrentemente apresentado pelos pesquisadores, independentemente da faixa etária e condição social dos homens pesquisados, foi estar solteiro, ser viúvo ou separado. Esse (tipo de) amor custa caro às mulheres (às vezes custa até mesmo sua autoestima), mas é uma excelente e importante almofada psíquica para os homens.

Um importante aspecto apregoado no dispositivo amoroso é a responsabilidade das mulheres sobre a manutenção das relações: de um lado, trata-se da quantidade de energia despendida, e da atenção e tempo dedicado, como já apontamos anteriormente; por outro, o papel do silêncio como performance ideal na manutenção do "bem-estar" das relação e, também, do sexo sem vontade como forma de barganha relacional. Tratemos desses dois últimos aspectos separadamente.

Segundo Perrot (2012), a prescrição do silêncio à mulher é um mandamento bíblico, pois Paulo já dizia: "A mulher aprenda em silêncio, com toda a sujeição. Não permita que a mulher ensine nem use de autoridade sobre o marido, mas que permaneça em silêncio". A "boa esposa" é a que não discute e não se queixa (Bassanezi, 1996). Como apontam Diniz e Pondaag (2004, 2006), o silêncio, para as mulheres, é um reflexo das posições de gênero. Trata-se de uma estratégia de sobrevivência e enfrentamento (mesmo em situações de violência), na qual a mulher se responsabiliza pela manutenção e pela "paz" da relação amorosa e familiar, ainda que para isso precise suprimir a expressão de seus pensamentos e afetos.

Belotti (1983) sublinha como o processo de educação valoriza o silenciamento, a retenção dos afetos e do corpo no caso das meninas. Às mulheres é permitido e aprovado apenas um tipo de agressividade, "feminina": a autoagressividade, o choro prolongado, a autocompaixão (Belotti, 1983, p. 42). Assim, por volta de um ano ou pouco mais, meninos e meninas são agressivos: a diferença é que, neles, a agressividade continuará se dirigindo para os outros; ao passo que nelas se tornará cada vez mais autoagressividade[110]. O choro será o ápice dessa realização frustrada do que antes era energia agressiva voltada para fora. É uma expressão implosiva marcada geralmente pela impotência: "como se a menina encontrasse prazer no choro. Tornou-se menos ativa, menos aventurosa, mais tranquila, mas mais deprimida, mais melancólica. Pronto, havia-se tornado uma menina, seu comportamento podia ser catalogado como feminino" (Belotti, 1983, p. 61). Belotti (1983, p. 62) define assim o choro tão comum nas mulheres: "acesso de raiva impotente".

Segundo Showalter (1987) e Garcia (1995), o processo de subjetivação gendrado que valoriza a retenção e não a expressão, principalmente da raiva e do ódio, leva à implosão psíquica nas mulheres (Showalter, 1987; Garcia, 1995; Simon, 2014). Homens também aprendem a silenciar tanto quanto, ou mais, do que mulheres. No entanto eles se silenciam para priorizar suas próprias necessidades e manter o sentimento de autossuficiência; já no silenciamento das mulheres há uma renúncia de si para cuidar dos outros.

Lagarde (2011) aponta o quanto as próprias mulheres acabam por criar uma comunicação entre si na qual o que se passa são as experiências de como sobreviver nesse e a esse dispositivo[111]. Exemplos de fala comumente repetidos pelas e para as mulheres, muitas vezes por suas próprias mães: "Homem é assim mesmo, minha filha! Releva!", "Mas você vai brigar por isso? Deixa isso para lá!" etc. Outra forma de resolução dos problemas conjugais, o qual também se aconselha, é que usem

[110] A autora aponta que a redução forçada da agressividade nas meninas obriga-as a buscar nas brincadeiras, igualmente, maneiras de expressão que sejam aceitas.

[111] A autora usa a categoria de "cativeiros", os quais seriam: esposa-amante, louca, puta, monja e presa. Discordamos dessa categoria por ela apontar metaforicamente para uma ideia de prisão externa ao sujeito e da qual se pode escapar. Preferimos a ideia de dispositivo pelo fato de ela apontar tanto para os mecanismos de formação e constituição subjetiva, quanto para os aspectos subjetivados no sujeito. Ainda que a ideia de identidade fixa seja ilusória, ela é criada, como sublinhamos a partir de Butler, pela repetição de certas performances interpeladas. A subversão viria, nesse sentido, pela execução de performances subversivas, que fogem aos *scripts*.

o "jeitinho feminino": o uso de artimanhas (desde táticas de sedução a beicinho) para conseguirem o que querem. "O 'jeitinho feminino' é a poção mágica oferecida à mulher para reduzir conflitos, aguentar o cotidiano e defender seu casamento" (Bassanezi, 1996, p. 293). Ou seja, nada de diálogo franco e aberto entre iguais. "A melhor forma de manter o casamento é atrair o marido com afeição e serviços, engolindo as reclamações e as cobranças" (Bassanezi, 1996, p. 306).

O silêncio também é mantido em outro aspecto importante dentro da economia amorosa presente nesse dispositivo: a disponibilidade afetiva e sexual que deve ter a mulher. Esse tema é um tabu, mas ponto recorrente quando se cria cumplicidade e abertura de segredos na clínica: o sexo sem vontade no casamento (feito sem o desejo da parceira) é algo bastante comum na vida das mulheres, seja porque se trata de que agora estão casadas – e devem cumprir o débito conjugal –, seja como moeda de troca para obter benefícios na relação. Lagarde (2011) denominou esse segundo aspecto de "prostituição matrimonial". Já Carole Pateman (1993) compreende, no que tange ao primeiro aspecto, que faz parte do próprio contrato social de dominação dos homens sobre as mulheres: o casamento, tal como se configurou, legitima o direito masculino de acesso sexual regular a elas[112]. Marcas históricas do "débito conjugal" remanescem na vida amorosa e sexual cotidiana em nosso país, até os dias atuais. Como dizia Sheila, uma paciente que acompanhei por 3 anos em atendimento psicoterápico: "Você vira pro lado e abre as pernas e finge que tá gemendo para acabar logo!". Ou Luciana, outra paciente que uma vez me relatou: "eu me sinto um vaso de porra... e o pior é que ele não dá nem descarga!". O fato de as mulheres não perceberem isso como violência, não impede que elas sejam violadas psiquicamente e que tal ato de "ceder" não tenha impacto sobre sua vida psíquica e sobre sua saúde mental. Aqui, novamente, é necessário destacar que, muitas vezes, as próprias mulheres passam essa cultura adiante (segundo Lagarde, como forma de sobrevivência à própria opressão), quando aconselham umas às outras: "Amiga, abre o olho! Mais de 10 dias sem transar com seu marido/namorado? Com certeza ele vai procurar outra!", "Faz! depois você fica com vontade!"[113].

---

[112] Segundo a autora, precisamos contar a história do contrato sexual, pois é ela que elucida a instituição do casamento. O casamento seria um contrato firmado não entre dois indivíduos (supostamente livres e iguais), mas entre um indivíduo (homem) e uma *mulher*.

[113] No período de editoração desse livro, deparei-me com os poemas de Rupi Kaur (2017), que tão bem descreve, em *Outros jeitos de usar a boca*, o quanto as mulheres se impõem fazerem sexo e fingirem que estão gostando,

Faz-se mister, ainda, realçar que, se houve mudança na jurisdição brasileira no que tange ao tema "estupro no casamento" (recente, com pouco mais de uma década), devida sobretudo aos impactos da própria Lei Maria da Penha, os costumes ainda persistem e levam mais tempo para serem modificados. Quanto mais naturalizada uma violência, pela força do hábito, mais invisibilizada ela se torna. Aqui gostaríamos de apresentar um caso clínico (Mayara) já discutido em outra ocasião (Zanello, 2014b) e que exemplifica a relação entre depressão[114], silêncio e "estupro"/sexo sem vontade no casamento:

Mayara: o choro "imotivado" pelo estupro suportado durante 7 anos no casamento[116]

Mayara, 32 anos, encontrava-se hospitalizada há mais de duas semanas. Em todas as vezes em que estivemos no hospital, ela estava chorando. Nas raras vezes em que não estava, bastava cumprimentá-la que ela desatava a chorar. Pudemos ler no seu prontuário que seu marido havia lhe levado para lá, julgando que ela se enquadrava em um quadro de depressão. Nos sintomas descritos pelo médico, pudemos ler "choro imotivado". Depois de um mês internada, em uma de nossas visitas, pudemos encontrar a paciente sem chorar e abordá-la numa conversa, na qual aparentemente ela se mostrou interessada e aberta. Mayara nos contou então que durante os sete anos que foi casada manteve relações sexuais forçadas com o marido sem sentir qualquer tipo de prazer. Ela nos disse: "*ele me tratava como uma prostituta. Como é que um marido trata a esposa como uma prostituta, vai manter relação sexual, abre as pernas e faz... Levanta o pescoço e fecha os olhos lentamente...querem fazer fácil, oral, anal... Animalesco... animalesco. Me tratava como prostituta mesmo, eu não aceitei, pelejei sete anos, porque ele é meu primo, iria criar uma situação chata na família, como criou*". E continuou: "*A questão dele era sexo todo dia e sexo de tudo quanto é jeito, e eu em momento nenhum durante sete anos, eu não deixei fazer o sexo que ele queria*". Perguntamos então: "*O que você fazia?*".

para agradar os homens: "você me revira por dentro com dois dedos e eu fico chocada acima de tudo. parece borracha esfregando uma ferida aberta. não gosto. você começa a se mexer cada vez mais rápido. mas não sinto nada. você busca uma reação no meu rosto e começo a agir como as mulheres nuas dos vídeos que você vê quando acha que ninguém está olhando. imito os gemidos. vazios e vorazes. você pergunta se estou gostando e eu digo *sim* tão rápido que soa ensaiado. mas a interpretação. você não percebe." (p.38).

[114] Simon & Lively (2010) apontam a relação entre raiva intensa e duradoura, e depressão entre mulheres. Segundo os autores, trata-se de um sentimento relacionado a lugares de maior desempoderamento, ressentidos como "injustos" e em relação aos quais elas se sentem impotentes (poderíamos dizer o mesmo em relação às pessoas negras).

[115] Retirado de Zanello (2014b). Saúde mental, mulheres e conjugalidade. In: Stevens, C.; Oliveira, S.; Zanello, V. (Orgs.). Estudos Feministas e de Gênero: Articulações e Perspectivas. 1. ed. Florianópolis: Ed. Mulheres, 2014, v. 1, p. 108-118.

Ela nos respondeu: "(se emociona) *esse ano ele me jurou...* 'ou você muda ou eu vou te largar, porque você está uma mulher acabada, feia, horrorosa e eu mereço coisa melhor'". Perguntamos novamente: "*O que você fazia quando ele queria fazer um sexo que você não queria?*". Mayara: "*Não fazia nada, só (gesto de quem simplesmente deixava ele fazer)...só isso que eu fazia. E pense em sete anos, que pra mim foram setecentos anos*".

Mayara nos contou então que viveu esta relação como um corpo amolecido feito uma "boneca de pano" (sic). Descreveu detalhadamente como ela ficava "ausente" daquele momento em que "deixava" (para se ver livre) o marido a penetrar. Sentia-se, como vimos no excerto acima, tratada como uma prostituta. (...) Quando Mayara decidiu se separar, arrumou um emprego para se libertar de qualquer dependência econômica que o marido poderia usar para subjugá-la.

Ao contar sobre sua primeira internação, a paciente relata que "surtou" depois de uma das milhares de vezes em que seu marido a segurou pelos braços violentamente e manteve relação sexual com ela, sem seu consentimento. O curioso é que Mayara percebe essa situação como estupro, mas as outras não. Ela nos disse: "*Durante sete anos ele me estuprou duas vezes.*". Perguntamos: "*As outras vezes não foi nem contra você, você deixou?*" Ela respondeu: "*Liberal... não... eu deixei... só tava assim mente fora do corpo... tá entendendo?!*". Mente fora do corpo foi a dissociação usada pela paciente para suportar a violência à qual ela era submetida e da qual, pelo menos imediatamente, não via saída.

Ao perguntarmos se Mayara dividiu isso com alguém, ela afirmou ter contado para a mãe e para o pai, que lhe aconselharam a não denunciar nada, pois o tempo já havia passado. Quando perguntamos se havia contado isso ao psiquiatra, ela nos disse que sim. "*E o que eles lhe falaram?*" perguntamos. Ela: "*Eles não falam nada, eles não falam nada...*". E continuou: "*Eu sei que a Dra. Lúcia (nome fictício) que vai me acompanhar agora no... aqui na consulta rotineira, ela falou que eu tenho que ir pro psicólogo, fazer um acompanhamento psicológico e lá tem tudo*". Uma das coisas que a paciente nos relatou é que, apesar de a família se preocupar com seu silêncio depressivo, ela mesma (a família) se ressentia quando a paciente falava demais.

Ela nos disse: "*Era a gente passivo em tudo. A questão que a minha família estava reclamando de mim, é porque eu apresentando a depressão, eu ficava mais incomunicável, depressiva é incomunicável, uma pessoa que se tranca, se reserva, se enclausura, entra numa... entra dentro de uma conchinha e fica lá dentro. Aí meus pais não aceitam*", mas quando falava demais, eles diziam:

"*'Para de falar demais, você vai ficar sem fala... sentem falta de quando eu ficava muda''*". Mas o que a paciente falava? É o que interrogamos. Ela nos disse: "*Tá incomodando a minha família. Qualquer coisa, qualquer coisa que eu fale...* 'não fale demais, você tá falando demais, você vai ficar rouca, você vai perder a voz, você vai prejudicar as suas cordas vocais *(...) A recomendação do meu pai foi: fique calada, não fale com ninguém, porque senão você vai ficar mais rouca'*". E o exemplo que Mayara nos deu foi uma situação na qual se sentiu muito irritada e ao se expressar, o pai lhe disse a frase acima. E concluiu, falando acerca do que o pai lhe disse: "*'Pra que que você fica falando isso, você não precisa disso, pra que Mayara, espera, tenha paciência, seja mais humilde', a questão do meu pai é que eu que tenho que ser humilde, falar menos, não falar com ninguém. Quer que eu seja a abestada que eu era... depressiva... que eu sempre fui*".

Como reverso da passividade (idealmente acolhedora) sexual das mulheres, o que se constrói é a afirmação da sexualidade ativa masculina (veremos adiante como a masculinidade hegemônica se firmou como virilidade sexual ativa) e a pouca capacidade de renúncia por parte dos homens, seja com a própria esposa, seja por meio da "poligamia consentida" (Lagarde, 2011). Podemos ver também as próprias mulheres reproduzindo as "regras" da opressão, dizendo, muitas vezes, umas às outras sobre as "escapulidas" dos homens: "Amiga, ele é tão bom marido!", "foi só uma vez e ela era uma piriguete", "você também não estava dando atenção a ele". Aqui se destaca uma exigência moral muito mais rígida e restrita para as mulheres (pouca "compreensão" em casos em que a infidelidade é dela ou que uma mulher tenha vários parceiros).

Por fim, o casamento implica na naturalização de um acúmulo de tarefas por parte das mulheres, o que ocorreria pelo dispositivo materno. Trata-se, como aponta Pateman (1993), de uma divisão sexual das tarefas. Esse outro dispositivo, portanto, faz-se fundamental para a experiência do "ser mulher" em nossa cultura, independentemente de ter a mulher procriado ou não. A leitura naturalizante que se opera é a junção da capacidade de procriar com certas características sociais interpeladas às mulheres, tais como cuidar, estar disponível para o outro e o próprio maternar. Mais do que uma habilidade "natural", a maternagem possui especificidades históricas e sociais, sendo possível traçar/construir uma história sobre ela. "A maternidade extrapola, portanto, dados simplesmente biológicos; ela possui um intenso conteúdo sociológico, antropológico e uma visível presença na mentalidade histórica" (Del Priore, 2009, p. 16). Tratemos a seguir desse outro dispositivo.

CAPÍTULO 5

CONFIGURAÇÕES HISTÓRICAS DO DISPOSITIVO MATERNO

Como apontamos no segundo capítulo do livro, o fortalecimento do capitalismo trouxe mudanças políticas e sociais importantes acerca da mobilidade social da população, para os homens brancos, não para as mulheres brancas, menos ainda para a população negra em geral. No século XVIII houve a criação e o enrijecimento da divisão entre o espaço público e o privado, e se consolidou a instituição indissolúvel do casamento, como fundamento da família, abençoada pela "santa" Igreja Católica Apostólica Romana. O âmbito público, do trabalho, definiu-se, cada vez mais, como espaço identitário masculino, marcado pela ideia de contrato social e de "igualdade". O espaço privado continuou marcado pelo aspecto da natureza, sendo definido como "essencialmente feminino" pelo fato de a mulher ter a capacidade de procriação, ou seja, um útero. "Instituiu-se", assim, "uma divisão sexual do trabalho pelo contrato do casamento" (Pateman, 1993, p. 178). Segundo Pateman, o contrato social se baseou no contrato sexual, o qual ficou fora das esferas de igualdade e de acordo ou negociação. O casamento, já vimos, tal como se configurou, não apenas constituía legalmente a submissão da mulher ao marido (em todos os sentidos, sexual, patrimonial, afetivo etc.), mas também dava à mulher o reconhecimento social necessário, distintivo de uma mulher "bem-sucedida". Nele havia outra função, a qual deveria ser cumprida como meta do próprio casamento: a maternidade.

A maternidade é, portanto, uma construção social, a qual (assim como o amor) sofreu transformações no decorrer da história. É, sobretudo, a partir do século XVIII que o ideal de maternidade passou por grandes transformações e houve a naturalização do sentimento materno. Não que muitas mães não tenham amado seus filhos em séculos anteriores, mas sim que essa atitude nunca foi universal. Como Badinter (1985) ressalta, no século XVII, e em boa parte do XVIII, foi prática comum e amplamente aceita, na França, que mulheres entregassem seus filhos para amas de leite e cuidadoras[116] e que só voltassem a ver o filho, quando este não morria, mais ou menos quatro anos depois. E isso sem que nenhum drama de consciência as interpelasse! Segundo a autora, em 1780, em Paris, de 21 mil crianças que nasciam anualmente, 19 mil eram enviadas para casas de amas e mil eram amamentadas por amas em suas próprias casas. Dentre as razões, as mulheres tinham outras prioridades e interesses que o bebê. Além disso, foi no século XVII que surgiram as primeiras casas para acolhimento de crianças abandonadas. "Como justificar tamanho desinteresse pelo filho, tão contrário aos nossos valores atuais?" se pergunta a autora (p. 19). E: "Por que razões a indiferente do século XVIII transformou-se em mãe coruja nos séculos XIX e XX"? (p. 19).

Após 1760 abundam publicações que naturalizam o "instinto" materno ou o amor espontâneo da mãe pelo filho, glorificando esse sentimento. Foi nos séculos XVII-XVIII também que o olhar sobre a criança se modificou: ela começou a ser vista como alguém diferente do adulto (e não um adulto em miniatura), com necessidades e características próprias (Ariès, 1978). É importante realçar que isso se fortaleceu, ainda mais, com a criação do "mercado de trabalho", na passagem de uma economia agrária-rural-familiar para outra, urbana-fabril (Lipovetsky, 2000). A criança, antes entendida como braço a mais para auxiliar no sustento da família (daí a necessidade de ter tantos filhos que trabalhassem desde cedo), passou a ser vista como um ser único, mas também um encargo, uma boca mais a ser alimentada (daí a queda das taxas de natalidade, muito antes da própria invenção da pílula anticoncepcional[117]).

Quanto mais a criança passou a conquistar/ocupar o lugar de sua majestade o bebê/rei, mais se exigiu, com a cumplicidade do pai, que a mãe abrisse mão de suas aspirações como pessoa. Exemplo físico dessa ideia foi o abandono do uso constante e comum de enfaixamento dos bebês no século XVII e em boa parte do XVIII. Enfaixar a criança era um hábito que se justificava pela necessidade de mantê-la "dura" e imóvel, passível de ser pendurada em um prego. O objetivo era proteger a criança de animais em geral e, especificamente, de ratos. Ao ficarem muito tempo nessa posição, defecando e urinando sem poder se mexer, muitas iam a óbito. Com o advento de outro olhar sobre a infância, sobretudo o

[116] Com diferenças de "serviço", de acordo com a classe social e a possibilidade financeira.

[117] Shriver (2016) aponta esse aspecto questionando sobre os métodos que eram então utilizados: coito interrompido, interrupção da gravidez, infanticídio etc.

interesse político de que elas se tornassem cidadãos adultos (aumentar a população produtiva), foi caindo em desuso o uso dessas faixas. Por outro lado, a criança antes imobilizada e que não necessitava de grande atenção, passou a exigir vigília constante e o abandono de outras atividades e interesses pessoais dos adultos, no caso, as mães- aquelas consideradas como cuidadoras "naturais" do rebento.

Com a invenção fabril e a revolução industrial, era cada vez mais necessário, portanto, aos governos, garantir mão de obra barata e abundante, o que não combinava com a alta taxa de mortalidade infantil. Houve interesse econômico e político para que essa situação se modificasse. Em um primeiro momento, tratou-se de um trabalho de convencimento de que as mães biológicas deveriam pelo menos amamentar elas próprias seus bebês. No entanto, com o decorrer do tempo, foram demandadas, cada vez mais, atividades de cuidado, dedicação e educação, até serem consideradas, no século XX, por meio da "maternidade científica" as principais formadoras do caráter e personalidade de seus filhos:

> (...) os pais se considerarão cada vez mais responsáveis pela felicidade e a infelicidade dos filhos. Essa nova responsabilidade parental, que já encontrávamos entre os reformadores católicos e protestantes do século XVII, não cessará de se acentuar ao longo de todo o século XIX. No século XX, ela alcançará seu apogeu graças à teoria psicanalítica. Podemos dizer desde já que se o século XVIII a confirmou, acentuando a responsabilidade da mãe, o século XX transformou o conceito de responsabilidade materna no de culpa materna. (Badinter, 1985, p. 179)

Se, por um lado, aumentaram as tarefas, por outro, houve um apogeu da promoção da imagem da mãe. Devotamento e sacrifício fizeram "brilhar" ainda mais a maternidade. É por meio dos valores que se firmaram nessa transição que se pode compreender a configuração do dispositivo materno. Assim, se, de um lado, solicitava-se às mulheres um trabalho cada vez maior de autoabnegação, por outro, construía-lhes um lugar, de certa forma, "empoderado", ainda que, é necessário destacar, um empoderamento colonizado. Como afirma Badinter (1985):

> Inconscientemente, algumas delas perceberam que ao produzir este trabalho familiar necessário à sociedade, adquiriam uma importância considerável, que a maioria delas jamais tivera. Acreditaram nas promessas e julgaram conquistar o direito ao respeito

> dos homens, o reconhecimento de sua utilidade e de sua especificidade. Finalmente, uma tarefa necessária e 'nobre' que o homem não podia, ou não queria, realizar. Dever que, ademais, devia ser a fonte da felicidade humana (p. 147).

Houve, assim, paulatinamente, uma associação ideológica das palavras "amor" e "materno", que significou "não só a promoção do sentimento, como também da mulher enquanto mãe" (Badinter, 1985, p. 146). Na construção de um modelo feminino ideal (de esposa e de mãe), houve uma passagem de um poder repressivo para um poder constitutivo, no qual as redes de domínio se tornaram muito mais finas e invisíveis e, exatamente por isso, muito mais efetivas. Portanto, mais eficaz do que a tática psicopolítica do reprimir, foi a de criar o desejo de ser[118]: "elevando as mulheres mortais à excelsa Natividade de Maria, a maternidade envolvia-se em uma auréola. 'Dar à luz' tornava-se uma tarefa nobre, e mais do que isto, era decorrência do que via a Igreja como 'o bom sexo', transmutado em virtude e fecundidade" (Del Priore, 1994, p. 51).

O que se percebe, entre os séculos XVI, XVII e XVIII, é uma passagem da visão da mulher como "sereia, diabo, perigosa" para uma mulher essencialmente materna (boa) e disponível a cuidar. Eva cedeu lugar à doce Maria. A imagem anterior, sensual, da mulher (Eva), é substituída por outra assexuada, submissa e materna por natureza (Maria). A curiosa, a ambiciosa, a audaciosa metamorfoseou-se em uma criatura modesta e ponderada, cuja maior ambição se circunscrevia ao espaço doméstico. Nesse sentido, as imagens de Nossa Senhora passaram a abundar não apenas nas Igrejas, mas nas casas das pessoas, exercendo assim o papel de tecnologia de gênero[119]. O controle externo foi substituído por forças mais sutis de dominação, cujo sintoma de "sucesso" (de ter sido "bem-sucedida"), foi o sentimento de culpa feminino.

[118] Como Foucault (1993) destaca, o poder não é assim apenas coercitivo e negativo, mas produtivo: ele não apenas nega, coíbe e proíbe, ele produz e incita.

[119] Segundo Forna (1999), "o menino Jesus jamais foi pintado chorando ou com a cabeça pintada para trás. Sua mãe nunca tem uma aparência irritada ou cansada. Ninguém a retrata preparando a papinha com uma das mãos e equilibrando o menino Jesus no quadril com a outra, nem fingindo que não ouve enquanto ele berra a plenos pulmões no quarto ao lado. Ninguém jamais pintou Maria nos afazeres prosaicos da maternidade: dando banho, alimentando ou vestindo Jesus. Nossa Senhora e o menino Jesus estão congelados na eternidade de um momento relativamente raro da mãe com o bebê (...) O poder da imagem é derivado do que a sociedade quer das mulheres" (p. 18).

Figura 11- Imagem de Nossa Senhora, talhada em madeira, no século XVIII[120].

A partir de então, não amar os filhos tornou-se um crime, uma aberração, a qual deveria ser evitada, ou sendo impossível, disfarçada. Por outro lado, a mãe foi cada vez mais sacralizada: criou-se uma associação de um novo aspecto místico à maternidade, a de "santa". Para isso era necessário performar certos comportamentos[121]. Desses, o que talvez mais se manteve até os dias atuais, é o do "padrão paulino- caladas e sofridas" (Del Priore, 2009, p. 98). Deveria ser evitada também qualquer aparência que confundisse a mulher "honesta", de "família", com a luxuriosa. Deveriam estar atentas ao vestir, ao olhar, os quais poderiam ser indicativos de bom ou mau comportamento: de preferência andar com os olhos baixos, contritas. Além de apresentar certo pudor nos gestos.

O pudor e a vergonha foram construídos como qualidades femininas[122]. O sentimento de culpa também foi se configurando à imagem de

[120] Retirada de https://www.google.com.br/search?rlz=1C1AVNG_enBR722BR722&biw=1366&bih=613&tbm=isch&sa=1&ei=ROD5Wc3kLsaUwgSlzLrADg&q=nossa+senhora+escultura+s%C3%A9culo+XVIII&oq=nossa+senhora+escultura+s%C3%A9culo+XVIII&gs_l=psy-ab.3...2738.9409.0.9689.36.35.0.0.0.0.253.4061.0j30j1.31.0....0...1.1.64.psy-ab..5.20.2631...0j0i67k1j0i8i30k1j0i24k1.0.uarcmyv-RgY#imgrc=wJAFBPFGiNq9CM:, 04/04/2017.

[121] Segundo Del Priore (2009) elas deviam ter certa compostura, como por exemplo, manter-se longe dos homens galanteadores na Igreja, não deveriam usar saias que se lhes aparecessem os artelhos dos pés etc. Existia toda uma cartilha performática desejável.

[122] São uma introjeção da misoginia moderna que encerram, segundo Del Priore (2009), as mulheres em armaduras.

certas "infrações" (Del Priore, 2009). Tratou-se de uma pedagogia eficaz dos afetos, no qual se criou, paulatinamente, a imagem de mãe perfeita e esposa ideal: "o processo de desbastamento da identidade feminina, identidade que antes se apresentava numa gama múltipla de funções (...) passava a introjetar-se apenas nas relações conjugais" (De Priore, 2009, p. 110). Por seu turno, aos maridos foi interpelado mostrarem-se como "dominadores, voluntariosos no exercício da vontade patriarcal, insensíveis e egoístas" (Del Priore, 2009, p. 134).

Faz-se mister pensar, no entanto, como foi a chegada de tais ideais no Brasil colônia e que configuração tomaram no encontro com as culturas indígenas e negras, presentes também no país. Del Priore (2009) traçou esse histórico, apontando, no Brasil colonial, a existência de uma forte misoginia e um profundo desejo de normatizar as mulheres: "o enorme interesse emprestado à domesticação da mulher revelava também o consenso masculino sobre o poder civilizador da maternidade" (p. 15). Tratou-se de uma domesticação que visava, como vimos, ao processo de povoamento, em um projeto demográfico que preenchesse os vazios das terras recém-descobertas, tendo a Igreja Católica e, posteriormente, a medicina, importante papel.

O matrimônio apregoado pela Igreja reproduzia na intimidade certa hierarquia de poder já implícita nas relações do escravismo, "condenando esta (a mulher) a ser uma escrava doméstica, cuja existência se justificasse em cuidar da casa, cozinhar, lavar a roupa, servir ao chefe da família com seu sexo" (Del Priore, 2009, p. 26). A mulher, vista como o pilar emocional da família, se fechou cada vez mais para si mesma, assumindo a responsabilidade das tarefas domésticas e da criação dos filhos. Se à mulher era ensinado seu lugar de inferioridade e submissão, sendo uma "sorte" ter um marido, ele, por seu turno, foi erigido como o moralizador da mulher e como avaliador de sua conduta moral.

Por outro lado, no matrimônio pela Igreja, a mulher passou a ser magnificada e a criança, fruto dessa união, sacralizada. Como aponta Segalen (1980), em uma sociedade tradicional, a mulher não tem estatuto fora do casamento, sendo ele a única via possível para que ela se realize como ser social. Ser "santa mãezinha" tornou-se, portanto, a carteirinha social para as mulheres sobreviverem nesta sociedade, patriarcal. O que se vendia era a ideia de uma falsa relação igualitária, baseada na dominação masculina e na consentida submissão feminina.

Precisamos destacar, no entanto, que a diversidade de situações entre as mulheres era grande, ou seja, havia situações distintas para mulheres brancas livres e negras escravizadas, por exemplo. Estas últimas tinham não apenas que dispor de seus corpos para o desejo do homem branco, mas eram vistas como um "investimento", pois além do prazer sexual proporcionado, podiam aumentar com seu ventre, via procriação, o número de escravos de um senhor. Infelizmente, a maior parte dessas histórias se perdeu pela falta de registro. Del Priore (2009) aponta que havia uma preocupação moral com as proles frutos da miscigenação, as quais eram tidas como ilegítimas e perigosas. Os bastardos eram, em sua maioria, crianças negras. Aqui o patriarcalismo mostrou claramente sua estrutura sexista e racista.

É necessário também apontar que houve resistência em outras classes à implantação do matrimônio religioso como única forma legítima de conjugalidade e ao ideal da santa mãezinha. Nas classes subalternas, as mulheres continuavam a ter filhos fora do casamento e a conviverem com seus parceiros no concubinato. Apesar disso, sua situação se assemelhava, em geral, ao abandono de tantas outras mulheres, cujos maridos viajavam para o grande projeto de povoamento do país. As consequências mais graves da maternidade irregular eram de ordem econômica e não moral (Del Priore, 2009). Abandono e infanticídio eram, exatamente por esse motivo, práticas comuns em nosso país[123].

É importante, portanto, ressaltar a não homogeneidade desse processo de colonização dos afetos femininos, o qual foi se dando de formas diferentes em diversas camadas da população. Mas houve, em termos macro, um avanço na implantação de certo ideal de maternidade: "Ao propor um arquétipo ideal para as mães, a Igreja pretendia pacificar e domesticar a poderosa gestora do lar matrifocal... pretendia também (...) fazer do matrimônio o único instrumento de legitimação dos filhos" (Del Priore, 2009, p. 48)[124]. Foi um longo processo esse, o de tornar a mulher responsável pela família, casamento e procriação. Aos poucos, foram sendo colonizados os afetos, cuja vitória pôde ser traduzida no sentimento de culpa das mulheres. A partir de fins do século XIX e começo

[123] Outras mulheres "adotavam" essas crianças, não apenas pelo amor de criação, mas para terem mão de obra barata. Essa prática foi comum no Brasil até recentemente. Essas crianças, geralmente meninas "adotadas", acabavam por exercer as tarefas domésticas sem salário e nenhum direito trabalhista.

[124] Muito do preconceito às "mães solteiras" persiste até os dias atuais em nosso país.

do XX, a "ciência" emprestou novo colorido e injetou nova energia na configuração do ideal materno.

A Medicina, ao incorporar as ideias da Igreja sobre a natureza da mulher, deu-lhe um discurso "científico", usando certa leitura sobre o funcionamento do corpo feminino para naturalizar ainda mais esse processo de domesticação. Esse discurso afirmava que a função natural, teleológica, da mulher, era a procriação. Ao estatuto biológico, procurava-se associar outro, de cunho moral. Os médicos repetiam sobre as mulheres não domesticadas as mesmas palavras dos padres: "cancro", "chaga" etc. Além disso, afirmavam que o útero tinha vontade própria e um desejo inacreditável de conceber. Assim, interpretavam as doenças femininas como males essencialmente uterinos, os quais a maternidade poderia acalmar: "Tota mulier in utero" (Toda mulher no útero). Como vimos no capítulo 1, a própria loucura feminina era interpretada como um desarranjo do útero e a maternidade (junto com o casamento), um recurso terapêutico.

Se o casamento foi lido pela Igreja como um santo remédio espiritual contra a devassidão das mulheres, a Medicina também o erigiu como medicamento preventivo para o corpo feminino, pois ele servia para acalmar o útero[125]. A Medicina tratou então de dar caução aos ideais da Igreja aqui no Brasil. Além disso, médicos endossavam dessa forma a inferioridade estrutural das mulheres. Para eles, tanto histeria como melancolia feminina eram associadas a um "ser débil, frágil, de natureza imbecil e enfermiça" (Del Priore, 2009, p. 34). O filho seria a prova da moralidade e da saúde da mulher (tanto tê-lo quanto sua saúde e caráter). O discurso médico configurou-se como um olhar interessado, masculino, estigmatizador, que construiu um saber sobre os corpos das mulheres, retirando delas sua própria voz. Da afirmação de que toda mulher poderia ser mãe, a medicina concluiu que a mulher não poderia ser outra coisa que mãe. Por outro lado, firmou-se também a necessidade de prescrição "científica" de como deveria ser o comportamento materno e os cuidados com o bebê.

Assim, se em um primeiro momento o discurso ideológico utilizado pela medicina foi o do "instinto materno", a partir da década de 20 do século passado ele foi se complexificando, configurando a "maternidade científica", ou seja, "o exercício da maternidade fundamentado em bases

[125] Tratava-se de acalmar o "furor da madre" (vagina e útero). Parte desse imaginário subexiste até hoje em frases que desqualificam o mal-estar das mulheres: "Está mal comida", "dormiu de calça jeans", "precisa de um namorado" etc.

científicas" (Freire, 2006, p. 45)[126]. A autoridade das comadres, mães, tias, avós, foi substituída pela palavra do médico, em primeiro lugar, e depois pelos especialistas dos cuidados infantis, dentre os quais os psicólogos e os psicanalistas (Freire, 2008). Freire (2006) aponta o caráter ambivalente dessa nova configuração da maternidade:

> A ideologia da maternidade científica significou para as mulheres um reforço à sua condição de mãe, transformando a maternidade em profissão feminina, objeto de formação técnica específica. Como a prática da maternidade nesses novos moldes exigia inserção no universo científico, esse aspecto a aproximava do mundo masculino racional, deslocando-a da esfera estritamente doméstica e lhe conferindo novo status. Deslocamento que mantinha certa tensão interna, pois atualizava em substância a função maternal, sem ao mesmo tempo desconsiderá-la como inerente à natureza feminina. (Freire, 2006, p. 50)[127]

Ou seja, a partir de 1920, o ideal de amor (espontâneo) da mãe pelo filho persistiu (Thomaz, 2015), mas entendeu-se que precisava ser burilado e supervisionado pelos especialistas (médicos, educadores, políticos, economistas, pedagogos e profissionais *psis*). Ademais, o ideal de maternidade passou a ser veiculado por propagandas de modo em geral. Houve uma "transferência gradativa do aprendizado da maternagem de um ambiente doméstico, familiar, tradicional e feminino para um ambiente público, midiático, científico e masculino" (Thomaz, 2015, p. 4).

Além disso, o Estado brasileiro, como em muitos países da Europa, se dirigiu às mulheres-mães como as "responsáveis pela nação", educadoras dos futuros cidadãos. Assim, para as mulheres, grupo que nunca antes havia gozado historicamente de direitos civis plenos como os homens, e nem de reconhecimento social, foi oferecido um lugar aclamado como o de mãe, de guardadora do futuro da pátria, de rainha do lar e responsável pela economia doméstica. As revistas femininas não deixaram de cumprir seu papel, enquanto tecnologias de gênero, na construção desse ideal:

> A maternidade é, para o Jornal das Moças (*de grande circulação nacional*), 'a sagrada missão feminina'. Considerado destino da

[126] Da mesma maneira, o parto deixou de ser um ofício de parteiras mulheres para ser uma tarefa a ser realizada por obstetras, homens da ciência. Ver Vieira (2002).

[127] Para essa autora, a maternidade representou para muitas mulheres de classe média e alta urbanas um meio de emancipação e de acesso à educação, à atividade filantrópica e à atividade profissional.

mulher e, portanto, praticamente indissociável da ideia de ser mulher, ser mãe é quase uma obrigação social. O elogio permanente da maternidade e o ideal de mulher dedicada inteiramente às atividades do lar, entre as quais o cuidado dos filhos, estão presentes em toda a revista e sem alterações ao longo dos anos 40 e 50. (grifo nosso; Bassanezi, 1996, p. 347)

Se a maternidade e os cuidados domésticos se tornaram assim um papel gratificante para muitas das mulheres é que a partir desse momento ela passou a ser reconhecida, valorizada e impregnada desse ideal. O que se percebe, por outro lado, é que a pessoa da mulher ficou cada vez mais subsumida nessas funções, grande parte delas tomando para si mesmas essa "transparência" (a tal da "mística feminina" apontada por Betty Friedan, 1971). O desenvolvimento do capitalismo trouxe, ainda, nesse momento, promessas de produtos para "facilitar" o bom cumprimento desse ideal, o qual demonstrou ser um grande filão de vendas até os dias atuais (promoção da "mulher consumidora").

Figura 12- Anúncio da década de 1950. Nele há a retratação de mulheres felizes em realizar seus afazeres domésticos, como "rainhas do lar", sobretudo com a "ajuda" do eletrodoméstico. Possuí-los era um sinal de *status* social[128].

[128] Fonte: http://www.propagandashistoricas.com.br/2013/07/arno-casamento-anos-50.html. Consultada em 04/04/2017.

Uma boa mãe deveria assim se apagar em favor de suas responsabilidades para com seus filhos (e marido), com a promessa de atingir a felicidade ("ser mãe é padecer no paraíso"). A mulher voltada para si, e não para o outro, seria monstruosa (Soihet, 1989)[129]. Nesse ideal, a mulher passa a existir somente em relação ao outro, filhos e marido (Basaglia, 1983; Badinter, 1985). O que se apregoava é que "a mãe de família deve colocar sempre o casamento e os filhos em primeiro lugar..." (Bassanezi, 1996, p. 317).

> Não existindo por si mesma, a esposa-mãe-dona-de-casa não é considerada como um indivíduo abstracto, autónomo, pertencendo a si mesmo. 'Uma mulher pode sempre ser feliz na condição de não ser um 'indivíduo', mas sim o ser maravilhoso que vive *fora dela* e para os outros'. Enquanto o homem encarna a nova figura do indivíduo livre, sem amarras, senhor de si mesmo, a mulher continua a ser pensada como um ser naturalmente dependente, vivendo para os outros, encastrada na ordem familiar. A ideologia da dona-de-casa edificou-se na recusa de generalizar os princípios da sociedade individualista moderna. Identificada com o altruísmo e a comunidade familiar, a mulher não é associada à ordem contratualista da sociedade, mas sim à ordem natural da família. Por esta razão, a mulher ficará privada dos direitos políticos e ainda dos direitos à independência intelectual e econômica. (Lipovetsky, 2000, p. 205-206)

No momento em que as mulheres (brancas) começaram a adentrar no mercado de trabalho (décadas de 1910/1920), muitas dúvidas foram levantadas (inclusive pela "ciência") sobre seus malefícios (para sua própria saúde, e a educação e o desenvolvimento de seus filhos). Inicialmente, o trabalhar ocorria por "necessidade", sobretudo no caso de mulheres viúvas, órfãs ou solteiras[130]. "Não precisar trabalhar" era, portanto, um sinal de *status* social.

> Mulheres com boa instrução e bem relacionadas podiam garantir seu ingresso em profissões liberais, mas aquelas cuja formação tinha sido limitada buscavam emprego em campos de expansão

[129] Como vimos, na parte histórica do dispositivo amoroso, a defesa do celibato foi levantada como arma política de resistência por parte de algumas feministas da primeira metade do século XX. Seria uma forma de poderem colocar a si mesmas e seus próprios projetos no centro de suas vidas. Um caso emblemático é o de Maria Lacerda de Moura.

[130] "A mulher trabalha por necessidade, não por dever" (Araújo, 1995, p.80). No caso das solteiras, as atividades indicadas eram aquelas que poderiam "sublimar" sua "natureza feminina": professoras, cuidadoras, enfermeiras etc. Já que não cuidariam de sua própria família, deveriam usar sua capacidade "natural" de cuidar, para outras pessoas.

> como o serviço público, o comércio, os bancos e a educação primária (Hahner, 2003, p. 280).

No caso de mulheres pobres (composto, mormente, pelas mulheres negras), essas sempre trabalharam, sobretudo em empregos domésticos (empregada e babá)[131].

O magistério foi um dos principais meios de profissionalização das mulheres (acima de tudo brancas) urbanas (não originárias da elite) no Brasil e de sua entrada no mercado de trabalho, pois, de um lado, representava uma extensão da suposta natureza maternal feminina (atributos naturalizados nas mulheres) e, por outro, possibilitava o crescimento educacional e social: "Quem 'falou' sobre as mulheres professoras, quem construiu e difundiu com mais força e legitimidade sua representação foram os homens: religiosos, legisladores, pais, médicos" (Louro, 1997a, p. 103). A maior exigência para uma mulher poder se tornar professora era sua conduta moral[132], sua reputação como mulher (Araújo, 1995), o que coadunava com os valores vigentes à época.

> A arte do magistério é quase uma continuação das tarefas educacionais da mãe dentro de casa, habituada a ensinar e dar boa formação aos filhos. Ser professora, na opinião de grande parte da sociedade, era ter a profissão ideal da mulher, que possuía uma moral mais elevada que o homem, é mais delicada e indulgente com as crianças, além de doce, carinhosa, sentimental e paciente. (Araújo, 1995, p. 79)

Muitas mulheres viam no curso não apenas a possibilidade de trabalhar, mas também, de ter uma formação geral[133] antes de se casarem

[131] O censo do Rio de Janeiro de 1920 apontava que o magistério ocupava o segundo lugar em relação à participação da mão de obra feminina, com 81,20% contra 18,80% do masculino; perdendo apenas para os serviços domésticos (os quais contavam com participação de 96,69% de mulheres; Bonato 2007).

[132] A castidade e o pudor eram valores inquestionáveis, acentuados, como aponta Araújo (1995), pelo fato de a população brasileira ser maciçamente católica e devota de Santa Virgem Maria. Para ser professora, a mulher tinha que ser "honesta", ou seja, a moeda era sua conduta moral.

[133] A Escola Normal era uma das poucas oportunidades, senão a única, de as mulheres prosseguirem seus estudos além do primário (Vianna, 2013, p. 165). Inclusive, crescem os argumentos a favor da instrução feminina, vinculando-a, sobretudo, à educação dos filhos e filhas (Louro, 1997b). No entanto, como Singly (1993) sublinha, o capital escolar trouxe, além de uma posição no mercado matrimonial, as possibilidades de certa ascensão profissional às mulheres, a partir do momento em que ter um diploma começou a se impor como modo de produção nas sociedades ocidentais. Contudo os homens mantiveram, por muito tempo, quase um monopólio nas áreas com status e boa remuneração (e mantêm até hoje, como por exemplo, em tecnologia e ciência). É necessário destacar, entretanto, que certos diplomas poderiam (e podem até hoje) ser considerados como uma "deficiência" na prateleira do amor, pois o que valoriza as mulheres é muito mais a beleza. A esse respeito ver "Gênero e desejo: a inteligência estraga a mulher?" de Borges (2005).

(não à toa, criou-se o ditado "curso para arrumar marido"). Houve, assim, em nosso país, o que comumente se chama de "feminização do magistério" (presença maciça de mulheres nessa profissão): de um lado, os baixos salários e a precarização das condições de trabalho (em função do projeto republicano de ampliar a educação e o acesso a ela, como processo de modernização do país[134]), o que levou vários homens professores a migrarem para outros setores, economicamente mais vantajosos e com maior *status*[135] (Chamon, 2005); de outro lado, foi utilizado o discurso da mulher-mãe (instintivamente maternal, dedicada, abnegada, paciente, devotada, pronta a fazer sacrifícios) para convocar as mulheres a exercerem esse importante papel (sua "vocação") pelo "futuro da nação" (Araújo, 1995; Bonato, 2007; Louro, 1997a; Santos; 2008; Vianna, 2001). Basta lembrar que em 1922, 80% da população brasileira era analfabeta (Bonato, 2007).

Às mulheres coube, sobretudo, a educação de crianças menores (educação infantil primária), trabalho esse considerado menos técnico e mais "afetivo", mais afinado, portanto, com a "natureza" da mulher- daí que menos reconhecido, e com remuneração pior. Nas palavras de Esteban (2011), "uma determinada especialização emocional levava ao menor status das mulheres" (p.46)[136]. Esse fenômeno (que perdura até hoje), de concentração de professoras mulheres em estágios mais precoces da educação e de uma quantidade um pouco mais proporcional de homens em estágios mais avançados (e valorizados), foi denominado de "estratificação sexual" do magistério, geradora de guetos sexuais na carreira docente[137] (Vianna, 2001).

[134] Em um plano econômico, na década de 20, de passagem do sistema agrário-comercial para o urbano industrial (Bonato, 2007).

[135] Chamon (2005) aponta que os baixos salários oferecidos reforçavam a associação entre magistério de primeiro grau e fracasso profissional, o que acentuaria o desprestígio do homem que continuasse nessa atividade. Como veremos, nos capítulos deste livro dedicados aos homens, o sucesso profissional (virilidade laborativa) constituiu-se, para eles, cada vez mais, como fator identitário. Um ponto a ser destacado é que havia cursos diferenciados, de acordo com as habilidades que deveriam ser treinadas, para meninos e meninas. Para eles, por exemplo, eram "necessárias" aulas de geometria. Para elas, habilidades domésticas, bordado e agulha, e de cuidados em geral. Professores homens davam aulas para os meninos e professoras mulheres para as meninas. Como geometria era uma disciplina que requeria uma "complexidade maior", só para dar um exemplo, professores homens acabavam, em grande parte das vezes, ganhando salários melhores que suas colegas mulheres. O salário era, assim, atribuído por disciplina ministrada. Além disso, os homens tinham mais facilidade para a ascensão profissional, por várias razões de gênero: além daquelas de caráter naturalizante, que exaltavam habilidades intelectuais e superiores nos homens, havia a ideia de que eles eram provedores de seus lares, enquanto as professoras deveriam ter um marido para sustentá-las (não sendo tão necessário receberem um bom salário). Demartini e Antunes (2002) apontam assim que a profissão do magistério era feminina, mas a carreira masculina. Raríssimas mulheres chegavam ao posto de inspetora.

[136] O fato de não ser "natural" essa especialização, mas cultural, não quer dizer que, em seu exercício, por tanto tempo, as mulheres não tenham juntado um "capital do cuidado", um determinado saber-fazer.

[137] Mesmo que as mulheres sejam maioria na docência, os homens ainda ocupam as funções de maior presti-

No caso das mulheres casadas, em geral, seu trabalho sempre teve um estatuto subalterno, como uma atividade menor (apenas para "ajudar" no orçamento da família), pois seu papel principal seria o de ser esposa e mãe: "embora os modernos tenham sacralizado o valor do trabalho, não deixaram, simultaneamente, de desvalorizar sistematicamente a actividade produtiva feminina" (Lipovetsky, 2000, p. 202). Trabalhar fora de casa também não eximia as mulheres das suas obrigações domésticas (como, aliás, ocorre até os dias atuais):

> A dona-de-casa moderna é simultaneamente uma condição social e moral, uma visão normativa da mulher, uma religião laica da mãe e da família. Surge uma nova cultura que coloca num pedestal as tarefas femininas outrora relegadas para segundo lugar, que idealiza a esposa-mãe-doméstica que dedica a sua vida aos filhos e à felicidade da família. (Lipovetsky, 2000, p. 204)

Além disso, mesmo que as mulheres tenham se inserido no mercado, desde o início do século XX, o valor de seu trabalho nunca foi idêntico ao dos homens. Os salários também não eram os mesmos e, onde houve feminização da profissão, houve um rebaixamento do status delas e dos proventos recebidos. Mesmo no âmbito público, ocorreu, portanto, uma divisão sexual do trabalho e a configuração de certas "profissões femininas" (Vianna, 2013).

Se no início do século 20 a representação da imagem da mulher era diretamente relacionada à felicidade da família e como responsável por seu bem-estar (e por servir ao homem), no final desse mesmo século pôde-se observar mudanças. A diferença é que agora, além do filho e da família, ela precisa cuidar de si mesma (sobretudo fisicamente) e de sua carreira profissional (Portela, 2016). No entanto há a persistência do valor da maternidade, vendida como a realização da mulher, sem rachaduras em que se possa perscrutar qualquer rasgo de insatisfação, sofrimento, frustração ou o próprio não desejo de ser mãe. A mãe representada ainda é sempre uma mulher feliz com essa função. O território midiático (nutrido pelos discursos dos especialistas, tais como pediatras, psicólogos, psicanalistas, pedagogos etc. e, ao mesmo tempo, nutridor deles) alimenta cotidianamente o imaginário social (Thomaz, 2015), mas não só isso, constitui-se em verdadeira tecnologia de gênero. Raríssimas

---

gio social e recebem salários mais altos.

são as imagens ou espaços na mídia para se falar sobre o mal-estar da maternidade, sobre o (des)encontro da pessoa mulher com a função de maternagem histórica e culturalmente a ela atribuída. E, quando há espaço, geralmente se dá sob a tarjeta médica de alguma patologia, por exemplo, em alguma matéria jornalística sobre "depressão pós-parto" (voltaremos nesse tópico mais adiante).

Abaixo apresentamos um exemplo atual de propaganda, na qual aparece uma artista famosa exercendo o papel da maternidade. Trata-se de um banner da campanha de amamentação do Ministério da Saúde e que foi afixado nas maternidades em todo o Brasil. Se prestarmos atenção na imagem, podemos perceber uma mulher linda (penteada, maquiada, magra- como poucas mulheres conseguem estar com um recém-nascido), sorridente e feliz, amamentando uma criança. Sua expressão demonstra contentamento e satisfação. Não há lacunas nas quais apareçam insatisfação, cansaço, arrependimento (de ter engravidado e dado continuação à gestação), raiva, ou mesmo dor. A mensagem é clara: uma "verdadeira mulher-mãe" não sente ambivalência e se compraz em amamentar a sua cria. Pode-se ver que as tecnologias de gênero que reafirmam e constroem certo ideal de maternidade continuam agindo de forma muito eficiente.

Figura 13- Campanha publicitária do Ministério da Saúde/Brasil com o intuito de incentivar o aleitamento materno.

É importante destacar, também, que a feminização de certas profissões perdura até os dias atuais. Basta dizer que, em 2002 e 2007, no banco de dados da Fundação Carlos Chagas foi constatado o mesmo padrão de inserção profissional segundo o sexo: mais de 70% das mulheres ativas no mercado continuam empregadas em profissões consideradas "femininas", tais como cozinheiras, professoras, fonoaudiólogas, psicólogas, nutricionistas etc. (Vianna, 2013). Profissões, portanto, ligadas ao "cuidado" com os outros. E, em geral, com remunerações mais baixas do que profissões tipicamente "masculinas" (engenharia, áreas de informática etc.). Dois pontos devem aqui ser realçados: de um lado, uma tendência menor nas mulheres (em função da educação e do próprio processo de subjetivação no dispositivo materno) a requerer/brigar/exigir salários mais altos; e, por outro, a relação interpelada às mulheres entre trabalho e dinheiro. Uma mulher ambiciosa, que cobra caro por seus serviços, é malvista socialmente. O dinheiro pressupõe troca condicionada e com objetivo de obter benefícios. Ou seja, o dinheiro, signo de poder em nossa cultura, é associado à virilidade masculina e colocaria em xeque uma suposta feminilidade natural na mulher (Coria, 1996). Voltaremos adiante nesse tópico.

O trabalho doméstico continua concentrado sobre as costas das mulheres (quando não as da dona da casa, as de mulheres terceirizadas). Se elas avançaram em escolaridade e em muitas profissões no mercado de trabalho, continuam sendo as responsáveis por grande parte dos trabalhos em casa e pelos cuidados com os filhos. Dados do IBGE, de 2012, apontaram que 94,85% das mulheres exerciam dupla jornada (trabalhavam fora e dentro de casa), contra somente 5,2% dos homens. Esse relatório também apontou que a média de horas semanais gastas com trabalho doméstico para as mulheres é de 27,7 h, enquanto os homens trabalham apenas 11,2h.

Em suma, pudemos ver que a afirmação do matrimônio, sacramentado, monogâmico para as mulheres, e com prole, foi um importante fator de saneamento econômico e social, além de um profundo processo de colonização afetiva feminino. O estereótipo da santa-mãezinha (Del Priore, 2009) se construiu no imaginário colonial brasileiro e não nos abandonou desde então[138]. Além disso, houve uma mitificação

[138] Hoje, podemos vê-lo em novelas, em para-choques de caminhões, em camisetas etc. Trata-se da mãe "piedosa, dedicada e assexuada" (Del Priore, 2009, p. 16).

do sacrifício e da devoção na construção da imagem da mãe ideal, na qual a "mater dolorosa" é a expressão suprema. Mas "se as mulheres interiorizaram os preconceitos e estereótipos de uma sociedade machista e androcêntrica, fizeram-no porque nesse projeto encontraram benefícios e compensações" (Del Priore, 2009, p. 285). Como vimos, foi por essa via que as mulheres, em geral, tiveram acesso ao reconhecimento social. Precisamos também destacar que, no centro do projeto de ser esposa e mãe, encontravam-se os homens: é ao redor deles que o mundo feminino girava (e gira, em grande parte, até hoje). Além disso, a naturalização de "qualidades maternas" nas mulheres – como capacidade de cuidar dos outros, altruísmo, afeto, atenção, paciência etc. – teve desdobramentos importantes, tanto na esfera doméstica, quando na vida laboral.

CAPÍTULO 6

DISPOSITIVO MATERNO

Segundo Forna (1999, p. 32),

> (...) a maternidade é um construto social e cultural que decide não só como criar filhos, mas também quem é responsável pela criação de filhos. Em certos lugares desse mundo, a maternidade foi forjada de modo diferente. Há lugares onde a mãe não é a única responsável pelos filhos e ninguém espera que ela seja, onde o homem se envolve muito mais com a vida dos filhos, onde para a mulher não há conflito entre ter filhos e trabalhar, onde a mãe não é levada a se sentir culpada por suas escolhas pessoais.

Para Basaglia (1983), foi sobre os caracteres naturais do corpo da mulher que se fabricou sua escravidão[139]. Ou seja, segundo a autora, "doçura, feminilidade, propensão natural à dedicação e ao sacrifício, debilidade, necessidade de proteção e de autotutela" (p. 14) foram características associadas culturalmente às mulheres pela identificação destas ao corpo e à capacidade de procriação. A subordinação das mulheres passaria assim mediante sua identificação total entre corpo (capacidade de procriar) e função social (maternar).

O primeiro ponto importante a se destacar, portanto, levando em consideração o aspecto histórico da configuração de certo tipo de sentimento/amor materno, como apresentamos anteriormente, é a necessidade de se desassociar a capacidade de procriar e a capacidade de cuidar (maternagem), a qual se faz presente em todos os seres humanos, os quais podem exercer essa capacidade individualmente ou em coletividade, como ocorre em várias etnias indígenas brasileiras e grupos afrodescendentes. No entanto, como vimos, a partir do século XVIII, a maternagem foi associada, na cultura ocidental, às mulheres. O amor materno, supostamente "espontâneo", "diferente de todos os outros", o "maior de todos", foi inflacionado, produzido, e trouxe, como contra-

[139] Hooks (2015a) faz críticas importantes ao uso metafórico da palavra "escravidão", relacionada à condição social de exploração e subordinação de pessoas negras, traficadas para trabalhar nas Américas, e a situação das mulheres, sobretudo brancas, classe média, em seus atributos maternos e domésticos. Segundo ela, essa comparação escamoteia a condição da população negra, em situações muito piores do que das mulheres brancas.

partida, de um lado, o sofrimento de mulheres cuja relação com a maternidade não se traduzia nesses termos (ou a culpa, naquelas que sentiam não atingir esse ideal); e de outro, o *looping effect* dos "traumatizados" por não terem tido como cuidadora principal a mãe biológica, ou por ela não ser uma mãe "propaganda Doriana"[140]. A psicologia prestou aqui sua grande contribuição como tecnologia de gênero[141] (Zanello, 2016a).

Grupos afrodescendentes, oriundos da população negra trazida da África para serem escravizados, mantiveram muitas de suas tradições, inclusive outras formas de cuidado com as crianças. Apesar da variedade cultural dessa população, a maternidade era compreendida de modo não mãe-cêntrico, na pessoa da mãe biológica, mas de forma socializada, com outras mulheres. Patrícia Collins (2009) destaca, nesse sentido, a existência de um cuidado dividido com a própria família de sangue, mas também com a comunidade negra: com outras mães ("motherothers") e adoções temporárias ou partilhadas, nos Estados Unidos[142]. Ou seja, um

---

[140] "Pensem em como somos obcecados por nossa própria mãe. Elas têm uma capacidade, que nenhuma outra pessoa tem, de nos decepcionar, enraivecer, frustrar e nos colocar um fardo" (Forna, 1999, p. 30). As tecnologias de gênero não apenas representam e reafirmam/recriam a importância da mãe biológica na nossa cultura, elas produzem o *looping effect*: crianças sem mães ou com mães biológicas que fogem ao padrão Doriana (quase todas) se sentem com autoestima baixa, rejeitadas etc. Ou seja, adoecemos psiquicamente, também, por aquilo que nossa cultura prescreve como ideal e que, em contrapartida, prescreve como adoecedor. Para compreendermos esse processo, precisamos qualificar o sentido subjetivo do que acontece ao sujeito, lembrando sempre de seu caráter mediado pela cultura. As ciências psis criaram um cabedal de situações "ideais", bem como outras "traumáticas", as quais foram divulgadas e se fizeram entranhar na cultura popular. É sob essa ótica que precisamos entender a importância e a magnitude do ideal de maternidade, tal como se configurou dentre nós. De um lado, ele adoece as mulheres mães, nunca boas o suficiente para estarem em dia consigo mesmas ou se priorizarem em certas situações; de outro, adoece as crianças, adolescentes e adultos porque nunca tiveram nem terão essa mãe ideal e isso será ressentido como justificativa para muitos de seus problemas. Esse é um fenômeno típico de nossa cultura, nesse momento histórico. As crianças podem ser criadas e educadas de formas muito diversas e se saírem muito bem. E a maternidade não é vista como encargo exclusivo de uma só pessoa (na nossa, sobretudo, a mãe biológica) em todas as culturas.

[141] Edmonds (2012) analisou metacriticamente, sob uma perspectiva feminista, várias teorias clássicas do campo da psicopatologia/saúde mental, sublinhando o quanto psicólogos e outros profissionais de ajuda participaram na construção da "culpa materna", sobretudo por meio da teorização etiológica das psicopatologias ou transtornos mentais infantis, nos quais se compreende as mães como causa primária dos distúrbios psicológicos. Apesar de haver vários fatores possivelmente envolvidos, além de uma particularidade de cada criança, a mãe é apontada como o fator principal na formação daquela criança. Não se leva em consideração, portanto, outros fatores que influenciam a infância. Caplan (2012) ressalta, nesse sentido, a partir de um levantamento sobre maternidade nas publicações da APA que, em média, 60% dos artigos patologizam a mãe: se elas são altruístas, são interpretadas como "masoquistas" e, se não são, são tachadas de egoístas e mães más; quando cuidadosas são lidas como intrusivas e, quando não tão cuidadosas, são vistas como negligentes. Segundo o levantamento realizado pela autora, as mães foram culpabilizadas por 72 tipos diferentes de problemas psicológicos! Devemos apontar ainda a invisibilidade nas pesquisas sobre o encontro da mulher com o papel da maternagem, pois esta acaba sendo tomada como algo "natural", decorrente da capacidade de procriação. Esse tipo de literatura técnica se constitui, também, como tecnologia de gênero na formação dos clínicos e em sua escuta, o que os leva a reproduzirem como fato, essa construção ideológica. Nota-se, nesse sentido, os poucos ou quase inexistentes estudos acerca do encontro das mulheres com essa função idealizada da maternidade.

[142] Há muitas pesquisas nos Estados Unidos comparando, por exemplo, mães negras que mantêm tradições de origem afro (familiar, religiosa, etc.) e as que não mantêm (talvez mais isoladas e mergulhadas na concentração de tarefas da mãe biológica, e menos protegidas do racismo presente na cultura hegemônica marcada pela supremacia branca). É muito importante que pesquisas assim sejam realizadas em nosso país, para que possamos conhecer essas especificidades e diferenças interseccionais.

cuidado infantil cooperativo[143]. No Brasil, infelizmente, ainda estão por se fazer estudos sobre maternidade negra, com esse recorte.

A evidência da variedade de possibilidades de formas de cuidados e distribuição de responsabilidades com os bebês e as crianças se mostra assim tanto sincronicamente (diversas culturas no mesmo momento histórico e, às vezes, na mesma sociedade, como parece ser o caso da brasileira), quanto diacronicamente (no desenrolar histórico; Forna, 1999).

Ao mesmo tempo, na cultura ocidental, branca, de classe média, faz-se mister apontar o acúmulo de funções que o ideal de "maternidade" (vista como procriação e maternagem unidas, de forma "natural") foi tendo. Nele, foram englobados – como desdobramento de uma capacidade "natural", de uma "essência" construída culturalmente – o cuidar de forma geral e, também, as atividades domésticas, ambas relacionadas politicamente, a partir do século XVIII, ao âmbito privado. Segundo Geneviève Fraisse (1979), isso ocorreu porque para se criar e educar uma criança, eram necessárias a constituição de um "lar" e a administração de todas as atividades relacionadas a sua manutenção e bom funcionamento – desde limpeza a cozinhar, arrumar etc. Ou seja, o papel de "dona de casa" surgiu como desdobramento naturalizado da maternidade, como tarefa "essencialmente" feminina.

O processo de levar as mulheres a executá-lo, assim como a tarefa da maternagem, veio não tanto pela "obrigação", mas pela fabricação e exaltação do "amor materno", e da boa, primorosa, "dona de casa", como verdadeira prova de "feminilidade". Se antes, com um bebê, o que se sentia era indiferença, agora esse sentimento "transcende" a própria existência do bebê, há – e espera-se que haja – uma emoção diferente, que deve estar presente já no anúncio da concepção[144]. Além disso, uma "verdadeira"

[143] É necessário destacar que a educação da criança é compreendida como um trabalho compartilhado. Nesse sentido, as crianças podem ser disciplinadas por outras figuras que não a mãe biológica, como por exemplo, ser chamada a atenção por agir de uma forma inadequada. A ideia de criança como "propriedade privada" ("o filho é meu, só quem pode brigar com ele sou eu"), que cabe à mãe biológica fazer o que bem lhe aprouver, é típica de culturas ocidentalizadas, marcadas pelo individualismo. Talvez essa seja uma das razões pelas quais muitas mulheres negras, descritas por Collins (2009) não sintam haver uma dicotomia entre maternidade e trabalho, justamente pelo compartilhamento da maternagem.

[144] Como vimos, houve uma mudança na visão da infância até se chegar à noção, questionável, mas defendida por alguns, de que um óvulo fecundado já é um sujeito. Tal discussão tem se tornado fundamental em nosso país, no sentido de emperrar os avanços dos direitos sexuais e reprodutivos das mulheres. No Brasil, abortos clandestinos são a quinta causa de morte materna, e se dão, sobretudo, em mulheres negras e pobres, que não têm recursos mínimos que lhes garantam acesso a remédios ou clínicas clandestinas. A influência da religião (sobretudo cristã) em nossa cultura explica, em parte, essa resistência, não apenas à descriminalização do aborto, mas à própria discussão do tema. A ideia de um sujeito já existente no óvulo fecundado é bastante presente mesmo na cultura popular, como se pode notar em canção recentemente lançada (e com bastante sucesso) sobre um "sujeito" contando sua história no útero desde o dia em que o espermatozoide de seu pai encontrou o óvulo de sua mãe, até o nascimento. Há, também, cada vez mais, uma psicologização do feto (Lo Bianco, 1985).

mulher é uma boa dona de casa, que cuida do marido e da família. Esse ideal se espraiou para todas as classes sociais, sobretudo depois e por meio do sistema de mídia de massa que, como vimos, constitui(u)-se como tecnologia de gênero. Desenhos, filmes, canções não se cansaram de exortar a maternidade (também vista como "cura" para as mulheres sem filhos) e todo o sacrifício de si mesma que isso exige, bem como houve a adoração/reconhecimento da mãe tanto socialmente quanto por parte dos filhos[145].

Figura 14- "101 dálmatas" e "Malévola", dois exemplos de filmes nos quais a maternidade é construída como um ideal para as mulheres. O primeiro foi relançado em 1996 e o outro em 2014.

[145] Importante destacar que o dia das mães é uma invenção recente, do começo do século XX. Antes, nem a maternidade tinha tanto valor, nem era exercida da forma como conhecemos hoje. Com o avanço do capitalismo, tornou-se um dos dias mais importantes para o comércio e as vendas. Se antes os presentes oferecidos eram relacionados, sobretudo, à ideia de mãe-dona-de-casa (eletrodomésticos que poderiam facilitar as atividades de cuidados com a casa), houve paulatinamente um novo delineamento: produtos de beleza, cosméticos, roupas e joias (em classes mais ricas). A mãe-dona-de-casa não foi completamente substituída, mas passou a conviver e ser, de certa forma, suplantada pela mãe-mulher-que-se-cuida-trabalha-e-cuida-da-família. Outro aspecto a se destacar é a adoção da comemoração desse dia nas escolas infantis. Muito tem sido debatido sobre sua impropriedade. A razão principal é que a configuração familiar tem se transformado e existem muitas crianças cuja maternagem não é exercida pelas mães biológicas. Há assim configurações nas quais a família é constituída pela criança e pela avó; ou criança e dois pais homens; ou criança e duas mães; etc. Sou totalmente favorável a que haja a extinção da comemoração dessa data nas escolas. Não é ruim apenas para certas crianças, é péssimo também para as mulheres que não conseguem confessar suas ambivalências ou o não gostar da maternidade. Essas mulheres existem, mas não foram e dificilmente serão escutadas sem julgamento moral ou crítico, nos próximos tempos.

Em "*101 dálmatas*", temos a história de Roger e Anita, ambos donos dos dálmatas, Pongo e Prenda. Em um passeio com Roger, Pongo avista Prenda e, caído de amores, corre atrás dela. Isso faz com que Roger e Anita se conheçam e também se apaixonem. Anita é estilista e trabalha com Cruela De Vil, uma mulher solteirona e sem filhos, dona da empresa DE VIL. Anita, inspirada em sua dálmata, projeta um casaco com manchas. Cruella fica encantada com a ideia de fazer roupas com peles reais de dálmatas. Em uma das cenas iniciais do filme, antes de Anita conhecer Roger, Cruella elogia o trabalho de Anitta e lhe diz que nunca deveria se casar nem ter filhos para não parar de se dedicar ao trabalho. Nesse momento, Anitta diz a ela que não tem porque se preocupar, pois está sozinha; no entanto, rapidamente depois de conhecer Roger, casa-se e engravida. Não vai mais ao emprego (ou seja, sua prioridade passa a ser Roger e a futura família). Sua cadela também está grávida e dará à luz a 15 filhotinhos. Depois do casamento, e antes de descobrir que sua cadela e ela estão grávidas, ocorre o seguinte diálogo, entre ela e a mãe. A mãe diz: "filhos depois dos filhotes". Ela pergunta: "filhotes?". E sua mãe começa então a descrever o "estado" da maternidade em uma grávida (falando da cadela): "Não há a menor dúvida, está do jeito que TODA mulher fica quando sabe que vai ser mãe. Note a tranquilidade dela, os olhos estão ternos e meigos, e embora a gente não veja, a gente pode sentir que ela está sorrindo. É o sorriso que temos quando guardamos um precioso segredo. E agora que ela vive para outros, além de si mesma, ela come mais. E de vez em quando, só pela razão de ela estar feliz consigo mesma, ela suspira". Nisso Anita suspira também... e sua mãe conclui: "Anita, acho que você vai ter um filhote". Cruella vai à casa de Anita, ressentida por ela ter se casado e sumido do trabalho, quando descobre que, ainda por cima, ela está grávida. Anita é representada por uma atriz loura e angelical, enquanto Cruella, a solteirona sem filhos, tem os cabelos pretos e brancos, fuma com piteira e é bem exótica, feiosa. A lição aqui é clara: é uma mulher má, com sentimentos cruéis, que dificilmente poderia ser "feliz" e "bem resolvida". Ao avistar os dálmatas na casa de Anita, Cruella descobre que em breve Prenda dará à luz e fica interessada em adquirir os filhotes, proposta à qual o casal humano recusa. Cruella então decide roubá-los, para matá-los e assim utilizar suas peles. O plano dá errado, pois outros cães se unem para salvar os filhotes. No final do filme, Cruella é presa. Anita tem a sua primeira filha e o casal se muda para uma mansão no interior do Reino Unido. Além de seus 15 dálmatas, adotam outros que foram resgatados no mesmo dia. O filme termina com Anita, feliz, dizendo a Roger que tem uma surpresa, mais um bebê.

O filme "*Malévola*" é uma adaptação animada de ***A Bela Adormecida***, e retrata a história a partir da perspectiva da antagonista, Malévola. Malévola é uma fada jovem e poderosa que vivia em um vale encantado.

Um dia se apaixona por um humano, Stefan, um camponês que fora passear em seu reino. Stefan aparentemente se apaixona por ela também, mas com o passar da idade, se torna um homem muito ambicioso. Ele pertencia ao reino dos humanos e ela ao reino das fadas. Havia uma disputa entre ambos os reinos e o rei do reino humano tenta atacar o de Malévola, porém em uma batalha malsucedida. Em seu leito de morte, promete que dará a mão de sua filha e passará sua coroa a quem matar Malévola. Stefan se aproveita então do fato de conhecê-la, para ludibriá-la. Ele volta a procurá-la, passando uma ideia errada de que havia mudado e queria revê-la. Malévola cai no papo do moço. Ele lhe oferece uma bebida, porém, era, na verdade, um entorpecente. Não tendo coragem de matá-la, ele arranca suas asas, as quais leva ao rei como prova de que teria lhe matado. Quando Malévola acorda, é tomada de muito ódio e rancor, seu reino adquire cores escuras e ela só pensa em vingança. Sabendo que Stefan herdou o reino dos humanos e se casou com a filha do rei, e que, ainda por cima, ela está grávida, Malévola se enfurece ainda mais. No dia do nascimento da menina (Aurora) ela lhe roga um encantamento de que a menina seria linda, mas cairia em sono profundo, depois de ferir o dedo em uma roca, quando completasse 16 anos, e só um beijo de amor verdadeiro poderia despertá-la. O rei faz de tudo para impedir que isso aconteça, enviando a menina para ser criada em uma casinha simples no campo, por 3 fadas. A menina cresce, sempre acompanhada por Malévola, a qual passa da relação de ódio e despeito, para outra amorosa. Ela se apaixona pela criança e pela menina que Aurora vem a ser. Em uma das conversas que ocorrem entre ambas, podemos destacar: Malévola comenta "curiosa a praguinha!". Aurora: "Eu sei quem você é". "Quem eu sou?", responde Malévola. "Você é minha fada madrinha", responde Aurora. "Você tem cuidado de mim a vida inteira, senti sua presença o tempo inteiro", diz a menina. Porém, próximo a seu aniversário, a menina descobre que há um encantamento jogado sobre ela e que foi Malévola quem o fez. No diálogo entre as duas, Malévola afirma: "Eu fiz isso porque não existe amor verdadeiro". O encanto acaba acontecendo e Malévola se desespera para salvar a menina. Para isso, reencontra um príncipe que já havia se interessado por Aurora. Porém o beijo do príncipe não foi amor suficiente para despertar a garota. Malévola diz: "Não vou pedir o seu perdão, porque o que fiz é imperdoável. Eu estava cega, de ódio e revolta. Querida Aurora, você tirou isso do meu coração, eu juro não abandonar você enquanto eu viver e não haverá um dia em que eu não me sinta culpada". E dá um beijo na menina; como reação, a garota desperta: "Olá fada madrinha!". "Olá, praga", Malévola responde. Diego, o corvo amigo fiel de Malévola comenta: "Um amor verdadeiro!". Stefan ataca então Malévola, tentando matá-la.

Fugindo da batalha, Aurora entra no cômodo do castelo onde estão as asas roubadas de Malévola. Ela as liberta e, como em um sonho, as asas vão ao encontro de Malévola e reintegram seu corpo- fator esse decisivo para que ela vença a batalha contra Stefan. Malévola desmancha então o muro de espinhos que criou, depois da perda das asas, para separar seu reino do dos humanos. O filme termina com a cena de Aurora sendo corada como rainha dos dois reinos, agora unificados e há um comentário importante sobre Malévola: de que seu coração, antes, era puro e agora voltava a sê-lo novamente. Em suma, podemos dizer que Malévola adoece pelo dispositivo amoroso, quando é traída e "mal amada", tornando-se amarga e rancorosa (representação hegemônica na nossa cultura); mas é redimida pelo dispositivo materno, quando se apaixona pela criança de Aurora e cuida dela como uma mãe. Ou seja, a mensagem do filme é clara: ainda há chances para as mal amadas por um homem ou malsucedidas no amor — cuidar de outrem, atualizar a "natureza materna", mesmo que seja com os filhos de outras pessoas.

Historicamente, o cuidado foi atribuído a grupos subalternos como escravos de guerra, negros escravizados, pobres e, de dois séculos para cá, como vimos, mulheres. Há que se pensar assim em um *continuum* de intensidade do cuidado e do responsabilizar-se no atendimento às necessidades do outro, cujo epicentro, nesse momento histórico, está na maternidade (no trabalho da maternagem) para as mulheres. É necessário pensar, também, nas interseccionalidades: mulheres pobres e negras são aquelas mais "naturalmente" relacionadas à subalternidade, à servidão e à disponibilidade para cuidar (Collins, 2009). A maternagem do bebê – de preferência, filho biológico – é o ápice de concentração de investimento nesse cuidado, mas há graus mais tênues e, no entanto, não menos exigentes.

O termo "dispositivo materno" foi assim escolhido em função da naturalização da capacidade de cuidar (em geral) nas mulheres, decorrente justamente dessa mescla (razoavelmente recente, com o advento do capitalismo) entre a capacidade de procriação e a maternagem, bem como seus desdobramentos, como as tarefas dos trabalhos domésticos e a responsabilização pelo bom funcionamento da casa. Uma diferença física foi transformada em desigualdade social, tanto na atribuição naturalizada das tarefas do cuidar (cuidar dos filhos, da casa, mas também, de enfermos, deficientes, pessoas idosas etc.[146]), quanto na invisibilização e desvalorização delas (mesmo quando exercidas profissionalmente têm baixos salários e, muitas vezes, condições precárias). Se o cuidar é "natural", seremos demandadas (e nos exigiremos) a funcionar nesse dispositivo. Executar tal cuidado exige dispêndio de energia física e psíquica, além de um saber fazer, "savoir-faire". Ou seja, é *trabalho*. No entanto recebeu uma "capa afetiva", para transformar em "espontaneidade" o que é fruto de um processo gendrado de subjetivação, ao qual a cultura presta sua grande contribuição.

O processo de interpelação da performance do cuidar ocorre desde o dia em que nascemos, por meio dos brinquedos que recebemos. Como aponta Belotti (1983), é às meninas que preferencialmente se dá uma boneca. A performance que se interpela é a relação, o desenvolvimento da empatia, da responsabilidade e da disponibilidade para o outro[147]. Quando um menino pede, como brinquedo, uma boneca, nem sempre encontra na família uma boa recepção, podendo mesmo ser punido com chacotas ("quer ser menininha!", "isso não é brinquedo de menino!"). Os pais preferem dar aos meninos outro animal antropomórfico, no entanto, sem ensiná-los a cuidar dele. Segundo Belotti (1983), sua afeição a esse objeto será aceitável até certa idade, sem que sejam colocadas em xeque as performances necessárias de prova de sua masculinidade (e emoções correspondentes, tais como indiferença, ódio, prepotência, autossuficiência). Já às meninas, é interpelado o estar sempre a serviço dos outros[148], a agradar aos outros e muito pouco a si mesmas (Dimen, 1997).

[146] A profissão "cuidador" tem um sexo predominante: mulheres. É sobre elas que se desenrolam os impactos sociais, físicos, econômicos, mentais e psíquicos dessa tarefa tão pouco valorizada, mas a qual exige profundo e contínuo esforço e dedicação, levando muitas, inclusive, à exaustão. Há várias pesquisas e artigos que discutem esses impactos, mas ainda é necessário que haja mais estudos com o recorte de gênero e psicologia clínica, em nossa cultura e país, para averiguar, por exemplo, a participação dos dispositivos na configuração dos cuidados prestados.

[147] Carol Gilligan (1982), em seu livro *Uma voz diferente*, diferencia dois tipos de ética: a do direito/justiça (típica do desenvolvimento dos homens) e a do cuidado/responsabilidade, típica das mulheres. Seu livro é uma crítica às teorias do desenvolvimento moral (sobretudo a de Kohlberg, mas também de Freud), segundo as quais as mulheres teriam certa "deficiência moral", nunca atingindo os estágios finais do desenvolvimento, os quais só seriam alcançados pelos homens. A importância dessa autora foi demonstrar que essas teorias se basearam em estudos com meninos/homens, tomando-os como modelos universais. A autora realizou então um estudo com moças/mulheres e demonstrou que o pensamento e o dilema moral das mulheres eram diferentes. Segundo ela, as mulheres têm um pensamento marcado pela conexão, pela relação e pela responsabilidade com os outros. O limite de seu trabalho ocorre na universalização e naturalização dos esquemas que encontrou, como se fossem da "natureza" feminina o altruísmo e a dedicação aos outros. Esse limite foi criticado por Joan Tronto, uma importante autora da Ética do cuidado (Molinier, Laugier & Paperman, 2009).

[148] Belotti (1983) aponta assim as diferentes dificuldades no processo de educação de meninas e meninos. Segundo a autora, no caso dos meninos trata-se de dar livre curso e estimular; já no caso das meninas, trata-

Há uma pressão afetiva para que a menina cuide, sob risco de perder o amor e a afeição de sua mãe e, mais tarde, a aprovação social. Trata-se de uma injunção identitária (Molinier, Laugier & Paperman, 2009).

A escola e os livros didáticos cumprem, também, um importante papel[149] (Louro, 1997b). A mãe ideal é muda e infatigável, docilmente a serviço do marido e dos filhos. O que se ensina a elas é que, somente servindo aos homens, elas serão algum dia escolhidas por eles (Belotti, 1983)[150]. Aqui os dois dispositivos se interseccionam. A submissão é, assim, uma forma de assegurar o amor do outro (Esteban, 2011). Além disso, precisamos destacar a configuração/criação de certas emoções nas mulheres, pois, em nossa cultura, a "emocionalidade" é um recurso de valor nelas/delas (Lutz, 1996). Lembrando a ideia de Le Breton (2009):

> (...) a cultura afetiva não oprime o ator com uma carapaça de chumbo: ela é manual de instruções (*poderíamos dizer, scripts*) que lhe sugere a resposta adequada a cada particular circunstância. Ela não se impõe como uma fatalidade mecânica, não apenas porque o ator a "encena" com a expressão dos seus estados afetivos, mas também porque esse último nem sempre está de acordo com

-se de comprimir e atrofiar: "é muito mais difícil e trabalhoso comprimir energias muitas vezes poderosas e pretender que se dobrem sobre si mesmas para depois se atrofiar lentamente, que dar livre curso a essas energias e até estimulá-las a realizar algo de concreto" (p. 23). Haveria assim uma verdadeira castração psicológica das meninas, um "adestramento para a delicadeza" (a avidez não combinaria com a "feminilidade"), em seu próprio prejuízo. Isso levaria as meninas a se tornarem mais descontentes, caprichosas, choronas, automortificantes, passivas, destituídas de interesses, rebeldes sem uma causa exata, incertas sobre o que desejam. Provoca-se uma lenta e contínua implosão psíquica, a qual resulta em uma autoestima escassa nas mulheres (e bastante excessiva nos homens). Como afirma Rubin (1975), não somos oprimidas somente como mulheres, mas em termos que ser "mulheres" (dentro do que se idealiza e naturaliza). Para a autora, a criação da "feminilidade" nas mulheres, no curso da socialização, é um ato de brutalidade psíquica, a qual deixa na mulher um imenso ressentimento devido à supressão à qual elas são submetidas (Rubin, 1975). Esse processo tem como base o fato de que os estereótipos culturais foram mapeados nos genitais.

[149] Os livros didáticos se constituem como poderosa tecnologia de gênero, eficaz na interpelação de certas performances e na configuração de certas emoções. Louro (1997b) afirma que "os livros didáticos e paradidáticos têm sido objeto de várias investigações que neles examinam as representações dos gêneros, dos grupos étnicos, das classes sociais. Muitas dessas análises têm apontado para a concepção de dois mundos distintos (um mundo público masculino e um mundo doméstico feminino), ou para a indicação de atividades 'características' de homens e atividades de mulheres. Também têm observado a representação da família típica constituída de um pai e uma mãe e, usualmente, dois filhos, um menino e uma menina. As pesquisas identificam ainda, nesses livros, profissões ou tarefas 'características' de brancos/as e as de negros/as ou índios; usualmente recorrem à representação hegemônica e, frequentemente , acentuam as divisões regionais do país" (p. 70). Além disso, as expectativas dos professores em relação aos desempenhos de alunos e alunas também são gendradas.

[150] Entre 1945-1964, as revistas femininas de maior circulação no país já promulgavam a ideia de que as tarefas domésticas eram obrigação da mulher. "Ajudar a esposa não é visto como uma obrigação do marido ou questão de justiça, é considerado apenas um favor, gentileza ou distração" (Bassanezi, 1996, p. 258). Tais valores persistiram e perduraram até os dias atuais, como apontamos anteriormente. Segundo Bassanezi (1996), "as revistas não dão às esposas o direito de questionar a divisão tradicional de tarefas ou atribuições ou de exigir a participação do marido nos serviços domésticos e nem devem fazê-lo sob o risco de irritarem o esposo, comprometendo assim a 'felicidade conjugal'" (p. 259).

> as expectativas implícitas do grupo (...) Quando abdica de expectativas às quais conferia importância, ele se esforça em tergiversar a fim de aproximá-las mediante um remendo pessoal e de manter assim sua auto-estima, bem como a imagem pessoal que pretende transmitir a seus *significant others*. (...) As emoções ou os sentimentos revelam-se papéis desempenhados socialmente. (Le Breton, 2009, p. 141-142)

É imperativo que haja mais pesquisas sobre os processos de subjetivação – e configuração das emocionalidades – do tornar-se homem e mulher em nossa cultura (e, também, mulher branca e mulher negra[151], homem branco e homem negro). Não apenas no seio dos mais diversos tipos de família, mas também, do papel da escolarização nesse processo (Louro, 1997b).

Precisamos, portanto, diferenciar o cuidar, o amar e o procriar, os quais podem andar de mãos dadas, mas não necessariamente ou sempre, e não significam a mesma coisa. E mais, a possibilidade de procriar não torna mulheres mais aptas a cuidar e nem a amar suas crias, caso as tenham. Nem as faz naturalmente aptas aos serviços domésticos, muito menos contentes e realizadas em ter que se responsabilizar por eles. Muitas mulheres conseguem tirar proveito e prazer da maternidade, ou das atividades do lar, mas muitas outras sofrem, silenciosamente, frustradas e infelizes, e ainda se julgando anormais. Ou *culpadas* por não estarem à altura daquilo que é idealizado. Por fim, é necessário destacar que existem muitas maneiras possíveis de ser mãe, inclusive de forma partilhada. Da mesma maneira, as tarefas do lar podem ser distribuídas, de modo a não sobrecarregar as mulheres e a responsabilizar também outros moradores da residência, sobretudo os homens que, em geral, pensam que esse assunto não lhes diz respeito.

É preciso também ressaltar que a desvalorização histórica do cuidar, em nossa cultura, e sua atribuição naturalizante ao mundo feminino, vulnerabiliza as mulheres, pois não há reconhecimento nem valorização adequada dos *esforços* por elas realizados. Como afirma Glenn (2009, p.

[151] Hooks (2006a) aponta que mulheres negras são socializadas para cuidar dos outros e ignorar suas próprias necessidades de forma tão aguda que isso mina sua autoestima. Ou seja, temos também gradações desse lugar de cuidado no qual somos colocadas. Quanto mais associada ao cuidado, maior a ideia de subordinação e subalternidade. Um ponto importante a destacar é que não se trata do valor do cuidado em si, mas o valor que nossa cultura, historicamente, deu a ele. Hooks (2006b) incita a uma retomada do cuidado e do amor como valores centrais para uma política radical da mudança. Aparentemente, há possibilidades de conversação entre as ideias de Bell Hooks e a Ética do Cuidado, teoria desenvolvida por Joan Tronto. No entanto aprofundar tal discussão foge ao escopo deste livro.

116-117): "O trabalho do cuidar foi idealizado e colocado do lado amor mais do que do trabalho, do lado do privado, do familiar e da natureza feminina. Contudo, a ideia de que amor e trabalho se opõem é em si uma construção ideológica e histórica".

Para entender a natureza de trabalho que a maternagem implica é preciso, portanto, dessentimentalizar o cuidado (Paperman, 2009), desnaturalizá-lo[152] (Tronto, 2009), desgendrá-lo (Brugère, 2008). Segundo Tronto (2009), o cuidado pode ser entendido como uma pronta resposta, concreta, às necessidades dos outros; podendo ser tanto o cuidado de um bebê, como o trabalho doméstico, o cuidado dos outros vulneráveis (enfermos, velhos etc.), a educação, a assistência etc.

Assim, uma mulher, ainda que sem filhos, será interpelada a funcionar em maior ou menor grau nesse dispositivo (a cuidar de seu pai doente, primo, irmão, namorado etc.; a abandonar seus próprios projetos em função dos outros, a ter uma disponibilidade para o cuidado, ainda que em profissões ditas "masculinas"[153]). Como afirma Lagarde

[152] Para a autora, em uma sociedade como a nossa, que enaltece a autonomia como valor máximo, o cuidado é relegado como sendo de menor valia e incitado a ser exercido por grupos marginalizados e sem poder, tais como mulheres, negros, imigrantes (e, no caso do Brasil, podemos afirmar, migrantes de regiões menos desenvolvidas). No entanto a autora adverte que a autonomia total é uma lenda, pois essa só é possível porque é sustentada pelos cuidados de outrem (desde a trabalhadora doméstica à babá, a cuidadores em geral, a quem cozinha para você – mesmo em um restaurante etc.). Uma vida completamente independente seria impossível. Países ricos têm passado por uma "crise do cuidado", com falta de gente para cumprir esse papel (Glenn, 2009). O que tem ocorrido, então, no mundo, é uma migração do cuidado, de países subdesenvolvidos e pobres para países desenvolvidos, deixando os países de origem em situação muitas vezes difícil (falta, por exemplo, de profissionais de saúde). A base do cuidado é invisibilizada quando se defende uma suposta autonomia. Assim, não há uma dicotomia entre autônomos e dependentes, todos somos dependentes em maior ou menor grau dos cuidados dos outros. No entanto, se todos nós somos destinatários de cuidados (de muitas pessoas), alguns são mais que outros e nem todos recebem da mesma forma. Em geral, os que mais dão, são os que menos recebem (não à toa, sofrem de vários transtornos mentais comuns, como depressão e ansiedade). Aqui também é necessário fazer uma leitura nas linhas de gênero, raça, classe social (Raïd, 2009). Ou seja, algumas vulnerabilidades são atendidas, outras não. Tronto (2009) aponta 4 fases do cuidar: se preocupar com alguém ou com alguma coisa (*caring about*); tomar o cuidado de alguém (*caring for*), cuidar de alguém (*care giving*), ser objeto de cuidado (*care receiving*). Alguns cuidados podem ser transformados em serviços de consumo (como, por exemplo, os restaurantes), outros não, como a relação com um cuidador quando se é idoso. Há uma continuidade no cuidar que não pode ser enquadrada na mera descrição das atividades realizadas (Damamme & Paperman, 2009). Tronto afirma que o cuidado não deveria ser pensado a partir da díade mãe-bebê, pois na maior parte das culturas não é a mãe biológica a responsável principal pelos cuidados com a criança. Essa escolha teria como razão manter a naturalização do cuidar nas mulheres, ou seja, em nossas palavras, mantê-las no dispositivo materno.

[153] É comum a queixa, dentre as mulheres, de que, mesmo em profissões "masculinas", como por exemplo, em um escritório de engenharia ou de advocacia, as tarefas sejam distribuídas de forma diferente ou desigual. Assim, mesmo que ambos, advogados e advogadas recebam processos em quantidade igual, caberia a elas a seleção dos estagiários (elas têm "mais jeito" para isso) ou a organização das festinhas e encontros do escritório. Há um acúmulo, assim, de trabalho invisibilizado, o qual não é contabilizado nem nos salários delas, nem na qualificação de seu cansaço. Esse tipo de "divisão" é interpelado desde a infância, como por exemplo, quando em uma festa comunitária, se diz: "Meninas levam as comidas e homens as bebidas". É nos detalhes que o poder se reproduz.

(2001): "somos convocadas a mover-nos por amor, a mover montanhas por amor, mas para que nossos esforços beneficiem a outras pessoas" (p. 28). As mulheres têm seu processo de subjetivação marcado assim pelo hetero-centramento, diferentemente dos homens, cujo processo passa pelo autocentramento, tornam-se ego-cêntricos, ego-ístas[154]. Mesmo na luta feminista, esse dispositivo, a meu ver, é um dos pontos que remanesce mais resistente[155]. Bordo (1997, p. 25) sublinha nesse sentido que:

> Por um lado, nossa cultura ainda apregoa amplamente concepções domésticas de feminilidade, amarras ideológicas para uma divisão sexual de trabalho rigorosamente dualista, com a mulher como a principal nutridora emocional e física. As regras dessa construção de feminilidade (e falo aqui numa linguagem tanto simbólica quanto literal) exigem que as mulheres aprendam como alimentar outras pessoas, não a si próprias, e que considerem como voraz e excessivo qualquer desejo de auto-alimentação e cuidado consigo mesmas. Assim, exige-se das mulheres que desenvolvam uma economia emocional totalmente voltada para os outros.

[154] Curiosa e acertada a ideia freudiana de que "um egoísmo forte constitui uma proteção contra adoecer, mas, num último recurso, devemos começar a amar a fim de não adoecermos, e estamos destinados a cair doentes se, em consequência da frustração, formos incapazes de amar" (Freud, 1914, p. 101). Freud, em seu importante texto, "O Narcisismo", diferencia duas formas de amar: a anaclítica e a narcísica. A anaclítica seria baseada em uma escolha amorosa por alguém que cuide de você como uma mãe ou te proteja como um pai; a escolha narcísica se dá por alguém que foi parte de você, ou se parece com o que você foi, é, ou gostaria de ser. O autor afirma que não há exclusividade de tipo de escolha para uma pessoa durante sua vida, mas aponta haver uma preponderância nos homens pela escolha escolha anaclítica e, nas mulheres, pela narcísica. Para ele, as mulheres buscam, antes de mais nada, serem amadas. Aqui precisamos destacar que a sua descrição está correta, apesar de que faltam as explicações ou elas são inadequadas ou insuficientes. Tornar-se pessoa mulher, como vimos, de forma gendrada, em nossa cultura, é marcado, em primeiro lugar, pela falta a ser, na prateleira do amor, do dispositivo amoroso, no qual o ser escolhida é travestido de um fator identitário equivalente a ser validada como "mulher" e, mais ainda, passível de ser amada (e daí poder se amar); em segundo lugar, devido ao hetero-centramento, marca do dispositivo materno, as mulheres se doam e cuidam de seus companheiros de uma forma raramente recíproca. Como já sublinhamos, os homens lucram com esse investimento, portanto não é à toa que suas escolhas se deem, sobretudo, no registro do amor anaclítico.

[155] Aqui gostaria de destacar algo que é extremamente comum entre as feministas. Há um somatório de pautas, nas nossas lutas, de grupos vulnerabilizados, tais como homens gays, mulheres trans etc., agendas políticas, às vezes, completamente distintas (e, nem por isso, menos importantes... mas distintas). O problema, a meu ver, em geral, ocorre por duas razões: primeiro, a relação com esses grupos se dá pelo dispositivo materno, ou seja, não são relações estruturadas pela simetria e pela troca, mas pela *adoção*. Nesse sentido, por exemplo, quando se trata da legalização do casamento gay, vemos mulheres feministas de todas as vertentes apoiando a causa (participam de passeatas, mudam a foto do perfil nas redes sociais etc.); mas quando se trata da descriminalização do aborto, ou pelo fim da cultura do estupro (dentre outros temas específicos das mulheres), raramente vemos homens gays se dedicando ao apoio desse tema (mesmo porque a misoginia não é incomum dentre eles, ver Baére, Zanello & Romero, 2015). Acredito que a junção de tantas pautas distintas sob o guarda-chuva " gênero" não foi interessante para o avanço da agenda das mulheres (as que são identificadas como tal, ao nascer), pelo contrário, estrategicamente foi bem ruim ao herdarmos como resistência vários preconceitos direcionados a outras pautas e ao não recebermos nem mesmo o apoio e o investimento dos demais grupos dos quais nos dizemos "defensoras". Segundo, percebo que há uma dificuldade de as mulheres se legitimarem, bem como às suas demandas, como foco de suas lutas, ou seja, em assumir o holofote, sem ter que dar o palco, ou compartilhá-lo, com outros agentes (se sentem culpadas e não querem ser ego-ístas?).

Aqui gostaria de narrar uma história, ocorrida comigo, mas que espelha o lugar naturalizado do cuidado em que nós mulheres somos colocadas. Faz alguns anos, eu já era docente, e resolvi tirar, no final do semestre, um período de 10 dias de descanso. Fui para a cidade de praia na qual minha família se reúne todos os anos e onde mora minha avó materna. Estávamos almoçando juntas, eu e ela, e logo depois chegou um de meus tios, com sua filha pequena. Almoçou conosco. Meu plano era, depois do almoço, retornar à praia. Finda a refeição, meu tio se dirigiu a mim e perguntou: "Lekinha (meu apelido de infância), você pode cuidar da pitutuca pra mim (a filha dele) enquanto tiro uma soneca?". Meu impulso, quase imediato, mesmo indo contra o que havia planejado, foi dizer "Claro, tio!". Mas, estudando gênero há anos e trabalhando minha própria descolonização afetiva, me perguntei em questão de segundos: "Se eu fosse homem, ele me pediria isso?". E a resposta veio imediatamente: "Não!". Não tive dúvidas, aquele não era o meu plano para minha tarde e resolvi manter o que havia decidido: "Não, tio, não vai dar não, vou pra praia!". A cara da minha avó, meio de surpresa, mas muito de reprovação, entregou a "falta" grave que parecia que eu havia cometido. Ela me disse: "Nossa! O que custa minha filha? Seu tio está cansado!". Eu: "Eu também estou, bastante!". Ela: "Ele é médico, trabalha muito...". Eu: "Eu sou professora e também trabalho muito". E completei: "Não quis ter filhos e não tenho".

Apesar do "teste" em me manter nessa decisão (sendo lida como ego-ísta), me fez bem a sensação de que era possível me colocar, quando assim eu decidisse, no centro das minhas escolhas, mas que isso levava ao risco de perder a aprovação social e o amor das pessoas. Penso que esse é um dos grandes desafios para as mulheres. A dificuldade de dizer "não" é frequentemente relatada por elas nos atendimentos clínicos e, muitas vezes, envernizada por uma maquiagem de "altruísmo". Muitas chegam mesmo a dizer "Não me custa nada!" ou "Eu não consigo ser má!". Só o fato de o "não" das mulheres ser lido como egoísmo ou maldade já aponta a naturalização da disponibilidade que se espera que tenhamos. No suposto altruísmo se revela, de fato, o narcisismo. Dizer "não" a alguém é, muitas vezes, abrir mão do lugar no qual o olhar do outro nos coloca, e cuja imagem nos fascina. Mas, dar conta de fazer isso, traz um ganho enorme em liberdade e escolhas.

Como afirmei, o ápice da concentração e da naturalização do cuidado como forma de ser e estar para as mulheres (e, portanto, da invisibilização do trabalho implicado) está na maternidade, na maternagem. As mulheres são interpeladas identitariamente pelo dispositivo materno, independentemente se são mães, mas de forma ainda mais lancinante (inclusive juridicamente) se o são. A cobrança sobre as mulheres é cruel e se traduz, internamente, como sentimento de culpa. Como Caplan (2012) aponta: a culpa materna está em todo lugar, como a poluição do ar. Em 20 anos de experiência clínica, nunca encontrei uma mulher que fosse mãe e que esse sentimento não aparecesse recorrentemente na relação com os filhos ou em relação a eles.

A culpa é o sintoma de que o dispositivo materno está funcionando e de que o ideal de maternidade (e de feminilidade relacionada a essa emocionalidade) foi introjetado. Elas se sentem culpadas por diversas razões que vão desde não dar o que julgam que deveriam como verdadeiras "mães" (por exemplo, não abrir mão de um projeto pessoal em função dos filhos[156]) a reconhecerem sentimentos simplesmente humanos, como raiva quando os filhos fazem algo errado. Há que se destacar aqui o verdadeiro controle afetivo que a cultura exerce sobre as mães (Freire, 2006; Marcello, 2005; Rawlins, 2012[157]). Quando esse controle não funciona, existem mecanismos punitivos mais eficientes, como a psiquiatria[158], o sistema socioassistencial[159] e o sistema jurídico.

Por outro lado, raramente escutamos reprimendas a pais, mesmo os abandonantes ou ausentes. No caso dos homens, a culpa aparece por outra via identitária, a que não é relacionada à paternidade em si, mas à capacidade de prover, dar "do bom e do melhor" para sua família (nos casos em que ainda continua com a mãe de seu filho; nos outros, nem isso). Assim, nas palestras que ministro, alguns homens sempre

[156] Como vimos, sobretudo se isso implicar em deixar de fazer por seus filhos e por seu marido/parceiro ou família.

[157] Rawlins (2012) realizou uma intensa pesquisa sobre 117 livros americanos e 81 ingleses de cuidado infantil direcionados às mães, durante o século XIX e início do XX. Segundo a autora, é pregada a necessidade de "controle" das emoções maternas, as quais são ressentidas como perigosas, o que impediria a mulher de ser uma boa mãe. Assim, exorta-se que essas mulheres controlem seus sentimentos de ansiedade, preocupação, amor materno e, sobretudo, raiva- principalmente esta última é vista como capaz de causar sérios danos físicos, emocionais e morais sobre a criança, e deveria ser suprimida. Firma-se uma dupla opressão, na qual, de um lado, prega-se um ideal inatingível que gera preocupações e ansiedade nas mulheres mães, e, por outro, prega-se que preocupação e ansiedade devem ser evitadas. O resultado é a implosão emocional e psíquica de muitas mães.

[158] Por meio da patologização de sentimentos, comportamentos e reações plausíveis a certas situações e opressões vividas (como veremos mais adiante).

[159] Nos casos, por exemplo, de mulheres que querem entregar o bebê para adoção e a equipe tenta dissuadí-las de todas as formas, revitalizando um discurso moral sobre a maternidade.

me perguntam/afirmam: "e a paternidade?" ou "têm homens que são bons pais!". É verdade. Mas não sê-lo (infelizmente, o que ainda é o mais comum) não coloca em xeque o "verdadeiro" valor de um homem como homem. E sê-lo, ainda que não faça mais do que sua obrigação, o eleva aos píncaros da adoração. Eles merecem até foto e *post* no Facebook quando estão nos parquinhos brincando com os filhos ou os carregam naquele macacãozinho canguru. Já as mulheres são punidas não apenas socialmente, mas também juridicamente, quando não performam dentro do ideal de maternidade, e não recebem distintivo especial algum quando funcionam dentro dele. Ou seja, a lógica é oposta e aponta para a naturalização do cuidado nas mulheres e não nos homens. Quando eles o fazem é por esforço, merecem congratulações e capa de revista; quando elas o realizam, não é trabalho, é vocação, e "não fazem menos do que sua obrigação", em seguir sua suposta "natureza" de mulher.

Por isso, a procriação interpela identitariamente às mulheres (pela construção cultural da maternidade e de seu ideal), de uma forma que, em geral, a paternidade não interpela aos homens. Aqui gostaria de contar outra história que me ocorreu e que aponta para a invisibilização desse espaço específico, de muito *trabalho* e *investimento* na maternidade, por parte das mulheres, diferentemente do que ocorre para os homens.

Ao ir realizar meus exames de saúde anuais, encontrei, no corredor da clínica, com um velho conhecido, colega do curso de pós-graduação. Depois dos festejos comuns nesse tipo de encontro, ele me perguntou como eu estava, ao que respondi "tudo ótimo, e você?". Ele, exultante, me contou que havia se tornado pai e – melhor – de gêmeas. Logo ele emendou: "E você? Teve filhos?". Eu: "Não, não quis, nem quero ter... na verdade, não faz muito parte dos meus planos". Ele: "Por que não? (Surpreso) Ter filhos é a melhor coisa do mundo... blablabla (e toda a ladainha que nós, mulheres que não queremos ter filhos, somos obrigadas a ouvir)". Nesse momento, eu o interrompi: "Como é seu dia a dia agora, com a presença delas?". Ele: "Eu acordo às 6:30h da manhã, tomo café com elas, deixo-as na escola, venho para o consultório e atendo de 8:30h às 12:30h. Depois vou para casa, almoço com elas, vemos um pouco de televisão". Eu o interrompo: "E quando você chega em casa, o almoço já está pronto? Elas já estão em casa?". Ele, sem parar para refletir, continua: "Volto para o consultório. Atendo até umas 22h, saio daqui e ainda dá tempo de chegar em casa e deitar com elas para contar histórias para elas dormirem". Eu insisto: "E quando você chega em casa, à noite, elas já tomaram banho, fizeram as tarefas da escola etc.?". E completo: "Criatura, eu queria ser pai, mas como não vai dar, eu não tô a fim de ser mãe não". Ele ficou desconsertado e me disse: "É, É, É verdade. Para a mulher é diferente... minha mulher parou até de trabalhar...".

Abaixo temos uma figura que demonstra como maternidade e paternidade interpelam diferentemente aos homens e às mulheres. Uma mulher é julgada (e se julga) como mulher, caso tenha filhos, pela mãe que ela é.

Figura 15- Maternidade e paternidade interpelam de forma diferente (gendrada) aos homens e às mulheres[160].

---

[160] Adaptação de um post sem referência, retirado do facebook. Desenho feito por Bárbara Miranda.

O processo de subjetivação nesse dispositivo é tão eficaz que raramente ouvimos mães se queixarem, ainda mais em público. É interpelado, assim, o silenciamento de afetos "negativos", diferentes dos prescritos. O silêncio é, portanto, uma estratégia de sobrevivência das mulheres em sociedades sexistas. Trata-se do "fazer bem, mesmo se sentindo mal" ("doing good and feeling bad" – Ussher, 2011). Segundo Forna (1999),

> (...) a complacência delas é comprada ou garantida de três maneiras: enaltecendo aspectos da maternidade, levando as mulheres que não sentem ou não fazem o que é exigido a se sentirem culpadas e, por fim, como último recurso, punindo as mães consideradas desviantes (por exemplo, mulheres que largam os filhos inspiram um ódio moral, que nunca é endereçado aos milhares de pais que fazem o mesmo...) (p. 17).

Especificamente dentre essas últimas mulheres, encontramos as mães "abandonantes" (Fonseca, 2012), as quais enfrentam grandes dificuldades para a entrega de seus bebês para adoção (Faraj, Martins, Santos, Arpini & Siqueira 2016; Fonseca, 2012; Martins, Faraj, Santos & Siqueira, 2015). Em geral, as razões para tal atitude são a precariedade socioeconômica, mas também a rede social e familiar escassa ou inexistente, bem como o abandono por parte do pai da criança. Isso aumenta ainda mais a sobrecarga sobre a mulher mãe. Mesmo nessas situações, há forte preconceito e estigma sobre essas mulheres, e a entrega da criança é ressentida por muitas pessoas como um crime imperdoável (Granato & Aiello-Vaisberg, 2013). A própria equipe de saúde, a qual deveria acolhê-la em seu sofrimento, tenta convencê-la para que mude de ideia e assuma, de qualquer forma, a maternagem.

Faltou ressaltar, também, como política de incitação à maternidade compulsória, o banimento social (invisível, na maior parte das vezes) às mulheres sem filhos. Segundo Mansur (2003), maternidade e feminilidade se tornaram sinônimos em nossa cultura. Assim, as mulheres sabem que não ter filhos, por opção, circunstância ou impedimento, implica em desviar-se de uma norma secular e instaurar uma significativa diferença. Em geral, as mulheres sem filhos são vistas e estigmatizadas como mulheres "tristes e incompletas" (Trindade & Enumo, 2002). Além disso, são colocadas em xeque identitariamente como mulheres ("de verdade"): "A maternidade é tão fundamental para a noção de feminilidade que a reorganização da identidade ameaçada leva tempo para ser alcançada" (Mansur, 2003, p. 10). No entanto é importante diferenciar as mulheres que não têm filhos por algum problema orgânico ou impossibilidade (mas os desejam)[161], daquelas que não o têm/ou não tiveram por opção[162]. Não querer ter um filho é diferente de querer e não

[161] A infertilidade é ressentida como algo identitário para as mulheres ("árvore seca", "pau oco"), sobretudo para aquelas que desejavam ser mães (Borlot & Trindade, 2004). Trindade e Enumo (2002) realizaram uma pesquisa com 180 mulheres, de faixas etárias e classes sociais diferentes, para averiguar as representações relacionadas à infertilidade. As autoras categorizaram as justificativas que as participantes da pesquisa apresentaram para o fato de uma mulher não poder ter filhos ser um problema. A principal delas foi a "naturalização", seguida pelo "casamento". A naturalização se deu tanto sob a ótica natural/biológica, quanto do valor social da maternidade. Exemplos de falas das participantes, apresentadas pelas autoras: "... as mulheres têm instinto materno, necessidade de ser mãe"; "Porque o sonho de toda mulher é ter um filho"(solteira); "Porque as mulheres querem filhos, querem ter bebês para criar, amar, dar carinho" (casada sem filhos); "... é triste, a realização da mulher é pelo filho, independente de ser casada. Faz parte da mulher" (casada sem filhos); "... nós mulheres nascemos com esse dom de gerar, de dar à luz. Mesmo quando criança a menina brinca com boneca, fantasiando ser sua filhinha. Então é uma coisa que já faz parte da identidade da mulher" (casada com filhos). Na categoria "casamento" foram incluídas falas que apontavam ser o filho necessário para a felicidade ou manutenção do casamento. Exemplos de falas foram: "Porque senão o marido vai procurar outra que dê um filho a ele" (casada sem filhos); "Porque senão o casamento acaba. O filho serve pra quebrar a rotina" (casada com filhos); "... a mulher é muito romântica, então quando encontra o homem que ama, quer ter um filho seu com ele, dar essa felicidade a ele. Ter um filho é algo que só ela pode". Apesar de esta pesquisa ter sido realizada no ano de 2002, o relatório do IPEA divulgado em 2014 parece confirmar a persistência destas crenças. A pesquisa foi um grande levantamento realizado em todo território brasileiro, cujo resultado aponta que 60% dos participantes acreditam total ou parcialmente que "Uma mulher só se sente realizada quando tem filhos". Trindade e Enumo (2002) concluem, em relação às mulheres pesquisadas, que "como crença e como prática, ainda hoje se concebe o filho como recurso para 'segurar seu homem' ou como exigência para a legitimação do casamento" (Trindade & Enumo, 2002). Persiste, portanto, uma versão romântica e idealizada do valor social da maternidade. A maternidade é idealizada como um salto "qualitativo" na vida da mulher, além de levá-la à conquista de benefícios psicológicos e sociais (Trindade & Enumo, 2002). Lins, Patti, Peron & Barbieri (2014) encontraram dados parecidos, como podemos ver na afirmação de uma de suas entrevistadas: "Eu só quero ter um filho, saber o que é ser mulher. Meu casamento está acabando, não tenho mais desejo sexual. Afinal, eu sirvo pra quê?" (p.390).

[162] A escolha pela não maternidade tem aumentado dentre as mulheres em países desenvolvidos, mas também em desenvolvimento, como é o caso do Brasil (Rios & Gomes, 2009a; Rios & Gomes, 2009b). Isso só se tornou viável, como opção, devido à possibilidade de controle contraceptivo, com a invenção da pílula anticoncepcional (Massi, 1992), bem como com as mudanças sofridas pelo ideal de família tradicional (Scavone, 2001). No entanto, parece que essa "opção" não tem se dado da mesma forma e com a mesma magnitude em todas as classes sociais. Em geral, as razões apontadas pelas mulheres que fazem essa opção passam, sobretudo, pelo tema realização profissional (como apontamos, essa "escolha" não se coloca para o homem), mas também, satisfação conjugal; vida social; estilo de vida incompatível; ter tempo para si mesma, lazer, projetos, viagens; ter mais tempo para o casal; peso e responsabilidade da maternidade etc. (Daum, 2016; Patias & Buaes, 2012; Rios & Gomes, 2009a). Mesmo que não haja uma linearidade de motivos (Mansur, 2003), uma ideia que se destaca é a de que a mulher pode se realizar de outras formas, sendo a maternidade apenas uma delas, e para quem assim o desejar (Barbosa & Rocha-Coutinho, 2012). No entanto, ainda há julgamento social pautado na moralidade de "razões certas" e "razões erradas" para não querer ser mãe (Kimball, 1975). Quanto mais "resolvida" emocionalmente for essa decisão, menor a vulnerabilidade da mulher à pressão social e ao estigma da não maternidade (Rios & Gomes, 2009a). Além disso, nesse caso, condições de bem-estar e felicidade pessoal são reportadas na mesma intensidade que mulheres que são mães e que possuem bons relacionamentos com seus filhos (Rios & Gomes, 2009a). Ou seja, "ser ou não mãe não necessariamente se relaciona com um preenchimento da condição de mulher" (Rios & Gomes, 2009a, p. 223). Um ponto, no entanto, a se destacar, é que não ter filhos não necessariamente libera a mulher do dispositivo materno e muitas, justamente por não tê-los, se sentirão na obrigação de assumir mais trabalhos de cuidado com outros membros da família ou de sua rede social. Esse é um tema importante e que merece pesquisas tanto quanti-

poder, implicando fatores psíquicos que merecem e precisam ser mais bem investigados pela Psicologia, em uma perspectiva de gênero. Fazendo uma analogia com a ideia de Camus (2008), quando aponta que o suicídio coloca em xeque o sentido da vida, podemos ressaltar que a opção pela não maternidade coloca em xeque a naturalidade e o sentido social da maternidade. Muitas mulheres que não têm desejo de ter filho acabam cedendo à pressão social, engravidando, às vezes, em função do desejo do marido (portanto, pelo dispositivo amoroso), ou para evitar uma imagem negativa de si mesma, como não feminina (Kimball, 1975).

Por fim, quanto aos trabalhos domésticos, ou seja, aos cuidados dispensados com a casa e a família, Dimen (1997, p. 49) ressalta que as mulheres: a) "Ali fazem o trabalho que nunca termina; b) é absolutamente essencial para a sociedade; c) é, por isso, denegrido[163], sentimentalizado e banalizado. Esse é o trabalho de reproduzir – física, social, emocionalmente – os trabalhadores adultos e a próxima geração". Lutz (1996) sublinha que as mulheres são "convidadas" a contribuir emocional e cognitivamente tanto na esfera paga quanto na não paga. Por ser "natural" sua emocionalidade (como vimos, construída mediante processos de subjetivação gendrados), ou seja, por supostamente não lhes custar esforço, é que esse trabalho não foi/é valorizado e remunerado. Antes, é visto (pelos outros que dele se beneficiam) como uma grande realização da "feminilidade" das mulheres. O discurso do "natural" encobre e desqualifica, portanto, esse trabalho, pois "por natureza" as mulheres seriam mais aptas a realizá-lo. A invisibilidade do trabalho doméstico, da mesma forma que o cuidado com os filhos, marido, familiares, doentes etc., têm levado, assim, muitas mulheres a adoecerem.

Aqui é necessário destacar lugares diferentes de expropriação das mulheres (isso não quer dizer que elas não possam gostar das atividades que fazem e, menos ainda, que não possam exercer algum poder a partir delas). Segundo Tronto (2009), é necessário politizar o cuidado, tirá-lo do âmbito privado, de sua feminização, mas também, de sua clivagem marcada pela classe social e pela raça/etnia. Um aspecto a se ressaltar é que, por mais que o ideal de maternidade tenha se espraiado, encontrou uma variedade de terrenos culturais no nosso país, uns mais propícios

tativas quanto qualitativas em nosso país. Sobre a não maternidade (em geral, por opção ou não), Trindade, Coutinho & Cortez (2016) realizaram ampla pesquisa de levantamento da produção bibliográfica brasileira, demonstrando a incipiência do tema.

[163] Termo problemático, de cunho racista, mas utilizado na tradução para o português.

para que fecundasse, outros mais resistentes. Há diferenças em como esse ideal pôde ser "cumprido" pela diversidade de mulheres brasileiras em condições socioeconômicas muito diferentes. Como vimos, a profissionalização das mulheres (sobretudo brancas), no século XX, se deu em atividades de cuidado, próximas ao que era compreendido como uma certa habilidade "maternal". Das que sempre trabalharam, sobretudo as negras e as pobres (a maioria, negras *e* pobres), houve uma permanência nas atividades domésticas (limpeza, cozinha, babá), ou seja, de cuidado com os filhos das brancas e brancos, bem como de suas casas (Costa, 2014), além da própria casa. Em geral, esse serviço era exercido de forma precária, com baixos salários (muitas vezes só em troca de casa e comida) e sem nenhum tipo de segurança e reconhecimento social. Como aponta Porto (2008), "A desvalorização do trabalho feminino realizado na esfera doméstica repercute no trabalho doméstico exercido profissionalmente" (p. 289) Essa realidade só veio a ser parcialmente modificada recentemente, com a obrigatoriedade, por lei, dos direitos trabalhistas das trabalhadoras domésticas, com a qualificação dessas atividades como *trabalho*[164] (Lei Complementar 150/15).

Ou seja, o dispositivo materno pôde ser explorado de forma diferenciada (e com intensidades diversas), recaindo sobre as mulheres negras e as nordestinas seu maior peso: cuidam sem reciprocidade, sem receberem cuidados e, sobretudo, trabalham no cuidado de outros que podem lhe pagar pelo serviço, sem poderem muitas vezes, cuidarem de si mesmas e de sua própria família. Abaixo, podemos ler um fragmento de texto que aponta as particularidades da realidade das trabalhadoras domésticas em nosso país.

> Nas moradias das classes média e alta, a realização do trabalho doméstico é quase exclusivamente feminina: 92 % dos empregados domésticos são mulheres, e essa é a ocupação de 5,9 milhões de brasileiras, o equivalente a 14% do total das ocupadas no Brasil (...) O estudo, que fez um recorte estatístico de 2004 a 2014 e considerou as mulheres ocupadas a partir dos dez anos de idade, revelou também o quanto são precárias as condições de quem vive dessa profissão. A média de estudo delas é de seis anos e meio, o salário é de aproximadamente R$ 700, e, até um ano atrás, mais de 70% não tinha carteira assinada (...). Se a condição de trabalho

[164] Fraisse (1979) aponta que se trata do proletariado feminino, invisível até recentemente aos economistas e historiadores.

das empregadas domésticas é ruim, a das trabalhadoras domésticas negras é ainda pior. Elas são maioria, têm escolaridade menor e ganham menos. Em 2014, 10% das mulheres brancas eram domésticas, índice que chegava a 17% entre as negras (...) Entre as trabalhadoras com carteira assinada também existe diferença. O percentual é de 33,5% entre as mulheres brancas e 28,6% entre as negras. Isso reflete diretamente no salário que elas recebem: R$ 766,6 das brancas contra R$ 639 das negras, valor inferior ao salário-mínimo. "As mulheres negras vão mais cedo para o mercado de trabalho, não conseguem estudar e também são mães mais jovens. Toda essa conjuntura faz com que elas se sujeitem a condições mais precárias", analisa a presidenta da Federação Nacional das Trabalhadoras Domésticas (Fenatrad), Creuza Maria Oliveira. E esse não é o único desafio simbólico que precisa ser enfrentado. Para Creuza, a sociedade precisa se questionar por quê esse ainda é um ofício para mulheres e, principalmente, para mulheres negras. Sobre isso, a baiana Marinalva de Deus Barbosa analisa que "trabalho doméstico é feminino porque é muito desvalorizado. Se fosse mais valorizado, haveria mais homens, como aconteceu com a profissão de chefe de cozinha. Antes as pessoas tinham vergonha. Agora é moda, está cheio de homens lá. É triste que ainda haja isso em nossa sociedade".[165]

A implicação da dedicação dessas mulheres às famílias e casas das pessoas brancas leva fatalmente a uma presença mais escassa na relação com os próprios filhos e em seu lar. A solidariedade e os laços tanto familiares quanto na comunidade se mostraram/mostram aqui como sendo essenciais para que essas mulheres dessem/deem conta de manter a dupla função (trabalhar para prover e maternar).

Um ponto importante, interseccional, a se destacar é que muitas mães, quando saem para trabalhar, sobretudo quando não é possível pagar pela terceirização do cuidado, interpelam suas filhas a cuidarem de seus irmãos e, em muitos casos, da casa[166]. Essas meninas

> São postas para trabalhar mais cedo (...) saindo precocemente da escola, sobretudo se são mais velhas. São requisitadas para todo tipo de tarefas domésticas. Futura mãe, a menina substitui a mãe ausente. Ela é mais educada do que instruída. (Perrot, 2012, p. 43)

[165] Dados retirados de http://www.brasil.gov.br/cidadania-e-justica/2016/03/trabalho-domestico-e-a-ocupacao-de-5-9-milhoes-de-brasileiras, em 30/04/2017.

[166] Segundo Artes & Carvalho (2011), o trabalho prejudica mais intensamente o percurso escolar dos meninos; ao passo que os afazeres domésticos (que, para nós, também é trabalho), o das meninas.

Ou seja, se não há políticas de intervenção social, a cadeia ou o ciclo de expropriação do cuidado, no dispositivo materno, bem como a exclusão social, tendem a se repetir, de forma transgeracional[167].

Figura 16- *Que horas ela volta?*, filme brasileiro dirigido por Anna Muylaert, lançado em 2015.

O filme "Que horas ela volta" retrata, de forma clara, a realidade de muitas trabalhadoras domésticas brasileiras. Nesse filme é narrada a história de Val, uma mulher que migra de Pernambuco para São Paulo, deixando para trás Jéssica, sua filha, para que seus parentes cuidem dela. Primeiramente, ela trabalhou como babá e depois como doméstica em uma casa de luxo. Fabinho, o garoto de quem cuida desde pequeno, torna-se "como seu filho", criando com ela uma relação de cumplicidade e carinho (mais do que com a mãe biológica, a patroa).

[167] O programa bolsa escola e bolsa família tiveram impacto nesse tipo de repetição, assim como programas de inclusão nas universidades públicas, tais como cotas para a rede pública e para a população negra. Esta última ocupa, no Brasil, a maior parte da população em situação de pobreza e vulnerabilidade social. Por outro lado, uma das críticas dirigidas a esses programas é que a verba é repassada, quase sempre, para as mulheres (mães) da família, o que, de um lado, tende a empoderá-las, mas, por outro, reforça a crença de que elas são as cuidadoras natas e responsáveis pelas crianças e pela família (Sousa & Guedes, 2016).

No entanto Val se ressente de ter abandonado a própria filha, ainda que, mensalmente, mande recursos para que a menina possa estudar e ter condições mínimas de ter uma vida digna. De repente, mesmo depois de dez anos sem vê-la, Jéssica lhe telefona contando que está para chegar em São Paulo, para prestar vestibular. Como Val vive no trabalho (ou seja, trabalha o tempo todo, sem um limite entre a vida pessoal e a vida serviçal), e com o consentimento da patroa, ela leva Jéssica para se hospedar um tempo por lá. A presença de Jéssica coloca em xeque vários limites naturalizados entre o público e o privado; entre as classes sociais; entre o quem cuida e quem recebe cuidado; entre um carinho/afeto que não pode ser monetarizado, mas pode ser explorado; e também, e sobretudo, entre a procriação, o trabalho da maternidade e condições socioeconômicas.

Aqui gostaria de fazer a ressalva que, diferentemente de muitas críticas dirigidas à terceirização dos cuidados maternos, penso que o problema não está na socialização do cuidado (mãe biológica não ser a principal e exclusiva cuidadora), mas na mercantilização dessa relação, a qual cria uma hierarquia entre quem pode pagar (geralmente mal) pelos cuidados e recebê-los, e quem, por estar em uma situação de vulnerabilidade social e econômica, presta-os. Quem cuida (mulheres, pobres, negras) raramente é cuidada. Há um vértice de concentração do cuidado, cujo ápice está no homem branco rico. Mas que, também, é usufruído pelas mulheres brancas ricas (por poderem pagar). No entanto, mesmo quando se discute a exploração de mulheres ricas (sobretudo brancas) sobre as pobres (em geral negras), sob o signo da relação de classes, escapa a manutenção da "obrigatoriedade" do serviço às *mulheres*[168].

[168] Fraisse (1979) desenvolve uma excelente reflexão sobre esse ponto, mostrando como a feminização do trabalho doméstico explora uma servidão naturalizada nas mulheres em geral (aqui, no caso, tanto na dona da casa quanto na trabalhadora doméstica). Antes do século XIX, havia homens (como os lacaios) trabalhando nesse tipo de serviço, mas eles foram se tornando um número cada vez mais escasso. De empregada doméstica que servia à dona de casa burguesa, ociosa, que se dedicava apenas à família e ao lar, houve uma passagem para a ideia de "ajuda" à mulher que trabalha fora do lar. Nesse sentido, houve também uma pulverização de serviços prestados, como ocorre, por exemplo, na diferenciação da babá, passadeira, faxineira etc. Quando a própria mulher, dona da casa, fazia os serviços (ou os faz), havia (há) uma invisibilização dele, como se não existisse trabalho; quando ele se torna visível, por ser remunerado a uma outra mulher, é a identidade dessa mulher que desaparece na função que ela exerce. Muitas vezes, as antigas "empregadas domésticas" foram (e são, mesmo as trabalhadoras domésticas) tratadas como meramente função e não pessoas. Segundo Fraisse (1979), o cumprimento do serviço doméstico de uma mulher (a pobre) auxilia a libertação para o mercado de trabalho da outra. Elas funcionariam como uma espécie de duplo, onde a trabalhadora doméstica cumpriria as obrigações de dona de casa da patroa, mas sem libertá-la completamente. Mesmo de longe, ela dirige, ela não pode jamais abandonar seu posto ou desconhecê-lo. É o caso quando a trabalhadora doméstica falta ao serviço: quem assume o posto, em geral, é a mulher ou as mulheres da casa. Fraisse problematiza, dessa maneira, dois pontos: a relação de opressão de classes, de um lado, mas a opressão das

Ou seja, ainda que os trabalhos da casa sejam terceirizados, realizados por uma trabalhadora doméstica ou serviços disponíveis (lavanderia, *self* service etc.), compete em geral à *dona da casa* (à mulher, ela não deixa em momento algum de ser *dona de casa*), articular a logística que vai desde as compras do supermercado aos horários das refeições que atendam aos componentes da família. Portanto, mesmo aqui ela é a responsável pela coordenação dos trabalhos, o que já é um trabalho, que visa assegurar a continuidade dos cuidados (Damamme & Paperman, 2009). Há assim uma carga (obviamente desigual) que pesa tanto no cuidado remunerado (trabalho/emprego doméstico), quanto no não remunerado (serviço doméstico).

Os homens, em geral, não são interpelados, como se esse assunto não lhes dissesse respeito. A eles cabe, apenas, usufruir. Ou seja, ricas ou pobres, são elas "naturalmente" as donas de casa, responsáveis pelo bom cumprimento e manutenção dos serviços domésticos (Fraisse, 1979; Saffiotti, 1987), bem como pelo cuidado dos filhos. Como apontamos, há uma confusão (intencional, ideológica) entre o âmbito maternal e o doméstico, ambos presentes enquanto autocobrança, interna, afetiva, do dispositivo materno.

Daí que a construção de creches, de período integral, como programa político específico para mulheres mães é fundamental em qualquer governo que se queira democrático (Sousa & Guedes, 2016). Não apenas como proteção a sua saúde mental (Xavier & Zanello, prelo), mas como forma de empoderamento e de acesso das mulheres a chances mais igualitárias de educação, trabalho e remuneração salarial (Botello & Alba, 2015; Queiroz & Aragón, 2015; Sousa & Guedes, 2016). Isso garantiria, também, uma partilha, ao menos mínima, dos *trabalhos* de cuidados com as crianças e retirada de sobrecarga da responsabilização doméstica sobre as mulheres mães. Mas é necessário também haver uma maior socialização com os homens, os quais precisam ser interpelados a exercer funções de cuidado (com os filhos e com a casa). Discutir a distri-

---

mulheres de ambas as classes, pela permanência da atribuição e da responsabilidade dos cuidados domésticos às mulheres. A estrutura permanece a mesma: benefício e usufruto, em geral, dos homens, os quais, quando casados, na maior parte das vezes, nem se dão ao trabalho de se preocupar com essas questões. A trabalhadora doméstica vende seu serviço de cuidar da casa para outra mulher, mas precisa chegar em casa e dar conta de ser a "dona de casa" da sua. Fraisse (1979) se pergunta: como ser mulher e escapar da condição de dona de casa? Mesmo aquelas que podem terceirizar os serviços se sentem culpadas por elas próprias não cuidarem dos filhos em tempo integral, por exemplo. "Servidão" e solicitude são, portanto, performances importantes no dispositivo materno.

buição do cuidado, como trabalho, é, portanto, um tema político e social de suma importância para auxiliar na criação de outras possibilidades de vir a ser das mulheres e de seu processo de subjetivação.

É importante também relembrar que se a maternidade, tal como se construiu na nossa cultura, trouxe acúmulo de tarefas e de responsabilização para as mulheres, também representou uma forma de empoderamento, ainda que colonizado. Como aponta Coria (1996), para a mulher cuja única alternativa de empoderamento era ser mãe, foi necessário aprender a manejar os afetos e os filhos como instrumento de poder, seja para satisfazer sua necessidade de um espaço de poder, seja para se defender da repressão a que era submetida. Precisamos destacar que muitas mulheres acabam por "precisar serem precisadas" (Zanello, 2007b). Ou seja, se colocam como função altamente competente de cuidados dos membros da família e da casa, com o ganho narcísico de se sentirem "insubstituíveis". Romper com esse espaço é atravessar um luto narcísico, para o qual é necessário se criar outras âncoras identitárias e de reconhecimento. Gostaria aqui de citar dois exemplos de casos clínicos.

O primeiro, trata-se de Flávia, uma mulher de 48 anos, casada há 28 e mãe de 3 filhos. No começo do processo de psicoterapia, ela se dizia cansada por ter que "*fazer tudo sozinha!*". Dentre as várias atividades por ela listadas, encontrava-se, por exemplo, o cardápio da dieta do marido. Perguntei a ela porque ele próprio não tomava conta do que comeria durante a semana e ela prontamente me respondeu: "*O Lúcio?* (espantada) *Ele nunca daria conta!*". Eu lhe disse: "*Será? Você já tentou? Será que você precisa ser precisada?*". Essa sessão mexeu com Flávia e, no decorrer das semanas seguintes, ela começou a delegar responsabilidades na casa, para o marido e para os filhos. Um mês depois, o próprio marido passou a planejar o que deveria ser feito para sua dieta (eles pagavam a uma diarista). Ela se sentiu aliviada, mas ao mesmo tempo, sofria em perceber que não era mais tão "necessária". Disse-me em tom de "brincadeira", mas também lamento: "*Ele pode viver sem mim!*". O trabalho de luto desse lugar foi importante na vida dessa mulher. Com o decorrer da terapia, ela pôde se perguntar sobre seus próprios desejos e aspirações. Voltou a estudar e a cuidar um pouco mais de si mesma, fazendo coisas que não fazia há muitos anos, como ir a um cinema com a amiga ou praticar ioga.

Outro exemplo é o de Karla, paciente com 32 anos, casada, mãe de um garoto de 6 anos. Ela chegou à primeira sessão com ar de bastante cansada e relatou se sentir exaurida, sem saber o motivo. Disse que havia feito vários testes de saúde e nenhum deles apontou qualquer anormalidade. Pedi então para que ela me descrevesse um dia típico da sua semana. E ela narrou: "*Acordo 5:30h da manhã, me levanto, vou preparar o lanche do Kiko* (seu filho), *acordo o Kiko, boto ele no banho, me arrumo, arrumo o Kiko, tomamos café, vou deixá-lo na escola, vou para o trabalho, às 11:45h saio correndo do trabalho para pegá-lo na escola (meu chefe briga comigo porque sempre saio antes de meio dia), levo ele para casa, almoçamos* (ela pagava a uma moça que trabalhava diariamente em sua casa), *vejo os trabalhos escolares para casa, deixo tudo organizado, volto para o trabalho, volto às 18h para casa, passo para comprar as coisas para o jantar, chego em casa e vejo as tarefas do Kiko, preparo uma comida, comemos, vemos um pouco de TV, coloco o Kiko para dormir e vou dormir também*". Digo para ela: "*Criatura, e você só está cansada?*". Ela ri. Pergunto: "*E seu marido? O que ele faz?*". Ela: "*Ele acorda às 6h e vai para a academia. De lá vai para o trabalho*". Eu: "*Então ele não divide a tarefa de cuidado do Kiko com você?*". Ela: "*Divide. Quando ele não vai para a academia, ele levanta e faz o lanche dele, acorda-o, leva-o à escola... mas não adianta, porque eu levanto junto*". Eu: "*como assim?*". Ela: "*Porque eu acho que ele não faz bem feito, então levanto para fiscalizar*". O que quero apontar é que, além de não existir uma divisão no cuidado, essa paciente não conseguia delegar esse espaço a seu marido (digo isso sem retirar os benefícios que ele pode ter nessa posição e no sintoma dela). Que ele aprenda a fazer do jeito dele, e que precise aprender a fazer bem, pois cuidar é habilidade que se aprende praticando. Como criar outras possibilidades identitárias empoderadoras para as mulheres é algo importante a se pensar.

Aqui também é necessário sublinhar a interseccionalidade da vivência materna com a classe social. Martin (2006) aponta a seguinte encruzilhada identitária: na cultura ocidental, quanto mais chances uma mulher tem de produzir (ter acesso a uma boa escolaridade, bons empregos, mobilidade social), menos ela *precisa* reproduzir (passa a ser *opção*); já para aquelas cuja "produção" enfrenta barreiras marcadas por baixa escolaridade e poucas oportunidades reais de bons empregos (com melhores salários e condições de trabalho), a reprodução (a maternidade) permanece como uma forte âncora identitária, garantindo um papel e um lugar na comunidade. Estudos realizados no Brasil ressaltam claramente esse fenômeno, como é o caso de adolescentes pobres que engravidam. Segundo os autores, essas meninas relatam se sentirem mais "mulheres" e a própria experiência da gravidez tem ajudado a muitas delas a reelaborarem seus projetos, inclusive planos profissionais (Andrade, Ribeiro & Ohara, 2009; Araújo & Mandú, 2015; Farias & Moré, 2012; Pantoja, 2003; Santos, 2012).

No entanto a continuidade dos estudos e a chance da inserção em bons empregos no mercado de trabalho se veem diminuídas. Sem políticas públicas que aí intervenham, a tendência é de que trabalhem em empregos domésticos, mal remunerados, repetindo e mantendo o ciclo transgeracional de exclusão social. Como aponta Costa (2006, p. 129): "A crescente feminização da pobreza estimula a falta de autoestima e pode estar influenciando a maternidade como consequência da impossibilidade de outros tipos de realizações, como na área profissional". Faz-se mister frisar que, devido a nossa história, no Brasil, raça é fator estruturante de classe (Carneiro, 2011; Carneiro, 2017), ou seja, há um predomínio de pessoas brancas no topo da pirâmide social e, ao reverso, uma impactante preponderância de pessoas negras na base, dentre a população mais pobre. É necessário, portanto, refletir acerca dos caminhos identitários que têm sido apresentados como possibilidades de vir a ser mulher para meninas brancas e negras, em nosso país.

Outro aspecto a ser problematizado é a relação entre naturalização do cuidado, profissionalização e remuneração. Como vimos na parte sobre o histórico do dispositivo materno, trabalhos domésticos assim como a docência (e outras profissões relacionadas ao cuidar) sofreram amplo processo de feminização no decorrer do século passado. Nessas profissões (babás, passadeiras etc., mas também enfermeiras, nutricionistas, psicólogas etc.), a remuneração é inferior a outras, tipicamente masculinas (mecânico, engenheiro civil, engenheiro de informação etc.). Como apontamos anteriormente, de um lado há a desvalorização do esforço e do *savoir-faire* (saber-fazer) das mulheres, visto que são compreendidos sob o manto da vocação maternal e emocional delas; por outro lado, há a subjetivação na docilização, servitude e disponibilidade (estar disponível para servir), relacionadas ao dispositivo materno, o que, de certa forma, contribui para que mulheres reivindiquem menos por salários mais altos ou por remuneração de serviços prestados gratuitamente ("Não me custa nada fazer isso!").

Segundo Clara Coria (1996), apesar da entrada das mulheres no mercado de trabalho, sua relação com o dinheiro continua problemática. Segundo a autora, o dinheiro coloca em xeque "qualidades femininas" interpeladas pelo dispositivo materno: doação, altruísmo, bondade, sobretudo, amor incondicional e abnegado. O dinheiro pressupõe troca condicionada e com objetivo de obter benefícios. Além disso, é signo de poder em nossa cultura, associado à virilidade masculina. Dinheiro e ambição deveriam, portanto, ser distintivos masculinos. No caso das mulheres, colocaria em xeque uma suposta feminilidade natural. Clara Coria (1996) aponta assim que na base da dificuldade de muitas mulheres em lidar com o dinheiro está o temor de perder a feminilidade – e, consequentemente, o amor e a admiração dos homens – e a aprovação social. No entanto, em uma sociedade capitalista, um dos atributos do dinheiro é que ele é um instrumento de poder[169]. Exercer certas funções (mesmo em atividades não prescritas no trabalho remunerado, tal como ser a "organizadora" dos lanches, dos espaços de socialização etc.), gratuitamente, corrobora, portanto, para a afirmação "feminina" identitária (pelo dispositivo materno) de muitas mulheres.

Por fim, gostaria de realçar que a naturalização do ideal de maternidade, do mesmo modo que a crença de que somente a mãe é capaz de cuidar bem, gera sentimentos ambivalentes sobre os quais as mulheres pouco podem falar. Além da sobrecarga de trabalho, há os sentimentos negativos de ódio, rejeição e, muitas vezes, de não se estar feliz com o filho real que se tem ou, ainda mais inconfessável, o reconhecimento por parte da mulher de que "se enganou, não era feita para ser mãe" (Badinter, 2011, p. 24). Há também o desejo – muitas vezes, acompanhado de uma culpa intensa – de realizar outras atividades, fora do âmbito doméstico casa-filho-marido. Aqui me lembro de duas frases que ouvi de diferentes mulheres em seu período pós-parto: "Quero ter meu corpo de volta! Tenho saudades de mim mesma e do meu tempo!" e "Nunca achei que ia sentir saudades de trabalhar! Não vejo a hora de acabar com essa licença maternidade". A experiência dessas ambivalências e sentimentos inconfessáveis (mas completamente razoáveis, plausíveis, compreensíveis como respostas à situação vivida – Ussher, 1993; Ussher,

[169] Muitas mulheres sentem pudor em falar de dinheiro ou sentem desconforto e vergonha. Outras, apesar de ganharem dinheiro, não fazem livre uso dele.

2011) leva muitas mulheres ao sofrimento, ao fazê-las sentirem-se como "antinaturais". Como afirmamos, a psiquiatria e a psicologia ofereceram e oferecem, ainda hoje, grande contribuição para o processo de patologização das experiências das mulheres mães por meio do fenômeno da psiquiatrização e do psicologismo[170] (Zanello, 2016b).

Um fenômeno que tem crescido, mundialmente, nesse sentido, é o da "depressão pós-parto". Abaixo se pode observar um diálogo estabelecido com uma mulher que recebeu este diagnóstico, durante seu período de internação em uma ala da psiquiatria (Zanello, 2010).

> – *"Adélia (nome fictício da paciente), por que você veio para cá?"*
> – *"Vim porque tentei me matar, cortar meus pulsos... estava muito triste, muito triste mesmo!"*
> – *"Que remédio você toma?"*
> – *"Tomo paroxetina, melhoril, rivotril"* (antidepressivos e ansiolíticos)
> – *"Para que servem?"*
> – *"Paroxetina é antidepressivo, melhoril eu não sei, e rivotril é para dormir. Tenho dor aqui..."*
> – *"Onde? Física ou no coração?"*
> – *"As duas... quando eu engravidei e vi que era gêmeos eu fiquei chorando, não queria não, não tava esperando aquilo! Dois filhos? Eu não dava conta de cuidar, aí eu piorei, eles choravam demais, o tempo todo!"*
> – *"E seu marido, não ajudava?"*
> – *"Ajudava nada, ele chorava junto! Tentei arrumar um emprego e não dei conta, piorei! Eu sou uma inútil... Eu tomo remédio, quando eu paro, eu fico muito triste, tristeza imensa e eu tenho vontade de me matar! Eu me sinto uma inútil!"*
> – *"Como assim uma inútil?"*
> – *"A primeira vez que eu me internei eu tinha vontade de enforcar meus filhos! Eu me sinto inútil! Meu irmão bebe e não pôde ficar lá em casa porque meu marido não deixou, eu não posso ajudar! E também não consigo trabalhar! Eu me sinto inútil! Eu tenho impulso de me cortar, me enforcar também."*

É interessante apontar o tom de "culpa", presente na fala dessa paciente, durante toda a entrevista, principalmente quando narrava sua

[170] No "psicologismo" o sofrimento é entendido de forma privada e individualista, como algo que se passa no interior do sujeito, há um solipsismo. A Psicologia atua como tecnologia de gênero a representar, construir e reafirmar, dentre outras coisas, o ideal de maternidade. Outro exemplo dessa contribuição é a construção da subjetividade "traumatizada" quando existe a opção por um abortamento voluntário (independentemente se clandestino ou não). A pressuposição é de que toda mulher deseja ser mãe e, portanto, o aborto necessariamente seria uma experiência traumática. Contudo não é raro ouvirmos de mulheres que abortaram a descrição da sensação de alívio.

dificuldade em não conseguir cuidar de seus filhos (mas também de seu irmão, ou marido) como *deveria* fazer... Sobressalta a sensação de solidão e sobrecarga no cumprimento de certas atividades relacionadas a esse cuidado. Esse é um dos elementos que mais se destaca na fala de mulheres diagnosticadas com "depressão pós-parto": falta de cuidado do companheiro, escasso apoio de familiares (Adeponle, Groleau, Kola, Kirmayer & Gureje, 2017; Schwengber & Piccinini, 2005; Sousa, Prado & Piccinini, 2011). Mas também: insatisfação marital, eventos estressantes na vida, temperamento da criança, cansaço de cuidar da criança, relação abusiva com o parceiro, dentre outros fatores que podem tornar ainda mais difícil essa nova adaptação. No entanto, quando as mães adoecem pela depressão ou ansiedade, tendem, como mostra Edmonds (2012), a se autoculpabilizar e a compreender seu estado de sofrimento em função de suas limitações psicológicas[171].

Além disso, há um conflito na expressão desse mal-estar, pois ser assertiva e direta na expressão do descontentamento e da agressividade segue o caminho oposto do que é considerado "feminilidade" em culturas sexistas (Adeponle, Groleau, Kola, Kirmayer & Gureje, 2017). Isso leva muitas mulheres a se sentirem bombardeadas: de um lado os sentimentos "negativos", que pouco podem ser compartilhados; do outro, a vergonha e a culpa por senti-los (Adeponle et al., 2017; Azevedo & Arrais, 2006).

Smith e Morrow (2012) destacam assim que, sob o diagnóstico de "depressão pós-parto", se escondem sentimentos de desigualdade, injustiça e desempoderamento – três condições que tornam as mulheres mais propensas a sentir raiva. Chrisler & Robledo (2002) sublinham o quanto a criação desse diagnóstico psiquiátrico tem em comum com a "Síndrome pré-mestrual": ambas são definidas vagamente e levam, por isso, a um amplo uso, o qual resulta em uma medicalização das experiências das mulheres[172]. Ao tratar como doença, literalmente, deixa-se de escutar o mal-estar da maternidade em nossa cultura, pois se a chancela da doença permite que o sofrimento materno seja explicitado,

[171] Ou seja, elas usam o psicologismo, propagado pela imensa gama de mensagens que a cultura transmite sobre a culpa materna, em suas mais diversas tecnologias de gênero.

[172] As autoras citam um exemplo de pesquisa bem interessante, na qual foi entregue para dois grupos de estudantes o nome de uma síndrome e sua descrição. No primeiro grupo, o nome era "transtorno disfórico pré-mestrual" e havia a descrição dos sintomas; no segundo, "episódio disfórico" com a descrição dos mesmos sintomas. Os estudantes deveriam apontar se conheciam alguém (incluindo eles mesmos) que sofria desses problemas. No primeiro caso, os estudantes apontaram apenas mulheres conhecidas ou, no que tange às estudantes mulheres, elas mesmas; no segundo caso, todos os estudantes apontaram indistintamente homens e mulheres (!).

coloniza-o, destituindo-o de toda sua potência subversiva, qual seja, a capacidade de questionar o *status quo*. Ressalta-se, nesse sentido, que mulheres cujos escores são altos em escalas de feminilidade (relacionadas a valores estereotipados), tendem a desenvolver menos depressão durante e depois do parto (Chrisler & Robledo, 2002). Uma hipótese é que a realização das novas responsabilidades, atribuídas pela cultura, coloque menos em xeque seus ideais e desejos anteriores. Além disso, mulheres com uma visão romântica da maternidade durante a gravidez experienciam mais sentimentos negativos do que uma mulher com expectativas mais realistas. Chrisler & Robledo (2002) destacam, também, que políticas de direitos sexuais e reprodutivos, tais como controle de natalidade e acesso ao aborto legal (a mulher ter ingerência sobre sua própria vida), são correlacionados com menor número de casos de depressão. É necessário, portanto, colocarmos a experiência pessoal das mulheres em um contexto sociopolítico.

No próximo capítulo, trataremos dos caminhos atuais de subjetivação privilegiados para os homens, em nossa cultura.

PARTE III

HOMENS E DISPOSITIVO DA EFICÁCIA

CAPÍTULO 7

CONFIGURAÇÕES HISTÓRICAS DO DISPOSITIVO DA EFICÁCIA: AS VIRILIDADES SEXUAL E LABORATIVA

Apontamos anteriormente que o século XVIII foi um momento importante de transformação social e política, o qual promoveu novas configurações nas representações do que era ser homem e mulher. Com a afirmação crescente do capitalismo, houve a clara separação dos espaços público e privado. Houve também a transformação do trabalho, que passou a ser visto como valor em si mesmo (virtude). Além disso, com a influência do naturalismo (Corbin, 2013b), foram divulgadas as ideias do dimorfismo sexual, ou seja, a noção de que homens e mulheres possuíam anatomias e fisiologias completamente distintas, as quais estariam na base das diferenças de papéis e *status* sociais, e seriam por elas justificadas (Laqueur, 2001).

Os homens continuaram a ocupar um patamar hierárquico superior ao das mulheres. Se antes a diferença era uma questão de graus (sendo o homem a possibilidade de realização completa do ser humano e a mulher um homem em falta, subdesenvolvido), agora se compreendia que eram dois seres completamente diferentes. Os sentidos relacionados ao gênero também se enrijeceram e foram, em função da naturalização, compreendidos como sendo "essenciais".

Como vimos, isso se deu para as mulheres por meio da afirmação, teleológica, de que a maternidade é destino e de que cultivar o instinto materno não apenas protegeria as mulheres física e mentalmente de diversos males, como também seria sua realização completa, em termos de promessa de felicidade.

Os homens, por seu turno, também foram compreendidos a partir de certas qualidades agora tomadas como "naturais". Elas seriam a ação enérgica, a atividade sexual, a coragem, a resistência física e moral, o controle de si (emoções e corpo), cabendo a eles o âmbito público e o trabalho reconhecido e remunerado. Firma-se uma nova configuração das virilidades[173], cuja historicidade é necessário reconhecer.

[173] O termo "virilidade" tem história mais longa e é mais popular que "masculinidade". Esse último remete aos estudos de gênero do último terço do século XX e tem, como uma de suas contribuições, o campo aberto pelas discussões feministas, desnaturalizadoras do vir a ser mulher e homem.

O termo "virilidade" descende dos termos latinos "vir", "virilitas" e "virtus". Designa tanto o varão (homem adulto) quanto seus órgãos sexuais (Thuillier, 2013). Aponta para "princípios de comportamentos e de ações designando, no ocidente, as qualidades do homem concluído, dito outramente, o mais 'perfeito' do masculino" (Vigarello, 2013a, p. 11).

Devemos falar de "virilidades", no plural, pois estas, frutos de certas formas de vida e da cultura, sofreram mudanças no decorrer do tempo, no ocidente, adquirindo sentidos diferentes. Assim, por exemplo, se a coragem de lutar até morrer em um combate era exaltada entre os gregos (Sartre, 2013), e mesmo recentemente durante o período das duas grandes guerras mundiais (Audoin-Rouzeau[174], 2013), tal valor caiu em desuso, sobretudo com o avanço dos valores individualistas, no transcorrer do século XX. Aqui o valor da vida pessoal e a fruição adquiriram (individualmente) uma configuração nova.

Apesar das mudanças históricas, alguns valores relacionados às virilidades persistiram com certa constância[175], sobretudo a ideia de dominação, não apenas das mulheres, mas de outros sujeitos sociais, considerados como pertencendo a hierarquias inferiores, tais como bárbaros, crianças, jovens e escravos. Ou seja, uma masculinidade[176] firmada sobre a dominação, pautada em diversas virilidades (sexuais, guerreiras, laborais etc.), as quais foram se modificando em importância ou significado, ou surgindo a depender do momento histórico. Essa dominação, relacionada à virilidade masculina, se estabeleceu também, sobretudo depois do século das luzes (Farge, 2013), de forma paulatina, no exercício de si mesmo, não apenas no controle sobre as próprias ações, mas também, inclusive, no controle das emoções[177]. Se entre os gregos a vitória e o reconhecimento deveriam ser obtidos na batalha da guerra, dentre os contemporâneos a batalha passou, cada vez mais, a ser travada

[174] Para Audoin-Rouzeau (2013), a Grande Guerra constituiu-se em uma grande realização da virilidade guerreira construída no ocidente e, ao mesmo tempo, sua falência e consequente ruptura. Os homens saíram dela mutilados física e psiquicamente: ela "desmembrou os machos" (p. 507).

[175] De acordo com Courtine (2013), a longevidade dessas estruturas se deu por sua transmissão eficaz, sobretudo pela transmissão dessas invariantes como invariantes, ou seja, como a-históricas (a transformação da história em natureza). O autor destaca assim a necessidade de retraçar a história de um apagamento da história.

[176] Segundo Courtine (2013), a história da virilidade não se confunde com a história da masculinidade. O termo "masculino" só começou a ser usado no século XX (em lugar de "virilidade"), para pensar a condição do (tornar-se) homem. Isso se deu pela abertura trazida pelos estudos feministas, a qual possibilitou pensar e surgir também os estudos das masculinidades, sobretudo a partir dos anos 70 (Forth, 2013).

[177] Já em Homero, o choro era interditado aos homens (Sartre, 2013), porém, sob a influência do iluminismo, o controle sobre si mesmo ganha nova dimensão, pautada pelo ideal de temperança e como razoabilidade, ou seja, sob o jugo da razão.

no campo laboral, o qual, como veremos, adquiriu estatuto central como fator identitário para os homens.

A dominação, relacionada à virilidade masculina no ocidente, firmou-se assim em pelo menos quatro pilares, a saber: no mundo social (com todas suas características culturais históricas e locais), contra si mesmo (inicialmente embrutecimento[178], posteriormente, cada vez mais, controle sobre seus próprios comportamentos e afetos- ideal de "razoabilidade"), contra as mulheres[179] (consideradas sempre como inferiores ou com qualidades incomparavelmente menos nobres), contra outros homens (tanto na competição com os iguais como no exercício de controle e subjugação dos considerados "inferiores", de acordo com os valores sociais e culturais daquele momento: vencidos de guerra, escravos, jovens semiviris, pobres etc.).

Além disso, o campo da sexualidade se manteve como um dos pontos fundamentais de expressão dessa dominação, de sua afirmação, bem como da formação do homem viril e de sua identidade. Dessa maneira, o comportamento sexual ativo e o pênis em ereção se fizeram pilares para se pensar a virilidade no ocidente. Porém, a forma como foram tomados e interpretados, bem como os meios para atingir a plena maturidade de seu exercício variaram bastante. Nesse sentido, o homoerotismo, de elemento crucial (desde que realizado dentro de certas regras), desejável, por exemplo, para os gregos, para a formação do homem viril, foi sendo cada vez mais rechaçado como algo que macula, avilta e coloca em xeque a própria masculinidade. Como afirmam Sáez e Carrascosa (2016), uma das marcas do ideal viril de masculinidade contemporânea (hegemônica, heterossexual) é ter o "cu fechado". Destaca-se a injunção de ser sempre o "penetrador" e nunca, de forma alguma, ser/ter sido penetrado.

Nessa parte do capítulo dedicado aos homens e ao dispositivo da eficácia, pretendo retomar as raízes históricas da afirmação de certas vi-

---

[178] Sartre (2013) descreve (usando um texto da época) sobre a educação espartana dos jovens: "À medida que eles avançam em idade, tornávamos mais duro seu treinamento: raspávamos a cabeça deles e os acostumávamos a andar descalços e a jogar nus a maior parte do tempo. Chegados aos doze anos, eles viviam sem túnica e só recebiam uma única capa anualmente. Eram sujos e não conheciam nem banho nem asseios, a não ser em alguns dias do ano, pouco numerosos, onde lhes permitíamos estas regalias. Eles dormiam juntos, em grupos ou tropas, sobre uma espécie de capacho que eles mesmos confeccionavam com juncos crescidos ao redor da Eurotas, quebrados com as próprias mãos na extremidade do tronco, sem auxílio de ferramenta" (p.24).

[179] Bard (2013) destaca que a "potência" da virilidade masculina necessitou historicamente da inferiorização das mulheres, justamente para devolver aos homens uma imagem muito mais grandiosa (do que real) deles mesmos.

rilidades (bem como os meios para atingi-las), com o intuito de contextualizar nosso momento atual, no Brasil, e a configuração de, sobretudo, duas delas — a sexual e a laborativa —, pois, como veremos, elas constituíram-se como âncoras identitárias do dispositivo da eficácia, na masculinidade hegemônica brasileira atual.

Remontando as raízes históricas das virilidades no Ocidente

Entre os gregos, os valores associados à virilidade eram, sobretudo, força, guerra, bravura e dominação sexual (Corbin, 2013a). No entanto, para que um homem adulto atingisse as qualidades viris, era necessário que, durante sua juventude, mantivesse relações sexuais (no caso, passivas – ser "erômeno") com um homem mais velho (o "erasta" – Sartre, 2013). Se continuasse a mantê-las depois de ser considerado um homem adulto (isto é, depois do aparecimento das primeiras penugens no rosto, lá pelos 17 anos) seria motivo de desonra[180].

Passar por essas experiências não o colocava em xeque em relação a sua virilidade, pelo contrário, era uma etapa necessária para atingi-la[181] (Sartre, 2013). Em outras palavras, as práticas homoeróticas eram um elemento constitutivo da própria virilidade grega. Segundo Sartre (2013), atingir a virilidade exigia um longo processo de educação, sendo que esta não era reservada somente ao pai, dentro da casa (*oikos*), como ocorrerá séculos depois na cultura ocidental. Apesar da existência de práticas homoeróticas, não podemos nomear tais práticas de "homossexualidade". Como afirma Sartre (2013, p. 48-49),

> O termo homossexualidade, totalmente ausente da língua grega, deve ser afastado tanto quanto possível, já que ele pressupõe categorias comportamentais estrangeiras aos gregos.

[180] De 12 a 17 anos. Mais cedo seria estupro e mais tarde, perversão. Assumir o papel passivo na vida sexual (o qual deveria ser exclusivamente feminino, das mulheres), quando adulto, era mal visto, mesmo na prostituição. Trata-se dos "Katapýgonoi ("enrabados"), Eurýproktoi ("grandes rabos") e Gýnnides ("efeminados") que depilam o corpo inteiro, inclusive o ânus (coisa de mulher). Um verdadeiro macho continuaria a ser, assim, peludo, um "rabo preto" (Sartre, 2013). Além disso, um verdadeiro homem deveria permanecer senhor de seus prazeres e de suas paixões, evitando de qualquer maneira ser dominado (inclusive pelo adultério). Mesmo no casamento, ele deve ser o senhor da casa e da esposa. O sexo aí visa a procriação da linhagem. A mestria de si é algo fundamental e impõe o silenciamento do próprio sofrimento, limites e dores.

[181] O autor aponta que Aristófanes, dramaturgo grego, maior representante da comédia de então (século V a.c.), narra, em *Os pássaros*, a estória de um pai de um garoto que censura amargamente seu amigo por não cortejar e esnobar seu filho à saída do Ginásio.

> Para os gregos o objeto do desejo importa menos que a força deste desejo e a capacidade do indivíduo de satisfazê-lo, pode-se dizer que a virilidade consiste primeiramente em satisfazer seu desejo. O que não significa dizer que todo desejo seja legítimo. Combina-se, com efeito, a esta prioridade do desejo uma concepção radicalmente desigual da relação sexual: esta não une dois indivíduos que tentam alcançar o prazer buscando satisfazer seu parceiro, mas trata-se de um dominante e de um dominado, ou, dito de uma forma mais brutal, de um penetrante e de um penetrado, o que traduz menos trivialmente, mas com um sentido igualmente forte de desigualdade, a expressão ainda largamente em uso: parceiro ativo, parceiro passivo (...). A virilidade situa-se claramente do lado do penetrante.

Dentre os Romanos, houve transformação parcial dos valores viris, mas a atividade sexual e a ereção continuaram a ser exaltadas como forma de afirmação da virilidade masculina. Como se estabelece a noção do *Pater Potestas*, ou seja, a ideia de que o pai da família é responsável pela educação viril do próprio filho, a prática do homoerotismo deixa de ser compreendida como forma de educação. Mas, nem por isso, as relações com outros homens desapareceram. Elas foram aceitas quando se tratava de ser ativo, principalmente com escravos e jovens de um estrato social inferior (Thuillier, 2013).

Além disso, mesmo dentre homens casados, era considerado normal possuir várias parceiras. Na verdade, alguém só se tornaria homem, após a primeira experiência sexual com uma mulher. A impotência era, portanto, motivo de preocupação e escárnio: ter "a vara mais pendente e lânguida que a haste da acelga" (Catulo apud Thuillier, 2013, p. 75-76). Da mesma forma, contrariamente, quanto mais imponente a dimensão dos órgãos sexuais ("bem membrado", "bem provido"), maior seria a virilidade (*onobeli*). Esta foi relacionada à ideia de penetração (seja qual for o modo, por exemplo, como no sexo oral), independentemente do parceiro(a), desde que fosse jovem no caso de ser outro homem. A virilidade se firmou, assim, em oposição ao gênero feminino, mas também ao homem jovem (*puer*), considerado ainda não viril.

Segundo Thuillier (2013), estocar e não ser estocado, penetrar e não ser penetrado, era "a verdadeira linha divisória em matéria de sexualidade viril" (p. 83). "Ser penetrado sexualmente (mesmo na prática da felação), não pode ser senão coisa de efeminado, de um homem que abdicou de sua virilidade, ao menos parcialmente" (Thuillier, 2013, p. 83). O autor conclui "virilidade, portanto", dentre os romanos, "é penetrar analmente os garotos, penetrar vaginalmente as mulheres (*futuere*, 'transar'), e fazer-se fazer uma felação" (Thuillier, 2013, p. 84).

Impõe-se a ideia de dominação sobre outras categorias da população, por parte dos homens adultos, sendo somente estes considerados como verdadeiramente viris. Além disso, devia-se buscar o domínio de si mesmo, pois esse seria um critério essencial da *virtus* romana. Nesse sentido, exprimir afetos seria considerado como algo desvirilizante. Da mesma forma em relação ao sofrimento, o homem viril deveria escondê-lo e superá-lo em silêncio (Thuillier, 2013). Havia, portanto, uma recusa viril na manifestação sentimental.

Dois temas aqui se repetem e far-se-ão importantes mesmo em séculos posteriores, apesar de novas roupagens: a misoginia no centro da afirmação da virilidade (deve-se evitar ocupar o lugar feminino ou considerado como sendo das mulheres, bem como suas preocupações, expressão de afetos e comportamentos) e a construção do ânus como lugar erógeno perigoso que colocaria em xeque a virilidade masculina[182], justamente por tornar o homem passível de ser penetrado, ou seja, passivizado (imaginariamente "como uma mulher"[183]).

---

[182] Thuillier (2013, p. 110) cita aqui um poema de Juvenal (século I d.c.):
"Não, o hábito não faz o monge, e toda rua
Está cheia de grandes asquerosos de fisionomias austeras [...]
Tu denuncias o vício, e tua bunda é lugar de disputado encontro
De graciosos socráticos? Ah, estes membros peludos, este pelo de javalí
Sobre teus braços prometem um homem forte e indomável,
Mas seu traseiro depilado...".

[183] Esse "como" é importante, pois se trata de uma comparação em função da posição assumida no sexo. No entanto o surgimento da confusão entre feminização e homossexualidade masculina é algo recente. Ocorreu a partir do século XIX, com a criação da "identidade" homossexual, por meio do discurso médico-higienista (Revenin, 2013). Nesse sentido, a homossexualidade foi pensada em termos de gênero e não de orientação sexual, havendo, nas categorias de "compreensão" do fenômeno, a repetição de termos como "ativo" e "passivo", por exemplo. Segundo Revenin (2013), a feminização nos gays seria o resultado da opressão homofóbica ou anti-homossexual (e à leitura do homoerotismo masculino como perversão). "O desprezo pelos homossexuais- todos confundidos sob a categoria de afeminados- traduz na realidade um desprezo profundo e renovado pelas mulheres e pelos valores femininos. Através do discurso sobre a feminização dos invertidos se deve sem dúvida ler a misoginia dos médicos e, por extensão, do conjunto da sociedade. Estando a aparência presumivelmente ligada aos caracteres morais, o homossexual afeminado herda todas as faltas psicológicas das mulheres" (Revenin, 2013, p. 478-479). Como apontamos na primeira parte do livro, a criação do "personagem" homossexual, pelo discurso médico, propiciou o *looping effect* sobre certo público, com certas práticas sexuais, criando/proporcionando a própria identidade gay. A feminização desse público não é, portanto, aleatória: "Imitar uma certa forma de feminilidade parece ser um dos traços das subculturas homossexuais do século XIX. Falar-se no feminino e falar de si no feminino é também um meio de assumir voluntariamente sua diferença" (p. 495). Assim, "a homossexualidade moderna (a partir do século XIX) é, na realidade, o fruto da superposição das formas antigas (pederastia antiga, amizade viril, sodomia) e das formas novas (feminização,

Na Idade Média, houve uma expansão do império romano e a divulgação de valores católicos, cuja leitura do cristianismo endossou um profundo sexismo. Basta pensar na impossibilidade de realização dos sacramentos pelas mulheres e, também, na exclusividade do papel de padre/clérigo aos homens. Segundo Le Gall (2013), constituiu-se uma nova forma de virilidade: a dos clérigos. Ela seria marcada pelo ideal de castidade, humildade, fidelidade, bem como pela existência de uma confraria de homens pertencentes à própria igreja. Se o padre não podia (nem pode até hoje) ter sexualidade, ele tinha que ter um sexo. Ou seja, como afirma Le Gall (2013), ninguém poderia ser padre e receber a ordem sacerdotal se não fosse homem: ninguém poderia "ser padre antes de ter alcançado a virilidade, isto é, para os homens da Idade Moderna, a idade viril" (Le Gall, 2013, p. 243). Se ele não podia caçar, duelar, dançar, namorar, podia frequentar as universidades, universo esse pautado pela lógica viril, de acesso exclusivo aos homens (sociabilidades masculinas[184]).

As ordens religiosas eram, assim, verdadeiras confrarias masculinas (Le Gall, 2013), nas quais a presença da mulher era proscrita. Sacrifício, desempenho e honra eram traços da virilidade da época que se encontravam aí metamorfoseadas. O clérigo assumia uma função de autoridade paterna, bastante respeitada na sociedade. Segundo Le Gall (2013), "os clérigos talharam o homem moderno, inclusive na expressão de sua virilidade" (p. 263).

O Renascimento, com a reaparição de textos clássicos, sobretudo da filosofia aristotélica, reacendeu a discussão sobre o masculino e seus

---

inversão, homossexualidade (...). Quer dizer, no fundo, uma sedimentação principalmente paradoxal dos códigos e valores mais viris de cada época e das novas pesquisas médicas que apresentam o homossexual como um invertido que nega qualquer atitude masculina, reapropriando-se inclusive das normas da feminilidade. Assim, antes do final do século XIX, podia-se muito bem ser homossexual e/ou ter relações homossexuais sem necessariamente mostrar publicamente comportamentos ditos 'homossexuais', quer dizer, supostamente contrários às normas tradicionais da virilidade, como o fato de ser afeminado ou maneiroso" (Revenin, 2013, p. 501-501). Léo Bersani (1995), no entanto, aponta que "a paródia de uma certa feminilidade por parte dos gays (...) pode construir uma complexa construção social, é tanto uma maneira de soltar a hostilidade que provavelmente sentem todos os homens contra as mulheres (e que os heterossexuais expressam, por suposto, de maneira infinitamente mais repugnante e efetiva) e também poderia ser considerada paradoxalmente como uma contribuição à desconstrução dessa mesma imagem das mulheres" (p. 95). Bersani complementa: "a paródia é contrária à excitação erótica". Pesquisar esses múltiplos sentidos tecidos entre as performances da "feminilidade" (ou o que é considerado culturalmente como tal) e a subjetividade/subjetivação mostra-se, a meu ver, como um projeto fundamental. Como Bersani aponta, ainda que "femininos", muitos gays partilham da cumplicidade com o machismo que oprime as mulheres. Ou seja, como já sublinhamos, ser gay não desconstrói necessariamente a subordinação aos ideais da masculinidade (principalmente a hegemônica).

[184] Por exemplo, o latim era um apanágio dos homens, de uma elite de espíritos e talentos, da qual o clérigo poderia fazer parte (Le Gall, 2013).

outros (Kritzman, 2013), exaltando a capacidade masculina de evitar os excessos, sendo a moderação um ideal a ser perseguido. Perder o controle, deixar-se levar por paixões, continuou a ser visto como coisa dos fracos, como mulheres e crianças.

Já na Modernidade, segundo Vigarello (2013b), a virilidade firmou-se sobre a noção de força e dominação, junto aos ideais de sabedoria, ponderação e prudência. A metáfora aqui é o duelo de esgrima mais do que a força bélica: as vitórias seriam obtidas antes pela destreza do que pela força, mais pelo cálculo do que pelo furor. Daí a valorização, sobretudo dentre os mais privilegiados, das boas maneiras e gostos requintados. Enfatizou-se também o poder da palavra e do convencimento. Os controles sociais passaram a ser mais numerosos: concomitantemente à centralização política dos Estados Modernos, firmaram-se "novos tratados de civilidade" (como, por exemplo, a proibição de vinganças individuais e do ataque direto, o respeito à justiça coletiva etc.; Vigarello, 2013b, p.209) e uma autovigilância que se tornou cada vez mais rígida. Como aponta Vigarello (2013b, p. 214):

> Estes modelos da Modernidade visam à dominação, tornando-a mais delicada. Eles a estendem ao poder da palavra, aos gestos, à eloquência, ao silêncio, ao domínio de si. Eles evocam os princípios do "conhecimento de si" para melhor "saber se controlar", como também evocam os princípios do conhecimento dos outros para melhor "encontrar o ponto fraco de cada um". Tantas posturas ambicionando, em cada caso, a dominação: segurança e "superioridade" são aqui teorizadas numa visão de conjunto.

Ou seja, o domínio continuou a ser exaltado como valor da virilidade. Um ponto importante a se destacar é que, como até o século XVIII prevaleceu a teoria aristotélica de diferenciação (em graus) de homens e mulheres, qualidades viris não seriam inacessíveis a elas, como foi o caso da qualidade de "Andreía", entre os espartanos, ou a "vir-ago" romana. Esse último termo qualificava as mulheres e era utilizado como adjetivo para deusas como Diana ou Minerva, mas foi, séculos depois, deturpado por sentidos pejorativos. Ou seja, até o século XVIII o gênero parece ter sido um pouco mais fluido. Da mesma forma, um homem poderia ter qualidades femininas. Mas a presença destas, fazia com que fosse excluído ou sofresse chacotas. Exemplos disso seriam aqueles que gostavam de se olhar em superfícies que pareciam espelhos, depilar partes do corpo ou usar roupas claras, dentre os espartanos. Destaca-se, portanto, que o "feminino", ou os aspectos relacionados às mulheres (considerados assim pela cultura) sempre tiveram na história ocidental um valor secundário ou pejorativo. Ou seja, na base da cultura, de um ponto de vista histórico, remanesceu uma misoginia, a qual persistiu, independentemente das mudanças, até os dias atuais.

Prova disso é que, mesmo em um momento de apologia da "razão", tal como no Iluminismo (século XVIII), a necessidade dos homens em dominar e representar as mulheres como inferiores se manteve[185]. Também se manteve a influência da Igreja Católica, a qual defendia papéis diferentes para homens e mulheres no casamento, bem como combatia o sexo que não fosse para a procriação. Os homens eram interpelados ao uso da força física, caso se fizesse necessário, para controlarem suas esposas. O marido seria, assim, um "inspetor dos costumes de sua mulher" (Farge, 2013, p. 499), a qual, nesse momento, como vimos nos capítulos sobre as mulheres, passou a ser idealizada como mãe e vilipendiada por sua sexualidade e sagacidade. Aos poucos, a representação da mulher Eva cedeu àquela da Santa Maria.

Um fator essencial ocorrido, também, no fim do século XVIII até meados do XIX, foi a mudança na distribuição geográfica da população, fruto da revolução industrial na Inglaterra, e posteriormente, em toda Europa. Houve um intenso processo de urbanização e o surgimento de novos modos de vida. Essa mudança só se deu no Brasil, de fato, como veremos adiante, no decorrer do século XIX-XX. Um aspecto basilar nessa transição, advindo com o capitalismo, foi o valor e o lugar, cada vez mais central, do "trabalho", na vida das pessoas.

A palavra "trabalho" vem de "tripalium", um instrumento de tortura constituído de três estacas de madeira bastante afiadas e que era comum em tempos remotos na região europeia. Assim, originalmente, "trabalhar" significava "ser torturado". Segundo Arendt (2001),

> A era moderna trouxe consigo a glorificação teórica do trabalho, e resultou na transformação efetiva de toda a sociedade em uma sociedade operária (...). A sociedade que está para ser libertada

[185] Apesar da resistência das próprias mulheres (tal como Mary Wollstonecraft, em *Reivindicação dos direitos da mulher*, escrito em 1792), essas ideias foram defendidas por vários filósofos como, por exemplo, Rousseau. Ver Wollstonecraft (2016).

> dos grilhões do trabalho é uma sociedade de trabalhadores, uma sociedade que já não conhece aquelas outras atividades superiores e mais importantes em benefício das quais valeria a pena conquistar essa liberdade (p. 12).

Weber (2004) explica como o protestantismo possibilitou uma mudança de mentalidades, fértil para que o trabalho passasse a ser perpassado pelos valores de ascese, dever e disciplina. Segundo ele, o protestantismo conferiu um valor religioso ao trabalho, proporcionando, paulatinamente, a criação de uma ética de salvação pelo mesmo (a ideia da profissão como dever e da necessidade de se dedicar ao trabalho como fim em si mesmo)[186]. A percepção que se firmou é a de que o trabalho enobreceria o humano e a riqueza seria a comprovação da honestidade e idoneidade (religiosa) do sujeito. A preguiça[187] e o ócio passaram a ser vistos, cada vez mais, como vícios a serem evitados[188]. O trabalho se tornou, assim, progressivamente, a principal obrigação da vida.

Como vimos, foi nesse momento que se estabeleceu e se fortaleceu a separação entre as esferas pública e privada. Foi no âmbito público que a noção de "trabalho" se firmou, não sendo consideradas como tal as atividades exercidas pelas mulheres na esfera doméstica[189]. Grande parte dos valores viris historicamente construídos passou a ser localizado, então, gradativamente, nessa esfera (mundo rural e vida urbana conviveram ainda por muito tempo). Inclusive a honra, a dedicação, a resistência ("morrer de trabalhar" como sendo algo admirável e prova da dedicação).

Além disso, a chancela do bom desempenho seria, com o passar do tempo, a remuneração alcançada e seu reconhecimento (*status*). A ca-

---

[186] Lima (2001), afirma que "A doutrina protestante inverteu a lógica do ascetismo cristão, da culpabilidade, para a lógica da ética salvacionista pelo trabalho, o esforço pessoal e o livre arbítrio. Faz-se importante considerar o protestantismo, pois, pode-se dizer que a partir daí o valor do trabalho para a formação de identidades foi fortemente intensificado. Somente o trabalho trazia salvação e valorizava os homens à vista de Deus, portanto, esse trabalho foi sendo relacionado também com disciplina e adiamento das satisfações" (p. 2). Segundo o autor, trata-se de mostrar que se é digno com o seu trabalho, "negando-se o presente, acumulando pequenos sinais de virtude pelo sacrifício diário" (Lima, 2001, p. 2).

[187] Paul Lafargue, genro de Karl Marx, escreveu um livro muito interessante sobre o direito à preguiça e ao ócio, em contraposição à tirania de sua negação (*neg-ócio*) do capitalismo. Ver Lafargue (2012).

[188] Além disso, não se deveria ceder a excessos, principalmente presentes na sociabilidade mundana (pela possibilidade de cometer pecados), o que levaria a uma contenção dos gastos. Em suma, trabalha-se mais do que se necessita e gasta-se pouco (só o necessário para a sobrevivência), produzindo o acúmulo de riquezas. Se para o catolicismo trabalhar tinha como função apenas sobreviver e usufruir (pois o próprio sistema religioso condenava a usura e a ganância), para o protestantismo o valor do trabalho alcançou uma importância até então inimaginável: o trabalho adquiriu um valor por si mesmo, como objetivo em si.

[189] Somente muito tempo depois, com as lutas feministas, é que houve visibilização do trabalho feminino no lar.

pacidade de consumir objetos caros, desejáveis e raros também passou a ser "botton" de sucesso, alimentando o próprio sistema capitalista. Houve, paulatinamente, uma estratificação dos trabalhos, de acordo com as classes sociais e as possibilidades de acesso à educação. Dessa forma, "apesar da realidade das imbricações sociais, familiares e residenciais, cada localidade estabelece(u) sua escala de masculinidade profissional" (Pigenet, 2013, p. 262). Pigenet (2013) ressalta que dentre os operários das fábricas, por exemplo, destacava-se a valorização da força física, como prova de virilidade[190]. Com o crescimento do capitalismo industrial, ser considerado "preguiçoso" passou, cada vez mais, a ser uma ofensa grave à virilidade masculina em geral[191].

A separação entre âmbito público e privado induziu, também, muitos homens a comportamentos fortemente distintos na rua e em casa. Um exemplo seria o tratamento, completamente diferente, entre a mulher de casa (a esposa) e as mulheres "públicas". Além disso, os homens foram representados como caçadores à espreita (de mulheres e sexo), ideia essa que foi fortalecida pelo "naturalismo" (século XIX) e, posteriormente, pela Medicina. Essa última retratou, ainda no século XIX, a atividade sexual masculina como uma necessidade fisiológica quase inadiável (da qual se depreende a permissividade social com as "escapulidas" dos homens). Daí o sentido da frase "Todos os dias eu buscava novas conquistas [...] e me divertia com as moças, metade delas consentindo, o resto à força mesmo" (Farge, 2013, p. 504). Como aponta Farge (2013), ao tratar das virilidades populares do século XIX:

> A frase é uma das chaves desta vida da juventude que se desenrolava de praça em praça, da casa para o trabalho, desta busca de moça e mais moças; "nós estávamos em busca de uma presa feminina": a frase é sem equívoco, e o "nós" significa a existência de uma comunidade de machos viva e barulhenta, pronta para disputas, deflorações, noites de prazer com outros companheiros

---

[190] Segundo ele, a agressividade em relação ao corpo era uma condição de trabalho. O corpo, como principal capital do operário, fazia parte de sua identidade social viril. Nesse meio, as equipes eram marcadas por hierarquias profissionais e morais, cheias de desafios, cujo código viril seria "eu me exponho, logo existo" (Pigenet, 2013, p.268).

[191] A "preguiça" já não era tolerada anteriormente (sobretudo dentre os que não eram aristocratas), vide as reprovações dos europeus aos povos colonizados, no período do capitalismo comercial. No Brasil, os portugueses "desistiram" de explorar o trabalho dos indígenas, assim como colonizadores de outros países europeus reprovavam os árabes. Trata-se do encontro de culturas que pensam o valor do trabalho e do acúmulo de riquezas de formas completamente diferentes, e de um eurocentrismo que estigmatiza a alteridade, por ela não poder lhe ser útil.

> ou amigos de estrada – tagarela-se, fala-se, exagera-se sobre as investidas, ou faz-se silêncio sobre elas. Ela constrói reputações de honra, mas igualmente de bom trabalhador. Viver é traçar uma mulher de qualquer jeito, "meio à força, meio consentida": a virilidade tem a ver com aquilo que "eleva" o homem (p. 504).

Divertir-se conquistando, abandonando e partindo para novas empreitadas, de preferência em bando, eis uma forma de virilidade que se popularizou então. Não se trata apenas de penetrar a maior quantidade possível de mulheres, mas de partilhar estas performances entre os amigos, visando com isso ao reconhecimento dos pares (fraternidades masculinas). "A virilidade não é, portanto, medida pela honestidade das relações, tenham sido elas rudes ou bruscas, mas pelo estabelecimento de um farto conjunto de 'presas abatidas'" (Farge, 2013, p. 504).

Segundo Farge (2013), a ideia de "caça" faz com que sangue animal e sexo andem de mãos dadas[192]. Porém, finda a juventude, o casamento é visto como uma necessidade. A dominação que era exercida sobre muitas mulheres, deve ser transferida para ser exercida sobre outra mulher, única, a *sua* esposa. É necessário haver uma reorientação da virilidade, na qual a própria existência da violência doméstica era interpretada como "direito" e papel do homem. Tratava-se de estabelecer quem mandava e quem deveria se subjugar. Assim, tanto a conquista sensual quanto a força física foram performances estabelecidas para "capturar as mulheres", dominá-las (Farge, 2013). Ao mesmo tempo, o fantasma da impotência[193] constituiu-se como um dos temas recorrentes desse período (Corbin, 2013d), assim como a preocupação com a esterilidade; ambas vistas como ameaça à virilidade. A literatura erótica marcante no século XVIII e no início do XIX retrata, a exemplo de *Casanova*, uma virilidade sexual masculina que parece inesgotável.

---

[192] Essa relação, estabelecida entre comer carne e comer mulheres, entre especismo e sexismo, foi bastante desenvolvida por Carol Adams (2012) em seu livro *A política sexual da carne*. Segundo Corbin (2013b), gostar do alimento animal, da mesma forma que de bebidas fortes e de especiarias, garantiria a robustez da virilidade.

[193] Segundo Corbin (2013d) do século XVI até 1677 havia um "tribunal da impotência" na França: "Esse tribunal sugere antes de tudo a incapacidade conjugal em que a mulher se encontra como vítima, já que ela tem direito a que seu marido satisfaça sua luxúria e realize o ato que resume a fórmula: 'levantar, entrar, molhar'. Por causa disso, o impotente se encontra, ao mesmo tempo, culpado de engano, de sacrilégio – o casamento é um sacramento – e de tortura. Sua esposa, por outro lado, desvalorizada no mercado matrimonial, pode reclamar os seus prejuízos e interesses" (Corbin, 2013d, p. 447-448).

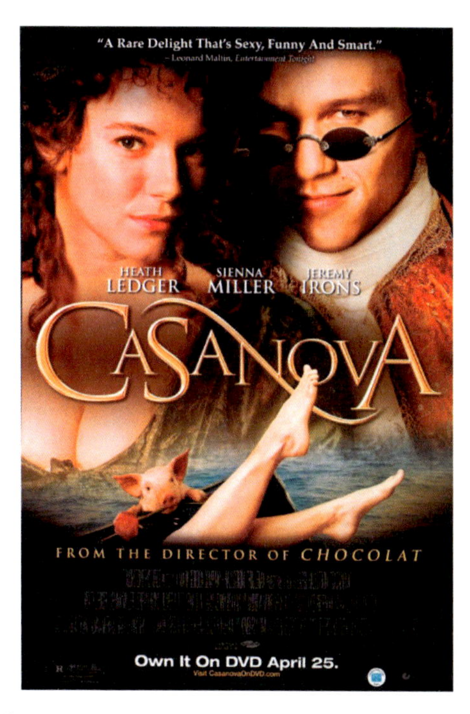

Figura 17- *Casa Nova*, filme que retrata uma versão sobre a biografia desse personagem que viveu entre 1725 e 1798, na Europa, e tornou-se famoso por sua vida libertina, marcada por diversas e infindáveis conquistas amorosas e sexuais. Essa versão foi lançada em 2005, sob direção de Lasse Hallström.

O covarde, o pusilânime, o frouxo, o impotente e o sodomita foram considerados, nesse momento, objetos de desprezo – e foram vistos como incapazes de exercer sua dominação sobre a mulher (Corbin, 2013a). No século XIX surgiu a figura do "homossexual", criação médico-sanitarista para o antigo sodomita. De pecado para o cristianismo, o homoerotismo passou a ser visto, sob as luzes do naturalismo, como doença, perversão. Inicialmente combatida pelo discurso médico higiênico preocupado com a degeneração da raça humana em fins do século XIX, foi incluída como categoria psicopatológica nos principais manuais de diagnóstico psiquiátrico[194] no século XX. E não só isso, o homoerotismo foi representado, nos "romances para homens", como levando a destinos funestos (El Far, 2007).

[194] Como vimos no capítulo 1, com isso criou-se, por meio do *looping effect*, a identidade homossexual, a qual ensejou um movimento social que lutou, de forma bem-sucedida, pela exclusão dessa categoria dos próprios manuais psiquiátricos.

Se a "essência" masculina é pautada pela ação enérgica, autodomínio, expansão, engajamento em questões sociais, vida pública, dominação e prazeres sexuais, o menino deve então "endurecer-se" para se tornar verdadeiramente um homem. Para isso, deve aprender a ser resistente ao cansaço, ao frio, ao álcool, além de ser capaz de se arriscar e mesmo de executar tarefas perigosas. No suposto topo da "evolução", de "superioridade", estaria o homem – europeu, branco e heterossexual.

Um ponto a se destacar é que, exatamente por não ser natural (como o naturalismo defendia), é que era preciso um longo percurso de aprendizagem da virilidade em questão, isso para ser possível transformar o menino em homem (Jablonka, 2013). Nesse percurso, era necessário conformá-lo aos principais estereótipos masculinos, ensinar os códigos de virilidade, e dar-lhe as chaves da "confraria" masculina. Mas, também, repassar a primazia dos homens. Para tanto, as táticas utilizadas eram: exercícios (o esporte será uma nova arena de duelo viril), ginástica (que passa a ser obrigatória nas escolas), brinquedos (que levassem a um embrutecimento afetivo e à insensibilidade, mas também à destreza e à tática, como é o caso da espada[195]), uso de roupas só para meninos (calças) e os próprios livros didáticos (cuja leitura já transmitia os códigos de masculinidade); e, aos mais jovens, brincadeiras lascivas, canções libidinosas, disputas, algazarras em grupo, dentre outras (Jablonka, 2013), das quais podemos destacar, também, a entrada e a participação no serviço militar[196] (Bertaud, 2013).

Além disso, como a função do homem na propagação da espécie passou a ser entendida (por meio do naturalismo) como sendo "pontual" (ejaculação com sêmen forte e concentrado), desdobrou-se daí a ideia de que "a brevidade de sua missão genital o libera para intervir nas questões sociais" (Corbin, 2013b, p. 20), cabendo-lhe, portanto, o espaço público, dos negócios e da política. Como afirma Corbin (2013b, p.21), "O homem goza, por isso, de uma série de liberdades". Como vimos, sua esposa

[195] Ainda ocorriam duelos, com o intuito de preservar e manter a honra masculina (Guillet, 2013). Os filósofos do Iluminismo condenaram contundentemente seu uso, como uma espécie de "barbárie gótica". No entanto seu uso persistiu na elite.

[196] Bertaud (2013) aponta que sobre os recrutas se praticava a pedagogia da violência: "Ela é feita de troças que, começando pela *feira de animais*, rebaixam os recrutas à condição de animais (*vê-se aqui claramente o especismo*). Depois o conscrito é submetido à *coberta*, quando seu corpo é lançado no ar em uma coberta cheia de objetos cortantes. A cama pendurada ou a obrigação de expor ao ar livre os órgãos genitais são outras vexações brutais e humilhantes" (p. 82). Segundo o autor, as canções que se cantavam misturavam proezas de guerra e performances sexuais. A grosseria seria uma maneira de lidar com a dureza física e moral da vida militar, sinalizando o sinal de pertencimento à confraria.

deveria cuidar de seu lar, filhos e de nutrir-lhe emocionalmente – essas seriam suas contribuições para o progresso ("evolução") social[197].

Criaram-se, também, cada vez mais, locais públicos de entretenimento exclusivo dos homens, tais como clubes, refeitórios dos internos em hospitais, bordel, *happy-hours* políticos etc. "Diferentemente da mulher, ele pode sem entraves, andar pela cidade e viajar. Goza de uma relativa liberdade de olhar, ler, escutar o licencioso e o obsceno" (Corbin, 2013b, p.21). O pênis e a ereção[198] (Corbin, 2013d) continuaram a ocupar o foco da arena da virilidade, além da penetração e da ejaculação[199]. Houve também a afirmação de uma sexualidade hiperbólica e a representação do desejo sexual no homem como algo que poderia ser mantido sob controle apenas até certo limite. Os tratados de medicina interpelavam que não se gastasse muito o esperma (por exemplo, na masturbação ou mesmo no sexo com a própria esposa); por outro lado, apontavam os males que uma continência excessiva poderia trazer (Corbin, 2013c). Nesses casos, seria aconselhado recorrer aos serviços das prostitutas ou das amantes. Estabeleceu-se, assim, uma erótica médica (Corbin, 2013b).

Santo Agostinho, muito antes, já afirmava que a prostituição era um mal necessário (esgoto seminal)... para os homens! (desafogar suas necessidades viris, a "descarga espermática"). Mas também, supostamente, para "proteger" a virgindade das meninas. Como vimos na parte

[197] Como afirma Corbin (2013b, p. 27): "Mais amplamente, a mulher deve procurar beneficiar o homem com uma série de qualidades que lhe são naturais, mesmo sem qualquer aprendizado, e das quais seu esposo se encontra desprovido. Ela tem intuição, o cuidado com o corpo, a escuta cenestésica aguçada, a delicadeza sensorial, a penetração psicológica, o sentido da nuança e do detalhe, a compreensão dos fenômenos cósmicos; em suma, uma sensibilidade e uma poesia espontâneas". Como vimos, essa "espontaneidade" é construída e exige um grande trabalho de heterocentramento por parte das mulheres.

[198] Zwang (2000) aponta a ausência de palavras específicas e diferentes para o órgão sexual feminino, no desenrolar da história ocidental. Os nomes sempre foram dados como referentes aos órgãos masculinos, seja por serem compreendidos como órgãos não plenamente desenvolvidos, seja por serem vistos como complementares, ou funcionais aos homens, como é caso de "vagina", cujo significado etimológico é "bainha" (lugar onde se deposita a espada). Para Zwang (2000), trata-se de uma ausência de representação e, pior ainda, de uma representação masculina que avalia negativamente o corpo da mulher. "Ao ouvir os homens, a mulher só pode mesmo ter uma ideia pejorativa de seu sexo. Canções airadas, histórias obscenas, termos injuriosos a denigrem no que esse órgão tem de mais feminino. Não existe vocábulo de boa extração e de uso corrente equivalente a "membro viril", por exemplo. Vulva raramente é empregada na linguagem falada, principalmente pelas mulheres (...). Incapazes de nomeá-la com precisão, elas falam de "embaixo", "lábios", "entre as pernas" ou se contentam em dizer lá" (Zwang, 2000, p. 154).

[199] Devia-se ter cuidado não apenas com a contenção, mas também com o "gasto" excessivo, ou pior ainda, involuntário, de esperma. Um diagnóstico específico foi criado nesse período, o *spermathorea panic*. Tratava-se da "incapacidade de dominar os fluxos de esperma durante a noite e principalmente durante o dia, sem que, por outro lado, o paciente experimente qualquer sensação voluptuosa" (Corbin, 2013d). Havia uma sensação e preocupação de perda da virilidade. Houve vários casos assim "diagnosticados" e essa entidade clínica durou de 1839 a 1865, persistindo ainda em dicionários franceses até 1975.

dedicada às mulheres, nesse momento elas são claramente divididas (em "para casar" e para "trepar"/ se divertir), havendo aí uma intersecção de gênero, raça e classe social.

Um "papel", no entanto, comum a todas as mulheres, seria o de satisfazer o desejo sexual dos homens, seja pela prostituição (marcada, na maioria dos casos, pela vulnerabilidade social), seja no casamento, pelo débito conjugal. O que se inscreve para os homens é justamente a não aprendizagem da renúncia sexual e da frustração de seus desejos (para muitos, tratava-se – e trata-se até hoje – de um "direito"). A representação que se firmou foi, portanto, a de que os "instintos sexuais" (ênfase nas aspas) dos homens são ativos, "naturais", insaciáveis e fora da possibilidade de domínio, controle e renúncia.

O "vigor" sexual masculino foi tarimbado por metáforas que uniam a sexualidade com a ideia de guerra, conquista e violência, tais como: "arrombar o tabique", "arrebentar o cilindro", "foder até sangrar"; e, também, exaltavam a virilidade do conquistador: "trepar como um deus", "entrar até a guarda", "foder como um asno desencilhado"; "atirar" e "carabinar" uma mulher (equivalentes a trepar com ela) (Courbin, 2013c, p. 155). Estar em ereção seria, assim, "estar com uma arma em punho" (há uma associação, na linguagem ordinária, do pênis com um fuzil; Bard, 2013). A ideia é trepar sem outro interesse que não o gozar. Por isso, ser "fodido(a)" seria algo pejorativo, papel, nessa ótica, de vencido, dominado e submisso (no caso, "naturalmente" nas mulheres, mas "pervertidamente" nos homens homossexuais). Fazer gozar passou a fazer parte, também, posteriormente, dos interesses viris masculinos (Corbin, 2013c): não pela preocupação com o outro do ato sexual, mas pelo coroamento narcísico e enobrecedor tanto de seu suposto pênis potente, quando de sua performance de "fodedor" (sob o imperativo do vigor).

Em relação à esposa, o bom macho seria aquele que saberia, com sua força e fertilidade, satisfazer seu voto e "desejo natural" de maternidade. Como apontamos, a Igreja Católica teve papel fundamental na construção dessa injunção. Portanto, sexo apenas pelo prazer não era bem visto. Daí a proibição dos prazeres anais (sodomia), bem como da "fraude conjugal" (coito interrompido), mesmo com a esposa.

Outro ponto a se destacar é que quem avaliava (e, como vimos, até hoje avalia) as mulheres (em sérias ou putas, bonitas ou feias[200]),

[200] Corbin (2013c) denomina esse último aspecto de "repartição geográfica da beleza" (p. 170).

bem como as colocavam (e as colocam) em uma hierarquia de valores diferenciados, eram (são) os homens. E o acesso ao corpo feminino era um dos critérios dessa classificação, bem como os prazeres esperados de cada um desses grupos (Corbin, 2013c). A cumplicidade não era com a parceira do sexo (mais "usada" do que vista como sujeito de desejo), mas com os pares, possíveis reconhecedores (e premiadores) das façanhas sexuais[201]. Deveria mesmo haver uma rejeição do sentimento de ternura ou o "sentimentalismo": "Quanto menos amor, melhor a foda" (Corbin, 2013c, p. 154) e "Confessar um eventual amor (...) é expor-se a gozações" (Corbin, 2013c, p. 162).

Além disso, como vimos nos capítulos sobre as mulheres, o adultério tinha consequências legais e sociais completamente diferentes para cada membro do casal. No homem estava justificado por sua própria avidez, inscrita na suposta natureza masculina: "A necessidade de foder é considerada, na intimidade masculina, um elemento constitutivo essencial da virilidade. Ele justifica comportamentos audazes e lascivos" (Corbin, 2013c, p. 154). Nas mulheres, além de ser uma subversão da natureza materna, trazia a possibilidade perigosa da inserção de um filho bastardo dentro do próprio lar, sustentado (sem conhecimento) pelo próprio marido. Instalou-se de maneira clara (e em uma hipocrisia legitimadora) a monogamia obrigatória para as mulheres e a poligamia "consentida"[202] para os homens (Lagarde 2011).

A "honra" masculina se consolidou, cada vez mais, como fator identitário importante. Como aponta Guillet (2013), era prática comum até fins do século XVIII e começo do XIX, os duelos (muitos dos quais tinham desfechos mortais), tendo como razão a defesa da "honra" masculina (não só a pessoal, mas a da família e da amada). O sentimento de

[201] Flaubert e Stendhal (século XIX) são exemplos de escritores que demonstraram a necessidade viril não apenas de performar sexualmente de forma ativa, mas de detalhar para os amigos, em cartas íntimas, cada uma de suas aventuras (com a enumeração de grande número de parceiras "pegáveis" e as "já tidas", bem como a descrição detalhada do que foi feito e as posições; ver Corbin, 2013c). Um dado importante é a ausência de vergonha não apenas de servir-se, mas de relatar em detalhes, do uso da prostituição de mulheres. Outro aspecto é que nada se fala dos fracassos sexuais (impotência, falha), apenas de fiascos, cujo objetivo é fazer rir o interlocutor. Corbin (2013c) conclui: "Esse reconhecimento da necessidade impulsiva incita à minuciosa prestação de conta das performances, não mais, dessa vez, pela gabarolice, mas pelo objetivo de se garantir, na intimidade, exorcizar todo o temor de enfraquecimento do poder de sedução e da potência viril. A onipresença dessa contabilidade, do modo como se impõe durante os dois primeiros terços do século XIX, constitui um dado histórico primordial" (p. 183). Ou seja, há uma verdadeira contabilidade de coitos, ejaculadas etc. e certa precisão na medição da potência viril.

[202] Apontamos na parte dedicada às mulheres que é comum dentre as próprias mulheres a flexibilização do comportamento sexual de seus parceiros, mesmo que o acordo entre ambos fosse a monogamia e a fidelidade.

honra (a preservar), por parte dos homens, foi algo que circulou durante todo o século XIX (Guillet, 2013). As metáforas sexuais ativas foram importadas para a compreensão do duelo, a ponto de a covardia ser compreendida como relacionada a uma decadência sexual. Com a paulatina judicialização do Estado (na qual foi banido o fazer justiça com as próprias mãos), bem como o aparecimento da pistola (de fogo), esta prática diminuiu drasticamente.

Apesar de certos benefícios e privilégios dos homens (brancos e heterossexuais), Corbin (2013b) aponta o fardo dessa masculinidade, pela necessidade incessante de afirmação: "necessidade de agir incessantemente, de demonstrar energia, coragem, resistência, de saber responder aos desafios, de revelar força em todos os propósitos, expressar direção e, bem entendido, de provar sua potência sexual e sua fecundidade" (p. 28).

Por outro lado, se a honra masculina se firmava, cada vez mais no século XIX, no mundo público, a da mulher repousou sobre o comportamento sexual: ou seja, em sua abstinência até o casamento (ser de um homem só). Como a ereção e o desempenho sexual eram valores pilares na construção identitária da masculinidade de então, evitar comparações (por parte das mulheres, as quais deveriam casar virgens) livrava os homens de um grande temor (Corbin, 2013b, p. 27)[203].

Mas como chegaram esses valores ao Brasil? É o que veremos a seguir.

A história das virilidades no Brasil

O Brasil, por ser um país colonizado, sobretudo pelos portugueses, herdou em grande medida os valores viris europeus, cuja história foi anteriormente apresentada, de maneira sucinta. Como aponta Taraud (2013),

> (...) a colonização é principalmente um mundo em que os europeus coabitam frequentemente entre si (...) eles colocam as bases

[203] Como afirmou Woolf (1985, p.47-48): "Possivelmente, quando (...) insistia um tanto enfaticamente demais na inferioridade das mulheres, não estava preocupado com a inferioridade delas, mas com sua própria superioridade (...). sem a autoconfiança, somos como bebês no berço (...) Daí a enorme importância para um patriarca que tem que conquistar, que tem que dominar, de sentir que um grande número de pessoas, a rigor, metade da raça humana, lhe é por natureza inferior. De fato, essa deve ser uma das principais fontes de seu poder. (...) Em todos esses séculos, as mulheres têm servido de espelhos dotados do mágico e delicioso poder de refletir a figura do homem com o dobro do seu tamanho natural".

> das relações entre homens que se dão necessariamente (...) de acordo com um modo viril. Hierarquias, espaços de sociabilidades, relações com os indígenas (*e, teríamos que acrescentar, com a população negra por eles escravizada*), tudo isso se constrói sobre uma masculinidade hegemônica estruturante, que não se pode derrogar sem perda, com sua qualidade de homem, com um certo número de privilégios ligados ao estatuto de dominante. (p. 426-427, comentário nosso)

Apesar dos valores viris trazidos, a variedade cultural existente no Brasil era grande. Tanto pela heterogeneidade de povos indígenas, como pela diversidade cultural da população negra, traficada para o Brasil durante quase 400 anos[204] (século XVI a XIX), para serem escravos. Foi um período histórico marcado pelo sistema latifundiário, das *plantations* (monocultura para exportação), cuja finalidade era a exportação para a metrópole (do século XVI a XIX). A divisão social/hierárquica nesses latifúndios ficou conhecida como Casa Grande e Senzala.

Os valores viris foram aqui reproduzidos em hierarquias étnicas, as quais favoreciam o homem branco colonizador. Além da população feminina branca, rara, foram submetidos ao jugo sexual tanto índias como negras. Não apenas pela força, mas também como fruto de uma leitura cultural equivocada de outros costumes sexuais ("são livres", "dadas"). A poligamia (de um ponto de vista da Europa cristã, abominável) era frequente (Araripe, 1999). Mas não só isso, a prática de sodomia com escravos negros também se fazia presente:

> O domínio sexual português (...) não se ateve às relações heterossexuais. A iniciação sexual do menino branco fazia-se, muitas vezes, com o leva-pancadas ou mané-gostoso, ou seja, o moleque, o pequeno escravo que atendia ao prazer e ao sadismo do sinhozinho, como companheiro de brinquedos ou tortura. (Araripe, 1999, p. 116)

Nessa relação, nem sempre o sinhozinho (filho do Senhor da Casa Grande) era ativo. Além disso, mesmo posteriormente, já adulto,

---

[204] O Brasil foi o principal recebedor de negros escravizados entre os séculos XVI e XIX. A estimativa é de 10,7 milhões de africanos, dentre estes a maioria (76,25% em média) homens jovens adultos (Amantino e Freire, 2013). Ainda que a maioria fosse de homens, dentre os alforriados sobrepunham-se as mulheres negras. Várias hipóteses foram construídas para explicar essa disparidade. Dentre elas: o lugar que as mulheres negras ocupavam na intimidade da Casa Grande (pelo intercurso sexual com o "Sinhô" – muitos dos quais poderiam ser qualificados como estupro); mas também porque o preço das mulheres negras escravizadas era menor do que o dos homens, o que tornava mais factível o pagamento da alforria (Amantino & Freire, 2013).

o branco "usava as prerrogativas de senhor" (p. 116) para se impor ao homem negro escravizado. Segundo Mott (1988) e sua pesquisa sobre os sodomitas denunciados ou confessos, quando da visitação do Santo Ofício ao Brasil[205], havia pouca superioridade de brancos em relação a negros na posição ativa. Havia, além disso, vários em posição dupla[206].

Já dentre as etnias indígenas, havia aquelas em que a prática do homoerotismo era considerada não apenas normal, mas como necessária à formação e à ascensão do homem viril na comunidade (por exemplo, os *baitos*, dentre os Bororos). Já em outras, o homoerotismo existia, e mesmo não sendo pré-requisito para a formação do homem, era aceita ou menos estigmatizada que dentre os europeus que por aqui chegavam (Araripe, 1999). Até o século XVIII, como já apontamos, a sodomia era apenas um pecado e em nada era relacionada à suposta "natureza" do praticante. Não existia a categoria "homossexual".

Outro ponto importante é que se construiu a ideia, racializada, de que ser bom (homem) negro era ser (bom) escravo (Amantino & Freire, 2013): subserviente, "obedecedor", reconhecedor dos direitos de seu "Sinhô" branco (sob pena de apanhar ou ser morto), ou seja, de se limitar a "seu lugar". Enquanto isso, a masculinidade da branquitude pregava a dominação e o controle (inclusive pela violência) como ideal viril a ser perseguido. Ou seja, da mesma forma que a inferioridade das mulheres coroava a supremacia dos homens, a inferioridade dos homens negros escravizados enaltecia o domínio e o poder dos homens brancos. Foram esses últimos que se configuraram, no decorrer de nossa história, como o ápice dos sujeitos de privilégios e representantes da masculinidade hegemônica[207]. Como aponta Fanon

[205] Segundo Araripe (1999), "O clima de terror instalado contra os sodomitas do Brasil, no século XVI, tinha por fundamento jurídico as *Ordenações Manuelinas*. Que fossem queimados e feitos por *foguo em poo* não era o bastante; todos seus bens seriam confiscados para a Coroa. E mais: seus filhos e descendentes tornar-se-iam *inabiles* e *infames*. O estímulo à delação dos pecadores do nefando era terrível: o denunciante ficava com a terça parte dos bens do denunciado; a denúncia podia ser feita em público ou em segredo; se o denunciado não tivesse bens, o denunciante recebia da coroa cinquenta cruzados. Ao prêmio da delação correspondia o castigo da omissão: se alguém sabia de algum culpado nesse pecado e não o denunciava, então perdia todos os seus bens e era degredado para sempre do Reino" (p. 124). Um ponto importante a destacar é que mesmo a sodomia entre marido e mulher era inaceitável. Na lesbiandade haveria uma "sodomia perfeita", uma vez que, para os inquisidores, não haveria uma penetração com ejaculação. Vê-se aqui, claramente, um exemplo da definição falocêntrica do sexo, comum ao Ocidente.

[206] Segundo Mott (1988), o número reduzido de descrições de sodomia de homens negros entre si se deveu pelo maior interesse do Santo Ofício em relação aos homens brancos, em função da multa que poderia ser executada e os bens daí provindos. Outro ponto importante é que dentre os povos negros trazidos, havia os de origem mulçumana, alguns dos quais valorizavam o amor entre homens (Araripe, 1999).

[207] Como veremos mais adiante, daí decorre a necessidade de pensarmos em masculinidades no plural e sua relação/conflito com a masculinidade branca hegemônica.

(2008, p. 88), "a civilização européia e seus representantes mais qualificados são responsáveis pelo racismo colonial".

Na passagem do século XVII para o XVIII, uma grande mudança econômica ocorreu no país: a exploração do Ouro, a qual trouxe transformação e abertura do formato "Casa Grande-Senzala". "As cidades tornaram-se fundamentais na organização social e no controle da mineração" (Schnoor, 2013, p. 86). Além disso, teve que se criar um mercado de abastecimento e sustentação para a população (masculina) que trabalhava na extração do minério. São os "veios auríferos" (Schnoor, 2013, p. 87). Minas, Rio e São Paulo passaram a ser a região mais dinâmica da colônia. Mas, segundo Schnoor (2013, p. 88), "mesmo com as mudanças em curso na colônia, o mundo masculino permaneceu inalterado". A masculinidade (branca) continuava a se pautar em sua afirmação pelo exercício do mando: fazer-se obedecer. A diferença é que agora isso ocorria não apenas na fazenda, mas, também, durante as viagens até os povoados para vender gado, comida e escravos[208] (nascendo aqui a ideia do negociante e do tropeiro). Ou seja, o horizonte extrapolou para um mundo público incipiente.

Os pais passaram a dar a seus *iôiôs* (filhos dos sinhôs) animais e escravos para começarem seus negócios e, assim, iniciarem seu pecúnio (Schnoor, 2013). Essas "viagens", junto com a tropa de escrav(izad)os e homens livres, passaram a se constituir como verdadeiros rituais de passagem:

> o sinhô-moço tinha de fazer-se respeitar e ser obedecido pelos seus tropeiros e pelos viajadores que encontrasse. Era um novo rito de passagem. Mandar em escravo da varanda da casa-grande era uma coisa, marchar por dias, semanas, com cativos de ofício e homens livres sem ninguém para socorrê-lo era outra bem diferente (...). O *iôiô* saído dos cueiros, dos peitos de suas amas de leite, do conforto da casa-grande, das *jeunes filles en fleur* das senzalas é lançado a esta dura vida[209]. Ele não podia transparecer as suas dificuldades em dominar este mundo. (Schnoor, 2013, p. 93)

Manteve-se, também, a afirmação da virilidade sexual, exercida, de forma livre (para os homens brancos), com as mulheres escravizadas e, de forma moralista, com as brancas, futuras mães de seus filhos. Os pais

---

[208] Várias estradas e ruas foram abertas no Brasil nesse período.

[209] Expressão usada pelo próprio autor, mas que, pensamos, deveria vir em aspas, levando em consideração a vida dura de seus subordinados, sobretudo homens e mulheres negros.

de meninos, diziam, sem pudor: "prendam suas frangas que meu galo está solto" (Schnoor, 2013, p. 95). O que se exaltava era um verdadeiro macho comedor, cujas insígnias de feminilidade deveriam ser banidas[210]. Mas, ao mesmo tempo, propagavam-se os bons modos, a educação refinada. Adquirir nobreza passou a ser fundamental (como por exemplo: patente oficial, uso de espada, agraciamento da Ordem de Christo e/ou estudo em Portugal).

> Foi um momento de transição, o mundo rural se mesclando com o mundo urbano. Iluminismo e escravismo. Permissividade sexual com as escravas e as raparigas, austeridade sexual com as sinhás. Lundus e umbigadas no terreiro e óperas como as de Giacomo Rossini, que foram encenadas no teatro São João, no Rio de Janeiro. (Schnoor, 2013, p. 95)

No exercício de sua masculinidade, o senhor (branco) tinha de "falar, transitar e impor suas ordens a todos os grupos da sociedade" (Schnoor, 2013, p. 98). Além disso, dos que voltavam do ultramar (dos estudos em Portugal), muitos assumiram cargos políticos de gestão, o que resultou em haver, cada vez mais, homens moços (brancos) em posições de comando (Del Priore, 2013)[211]. Essa configuração foi pouco alterada até a passagem do século XVIII para o XIX.

Um aspecto importante é que, mesmo dentre os padres, a virilidade sexual (ativa) se fez presente (ainda que proibida pela Igreja), levando muitos viajantes que por aqui passaram, entre os séculos XVII e XVIII, a se espantarem com a libertinagem do clero[212] (Daibert Jr., 2013).

---

[210] Não sendo possível, o filho "afeminado" era enviado para o Rio de Janeiro ou para fora do país, de preferência para a França.

[211] Segundo Del Priore (2013), os patriarcas reagiam: "Depois que a escola de direito tomou conta do governo da nação e se apoderou dos empregos públicos, tudo se complicou, pois em nome do direito apareceu o governo da mentira (...) quando me recordo, meu venerando amigo, do passado do Brasil e o confronto com os tempos que vamos atravessando, de certa época para cá, que apesar da mal entendida política da metrópole portuguesa com relação ao Brasil, eram mandados homens experimentados para o governo de nossas capitanias; e hoje são mandadas criançolas, saídas de escolas provinciais do império" (Freyre, *Sobrados e Mucambos*, apud Del Priore, 2013, p. 170).

[212] A ponto de prostitutas serem reconhecidas como fulana do padre tal. As relações sexuais eram as mais diversas, tanto em termos de orientação (hetero ou homoeróticas), como com o público (brancas, brancos, negras, negros, adultos, jovens, crianças). O confessionário era um dos locais de "assalto" erótico ou de sedução usado pelos padres. "Apesar do compromisso firmado com uma vida celibatária, despiam-se da batina para brincar de homens comuns" (Daibert Jr., 2013, p. 71). Interessante notar que havia uma tolerância social (da comunidade) a esse comportamento, a ponto de os filhos do padre terem um lugar social privilegiado (Daibert Jr., 2013). Além disso, a própria Igreja fazia vista grossa, temendo baixar em demasia o número de seus representantes por essas bandas.

As mulheres eram "divididas" entre as dignas de respeito (de família, da casa) e as da roça, da rua, públicas (e, portanto, "disponíveis"[213]).

No século XIX, houve mudanças políticas importantes, tais como a proclamação da independência do Brasil (1822) e a abolição da escravatura (1888). Ou seja, a passagem de uma sociedade monárquica e escravista para uma republicana e de trabalho livre. Nesse século, ocorreram intensos debates sobre a identidade nacional, bem como acerca de projetos para o país, entre seguir a continuidade com a tradição colonial ou rompê-la definitivamente e se vincular a modelos de nações "mais desenvolvidas"[214] (Melo, 2013). Ou, dito de outra forma, entre os interesses da aristocracia rural e aqueles que desejavam a industrialização da nação.

Com a proibição do tráfico de escravos, por parte da Inglaterra, e a subsequente pressão sobre o Brasil para que o interrompesse, houve um aumento de imigração (de europeus em busca de oportunidades de trabalho) para o país. Essa onda de imigração foi estimulada pela elite intelectual e política, visando, sobretudo, ao embranquecimento da população, por meio da mestiçagem, na luta contra a "degeneração" (dentro de uma perspectiva médico-higienista comum em fins do século XIX e começo do XX), a qual seria supostamente característica da população negra (leitura típica do racismo científico). O modelo ideal de embranquecimento (da branquitude) era o casal formado pelo homem branco e a mulher "mulata": era ele aquele considerado como "transmissor" do processo civilizatório[215], ou seja, de técnicas de autodomínio (moral) e autocontrole inventadas como meio de distinção (bem como da capacidade de controle das mulheres).

---

[213] É importante ressaltar que esse imaginário não se desfez completamente até os dias atuais (ver IPEA, 2014).

[214] É nesse século que nasce e vigora o "evolucionismo social", tese antropológica segundo a qual as sociedades evoluem, com o passar do tempo, de um estado mais primitivo a outros mais evoluídos. O estado mais evoluído seria representado pelas nações europeias. Trata-se de uma aplicação das ideias darwinistas (bem como a ideia hegeliana de teleologia da História) e foi duramente criticada, posteriormente, por ser profundamente etnocêntrica.

[215] Tratou-se de uma branquitude construída como atributo eminentemente masculino (Miskolci, 2012).

Figura 18- Pintado em 1895, por Modesto Brocos, *A redenção de Cam* mostra uma família em pleno processo de mestiçagem e embranquecimento. A senhora negra, cuja filha apresenta pele mais clara, possui um neto ainda mais branco, devido à "mistura" com o sangue do homem branco, o qual se casou com sua filha e é pai da criança. Detalhe importante: a senhora está agradecendo a Deus por isso. O branco seria, então, considerado o fator de redenção e purificação.

O reverso desse ideal (casal formado pelo homem branco com a mulher negra) foi a erotização do homem negro (suposição de que ele seria "mais sexual" do que um branco, menos autocontrolado), a qual fez emergir, na realidade, mais casais formados por homens negros e mulheres brancas (Miskolci, 2012; Moutinho, 2004).

> (...) a Abolição se deu sem indenizar os ex-escravos, tampouco com qualquer política organizada de reincorporação dos negros como assalariados. Mesmo porque o fim da escravidão, no final da década de 1880, aconteceu em meio a uma crescente onda imigratória, de contratação de trabalhadores europeus e, portanto, de uma desqualificação de ex-libertos ou mesmo do elemento nacional na criação do mercado de trabalho livre. (Miskolci, 2012, p. 33)

A "justificativa" era que o negro não era capaz de se adaptar ao trabalho assalariado, por ser insolente e se contentar em receber muito pouco. Mas, no fundo, segundo Azevedo (1987), havia um grande temor, por parte da população branca (sobretudo homens) em relação ao ódio e a qualquer desejo de vingança ou de igualdade por parte da população negra recém liberta da escravidão. Em outras palavras, mesmo com mudanças, deveriam ser preservadas as hierarquias e privilégios[216] (Miskolci, 2012). A nação engendrou assim um ideal branco[217], masculino e heterossexual. O modelo foram os ricos homens brancos pais de família. Esta última (a família) ganhou centralidade na base da vida coletiva, como vimos no capítulo dedicado às mulheres[218].

Portanto, com a abolição da escravatura (1888), a população negra foi abandonada à própria sorte, tendo que se dedicar à sua sobrevivência da maneira que fosse possível: "O negro viu-se submetido a situações de pauperização e anomia social, não tendo tido condições de acompanhar o processo de expansão urbana que se desenvolvia e sendo submetido a processos de não existência" (Albuquerque, 2011, p. 1). Além de não se realizar políticas de inserção social e desenvolvimento econômico para esse enorme contingente da população recém liberta da escravidão em nosso país, houve a exacerbação do racismo, como apontamos, por meio da importação de ideias europeias eugênicas (de 1910 a 1930), as quais defendiam que a mestiçagem era a origem da decadência moral, social e econômica (Albuquerque, 2011; Bolsanello, 1996; Souza, 2008).

Junto aos imigrantes brancos europeus, vieram influências importantes, sobretudo valores culturais diferentes, dentre eles os relacionados às masculinidades. Destaca-se o valor do trabalho pago, mas também o papel da atividade física, dos músculos e do controle do corpo na afirmação viril.

---

[216] Segundo Miskolci (2012), a própria população brasileira (em sua grande maioria mestiça e negra) foi vista como obstáculo a um sonho futuro de nação, por parte da elite, essencialmente branca.

[217] A branquitude é um ideal criado no final do século XIX e início do XX, presente em vários discursos, políticos, médicos, literários etc. "Branquear não era apenas ou exatamente um projeto de transformação demográfica, mas também – e principalmente – de moralização da coletividade. A despeito de seu foco em toda a população, tratava-se de um desejo das elites dirigentes, esmagadoramente formada por homens, e que interpretavam a branquitude como um valor próprio que a caracterizava e distinguia do povo" (Miskolci, 2012, p. 51). Apenas o homem era visto como o verdadeiro portador da branquitude e do progresso. A branquitude é uma espécie de *entitlement*, conceito que veremos mais adiante quando tratarmos das masculinidades.

[218] Assim, tanto homossexuais quanto mulheres solteiras ou com aspirações de autonomia eram considerados "perigosos", por colocarem o casamento e a família em xeque.

> A ascensão do esporte tem relação direta com o fim da escravidão e a necessidade de valorizar o trabalho. Uma sociedade fincada no trabalho tem como um de seus maiores inimigos o sedentarismo e o ócio, por isso o tempo fora das atividades produtivas passa a ser disciplinado e regido por valores utilitários que o transformam em lazer. (Miskolci, 2012, p. 153)

Além disso, devido ao envolvimento em guerras por parte do "Império do Brasil" (nome de nosso país então), e das falhas aí notadas, evidenciou-se a necessidade de "forjar o corpo e o espírito do brasileiro" (Melo, 2013, p. 120). Em 1853, podia-se ler a seguinte crítica no *Jornal do Comércio* do Rio de Janeiro:

> A geração atual já nasceu raquítica: vive como os velhos que tiveram uma mocidade estagnada; vive efeminadamente, a excitar-se; joga o *lansquenet*, come ostras passadas por Vinho do Porto, lê alguma novela ou alguma poesia erótica. (Otaviano apud Melo, 2013, p. 133)

Era necessário remediar esse estado. Vê-se que a afirmação do esporte, como vinculado à masculinidade, se deu, inicialmente, na elite (branca), destacando-se o turfe (no qual tratava-se mais de observar do que praticá-lo) e, posteriormente, a dança (aí, mesmo para as mulheres) como aula preparatória para os "novos" eventos sociais e de convivialidade de então (para a ocorrência dos *flirts*): os bailes, os quais já retratavam uma nova forma de vida nos centros urbanos.

As escolas de meninos (ainda separadas por sexo) foram as primeiras a introduzir a obrigatoriedade da ginástica, dentre as suas disciplinas. A única disciplina obrigatória nas escolas de meninas era relacionada às tarefas domésticas. No final do século XIX, a ginástica se tornou bastante difundida (principalmente por causa dos imigrantes que a lecionavam), ao lado da natação, do atletismo e do ciclismo (para os homens). Com isso, os tipos físicos fortes e musculosos passaram a ser valorizados (Melo, 2013, p. 125). Não apenas o formato do corpo, mas a exibição de certas performances:

> (...) exercitarem simultaneamente o autocontrole corporal e a demonstração pública de desempenho, resultados de um processo de disciplina e de submissão a condições de privação, que estabelece não só parâmetros de diferença com as mulheres,

como também de identificação ao mundo dos machos. (Melo, 2013, p. 129)

A coragem encontrou aqui, também, nova expressão, melhor alinhada aos novos tempos de desenvolvimento urbano, sobretudo com o surgimento de automóveis e aviões (Sant'Anna, 2013). "Carros e aviões rapidamente passaram a ser compreendidos como extensões de masculinidade por serem, de um lado, sinal de sucesso financeiro e, de outro, por celebrarem ideias como velocidade, aventura e tecnologia" (Melo, 2013, p. 148). O riso e o humor passaram a ser performance/capitais de sedução (Del Priore, 2013; Lipovetsky, 2000), no acesso à prateleira do amor.

A prática de ginástica foi vista como tendo vários benefícios, tais como proporcionar saúde, virilidade, coragem, energia, bem como combater a masturbação e a homossexualidade masculina (Melo, 2013). Firmava-se um novo modelo de corpo e de virilidade, pautada na ideia de ativismo e protagonismo. Mas nem por isso deixou de existir certa resistência a essas tendências por parte daqueles que viam com maus olhos todas essas mudanças. Para esses (tanto os ruralistas, como a nova elite burguesa), tratava-se de um feminização dos homens (Sant' Anna, 2013).

O corpo "másculo" foi, assim, se transformando, não apenas no quesito dos músculos, mas da aparência física no geral: roupas, calçados, tinturas, remédios, pomadas, vários artefatos criados passaram a invadir a sociedade brasileira, como signo de *status* elevado (Del Priore, 2013) e demonstração de sofisticação. Fazer a barba também se tornou um novo valor, com a invenção do Gillette, em 1901, e do barbeador elétrico em 1928, o que dava aos homens uma aparência mais feminina (menos relacionada à barba viril)[219].

As profissões armadas, apesar de fascinarem os meninos, gozaram de pouca popularidade em nosso país. Envolvendo representações viris tais como coragem, luta, superação e enfrentamento, perdiam no quesito "amor à pátria acima de todas as coisas", pois fazia parte de nossa cultura um envolvimento estreito com a localidade e a família, motivo pelo qual os homens, a não ser à força, resistiam em arriscar a

[219] Segundo Del Priore (2013), os cremes para a pele eram considerados femininos demais. Em boa parte das propagandas, mulheres eram apresentadas como possuindo cútis ou face, enquanto homens exibiam a cara, sobre a qual deveria se utilizar sabão e navalha.

própria vida pela ideia de nação[220] (Izecksohn, 2013). O recrutamento, no século XIX, se dava de modo informal, com a ida de representantes das autoridades a certos vilarejos. Em geral, eram "selecionados" homens pobres e desclassificados, desprotegidos dos poderosos locais ou que haviam incorrido em alguma forma de transgressão. Nesse momento, era comum a fuga. "Deus é grande, mas o mato é maior" – foi um ditado popular, corriqueiro, sobre o pavor face ao alistamento, o qual só se tornou obrigatório (idealmente, a todos os jovens brasileiros) a partir de 1916[221]. Mesmo assim, não se popularizou e tanto a classe média, quanto a elite davam (e dão) um jeito de livrar seus jovens do recrutamento (Izecksohn, 2013).

Houve também mudanças paulatinas em relação ao exercício da paternidade. Da ausência afetiva e da imagem fortíssima de autoridade, começaram a surgir relações mais afetuosas e preocupadas com a prole (Del Priore, 2013). Dois fatos foram importantes nesse processo de transformação: a antecipação da maioridade dos filhos, de 25 para 21 anos, em 1831; e a perda de poder total (inclusive de vida ou morte) do pai sobre os filhos, depois da proclamação da República, em 1889. Muitos filhos começaram a tomar decisões diferentes das prescrições paternas[222]. Surge uma "neocracia", ou seja, a abdicação, cada vez maior, à ingerência que os pais pretendiam ter em suas vidas[223].

Essas mudanças ocorreram sobretudo nas cidades, enquanto o meio rural mantinha tradições patriarcais mais arraigadas. O papel do pai passou a ser, cada vez mais, para o fim do século XIX, a do provedor: aquele que sai para trabalhar e traz o sustento da família (Del Priore, 2013). Começaram a existir processos de filhos bastardos (sobretudo frutos de união sexual de brancos com mulheres negras escravizadas) solicitando o reconhecimento e o direito à herança (Schnoor, 2013). O pai, no entanto, ainda era visto como senhor absoluto na administração da justiça familiar e defensor de sua honra:

---

[220] A maior parte das mortes de homens no Exército e nas Forças Armadas se dava mais em função das péssimas condições de trabalho (disenteria, infecção etc. nos acampamentos) do que pela baixa em combates de guerra (Ver Izecksohn, 2013).

[221] O Registro Civil só se tornou obrigatório em 1890, o que dificultava um processo de recrutação geral.

[222] Conforme Del Priore (2013), fugas, raptos de noivas e casamentos fora da escolha paterna foram os primeiros traços de insubordinação de filhos contra os pais.

[223] Esse é um termo cunhado por Gilberto Freyre, em Sobrados e Mucambos. Segundo Del Priore (2013), o autor aponta também o aumento progressivo do desprestígio da velhice.

> A honra patriarcal era um capital simbólico da maior importância. Atacá-la ou reivindicá-la consistia em atitude corrente em todas as classes sociais e definia limites no cotidiano das pessoas. (Del Priore, 2013, p. 167)

A honra seria o valor que uma pessoa tem a seus próprios olhos e aos de seus contemporâneos por meio da confirmação de determinadas condutas (Pitt-Rivers, 1965). Enquanto a honra masculina se definia no âmbito público (ligada à coragem, desempenho etc.), a da mulher se manteve na esfera privada, da sexualidade: a virgindade, no caso das solteiras, e a fidelidade, no caso das casadas. Cabia aos homens defender a ambas. A esposa, também, servia como signo de poder e honra. Como apontamos no capítulo dedicado às mulheres, foi-se criando um ideal estético específico, o qual contribuía para um valor maior ou menor da "conquista"[224] de certa mulher.

Mesmo com o avanço do individualismo, a fraternidade como forma de sociabilidade masculina se manteve. Segundo Haroche (2013), as fraternidades revelam o elemento essencial na virilidade: a exclusão das mulheres. Além disso, a afirmação da coletividade na "superpotência" esconderia o medo da impotência (em vários sentidos, relacionados à vulnerabilidade) que espreitava cada homem. Também se manteve o ideal da virilidade sexual, firmada na busca da potência e da capacidade reprodutiva (Del Priore, 2013). A atividade sexual com mulheres comprovava a masculinidade (fossem esposas, amantes[225] ou prostitutas). Assim, no começo do século XX foram desenvolvidos "remédios" para fortalecer o membro masculino e para o tratamento das falhas na ereção, tais como o "hormândrico", o "Elixir Nogueira", a "Salsa carolba" e o "Dynamogenol" (Del Priore, 2013). No entanto as "garrafadas" não deixaram de ser populares. Segundo Del Priore (2013, p. 254),

---

[224] A manutenção das metáforas bélicas para o campo amoroso e sexual não são aleatórias e persistem até os dias atuais. Elas apontam para certa forma de virilidade, persistente, mesmo que a configuração ampla da masculinidade tenha sofrido transformações.

[225] Goldenberg (1990) realizou uma interessante pesquisa acerca dessa personagem, seus afetos, conflitos e desejos. Interessante notar no discurso das mulheres por ela entrevistadas (mesmo que em época posterior à referida nessa parte do texto), a manutenção da rivalidade com a esposa (desqualificada como a que fica com a "pior parte", a do cotidiano e dos problemas, mas invejada – de forma ambivalente – pelo "título" de esposa). "A OUTRA acusa a esposa, ao mesmo tempo e pelas mesmas coisas de que é acusada" (Goldenberg, 1990, p. 42). Como apontamos no capítulo dedicado às mulheres, quem "lucra" com essa rivalidade são os homens. De "perebados", são transformados em príncipes encantados: "Nos depoimentos, a esposa aparece como coitada ou exploradora, totalmente dependente do marido, representado como poderoso, ativo, brilhante, realizado" (p. 63).

A propaganda impressa ilustrava as vantagens de tais produtos e provavelmente consumí-los envolvia certa discrição. Nas cidades, em espaços exclusivamente masculinos, tais como barbearias, bares e casernas, cantava-se mais a vitória resultante de alguma conquista do que os meios forjados para consegui-la. Difícil para o sexo masculino a partilha do medo de falhar, como se o simples fato de dizê-lo fosse o atestado de uma impotência invencível, de uma vergonha que pede um esconderijo a sete chaves. A solidão do homem diante de seu membro flácido contrasta, portanto, com a imagem do 'macho' visivelmente pronto para o ataque.

Figura 19- Propaganda do Elixir Nogueria e as promessas milagreiras para a ereção masculina (anúncio de 1910)[226].

Espiar tias, primas ou visitas seminuas ou nuas era uma forma de iniciação ao corpo feminino. Com o crescimento e fortalecimento da mídia impressa, também circularam revistas masculinas que incitavam o imaginário à atividade sexual marcada pela potência viril (El Far, 2007[227]).

[226] Retirado de https://www.google.com.br/search?rlz=1C1AVNG_enBR722BR722&biw=1366&bih=613&tbm=isch&sa=1&ei=ROD5Wc3kLsaUwgSlzLrADg&q=elixir+nogueira&oq=elixir+nogueira&gs_l=psy-ab.3..0j0i24k1l2.1591.4004.0.4092.15.15.0.0.0.0.139.1271.0j11.11.0....0...1.1.64.psy-ab..4.11.1270...0i67k1j0i30k1j0i8i30k1.0.juCgolaHPqY#imgrc=xMHbkQ2qL4E8eM:, em 08/08/2017.

[227] No Brasil, tal tipo de romance cresceu em fins do século XIX e se transformou em um filão altamente lucra-

Entre os exemplos, encontram-se as famosas revistas de Carlos Zéfiro, entre as décadas de 1950 e 1970, cujas imagens ilustramos na parte da configuração histórica do dispositivo amoroso das mulheres.

Além disso, o que se firmou, fora a ideia de pai provedor, é que um "bom pai" seria aquele que encaminha os filhos na vida. Em relação às meninas, tratava-se de preservar sua honra e de lhe reservar um bom dote, e dos meninos, proporcionar-lhes estudo. Se, nesse momento, o pai possuía um chefe fora de casa, ele ainda continuava sendo o chefe de sua família. Porém, a relação de hierarquia foi diminuindo e, no fim do século XX, chegou-se a uma noção um pouco mais simétrica, principalmente nos centros urbanos (é necessário levar em conta, sempre, a diversidade de "Brasis" em nosso país). Exemplo disso é a mesa de jantar: de um formato retangular, no qual o pai sentava-se à cabeceira (de onde podia a todos visualizar e controlar) como autoridade, surgem as mesas circulares, na qual todos possuem a mesma posição (Sant'Anna, 2013).

No entanto, como já apontamos, a diferença de situação social entre homens brancos e negros era enorme, bem como o acesso à masculinidade hegemônica que estava sendo constituída, pautada, sobretudo, no valor do trabalho: "O homem teria sua função social de provedor viabilizada pelo trabalho, fonte básica de autorrealização, veículo de crescimento pessoal, sendo através do trabalho reconhecido como homem. Sem trabalho o homem não poderia ser considerado como tal" (Matos, 2001, p. 41-42). O trabalho se transformou assim no próprio padrão da masculinidade. Com o crescente processo de complexificação do trabalho, bem como na necessidade cada vez maior de estudo para adentrar no mercado, as desigualdades foram ficando evidentes, porém "tendiam a ser interpretadas como diferentes posições em uma escala universalmente válida de progresso" (Miskolci, 2012, p. 154). Ou seja, o racismo científico[228], baseado na teoria eugênica, bastante em voga

tivo. Segundo El Far (2007), nas histórias eróticas havia diferenciação de destinos dos personagens caso fossem mulheres ou homens, brancos ou negros, ricos ou pobres (geralmente branco/a rico/a x negro/a pobre), hetero ou homossexuais. No caso homoerótico masculino "encontrava-se vinculado, de modo inevitável, ao universo da prostituição e da pobreza" (El Far, 2007, p.304). Por outro lado, "um comportamento sexual considerado pernicioso, mas por vezes, passível de ser remediado, em geral, aparecia em (mulheres) personagens brancas, advindas de uma classe social abastada" (El Far, 2007, p. 305). El Far (2007, p. 306) conclui: "se alguma discussão ainda se fazia em torno das personagens pertencentes às classes abastadas e de cor branca, nenhum desacordo vinha à tona quando um negro ou uma mulata, proveniente das camadas mais desfavorecidas, se identificava com o mundo da prostituição e do comportamento sexual 'anormal' e invertido'".

[228] Um autor importante, exemplo do racismo científico, pautado nas ideias eugênicas e grande divulgador delas, foi Renato Kehl. Não podemos esquecer que Monteiro Lobato também se filiou a essas ideias.

então, justificava a razão da desigualdade social entre brancos e negros se dever à superioridade intelectual dos brancos (Masiero, 2002).

Em situação de vulnerabilidade social, muitos homens e mulheres negros sofreram o processo de psiquiatrização[229] e de criminalização, em função de comportamentos que foram estigmatizados como "raciais", enquanto a verdadeira situação social precária dessa grande parcela da população brasileira era negligenciada e invisibilizada[230]. Dentre os homens, exemplos desses comportamentos foram o alcoolismo[231], a delinquência, a sífilis. Além disso, fenômenos e rituais culturais-religiosos afrodescendentes foram lidos e estigmatizados como "perigosos" ("grave problema sanitário", pois poderia levar adeptos a problemas mentais) e uma afronta à racionalidade científica do período (deveria ser ensinada a "essa"[232] população como pensar "corretamente"; Masiero, 2002).

Como vimos, a maior parte das mulheres negras conseguiu seu sustento mediante o exercício de atividades de cuidados domésticos, pouco valorizados e com baixa remuneração (algumas vezes exercidos até sem remuneração, apenas em troca de uma cama para dormir e comida). A

[229] Abordei em outro trabalho, juntamente com Marizete Gouveia Damasceno, o tema do racismo na psiquiatria brasileira. Ver Zanello & Gouveia (2016). A psicologia brasileira também adotou, de forma acrítica, muitos dos pressupostos eugênicos em voga e serviu, vergonhosamente, como instrumento de opressão racista. Ver Masiero (2002) e Mansanera & Silva (2000). Masiero (2002) aponta que "dois fatores, evidentemente racistas, pareciam indiscutíveis com relação ao psiquismo da população afrodescendente na virada do século XIX para XX: 1) A tendência que possuíam para certas desordens mentais; 2) sua baixa capacidade intelectual" (s/p).

[230] Como apontam Sáez & Carrascosa (2016, p. 146), em outro contexto, mas que serve também para esse: "Quando a pobreza e a exclusão vão de mãos dadas, e é a maioria das vezes, (...) torna-se impossível separar os problemas de saúde e das desigualdades sociais".

[231] As campanhas antialcoólicas foram muito presentes entre 1890-1940 no Brasil. A ênfase se deu, sobretudo, no homem alcoolista (e não na mulher) e as campanhas eram voltadas às classes populares (leia-se, majoritariamente negras), pois seriam "as mais atingidas pelo mal" (Matos, 2001, p. 29). Assim, ao relatar a pesquisa realizada por Eurico Sampaio, em 1922, Matos (2001) aponta: "num total de 280 pacientes, detectou quanto ao gênero, que os homens eram o dobro das mulheres; quanto à instrução, 95% eram ou analfabetos ou com instrução rudimentar; quanto à idade, a maioria tinha entre 25 e 55 anos; quanto ao recorte étnico, a presença negra era um destaque (justificada pelo autor como 'falta de resistência ao tóxico e tara hereditária') e entre os imigrantes aparecia alto índice de portugueses; quanto à ocupação, os lavradores e trabalhadores urbanos eram os mais atingidos, e entre as mulheres as cozinheiras concorriam com um amplo contingente, seguidas das domésticas e lavadeiras; quase todos eram elementos oriundos das 'classes inferiores'" (p. 58). Segundo a autora, o alcoolismo foi visto como prova da degeneração da capacidade de trabalho, da moral e mesmo da virilidade sexual. A partir de uma análise minuciosa das campanhas de combate ao alcoolismo de então, Matos (2001) aponta, por meio do binômio homem alcóolatra x homem trabalhador/provedor existente nelas, o trabalho como o pilar do ideal de masculinidade. Se o álcool é apresentado como um grande mal que ameaça a nação, o trabalho é erigido como "reintegrador" do ébrio na sociedade. Nesse sentido, houve a criação de colônias correcionais agrícolas. Outro ponto importante é que havia uma culpabilização das mulheres caso seus maridos se tornassem alcoolistas: supostamente teriam sido elas que não souberam criar, no lar, um ambiente saudável e aconchegante, fazendo o homem ir buscar o bar, o botequim (Matos, 2001).

[232] Vê-se bem, aqui, o etnocentrismo e o racismo.

maioria dos homens negros, por seu turno, dedicaram-se, sobretudo, a atividades e profissões consideradas como subalternas e de baixos salários, isso quando conseguiam algum trabalho[233]. Uma das razões foi a dificuldade de acesso à educação:

> (...) para os segmentos sociais negros no período pós-abolição, existiram poucas oportunidades educacionais. (...) os negros encontravam dificuldades em ingressar nestas escolas, por uma série de fatores que vão do déficit econômico da família negra à discriminação racial engendrada no interior destas escolas. (Silva & Araújo, 2005, p. 72)

No entanto a dificuldade não era apenas no acesso à educação, mas principalmente nas crenças eugênicas que circulavam então. O homem negro era "um trabalhador indesejável" (Nkosi, 2014, p. 86), pois seria "naturalmente" vagabundo, degenerado e vadio. Nesse período, no qual exercer o papel de provedor já era um ideal da masculinidade, os homens negros foram excluídos do acesso ao seu exercício[234]. Em geral, quem sustentava a família eram as mulheres negras (Carneiro, 2004; 2006), o que impactava as relações conjugais e dos próprios homens negros consigo mesmos. Como afirma Martins (2012), a discriminação racial, além das determinações econômicas, foi uma marca impressa na constituição do capitalismo brasileiro.

No entanto houve resistências[235], pois apesar de todas as dificuldades de ingresso e permanência nas escolas[236], pode-se constatar a existência, na época, de "um número considerável de pretos e pardos alfabetizados e multilíngues" (Silva & Araújo, 2005, p. 69)[237].

---

[233] Em geral, os trabalhos disponibilizados eram aqueles rechaçados pela população branca (Martins, 2012), ou seja, funções de menor prestígio social e econômico.

[234] Segundo Martins (2012), "o negro passa a ser visto preponderantemente na desocupação, na informalidade e nas ocupações com precárias relações de trabalho" (p. 457).

[235] Um exemplo, é a Frente Negra Brasileira. Ela foi fundada em 1931 e durou até 1937, tornando-se partido político em 1936. Cruz (2005) destaca também que os negros criaram a imprensa negra, escolas, clubes recreativos ou associações, entidades religiosas ou beneficentes, grupos culturais e teatros amadores.

[236] Mesmo que idealmente o ingresso fosse universal, as dificuldades e barreiras nunca deixaram de existir, foram apenas se "sofisticando" em um racismo "invisível", mas bem presente na vida e no cotidiano da população negra.

[237] Os autores apontam a existência, mesmo durante a escravidão, de sociedades secretas entre a população negra, nas quais se ensinava a ler, escrever, calcular, bem como tradições religiosas e outras línguas. Se sabemos tão pouco sobre essas resistências, é que o material histórico abundante que restou é, sobretudo, o que conta a história a partir da perspectiva branca. Ou seja, a de um eurocentrismo histórico (Cruz, 2005).

O racismo se fez presente em todas as arenas e é importante pensar seus impactos sobre os processos de subjetivação de homens brancos e negros, e na constituição de suas masculinidades, como veremos adiante. Aqui gostaria de destacar dois exemplos históricos: o esporte como profissão (tomando o futebol como categoria que se firmou como "paixão nacional") e o exercício da sexualidade.

O futebol foi trazido da Inglaterra para o Brasil no final do século XIX e começo do XX, pela elite, e foi, inicialmente, exercido apenas por homens brancos. Apesar da existência atual de muitos ídolos pretos e pardos nesse esporte (além de reconhecidos, muito ricos; como o próprio rei do futebol, o Pelé), essa possibilidade foi uma vitória conquistada a duras penas contra o racismo. Por exemplo, "em 1921 (...) o então presidente Epitácio Pessoa sugeriu que não fossem convocados jogadores negros para a disputa do Sul-Americano daquele ano para que fosse projetada no exterior 'uma imagem composta pelo melhor da sociedade brasileira'"[238].

Em relação à sexualidade, faz-se mister destacar a representação da hiper sexualidade em pessoas negras no geral. Como vimos, isso se relacionou à objetificação sexual das mulheres negras, mas, aparentemente, levou a uma exaltação da virilidade sexual do homem negro: seja na fantasia do tamanho do pênis, seja em um suposto desempenho sexual. Como afirma Fanon (2008): "O negro foi eclipsado. Virado membro. Ele é pênis (...). O branco está convencido de que o negro é um animal; se não for o comprimento do pênis, é a potência sexual que o impressiona" (p. 146-147). Ou seja, a representação do homem negro foi relacionada à do instinto sexual não educado/controlado, encarnando "a potência genital acima da moral e das interdições" (Fanon, 2008, p. 152). O que aparentemente seria, portanto, uma "apologia" da virilidade sexual do homem negro, acaba por se mostrar, em suas raízes, uma crença racista em sua animalidade.

Além disso, também foram difundidas e reificadas representações de homens negros relacionadas à periculosidade e à criminalidade (em função da suposta degeneração inata da raça negra, propalada pelos eugenistas), bem como a representação do homem negro burro, ignorante, e que é, por isso, engraçado (faz rir os brancos). Trata-se, nesse último caso, do *Y a bon banania*, de Fanon. Um exemplo, que se tornou clássico no

[238] Ver no site Geledés, http://www.geledes.org.br/a-insercao-do-negro-no-futebol-brasileiro/#gs.KrCAwCI. Acesso em 08/08/2017.

Brasil, é o Mussum, personagem que era interpretado por Antônio Carlos Bernardes Gomes, em *Os Trapalhões*, a partir da década de 1970.

Figura 20- Mussum, personagem interpretado por Antônio Carlos Bernardes Gomes, em *Os Trapalhões*, a partir da década de 1970[239].

Como já apontamos, a necessidade de estudo (escolarização) tornou-se, cada vez mais, uma via importante de entrada e chance de ascensão no mercado profissional. "O capital escolar e o mercado de trabalho passaram a ser dois pontos obrigatórios na construção da identidade pessoal, sobretudo porque eles autorizam a independência, dimensão central nas reivindicações do individualismo contemporâneo" (Singly, 1993, p. 57). Inicialmente disponível aos garotos, sobretudo brancos (a mulher deveria ser a "rainha do lar"[240]), o curso superior

[239] Retirado de https://www.google.com.br/search?rlz=1C1AVNG_enBR722BR722&biw=1366&bih=613&tbm=isch&sa=1&ei=ROD5Wc3kLsaUwgSlzLrADg&q=mussum&oq=mussum&gs_l=psy-ab.3..0l3j0i10k1l2j0l5.1506.2567.0.2847.6.6.0.0.0.0.258.893.0j5j1.6.0....0...1.1.64.psy-ab..0.6.891....0.9LAwoZ482lE#imgrc=XaTFLhd-2_ZVAM:, em 10/08/2017.

[240] "A primeira mulher brasileira a possuir um diploma de ensino superior foi Maria Augusta Generoso Estrela, que se graduou em Medicina no ano de 1882, porém nos Estados Unidos, não no Brasil. Desta forma, em 1887, Rita Lobato Velho Lopes (1867-1954) se torna a primeira mulher a se graduar no País na Faculdade de Medicina da Bahia, embora tenha iniciado seus estudos na Faculdade de Medicina do Rio de Janeiro e depois, por motivos familiares, se transferido para a faculdade em que se formou", aponta a professora Nailda Marinho, da UniRio, que pesquisa esse tema. Ver http://www.faperj.br/?id=2748.2.6

tornou-se objeto de luta dos movimentos feministas então nascentes, no início do século XX. E dos movimentos negros, ao final do mesmo século. No início do século XXI, o número de mulheres matriculadas em universidades já era superior ao de homens, porém os cursos mais procurados continuaram a ser aqueles relacionados ao cuidado, ou às ciências sociais e humanas. No entanto a entrada de pessoas negras, em geral, de forma mais volumosa, começou a ocorrer somente no começo desse século (XXI). Políticas públicas, consequentes à luta dos movimentos sociais (negros), foram fundamentais para conquistar esse direito, tal como a implantação do sistema de cotas.

Houve também um processo de feminização em relação aos campeonatos internacionais de esportes, as Olimpíadas. Inicialmente fechados às mulheres (o esporte era visto como algo viril demais para elas[241]), aos poucos elas foram invadindo não apenas modalidades permitidas por serem vistas como mais "femininas", mas mesmo aquelas "brutas", como as lutas ou as que exigiam sério vigor físico-muscular (Vigarello, 2013c)[242].

Não apenas as mulheres adentraram campos anteriormente vistos como reduto privilegiado dos homens, como se saíram melhor que muitos deles nesses âmbitos (ou seja, sua honra não poderia mais ser limitada à valorização da contenção sexual, mas agora às novas performances), colocando em xeque a separação dicotômica de qualidades "naturais" e sexo[243]. A feminização do âmbito público, do trabalho[244] (mesmo que no âmbito político tenha havido e haja grande defasagem até os dias atuais) gerou, em contrapartida, um sentimento de desvirili-

[241] "Apresentar a mulher em um espetáculo é 'ambíguo', submetê-la ao esforço físico é excessivo, expô-la à brutalidade é 'perigoso', apelar para 'seus nervos' em uma competição é monstruoso" (Coubertin apud Vigarello, 2013c, p. 277).

[242] Segundo Vigarello (2013c), houve uma passagem da afirmação de uma virilidade evidente para uma virilidade comentada. Ou seja, o enaltecimento da virilidade mediante os comentários diferenciados para as performances dos atletas e das atletas. Exemplos: "Falta força atlética e rapidez no desempenho esportivo" ou "A qualidade do futebol por elas praticado é tão precária que mesmo uma equipe de crianças de 12 anos teria melhor desempenho" (retirados de Vigarello, 2013c). Na última Olimpíada no Brasil, pudemos assistir a verdadeiros exemplos de comentários sexistas sobre as atletas, nos quais o elogio se direcionava à beleza delas e não às suas performances.

[243] O próprio trabalho passou, cada vez mais, a ser um ambiente de encontros de relacionamentos duradouros, por um lado. Por outro, promoveu novas formas de violência contra as mulheres, por meio dos assédios sexuais e morais em relação às trabalhadoras. Mais do que trabalhadoras, elas eram vistas como "mulheres" – fato que persiste ainda nos dias atuais em quase todos os países ocidentais, em maior ou menor intensidade. No caso do Brasil, país profundamente sexista, o incomum é a existência de uma mulher que nunca tenha sido assediada em seu trabalho.

[244] Mesmo em ambientes tidos como masculinos, como as fábricas (Pigenet, 2013).

zação[245] nos homens. Assim, se por um lado, esses avanços trouxeram a possibilidade de maior participação das mulheres, trouxe também à tona o que muitos autores consideram como uma "crise da masculinidade". Segundo Corbin (2013d), trata-se de apontar que uma certa forma de compreensão da virilidade foi colocada em questão (aquela que pressupõe a dominação sobre as mulheres). Ou seja, a dos homens que com ela se identificam (leia-se brancos, cisgêneros e heteros), mais do que uma verdadeira crise, generalizada (Forth, 2013).

Figura 21- "Operários", tela pintada em 1933 por Tarsila do Amaral[246]. Reflete o crescente processo de urbanização e industrialização no Brasil, bem como a proletarização da população. Veem-se homens e mulheres brancos e pouquíssimos negros e negras, os quais foram excluídos desse processo.

[245] Ao mesmo tempo, criou-se uma grande resistência: explícita – com divulgação de imagens jocosas na imprensa sobre a situação "ridícula" das mulheres em ambientes "masculinos" – ou implícita – como por meio do aumento de exigências para o exercício do trabalho (sobretudo de higiene e moral, de "decência"). Ver Pigenet (2013).

[246] Pintora brasileira da primeira fase do movimento modernista nacional. Além de sua importante contribuição artística para o país, teve uma vida marcada por uma grande riqueza cultural e com costumes bem à frente daqueles apregoados às mulheres brasileiras da época. Ver Martins (2003) e Amaral (2004).

A "crise" da masculinidade foi ainda maior com o movimento estudantil de 1968. Foram problematizados os valores da sociedade patriarcal, do machismo, da opressão de mulheres, da masculinidade hegemônica pautada na heterossexualidade compulsória. É o momento da segunda onda feminista (como vimos no capítulo dois) e no qual surgem, como desdobramento dos avanços aí alcançados, os estudos das masculinidades, os movimentos de gays e de lésbicas. O movimento de 1968 foi conformado, sobretudo, por jovens, homens e mulheres, de classe média ascendente, urbana e, em sua maioria, universitários (Müller, 2013). De um lado, houve a contestação de valores viris, de outro, a reivindicação de que a virilidade, relacionada a certos comportamentos, pudesse ser performada, também, pelas mulheres. Exemplos dessas performances seriam fumar, beber, ter acesso a locais públicos, jogar futebol e, também, com a revolução da pílula anticoncepcional, ter uma vida sexual mais livre e satisfatória. A rebeldia também foi entendida como um comportamento viril, sendo uma "arma contra a sociedade tradicional e seus valores impostos"[247] (Müller, 2013). Apesar disso, até a década de 1970, poucos pais conversavam com os filhos sobre sexo (Müller, 2013) e os homossexuais homens ainda eram vistos de forma estereotipada (aquele que não fala em mulher, não joga futebol e não bebe, ou seja, é "mulherzinha") e precisavam viver o homoerotismo de forma velada.

Se no começo da segunda metade do século XX surgiu a *Playboy* (e revistas com concepções parecidas), pioneira na exibição de fotografias de mulheres nuas, a partir da década de 1970 surgiram revistas específicas (e não apenas pornôs) para o público masculino (plural), tratando de saúde, beleza, comportamento, dentre outros temas. Monteiro (2013) aponta assim a existência de novidades de representação para homens heterossexuais (como o cuidado de si e da própria aparência)[248], porém com a manutenção da homofobia (vista como aberração e desvio da natureza) e da representação das mulheres enquanto objetos sexuais, como sendo centrais na afirmação/caracterização da heterossexualidade do leitor[249].

---

[247] Nos próprios movimentos de esquerda houve a reprodução de valores tradicionais machistas (Müller, 2013) na figura do guerrilheiro viril e másculo.

[248] Na *VIP Exame*.

[249] Surgiu também a primeira revista brasileira direcionada ao público gay (*Sui Generis*), ampliando o espaço de representação para o "gay moderno" (Monteiro, 2013), porém criando uma distinção entre uma homos-

Na mídia televisiva, as performances sobre masculinidade também se mantiveram presas ao padrão heteroerótico no qual homens e mulheres desempenha(va)m papéis tradicionais: o homem como provedor ou líder instrumental e a mulher como dona de casa, dependente, afetiva e líder expressiva da família (Medrado, 1997). Contudo mudanças têm ocorrido nos últimos tempos, em função dos protestos e demandas feministas.

As relações conjugais (heterossexuais) também se transformaram. Com a mudança do Código Civil, em 1962, as mulheres deixaram de ser vistas como incapazes, porém o marido continuou a ser considerado como chefe do casal. Com a emancipação progressiva das mulheres, sobretudo no mundo do trabalho e em relação à vida sexual (com a revolução da pílula anticoncepcional), os homens foram interpelados por novos desafios na vida privada: por exemplo, em se preocupar pela satisfação sexual da parceira, pois provocar-lhe orgasmos passou também a ser signo de sucesso viril[250].

Uma grande "descoberta" ou criação, no final do século XX, foi o "remédio" para a impotência masculina[251]: o Viagra, o qual se tornou um dos medicamentos mais utilizados no mundo, não apenas para tratar a "disfunção erétil" (a impotência agora traduzida em linguajar médico[252]), mas também para buscar um aumento da virilidade, uma superpotência

sexualidade legítima e outras menos aceitas, que seriam aquelas mais visíveis, de gays "efeminados". Ou seja, a misoginia, apesar das mutações de aparência, manteve-se no universo masculino, a despeito de uma subversão de normas da sexualidade.

[250] Com o surgimento e as contribuições da sexologia, o orgasmo passou a ser, no decorrer do século XX, de um direito a uma obrigação, configurando-se em uma nova dupla coerção: sobre a mulher, que deve experimentá-lo, sob pena de ser taxada de frigidez; e sobre o homem, cuja virilidade também passa a repousar sobre essa capacidade de fazer a parceira gozar ("ser bom de cama"). No entanto "a revelação (*através do relatório Hite*) de caráter maciço da simulação (*do orgasmo*) nas mulheres" (Carol, 2013, p. 62) lançou uma dúvida sobre o desempenho viril. Além disso, a duração e a frequência da vida sexual passaram a ser, também, termos de referência para se pensar a "normalidade" e a "saúde" da vida sexual. Como aponta Carol (2013, p. 64): "No último quarto do século, a expressão da virilidade, nas normas, se aproxima cada vez mais de um desempenho: potência e volume do órgão, multiplicação obrigatória das práticas, das posições e dos parceiros, frequência e duração das relações, quantidade e qualidade dos orgasmos produzidos na parceira".

[251] A descoberta dos mecanismos pelos os quais o Viagra opera desbancou o imaginário ocidental acerca do pênis: as teorias que explicavam a ereção utilizavam-se, sobretudo, de ideias viris sobre enrijecimento, fibras e força. O que o remédio demonstrou é que a ereção "não resulta de uma tensão, como se tinha a tendência de pensar 'naturalmente', mas, pelo contrário, de um indispensável relaxamento prévio dos músculos lisos dos alvéolos dos corpos cavernosos (...); inversamente, a flacidez comum procede de uma contração desses músculos, impedindo o sangue de afluir para o pênis" (Carol, 2013, p. 49). Ou seja, colocou em evidência o imaginário científico acerca da virilidade, pois a pesquisa aponta que é "da moleza e do abandono que procede a rigidez viril" (Carol, 2013, p. 49).

[252] A ejaculação precoce passa a ser, também, uma deficiência sexual, uma subcategoria da impotência (Carol, 2013).

(*enhancement*[253]). Afirma-se uma visão atlética da sexualidade e a busca do *doping* para superação de limites cada vez mais altos.

A medicalização da vida sexual tornou-se um motivo e tanto para comemoração por parte da indústria farmacêutica, pois é na falha narcísica (mediada pelo gênero) que ela prevê grande possibilidade de lucro. Se para a mulher essa falha está no espelho, no corpo como um todo (ditadura estética), no homem está localizado no pênis e nos músculos[254]. Ou seja, a virilidade sexual não desapareceu, pelo contrário, foi expandida por novas exigências e modelos:

> (...) a concorrência masculina aumentou com o desejo de satisfazer parceiras que têm o direito, como todos, ao orgasmo; a difusão maciça da pornografia reforçou a obsessão erétil, ao mesmo tempo em que a excessiva medicalização das falhas contribuiu para difundir, com o mercado de próteses mecânicas e químicos, uma cultura da impotência. (Courtine, 2013, p. 10).

Em suma, o século XX inscreveu-se como um período de grandes transformações, com o crescimento do capitalismo e do individualismo, por meio de um processo marcado pela urbanização e novas formas de

---

[253] Trata-se de um consumo de produtos (em geral, medicamentos, mas não apenas) para melhorar, potencializar ainda mais, o funcionamento físico-corporal e mental. Ou seja, o uso de substâncias (incluindo aí alimentos) não para "consertar" o que vai mal, mas para intensificar o que vai bem, para se sair ainda melhor. É o que ocorre, por exemplo, no uso de Viagra (Sildenafil) por jovens, para conseguirem uma ereção que dure horas e não se desfaça mesmo depois de ter orgasmos. Carol (2013) aponta o quanto essa cultura mantém o "eretocentrismo". Há também esse tipo de uso quanto aos psicofármacos (nesse assunto, consultar Azize, 2010).

[254] O corpo pode ser um importante capital viril, entendido, na contemporaneidade, como uma "escolha e construção pessoal" (marcas do individualismo). "É o corpo musculoso que dá a prova mais importante da capacidade que se tem de dominar a própria vida", como afirmou um dos entrevistados de Iriart, Chaves & Orleans (2009). Na busca por sua virilização, não apenas para melhorar o que está" ruim", mas para tornar ótimo, e cada vez melhor, o que já é bom (*enhancement*), vale tudo, inclusive o consumo de substâncias que podem ter efeitos devastadores para a saúde em geral e para a própria potência sexual, como é o caso dos anabolizantes. Se antes um corpo musculoso era compreendido como um corpo de classe (típico do proletariado), passou a ser então associado a valores como vigor, saúde e sucesso. Além disso, para alguns homens o investimento no corpo pode ser um investimento na vida profissional. Para refletir sobre o borramento entre o natural e o artificial, o consumo de drogas, a mudança do corpo por algo que lhe é exterior, mas passa a ser interior; por seu prolongamento, ler "O manifesto Ciborgue", de Haraway (2000). Consultar também "Adeus ao corpo: antropologia e sociedade", de Le Breton (2003). O autor discute a produção farmacológica de si. Sobre os perigos do uso dos anabolizantes e as representações hiperviris que incentivam esse uso, consultar: Carmo, Fernandes & Oliveira (2012) e Farias, Cechhetto & Silva (2014). Sobre o culto ao corpo e a associação entre musculosidade e masculinidade, ver: Cecchetto, Farias, Silva & Corrêa (2012) e Iriart, Chaves & Orleans (2009). Por fim, uma interessante discussão sobre o paradoxo (ambivalência) das prescrições de anabolizantes, visto como não indicados para homens jovens, mas "desejáveis" para homens velhos, pode ser lido em Moraes, Castiel & Ribeiro (2015). Segundo os autores: "(...) os registros positivos dos usos emergentes miram os homens idosos, sendo apresentados como elixires para a aura negativa que ronda o processo de envelhecimento. Assim, os anabolizantes serviriam como redentores da virilidade perdida, sustentando uma masculinidade em que a penetração está ligada à performance de um corpo forte, musculoso e heterossexual" (p. 1137).

viver, nas quais as relações de trabalho e o consumo se tornaram essenciais. Vários valores viris que persistiram no decorrer da história ocidental, ainda que em configurações específicas, tais como a valentia e a morte no combate, foram se enfraquecendo. No entanto a ética da honra masculina, presente na prática dos duelos ou na guerra, na sociabilidade dos homens, não morreu. Só mudou de forma. A competição e outros "duelos", simbólicos e materiais, se instauraram em pleno campo do mundo do trabalho, no qual *status*, poder e remuneração (dinheiro e poder de compra) consolidaram-se como fator pilar da virilidade masculina no século XX e neste XXI. A honra masculina se instaurou, assim, na esfera laboral e, na paternidade, sob a ética do dever ser provedor. Por outro lado, manteve-se também no ideal da ereção e da performance ativa (ser "penetrador") na vida sexual. É sobre esses temas que nos debruçaremos, de forma minuciosa, a seguir, ao tratarmos do dispositivo da eficácia, o qual se configurou na contemporaneidade brasileira.

CAPÍTULO 8

DISPOSITIVO DA EFICÁCIA

Masculinidade hegemônica e dispositivo da eficácia

Antes de adentrarmos na descrição do dispositivo da eficácia, é necessário discutirmos, ainda que de forma breve, o conceito de masculinidade, pois ele não é unívoco e seus diferentes matizes conceituais podem enriquecer o tema que aqui nos interessa. Mais do que fazer um histórico dos estudos das masculinidades ou uma exegese teórica dentre os diversos autores dessa área, apresentaremos pontos-chaves, comuns entre eles, ou específicos de um ou outro, costurando uma rede conceitual que nos ampare a pensar em nosso tema.

Como apontamos, o estudo das masculinidades nasceu na década de 1960/1970, no bojo das críticas e reflexões aportadas pela segunda onda do feminismo (Garcia, 2001), sobre os papéis sexuais[255]. Nesse momento, o "feminino" e o "masculino" eram ainda pensados, pelas feministas, em geral, de forma una, sem pluralidade e complexidades (Casares, 2008; Connell, 2000[256]). O fortalecimento do movimento gay[257] e lésbico, bem como dos movimentos negros, trouxe à pauta então a seguinte pergunta: de que homem e de que mulher estamos falando? Vários estudos importantes surgiram desde essa época (Souza, 2009). No entanto uma crítica levantada por muitas feministas (e com a qual concordo) é sobre o perigo de que os estudos das masculinidades se separem epistemologicamente de onde o próprio movimento nasceu: dos estudos feministas. Ou seja, não se deve esquecer a crítica, ao fundo, à sociedade patriarcal que pressupõe uma hierarquia central entre homens e mulheres em geral. Gênero é, portanto, uma categoria analítica relacional.

---

[255] Conforme Connell & Messerschmidt (2005), foi a crítica epistemológica à teoria dos papéis quem forneceu a base para o primeiro movimento de homens antissexistas. Para eles, essa teoria deixava de fora as relações de poder.

[256] Para esse autor, a teoria dos papéis sexuais é inadequada para compreender a diversidade nas/das masculinidades e, também, para entender o poder e a dimensão econômica no gênero.

[257] Segundo Bersani (1995), há uma diferença possível de ser traçada entre o homossexual (que aponta para uma preferência sexual) e o gay (além da preferência sexual, relaciona-se a um estilo de vida subversivamente político).

Michael Kimmel (2011) aponta, nesse sentido, as "lições" que aprendeu junto às contribuições das feministas, a saber: a) o gênero importa; b) o gênero é diverso, ou seja, "nem todo homem, nem toda mulher estão similarmente situados. Outros status – raça, classe, etnicidade, sexualidade, idade, religião, status de deficiência – configuram e constroem nosso senso de nós mesmos como homens e mulheres" (Kimmel, 2011, p. 11). Além das diferenças entre homens e mulheres, temos as enormes diferenças entre os próprios homens (assim como vimos, no capítulo dois, com Braidotti, também entre as mulheres), daí a importância de se usar o termo "masculinidades", para tentar alcançar as diferentes situacionalidades; c) gênero sempre aponta para relações de poder, ou seja, de hierarquias. Por mais que haja diferentes hierarquias entre os homens (baseadas na raça, classe etc.), gênero diz acerca do poder que os homens, como grupo, têm sobre as mulheres como grupo. Gênero é assim horizontal e vertical; d) os estudos feministas também interpelam aos homens e às masculinidades.

Segundo o autor, existem dois tipos de estudos das masculinidades: aqueles que bebem das fontes teóricas feministas ("aliados do feminismo") e não se separam do eixo central de gênero como categoria analítica que marca a hierarquia e a opressão de homens sobre mulheres de forma múltipla (ele se considera dessa vertente); e outros estudos ("autônomos") sem a base epistemológica proporcionada pelos feminismos, muitos dos quais tratam a masculinidade como algo em si mesma, tal como estudos analíticos e grupos junguianos ou mitopoéticos, que buscam recuperar uma espécie de arquétipo masculino a-histórico (Arilha, Unbehaum & Medrado, 2001; Kaufman, 1999).

Apesar do surgimento do interesse pela masculinidade na década de 1960/1970, os estudos só se encorparam, de fato, no final da década de 1980 e durante a década de 1990 (Connell, 2000; Kaufman, 1999), contando já com as contribuições que os feminismos da terceira onda aportaram, sobretudo a importância das interseccionalidades para se pensar o gênero de forma plural e situada. Um dos pioneiros nesses estudos foi Connell (2005). Conforme a autora, há uma diversidade de tipos de masculinidades que leva a diferentes inserções na estrutura econômica, social, política, cultural e que depende, também, do ciclo vital. As masculinidades se configuram, para ela, nas práticas, ou seja, são performadas e in-corpo-radas[258]. "As masculinidades são configurações de práticas que são realizadas na ação social e, dessa forma, podem se diferenciar de acordo com as relações de gênero em um cenário social particular" (Connell & Messerschmidt, 2013, p. 250). É necessário, portanto, questionar qualquer masculino generalizador (Rabelo, 2010).

Segundo Kimmel (2016), a masculinidade pode ser definida como uma coleção variável e constante de significados que os homens constroem consigo mesmos, com outros homens e com o mundo. Ela não é estática, nem atemporal; não é uma manifestação de uma essência interna (nem biológica), mas uma construção cultural, a qual possui sentidos distintos em tempos diversos, como pudemos perceber na breve apresentação histórica das virilidades (e quais delas eram valorizadas) em determinando momento, no ocidente e, mais especificamente, no Brasil. Mesmo em uma cultura específica, podemos encontrar diversas masculinidades (locais e regionais) e elas estão em constante tensão. Tratam-se de masculinidades em múltiplas relações de poder (Connell & Messerschmidt, 2005).

Um dos fatores fundamentais, apontados por Kimmel (2016), mas também por outros autores (Badinter, 1992; Bourdieu, 1998; Connell, 2005; Welzer-lang, 2008), é a necessidade constante de a masculinidade ser provada perante outros homens. O teste principal, e primeiro, é a prova da antifeminilidade, ou seja, "não ser uma mulherzinha"[259], o que denominamos, aqui, de misoginia[260]. As mulheres devem ser desejadas, mas nunca se deve desejar ser igual a elas[261]. Badinter (1992) sublinha, nesse sentido, que ser homem, em nossa cultura, é uma construção que ocorre no imperativo e no negativo. "Seja homem!" ("Não seja como as mulheres!") é

[258] Destaca-se a ideia de que os corpos são afetados pelos processos sociais. Assim, "são tanto objetos da prática social como agentes na prática social" (Connell & Messerschmidt, 2013, p. 270).

[259] Kimmel (2009), em *Guyland*, aponta 4 fases sucintas nessa "prova, elencada pelo psicólogo Robert Brannon: a) não ser afeminado (não fazer nada que sugira, mesmo que remotamente, a feminilidade) – deve haver assim continuamente um repúdio ao que é considerado "feminino", à fraqueza, ou a ser gay; b) deve-se buscar o sucesso e o poder, isto é, a masculinidade é medida pela riqueza, poder e status, mais do que por qualquer parte do corpo; c) deve-se ser uma "rocha" e permanecer calmo e tranquilo, mantendo as emoções sob controle, nos momentos de crise. Homens não choram; por fim, deve-se ter uma ousadia viril e agressiva, é necessário se arriscar.

[260] Kimmel coloca a homofobia como causa do sexismo, ou seja, como núcleo central da afirmação da masculinidade hegemônica. Discordo do autor, pois, a meu ver, no centro da homofobia está justamente o sexismo e a misoginia. Os gays são execrados por serem vistos como "mulherzinhas" e não o contrário. Portanto, é o sexismo que constitui a homofobia.

[261] Deve-se ser predatório com as mulheres (Kimmel, 2016). Trata-se de exibir as "plumas da heterossexualidade" (Sáez & Carrascosa, 2016), uma chancela da masculinidade hegemônica.

uma frase comumente proferida aos meninos e aponta que a virilidade não seria algo "natural", mas construída o tempo todo como a negação daquilo que é considerado como "feminino"[262]. A virilidade, que confirma a masculinidade, deve ser, portanto, provada, construída, "fabricada": "Dever, provas, competições, essas palavras dizem que há uma verdadeira tarefa a realizar para vir a ser um homem" (Badinter, 1992, p. 15).

Quando isso termina? "Nunca. Admitir a fraqueza, admitir a debilidade ou a fragilidade, é ser visto como um covarde (*wimp*), um afeminado (*sissy*), não um homem de verdade. Mas visto por quem?" (Kimmel, 2016, p. 109). Pelos próprios homens. Como já havíamos apontado no capítulo das mulheres, são os homens quem avaliam e legitimam uns aos outros. Ou seja, o acesso à masculinidade é marcado pela aprovação homossocial (Kimmel, 1998).

Welzer-lang (2001) criou uma interessante metáfora para demonstrar como se opera a construção da masculinidade na homossociabilidade: trata-se da "casa dos homens". Segundo ele, para ser iniciado na masculinidade, o pequeno *infans* deve atravessar provas, proporcionadas por outros homens, que interpelam o combate e o abandono de todos os aspectos que os associem às mulheres. A construção do masculino se dá assim sobre um duplo paradigma naturalista: de um lado a pseudo natureza superior dos homens, e de outro, a visão heterossexuada. Quanto mais se acede a cômodos superiores nessa "casa", mais aquele homem passa a executar as provas para outros homens. É importante frisar que nunca se chega a uma prova definitiva da masculinidade e sempre se é convocado a performá-la. Exemplos dessas provas são: as "brincadeiras" brutas de adultos homens com meninos e se estes começam a chorar, são chamados de "menininha" ou com o nome da irmã; competições inventadas pelos adultos ou crianças mais velhas; competições de resistência física (ao frio, quem come mais, quem ejacula mais longe); *bullying* nos pátios da escola; a "gozação" dos amigos quando um deles se apaixona ou liga para a companheira para "dar satisfação" de onde se encontra; competição de quem é mais rico, tem o carro mais caro ou potente, quem "pega" a mulher mais gostosa, consegue o cargo

[262] Bourdieu (1998) faz uma importante análise da dominação masculina. No entanto é criticado por outros autores por, de um lado, não fazer referência às importantes contribuições de feministas que lhe antecederam (mostrando na prática, segundo alguns, o que ele tenta teorizar em seu livro, ou seja, se colocando sem crítica, como homem) e, por outro, desistoricizando a própria construção contingente das masculinidades. Esta última crítica gerou discordância, pois ela poderia ser uma má compreensão da teoria de Bourdieu. Entrar nessa discussão excede o escopo deste livro. Ver Climaco (2008) e Bermúdez (2013).

ou trabalho com maior status; etc. Lugares onde facilmente podemos ver o funcionamento dessa "casa" são família, estádios de futebol, bares, cafés, chats na internet etc.

É nessa casa simbólica, cheia de passagens para cômodos "superiores", que se aprende todo o capital de performances para se tornar um "homem". A educação se faz por um mimetismo de violências: contra si mesmo (embrutecimento físico e/ou emocional), contra outros homens (competições) e contra as mulheres em geral (Welzer-lang, 2001). Kimmel (2016) destaca:

> Pense em como os homens se vangloriam uns aos outros sobre as suas conquistas – de sua última conquista sexual ao tamanho do peixe que pescaram – e como alegremente exibem suas marcas de masculinidade – a riqueza, o poder, o status, as mulheres sensuais – em frente de outros homens desesperados pela sua aprovação (p. 109).

Millet (2010) aponta que, apesar do "peso" de terem que provar o tempo todo a sua masculinidade, os homens acabam por gozar de uma solidariedade e um apoio social entre eles (a "camaradagem", a "fraternidade" ou a "broderagem") que, em geral, as mulheres não conhecem (como vimos, elas são subjetivadas pela rivalidade, na prateleira do amor). "Estes espaços apresentam traços sádicos, dominantes, encobertamente homossexuais, e tanto sua energia, como o que a mobiliza, são, com frequência, de índole narcisista" (Millet, 2010, p. 111). As mulheres são uma espécie de moeda usada pelos homens heterossexuais para aumentar seu nível de avaliação na categoria social, seja por seu valor na prateleira do amor, seja pelos benefícios que os homens gozam recebidos em função do dispositivo amoroso e materno de suas companheiras. O masculino é, assim, tanto a submissão ao modelo como a obtenção de privilégios dele (Welzer-lang, 2001). Kaufman (1999)[263] e Kimmel (2009) sublinham que esse privilégio é, em geral, invisível para os próprios homens e ressentido como um "direito" simplesmente por serem homens[264] (*entitlement* é a palavra inglesa, com tradução muito

[263] Para o autor, a masculinidade seria marcada pela capacidade de exercer poder e controle. É uma performance que precisa ser exercida o tempo todo. O medo de falhar é central e é expresso tanto na homofobia quanto na violência contra as mulheres. O repúdio a um público alvo específico pode fortalecer o senso de identidade.

[264] Há uma sensação de superioridade masculina e, por isso, certos privilégios e direitos seriam "inerentes" a essa condição. Segundo Kimmel (2009), mesmo quando se sente sem poder, um homem se sente no direito, intitulado (*entitled*) para poder.

limitada, para designar esse lugar "in-corpo-rado", intitulado, desse direito em crença, ato e em exercício).

No entanto a dominação entre os homens não deve ser analisada como um bloco monolítico, pois as relações não se reproduzem identicamente. Há disputas de poder dentro do campo das próprias masculinidades em um determinado momento histórico, pois as "definições de masculinidade não são igualmente valorizadas em nossa sociedade" (Kimmel, 2016, p. 104). Assim, se em determinado momento o que é valorizado é a força física e a coragem do guerreiro, em outro passa a ser a capacidade de se dedicar ao trabalho e ser reconhecido por isso (com status e dinheiro, poder de compra). Trata-se aqui da masculinidade hegemônica, a qual, em determinado contexto social e histórico elenca e se relaciona também, com as masculinidades subalternas. "À medida que o ideal hegemônico de masculinidade se estabelece, este é criado por oposição a um feixe de 'outros', cuja masculinidade foi problematizada e desvalorizada", afirma Kimmel (1998, p. 103).

A masculinidade hegemônica é "aquela constelação de atitudes, trejeitos e comportamentos que se tornaram o padrão contra os quais todas as outras masculinidades são ponderadas e contra as quais os homens individualmente medem o sucesso de suas conquistas de gênero" (Kimmel, 2016, p. 122). Para que ela seja hegemônica é necessário desqualificar as outras virilidades, dos outros homens. Portanto, o prestígio de uma se baseia na desvalorização das demais, ou seja, as masculinidades são construídas simultaneamente nas relações de poder de homens entre homens e dos homens em relação às mulheres. Ela não é fixa, mas histórica e, portanto, sempre fruto de tensões e conflitos (ou cumplicidade) com outras masculinidades.

No livro *O código Bro*, da série *How I Met your Mother*, Barney Stinson e Matt Kuhn (2014) elencam as regras da "broderagem", da "fraternidade", da cumplicidade dentre os homens. Apesar de ser "humorada", a mensagem é claramente transmitida. A masculinidade heterossexual se constrói baseada no sexismo, na homofobia, no endurecimento dos afetos e do corpo, e no silêncio protetor das violências cometidas e mentiras contadas por outros homens. Além de apontar para as hierarquias entre as masculinidades existentes, por exemplo, no ambiente de trabalho. Abaixo apresentamos alguns exemplos dessas "regras":

"(...) Fica decidido que, a partir desta data, quando dois cavalheiros cobiçarem a companhia da mesma dama, o Bro que der o primeiro passo nesse sentido terá o direito à tolerância de tempo razoável para tentar (até alcançar a meta ou ser dispensado, ou o tempo que leva para encher a metade de uma ampulheta, o que ocorrer primeiro). Em nenhum momento é permitido que um Bro viole esse direito fundamental, e o Bro que o fizer é um biltre, mesmo que tenha ingerido quantidades inenarráveis de cerveja" (p. 19).

"Artigo 1- Os Bros antes das minas. O elo entre dois homens é mais forte que o elo entre um homem e uma mulher porque, em geral, homens são mais fortes que mulheres. Isso é ciência" (p. 23);

"Artigo 5- Gostando ou não de esportes, um Bro gosta de esportes" (p. 27);

"Artigo 6- Um Bro não deve demorar muito se precisar ficar nu na frente de outros Bros no vestiário" (p. 28);

"Artigo 10- Um Bro larga tudo o que estiver fazendo para ajudar seu Bro a terminar com uma garota" (p. 33);

"Artigo 14- Se uma garota perguntar sobre o passado sexual de outro Bro, deve-se honrar o Bródigo de Silêncio e se fazer de bobo. É melhor que as mulheres pensem que todos os homens são idiotas do que dizer a verdade" (p. 37);

"Artigo 17- Um Bro deve ser simpático e gentil com seus colegas de trabalho, a menos que esteja na Pirâmide dos Gritos" (p. 40). A ideia aqui é que não se pode gritar com qualquer um, "só com quem está abaixo de você";

"Artigo 19- Um Bro não deve dormir com a irmã de outro. Porém, um Bro não deve ficar chateado com o outro se ele disser: ´Cara, sua irmã é muito gostosa'" (p. 43);

"Artigo 31- Quando sair à caça, sempre chegue primeiro na garota mais gostosa, pois nunca se sabe..." (p. 58);

"Artigo 33- Em um banheiro público, um Bro (1) olha direto para frente quando usa o mictório (...)" (p. 61);

"Artigo 35- Um Bro nunca aluga filme de mulherzinha" (p. 63);

"Artigo 41- Um Bro nunca chora" (p. 71);

"Artigo 49- Quando perguntarem a um Bro se ele precisa de ajuda, ele deve responder automaticamente: 'Não, está tudo bem', mesmo que nada esteja bem" (p. 80);

"Artigo 50- Se um Bro esbarrar acidentalmente com o braço na bunda de outro Bro enquanto está andando, os dois Bros concordam tacitamente em continuar adiante como se nada tivesse acontecido" (p. 81);

"Artigo 62- Caso dois Bros se interessem pela mesma mulher, o que pedir a prioridade primeiro, ganha. Se os dois pedirem ao mesmo tempo, ambos contam alto até dez. O mais rápido ganha. Se empatarem, o Bro que pagou a última rodada ganha. Se ainda não pagaram, o mais alto tem a preferência. Sendo da mesma altura, ganha quem estiver há mais tempo na Seca. Se empatarem, o Broquempô decide. Isso se a garota ainda estiver lá" (p. 96);

"Artigo 66- Se um Bro estiver sofrendo por causa do fim de um relacionamento com uma mulher, seus Bros não devem fazer nada além de lhe dizer 'Que droga, né cara?' e lhe dar quantidades absurdas de cerveja (...)" (p. 101);

"Artigo 76- Se um Bro está ao telefone com uma garota na frente de seus Bros e por alguma razão tem vontade de dizer 'Eu te amo', primeiro tem que sair do recinto ou tem que usar um tom subsônico, tipo Barry White" (p. 112);

"Artigo 77- Bros não ficam agarradinhos" (p. 113);

"Artigo 89- Um Bro sempre diz sim a fim de apoiar outro Bro. Quando sai por aí, um Bro deve estar sempre pronto para confirmar qualquer coisa que outro Bro diga a uma garota. 'É, ele é solteiro'. 'É, somos das Forças de Operações Especiais da Marinha'. 'É, foi ele que inventou o Facebook'. Isso normalmente significa distorcer a verdade sobre fortuna pessoal, habilidades atléticas ou habilidade de operar aeronaves, mas, às vezes, você pode até ter que fingir ser de outra cidade (...)" (p. 128);

"Artigo 92- Um Bro mantém seus casos de sexo sem compromisso a uma distância segura" (p. 132), ou seja, longe de qualquer envolvimento e compromisso;

"Artigo 101- Se um Bro pede a outro para guardar um segredo, ele deve levar esse segredo para o túmulo. É isso o que faz deles Bros, e não garotas" (p. 143);

"Artigo 118- Um Bro nunca é vegetariano ao lado de seus Bros" (p. 164);

"Artigo 119- Quando três Bros têm que dividir o banco traseiro de um carro é inaceitável que qualquer um deles apóie o braço no ombro de outro Bro para aumentar o espaço. Do mesmo, é inaceitável que dois Bros andem na mesma motocicleta (...)" (p. 165);

"Artigo 150- Nada de sexo com a ex do seu Bro" (p. 199).

O acesso à masculinidade hegemônica só é possível, portanto, a poucos homens (em geral, o grupo dominante quer impedir os demais de alcançá-la, pois seu valor é comparativo). No entanto ela é utilizada como padrão de comparação em geral, motivo pelo qual a maioria dos homens sente-se sempre "em falta" (Kimmel, 1998). Gênero é visto, portanto, como uma estruturação das práticas sociais, de forma articulada com outras estruturas, com as quais interage, tais como raça classe, etnia, nacionalidade etc. (Connell, 2005).

Um aspecto importante, no entanto, na casa dos homens, ou na homossociabilidade masculina, é o silêncio compactuador, mesmo em homens que não se inserem na masculinidade hegemônica (Bersani, 1995). Geralmente é um silêncio amendrotado (Kimmel, 2016) frente a violências que se exercem contra mulheres, gays, pessoas negras e minorias em geral (caracterizando a "cultura da proteção")[265]:

> O silêncio amedrontado quando passamos apressados por uma mulher que é aborrecida por um homem na rua. Aquele silêncio furtivo quando os homens contam piadas sexistas, ou racistas em um bar. Aquele sorriso de mãos suadas quando homens em seu escritório contam piadas de espancar gays. Nossos medos são as razões de nossos silêncios, e o silêncio dos homens é o que mantém o sistema funcionando. (Kimmel, 2016, p. 112)

Trata-se do medo de se sentir envergonhado ou humilhado em frente a outros homens ou um homem mais forte ou poderoso. O silêncio é um dos caminhos que transformam um menino em um homem (Kimmel, 2009). Se as mulheres, como vimos, aprendem o silêncio como forma de cuidar das relações (abrir mão de si mesma, para manter o bem-estar dos outros e das relações), no caso dos homens, trata-se de manter a cumplicidade com outros homens e para preservar, narcisicamente, o sentimento de honra[266] perante eles. É um silêncio "para fora"

[265] Segundo Kimmel (2016), a cultura do silêncio e a cultura da proteção sustentam vários dos comportamentos masculinos que poderiam ser considerados "excessivos", tais como violências sexuais contra mulheres e homens mais vulneráveis, mas também violências físicas, morais e psicológicas, como nos casos de *bullying*.

[266] Como vimos, "honra é o valor que uma pessoa tem aos seus próprios olhos, mas também aos olhos da sociedade. É a sua apreciação de quanto vale, da sua pretensão a orgulho, mas é também o reconhecimento dessa pretensão, a admissão pela sociedade da sua excelência, do seu direito a orgulho" (Pitt-Rivers, 1965, p. 13). Pitt-Rivers aponta que as pessoas buscam, de várias maneiras, obter dos outros a ratificação da imagem que acalentam de si mesmas. Nesse sentido, a honra forneceria "um nexo entre os ideais da sociedade e a reprodução destes no indivíduo através da sua aspiração de personificá-los. Como tal, implica não somente uma preferência habitual por uma dada forma de conduta, mas também, em troca, o direito a certa forma de tratamento" (p. 13-14). Um aspecto importante levantado pelo autor é que, em qualquer disputa por honra, a

do grupo, pois para dentro há uma comunicação intensa, a ponto de uma "façanha" viril de um dos membros ser fácil e rapidamente compartilhada dentre os demais. Há uma grande pressão para se conformar, mas é essa conformação (mesmo que não intencional, sem concordar, mas silenciosa) que perpetua a dominação da masculinidade hegemônica. Há um ideal de "lealdade", de nunca tomar partido de uma mulher ou outro homem mais vulnerável contra um "irmão" (*brother*). A cultura do silêncio é, portanto, a cultura da cumplicidade, a qual reforça os comportamentos e performances virilistas, mesmo que individualmente não se concorde com eles.

Connell (2005) elenca quatro formas de relação entre a masculinidade hegemônica e as demais: hegemonia, subordinação, cumplicidade e marginalização. A masculinidade hegemônica contém a masculinidade subordinada, a qual é cúmplice e marginalizada: "a masculinidade hegemônica é sustentada e mantida por grande parte do vasto segmento dos homens que se sentem gratificados; usufrui de seus benefícios e, dependendo da situação e da relação estabelecida, pode acionar diferentes atribuições de masculinidade", mas "é também mantida por boa parte das mulheres que concedem a tal hegemonia" (Matos, 2001, p. 20). Isso porque a masculinidade hegemônica pressupõe a predominância de uma certa configuração de feminilidade. Trata-se, portanto, de um jogo social, permeado de poder, bastante complexo.

> A hegemonia, como já sugerimos, é a eleição de performances de masculinidade consideradas mais honradas em certo momento histórico (Connell, 2000). Sustenta uma posição de liderança na vida social e implica sempre em um jogo de poder/embate em relação a outras masculinidades, as quais subordina (Connell, 2005). É constituída tanto nas práticas quanto nos discursos, de forma consciente ou não. Trata-se de apontar que certas masculinidades são socialmente mais centrais ou associadas ao poder e à autoridade do que outras.

reputação do vencedor é nutrida pela humilhação do vencido. Sentir-se ofendido (e as razões para isso variaram, como vimos, historicamente, mas também culturalmente) é a pedra de toque da "honra". Além disso, há uma associação íntima entre honra e vergonha. Como apontamos, o sentimento de honra é gendrado: no caso das mulheres associou-se mais à vida sexual, a qual deve(ria) ser caracterizada pela "pureza" e pela fidelidade. No caso dos homens, foi associada a características como coragem, bravura, vida sexual ativa (e múltipla), e, mais recentemente, desempenho na vida laborativa.

A subordinação anda de mãos dadas com a hegemonia (dominação), ou seja, são concomitantes. Inclui o processo de abuso e exclusão cultural; violência simbólica, legal e física (nas ruas, mas também através de mecanismos institucionais, tais como a diferença de comportamento da polícia com jovens brancos de classe média e jovens negros pobres, da periferia); discriminação econômica e boicote pessoal de outras masculinidades que não a hegemônica (Connell, 2005).

A cumplicidade aponta para os benefícios partilhados (dividendo patriarcal, nas palavras de Connell) mesmo por aqueles homens que não se enquadram no padrão/nas performances da masculinidade hegemônica. Ela se realiza pelo silêncio: face à opressão de outras masculinidades e das mulheres. Esse silêncio se baseia no medo de ser excluído e desvalorizado pelos outros homens (Kaufman, 1999; Kimmel, 2009). Exemplos: calar-se frente a piadas sexistas, racistas e homofóbicas (mesmo que não se ria delas); omitir-se frente a um assédio sexual nas ruas; presenciar situações de violência contra a mulher ou masculinidades não hegemônicas (como contra homens pobres, mendigos etc.) e não denunciar etc.

Por fim, a marginalização aponta para a interseccionalidade da masculinidade com raça e classe social. Se as três primeiras relações tratam do funcionamento interno da ordem de gênero, esta última aborda as relações externas. Há uma relação entre marginalização e autorização entre/pelas masculinidades subordinadas. Por exemplo, em nosso país, marcado pelo racismo estrutural, há a marginalização de homens negros, vistos ora como "perigosos" (Vergne, Vilhena, Zamora & Rosa, 2015), ora como hiperssexuais (sem racionalidade ou outros propósitos, como os brancos, preocupados com os "negócios" ou o trabalho). As masculinidades marginalizadas, ainda que subordinadas, ocupam um lugar de tensão, seja pelo sofrimento que podem ressentir por não alcançar o ideal hegemônico, seja pela possibilidade de empoderamento e contestação desse ideal (como por exemplo, nos movimentos negros e, também, de homens gays). Wetherell e Edley (1999 apud Marques, 2011, p. 185) descrevem pelos menos três "posições diferentes" na confrontação com a masculindiade hegemônica: as "posições heróicas", as "posições normais ou vulgares" e as "posições rebeldes ou insubordinadas". Ou seja, há agência também e resistência. Por fim, trata-se de um processo historicamente aberto. "Em consequência, a hegemonia pode fracassar. O conceito de masculinidade hegemônica não se assenta em uma teoria da reprodução social" (Connell & Messerschmidt, 2013, p. 272).

Além disso, o jogo de hierarquias entre as masculinidades é dinâmico. Por exemplo, diferentes homens (de diferentes situacionalidades) podem fazer aliança sob o escudo da homofobia e assim se sentirem fortalecidos e cúmplices em suas masculinidades, na rejeição às "bichas". Por outro lado, certos homossexuais podem se alinhar a heterossexuais na desqualificação das mulheres e de atributos considerados femininos[267], firmando aí sua própria masculinidade. Allan (2016) aponta, nesse sentido, que existe tanto uma heteronormatividade, mas também uma homonormatividade performática da masculinidade hegemônica, ambas centradas na misoginia e na feminofobia. A rejeição e o repúdio são, portanto, um importante processo na afirmação identitária masculina. O objeto de repúdio, unificador temporário, pode ser variável (bichas, negros, pobres etc.), sendo que o único elemento em comum e permanente (ainda que possa ser provisório historicamente) é a rejeição e a opressão sobre as mulheres.

Connell & Messerschmidt (2005) destacam também que, além de pensarmos em masculinidades no plural, precisamos refletir sobre a existência de masculinidades hegemônicas locais, como forma de complexificarmos nossas análises sobre os homens. É aí que iremos qualificar as especificidades das interseccionalidades com raça, faixa etária, classe social, fase da vida etc. No entanto, mesmo em face ao pluralismo existencial, gostaria de destacar o processo globalizador das mídias e meios de comunicação, pois, como vimos, eles se constituem como verdadeiras tecnologias de gênero a representar, reafirmar e propagar as ideias da masculinidade hegemônica.

Na América Latina, e em específico no Brasil, precisamos levar em consideração certas marcas importantes do processo histórico, das quais destacamos o processo de colonização por Portugal, a influência da Igreja Católica e a escravização da população negra, trazida do continente africano, durante 400 anos. Já detalhamos essas especificidades anteriormente. O ideal de embranquecimento, presente no período pós-abolição, e a manutenção de privilégios/hierarquia de homens brancos, ricos, heterossexuais e pais de família, marcou a configuração da masculinidade hegemônica atual, por meio das transformações políticas, com o processo de urbanização e o despontamento do valor do trabalho e do "esforço". O dispositivo que marca, assim, a masculinidade hegemônica atual (branca, heterossexual, classe média) é

[267] Em pesquisa recentemente realizada no DF, sobre xingamentos entre o público autodenominado gay, encontramos fortes evidências de que o binômio sexista "masculino, ativo, bom" *versus* "feminino, passivo, ruim" se reproduz. Como apontamos no capítulo dois, a subversão do dispositivo da sexualidade não necessariamente subverte os dispositivos de gênero. Não é incomum encontrarmos homens gays misóginos.

o da eficácia, por meio da afirmação da virilidade sexual e laborativa. É o que trataremos a seguir. No entanto nunca é demais relembrar a "enorme diversidade de masculinidades que se encontram em construção, ao mesmo tempo, num mesmo território nacional" (Connell, 2016). A importância da masculinidade hegemônica é justamente dominar como ideal que medeia tanto o julgamento social dos homens entre si, em geral, como a relação do sujeito consigo mesmo, com desdobramentos em sua autoestima.

Por fim, preciso destacar o papel da violência na afirmação das masculinidades. A violência pode ter vários sentidos e sua análise deve ser realizada de forma interseccional[268]. O gênero é um fator importante nessa análise, pois, assim como em outros fenômenos (como o silêncio), aponta sentidos diferentes, em geral, para homens e mulheres (Dias, Machado, Gonçalves & Manita, 2012). Kimmel (2009) sublinha o papel de restauração que a violência exerce nas masculinidades[269]. Trata-se de uma violência virilista (Daniel Welzer-Lang, 2008), exercida contra as mulheres sobretudo na esfera privada (íntima e/ou doméstica, mas também na pública, como em casos de estupro individual ou coletivo[270]), contra outros homens (na esfera pública) e contra si mesmo (casos de suicídio[271]). Mais do que exceções, são pontinhas do *iceberg*, que mostram, justamente pela visibilidade e o alcance que adquirem, o funcionamento das masculinidades em geral[272] (Machado, 2001[273]), mesmo em homens

---

[268] Um interessante e importante trabalho, nesse sentido, é o livro "Violência e estilos de masculinidade", de Fátima R. Cecchetto (2004).

[269] Ver também Carrara & Saggese (2011).

[270] Kimmel (2009) relata casos de estupro coletivo ocorridos nos EUA, com o intuito de demonstrar o funcionamento da casa dos homens, o pacto silencioso mesmo daqueles que não participaram do ato e só o observaram, ou daqueles que saíram do recinto, mas não denunciaram à polícia e nem contaram para nenhuma autoridade que pudesse proteger a vítima.

[271] Dias (1991) realizou uma análise de cartas suicidas de homens e mulheres. É curioso notar a diferença de razões e preocupações que encontrou entre ambos. Dentre eles, a preocupação que apareceu foi a de ordem prática e econômica (deixar pelos menos dois aluguéis pagos, deixar dinheiro no banco para a esposa ter como sobreviver até conseguir outros meios, se matar por não conseguir quitar dívidas – "lavar a honra" com a própria vida). No caso das mulheres, os motivos foram mais afetivos, sobretudo o abandono amoroso ou a não correspondência de afetos, ou seja, se relacionava ao dispositivo amoroso. No momento, estamos redigindo, eu e Larissa Tavira Vasques, um artigo com essas análises.

[272] Como afirmam Medrado, Lyra e Azevedo (2011): "os homens têm ocupado, ao longo dos anos, a infeliz primeira colocação em diferentes estatísticas: primeiro lugar em número de homicídios, maiores taxas de suicídio e de morte por acidentes, principalmente envolvendo veículos a motor; maiores índices de problemas gerados pelo uso excessivo de bebida alcóolica e drogas psicotrópicas ilícitas; principais autores de roubos e assaltos e, consequentemente, maior população penitenciária, além de grandes protagonistas de agressões físicas, seja contra outros homens, mulheres ou crianças, em âmbitos domésticos ou públicos". Em outras palavras, as masculinidades estão, de uma forma geral, adoecidas. Faz-se mister, no entanto, realizar essa discussão na interseccionalidade com raça e classe social (Monteiro & Cecchetto, 2011).

[273] Segundo Lia Zanotta Machado (2001), há uma articulação entre os valores hegemônicos do masculino e o exercício da violência. Para demonstrar essa ideia, a autora recorreu a pesquisas realizadas com estuprado-

que consideramos "bons" e que amamos (Kimmel, 2009). Geralmente, busca-se o resgate ou a manutenção da honra perante si mesmo e perante outros homens.

Saffiotti (2004) ressalta, nesse sentido, que o poder apresenta duas faces, a da potência – para a qual os homens são socializados, e a da impotência, para a qual as mulheres são socializadas. Segundo ela, os homens convivem mal com a impotência: "acredita-se ser no momento da vivência da impotência que os homens praticam atos violentos (...)" (p. 84). Ou, nas palavras de Pitt Rivers (1965, p. 20):

> A prova final da honra é, em última análise, a violência física, e quando outros métodos falham existe a obrigação de recorrer a ela não só num código de honra formal como em meios sociais que não admitem esse código.

O propósito é diminuir, em alguns casos, a intensidade da vergonha em face de outros homens, e/ou, também, recuperar o controle e o domínio sobre a(s) mulher(es) (Pedrosa & Zanello, 2016). Mas, também, demonstrar força, coragem e potência, em casos de esportes violentos e brigas de gangues, e se inscrever em certas hierarquias, nas masculinidades (Cecchetto, 2004).

Dispositivo da eficácia

Encontramos no dispositivo da eficácia injunções identitárias[274] positivas (no sentido de que produzem coisas): aquelas relacionadas à virilidade sexual, de um lado, e à laborativa de outro. Um "verdadeiro" homem seria assim um "comedor" e um produtor/trabalhador/provedor. Tanto a virilidade sexual quanto a laborativa firmam-se na potência enquanto quantidade (Coria, 1996). Para Clara Coria, os homens se constituem em uma exigência de mostrar sempre uma potência inesgotável, potência essa medida em termos de quantidade. Quanto mais, mais *macho*. A quantidade seria assim o "masculinômetro" (Coria, 1996).

Porém, é necessário acrescentar uma injunção negativa, uma espécie de pré-requisito para a chancela da masculinidade: trata-se daquilo

---

res, homens cônjuges agressores e jovens infratores. Vale a pena o(a) leitor(a) conferir.

[274] É identitário porque coloca o ser homem para o sujeito (dentro daquela ideia, que destrinchamos no capítulo 1, de que se tornar sujeito é, em nossa cultura, tornar-se "homem" ou "mulher"). Isso, no entanto, não quer dizer que exercer outras virilidades não seja bom e nem que não tenha efeitos narcísicos.

que se firmou, no decorrer da história ocidental, como uma homofobia calcada, imaginariamente, no imperativo de "manter o cu fechado"[275] (Sáez & Carrascosa, 2016). Ou seja, dito de forma sucinta: um verdadeiro homem é um comedor/penetrador e um trabalhador, e não pode pairar dúvidas de que não é gay. Trata-se de banir toda e qualquer alusão a um erotismo anal[276], o qual corresponde, no imaginário cultural, a uma posição feminina (nem que seja de passagem) de "ser penetrada". No fulcro da homofobia encontramos assim a misoginia. Ele pode "até" penetrar outro homem (ainda assim pairam dúvidas), mas ser penetrado jamais:

> A masculinidade dos homens se constrói de uma forma estranha: por um lado, evitando a todo custo a penetração, mas, por outro lado, com uma curiosa permissão para penetrar o que quer que seja, incluindo o cu de outros homens (Sáez e Carrascosa, 2016, p. 29).

Refere-se, portanto, à afirmação de que ser homem é ser "impenetrável"[277]. Metáfora essa que se estende do cu aos afetos, como já apontei no capítulo dedicado às mulheres, ao tratar do tema das emoções.

Voltaremos a isso mais adiante. Como o modelo de eficácia se erigiu na contemporaneidade pela afirmação do valor do trabalho como centro da vida e como interpelador de certas performances aos homens, vamos primeiramente abordar a virilidade laborativa no dispositivo da eficácia, para depois adentramos nas especificidades da virilidade sexual.

Virilidade laborativa

Segundo Saffiotti (1987), a consolidação do capitalismo seguiu junto com a redefinição da masculinidade tradicional: a força física e a honra foram substituídas pelo sucesso, o dinheiro e um trabalho valorizado. Como vimos, houve uma separação de universos para homens e mulheres. Para algumas delas278, a casa e os filhos; para eles, a competi-

[275] Como se qualquer experiência, desejo ou erotismo anal o transformasse "em outra pessoa, em uma entidade, em uma essência ou uma identidade" (Sáez & Carrascosa, 2016, p. 38). Ou seja, certas práticas passaram a ser vistas como identitárias.

[276] Concordo com Sáez & Carrascosa (2016) que apontam haver uma relação forte entre repressão anal e masculinidade no mundo contemporâneo. Penso que seria necessário realizar um estudo aprofundado dessa relação com o desenvolvimento do capitalismo e a centralização do trabalho como valor, meta e fim de vida. A máxima, atribuída a Antonin Artaud, de que "o capitalismo é um sistema que tem o cu pregado no céu" pode ser aqui esclarecedora.

[277] Essa impenetrabilidade pode levar à morte, como ocorre com homens que se negam, literalmente, a fazer o importante exame de próstata. Sobre os fantasmas relacionados a esse exame ver Gomes, Nascimento, Rebello & Araújo (2008).

[278] Digo algumas porque outras sempre trabalharam, para sustentar a si mesmas e aos seus, em serviços considerados como menores e, por isso, menos valorizados.

tividade do espaço público (Matos, 2003). O valor do trabalho (como atividade) cresceu em dimensão nunca antes vista e atingiu um valor moral, como parâmetro de julgamento de um homem. De sua dignidade e honra. Como afirmamos, é aí que a virilidade se firmou como campo de batalha. Por isso "a linguagem do trabalho tem sido a linguagem das guerras e da expressão da soberania, utilizada para minimizar o sentimento de fragilidade e impotência que sentem diante da finitude da vida" (Nolasco[279], 1995a, p. 63). Como afirma Nolasco (1995a, p. 63), a partir de sua pesquisa com homens, "'lutar', 'vencer', 'batalhar' são termos comumente usados para se referirem ao trabalho contextualizando-os no panorama de pequenas guerras, ações violentas e massificantes" (p. 63).Segundo esse autor, a interpelação dessas performances, aos homens, começa muito cedo e é marcada tanto por incitações visíveis, como por outras invisíveis, presentes dentro das próprias famílias:

> A visão de mundo que os homens vão construindo se inicia com a crença em sua superioridade como gênero, gerada por meio da observação da dinâmica familiar entre seus pais e do tipo de relação que estabelecem entre si. Dos valores que vão sendo agregados à "visão de mundo" estão a disciplina, o endosso à autoridade e à moral familiar, "a ideia de morrer para fugir à vergonha da derrota ou do fracasso", a valentia, a coragem e a identificação com a hierarquia. (Nolasco, 1995a, p. 74)

[279] Apesar de utilizar a obra clássica de Sócrates Nolasco, "O mito da masculinidade", nessa parte do livro, preciso fazer várias ressalvas aos pressupostos epistemológicos adotados pelo autor. Em primeiro lugar, a sua posição (preocupante) pretensamente "neutra", ao retirar de seu estudo a questão política das relações de poder no gênero. Dentre as frases, a meu ver, absurdas do autor, encontra-se a seguinte pérola: "É absurdo pensar que a opressão da mulher é produzida pelos homens" (Nolasco, 1995a, p. 146). Nessa perspectiva adotada, o autor acaba por efetuar uma psicologização do sofrimento dos homens (de seus traumas individuais, da infância etc.), assumindo a ideia de que a opressão do patriarcado é supostamente igualitária entre homens e mulheres. Em nenhum momento são discutidos ou apontados os privilégios e ganhos dos homens enquanto, como vimos, grupo. Além disso, o autor tenta descolar a contestação da masculinidade hegemônica por movimentos de homens, desde a década de 1970, dos avanços e reflexões proporcionados pelas feministas. Podemos enquadrar, então, sua obra, dentro do segundo grupo apresentado no início do item *Masculinidade hegemônica e dispositivo da eficácia*, deste capítulo. Ou seja, diverge de todos os autores cujos pressupostos epistemológicos adotamos. Mas, então, por que utilizamos essa obra? O principal motivo são os dados fenomenológicos que o autor traz, por meio de sua experiência com grupos de homens, os quais vão ao encontro daquilo que também temos visto, tanto na clínica individual, quanto nas pesquisas em geral em saúde mental, que efetuamos nos últimos anos. Esses dados apontam que o conceito de masculinidade ideal – brasileiro – se ampara nos valores do trabalho e da vida (ativa) sexual. Selecionamos, portanto, essas observações, para as interpretarmos de forma politizada (isto é, sob a ótica das relações hierárquicas de gênero; gênero como sendo relacionado à transformação de diferenças em desigualdades, portanto, relacionado a poder). Acredito, assim como já fora apontado por Platão, que a escrita é um parricídio (Derrida, 1997). Importa menos, para mim, aqui, como ele interpretou o que "encontrou", do que aquilo que ele "encontrou" ou ouviu dos homens, propriamente. Além do livro, há também o artigo, "A desconstrução do masculino: uma contribuição crítica à análise de gênero", no qual o autor explicita sua perspectiva teórica (Nolasco, 1995b).

A coroação da virilidade laborativa, no dispositivo da eficácia seria o status (reconhecimento) e a possibilidade de acúmulo financeiro (com diferentes acessos ao consumo). Segundo Coria (1996, p. 119):

> (...) frequentemente as dificuldades econômicas invadem e afetam áreas que, aparentemente, não deveriam estar misturadas. Insegurança, depressão, autodesvalorização, dúvidas sobre o afetos dos que o cercam, impotência sexual, entre outros, (são) alguns dos sintomas que amiúde surgem nos homens quando têm dificuldades com o dinheiro.

Como vimos brevemente no capítulo dedicado às mulheres, a dificuldade financeira é um conteúdo de maior vulnerabilidade psíquica para os homens, justamente porque interpela pontos identitários culturalmente neles construídos/constituídos. A experiência é de desempoderamento e de se sentirem "menos homens". Clara Coria (1996) aponta, assim, o caráter sexuado do dinheiro, como intimamente associado à "virilidade" e sua ausência como um questionamento da identidade sexual ("não ser um homem 'de verdade'")[280]. Nesse sentido, o sucesso econômico assume diferentes significados de acordo com o sexo. No caso do homem, trata-se de alguém bem-sucedido e, no caso da mulher, "aquela que conseguiu compensar um fracasso em sua realização feminina" (Coria, 1996, p. 42).

O verdadeiro *macho* seria considerado o provedor das necessidades da família, ainda que sua mulher trabalhe remuneradamente, "contribuindo" para o orçamento doméstico. Segundo Saffiotti (1987), "quer seja o único provedor das necessidades familiares, quer seja o principal deles, não lhe é permitido fracassar" (Saffiotti, 1987, p. 24).

> Devemos registrar que a importância do trabalho sobre a subjetividade de um homem está no fato de que ele o define como indivíduo, determinando sua forma de expressão e mobilidade social. Um homem é o que ele faz, consciente ou inconscientemente; assim os homens avaliam sua auto-estima, sendo a medida utilizada para mensurá-la o que eles conseguiram acumular materialmente. (Nolasco, 1995a, p. 64)

Welzer-Lang (2008) lança então as seguintes perguntas: o que dizer de um homem sem trabalho, quando o trabalho permanece um pilar da

[280] Frases como "O dinheiro faz o homem inteiro", "*Un homme sans argent est un loup sans dents*" e "*A man without money is a bow without an arrow*" apontam para essa ideia.

sobrevivência econômica, mas também da virilidade? E de um homem em mobilidade econômica/social descendente que sobrevive com o auxílio desemprego? Um homem incapaz de mostrar signos de riqueza, seja de forma materializada em quantidade de bens e dinheiro, seja no capital estético apropriado de mulheres (completamos: bem localizadas na prateleira do amor)? Como pensar a andropausa social que representa a aposentadoria? Ou ser deixado de escanteio em uma empresa por ter mais de 50 anos e ter vários sucessores possíveis?

O trabalho é um pilar identitário da masculinidade para os homens e é interpelado de forma específica a eles. Vamos nos ater a dois exemplos, para explicitar essa ideia. Primeiro caso: imaginemos um casal heterossexual que contrai matrimônio e a esposa engravida. Ela decide largar o emprego para se dedicar ao filho, enquanto o marido se responsabiliza por prover as necessidades do casal. Pensemos agora a situação inversa: a mulher mantém o emprego e torna-se a provedora do lar, e o marido decide cuidar da casa e do filho. Provavelmente a reação social, mesmo da família, na primeira situação, seria de indiferença ou, no máximo, de alguma preocupação com a mulher caso "ele arrume outra ou termine lá pra frente o casamento". Mas, e no segundo caso? Provavelmente o homem seria motivo de fofocas cruéis (como xingamentos de "cafetão", "encostado", "aproveitador", "folgado", e coisas similares, nem que eles ocorressem pelas costas). Amigos e conhecidos provavelmente fariam chacota do sujeito. Talvez, independentemente da classe social, pelo menos até onde ganhar dinheiro fosse necessário para pagar as contas mensais[281]. Homens ricos que não trabalham (no sentido de ter um cotidiano marcado pela rotina de se ter um emprego) podem ser *glamourizados*, pois possuem o signo de "sucesso" viril, que é o acúmulo de riquezas (pouco importa se herdadas, tais como carros caros, comer em restaurantes chiques, usar roupas da moda, viajar para o exterior). Homens pobres, se não trabalham, são considerados vagabundos e sem honra. Seguem dois pequenos trechos de músicas populares brasileiras, uma de Gonzaguinha e outra da famosa banda de Rock, o Legião Urbana, que tratam do tema honra, dignidade e trabalho para os homens.

[281] Em casos de homens muito ricos, que não precisam trabalhar, pode-se tornar até um distintivo, pois não coloca em xeque a sua capacidade de prover.

"Um homem também chora"

Um homem se humilha/ Se castram seu sonho/ Seu sonho é sua vida/ E vida é trabalho/ E sem o seu trabalho/ O homem não tem honra/ E sem a sua honra/ Se morre, se mata.

"Música de trabalho"

Sem trabalho eu não sou nada/ Não tenho dignidade/ Não sinto o meu valor/ Não tenho identidade.

No entanto se o homem rico pode usufruir dos desdobramentos de seu trabalho, seja na multiplicação de capital (e o poder de compra e acesso a bens de consumo caros), seja na realização pessoal, pelo reconhecimento social e simbólico de outros homens, o mesmo nem sempre acontece com homens pobres, cuja masculinidade é subordinada. Podemos ver um pouco desse olhar no excerto da canção "cidadão", entoada por Geraldo Azevedo

"Cidadão"

Tá vendo aquele edifício, moço?/Ajudei a levantar/ Foi um tempo de aflição/ Eram quatro condução/ Duas pra ir, duas pra voltar/ Hoje depois dele pronto/ Olho pra cima e fico tonto/ Mas me vem um cidadão/ E me diz desconfiado/ "Tu tá aí admirado?/ Ou tá querendo roubar?"/ Meu domingo tá perdido/ Vou pra casa entristecido/ Dá vontade de beber/ E pra aumentar meu tédio/ Eu nem posso olhar pro prédio/ Que eu ajudei a fazer/ Tá vendo aquele colégio, moço?/ Eu também trabalhei lá/ Lá eu quase me arrebento/ Fiz a massa, pus cimento/ Ajudei a rebocar/ Minha filha inocente/ Vem pra mim toda contente/ "Pai, vou me matricular"/ Mas me diz um cidadão/ "Criança de pé no chão/ Aqui não pode estudar"/ Essa dor doeu mais forte/ Por que é que eu deixei o norte?/ Eu me pus a me dizer/ Lá a seca castigava/ Mas o pouco que eu plantava/ Tinha direito a comer.

A segunda situação que gostaria de pautar é a seguinte: Maria, classe média, tem 24 anos, estuda na universidade, não trabalha, mora com os pais e ainda depende financeiramente deles. Dificilmente alguém acusará Maria de ser "encostada" nos pais. Há boas chances de outros comportamentos de Maria serem ressaltados para valorizá-la como "mulher": "Mas ela ajuda muito em casa", "cuida dos pais", "leva os pais ao médico", "é muito esforçada" etc. Se João vivesse a mesma situação, o que ouviria? Provavelmente: "Está na hora de arrumar um emprego, nem que seja um estágio", "João é muito mole, não tem iniciativa" e frases equivalentes. Apesar de mulheres de classe média e alta trabalharem e poderem amar seu trabalho, isso é um *plus*, elas não são julgadas como mulheres (em sua suposta "feminilidade") caso decidam abandonar a vida profissional. Podem até serem louvadas se isso ocorrer para se dedicar à família e à casa. Por outro lado, serão condenadas socialmente apenas, como vimos, se abandonarem, mesmo que parcialmente, a vida familiar e conjugal para se dedicarem ao trabalho ou a um projeto maior. Para os homens, é completamente diferente. A família inclusive fará e deverá fazer "sacrifícios" para que ele potencialize sua ascensão profissional.

Se a mulher for pobre e tiver um companheiro que provenha o sustento, também não será vista socialmente de forma negativa; mas terá necessariamente que se dedicar à casa e aos filhos, sem muita chance de terceirizar o serviço a outras mulheres, como já demonstramos anteriormente. O ócio feminino, característico de classes abastadas, constitui-se, também, em um capital viril, pois teria sido o homem quem pôde proporcionar esse "luxo"[282].

O trabalho, como âncora identitária para os homens, possui um forte elo com a forma de sua inserção na família que ele cria. Como ressalta Lima (2001), "a inserção na família aparece como uma 'via' em que o trabalho é a tônica" (p. 5). Ser pai se traduz, portanto, nessa compreensão, em ser provedor. Ou seja, comparecer pelo dispositivo da eficácia, na virilidade laborativa. Por isso, a impossibilidade de prover ou a provisão insuficiente (mesmo que na comparação com um certo ideal) pode ameaçar narcisicamente a masculinidade de um homem. Como afirma Lima (2001): "é o trabalho que está suportando, como eixo, a construção dessas identidades" (p. 5). Por outro lado, isso não significa que prover com abundância se traduza em realização e felicidade para os homens. Por exemplo, Fernando, um paciente a quem atendi por 3 anos, separado e pai de uma criança e de um adolescente, sempre repetia nas sessões: "Me sinto como um caixa eletrônico!". Sua queixa repetida era de ser "lembrado" apenas quando sua ex-esposa e filhos necessitavam de dinheiro. Ele se ressentia de não ser visto como pessoa e apenas como função de provedor. Sofrimento diferente seria ser interpelado e não poder prover, como também vi várias vezes em atendimentos a homens

[282] Vemos inclusive a *glamourização* disso na mídia, em entrevistas (em horário nobre) com mulheres que se casaram com homens milionários, abandonando a carreira e levando vida de "rica".

no serviço público de saúde mental. Ou seja, desempenhar bem a performance do trabalho e da provisão é algo fundamental, na nossa cultura, para os homens, mas não lhes garante carinho, afeto e bem-estar. Muitas vezes, nem mesmo reconhecimento. Essa expectativa se torna evidente justamente quando ela falha ou é colocada em xeque: nos casos de desemprego masculino, aposentadoria ou doença, como veremos adiante. Além disso, precisamos destacar que o acesso a essa performance, por parte dos homens, é bastante diversificada e apresenta fraturas interseccionais importantes com raça, escolaridade e classe social.

De acordo com Mello (2010), "a distribuição ocupacional é um elemento chave para a compreensão de algumas formas de desigualdade presentes no mercado de trabalho" (p. 3). Segundo a autora, no que tange ao mundo do trabalho, no Brasil, a segregação sexual é mais forte do que a segregação racial. Ou seja, ainda se resguardam ocupações tidas como tipicamente femininas (professores ou técnicos de nível médio) ou masculinas (trabalhadores da indústria extrativa e da construção civil, trabalhadores transversais, trabalhadores de reparação e manutenção mecânica e militares)[283]. Por outro lado, a autora destaca que cargos de poder, comando e prestígio ainda estão concentrados nas mãos dos homens *brancos*. Mello (2010, p. 7) aponta que

> A segregação racial torna-se mais perceptível em três grupos: dirigentes e gerentes, ocupações com ensino superior e produtores na exploração agropecuária. A proporção de homens brancos ocupados como dirigentes e gerentes é quase três vezes maior que a de homens negros e quatro vezes maior que a de mulheres negras. Comparando com as mulheres brancas a vantagem permanece, mas em menor proporção, havendo uma diferença de 2,8 pontos percentuais. Nesse grupo, as desigualdades são particularmente grandes na categoria de empregadores. Apenas para citar alguns dados, nessa categoria há 10 vezes mais homens brancos que mulheres negras; 5 vezes mais homens brancos que homens negros e mais que o dobro de homens brancos que mulheres brancas.

Ou seja, carreiras mais "masculinas" tem uma menor participação não apenas de mulheres, mas também de homens pretos e pardos (Artes & Rocildi, 2015). Essa distribuição de poder reflete bem (em termos de resultado de processos sociais) a masculinidade hegemônica (branca)

[283] Essa reestruturação do poder levou Singly (1993) a afirmar que não houve mudança estrutural da hierarquia de gênero, apenas modificação das estratégias de dominação masculina.

em nosso país. O modo de "proteção" dos cargos ditos "masculinos" se dá, quando não de forma direta, por meio de várias estratégias sexistas – e, devemos incluir, racistas – insidiosas (Marques, 2011).

Sobre as barreiras sexistas em determinadas profissões consideradas como "masculinas", Marques (2011) fornece importantes reflexões. Ao estudar diferentes profissões (cirurgia geral, magistratura, montador de *offset* e taxista) nas quais essas barreiras subsistem, em Portugal, o autor percebeu que a descrição das performances compreendidas como necessárias para a execução do cargo, dada por quem majoritariamente os ocupa (homens), aponta para traços, valores e performances do que se considera culturalmente como sendo masculino (da masculinidade hegemônica), tais como: agressividade, autoconfiança, racionalidade, frieza, foco, capacidade de fria análise (sem emocionalidade) e de julgamento com ponderação, invulnerabilidade, determinação, ser incansável, resistência ao stress, competitividade e atitude[284].

Além dessas características citadas como desejáveis para o exercício da profissão, espera-se também uma dedicação absoluta ao trabalho, de tempo total, secundarizando a vida pessoal e familiar, o que leva, como vimos, ao abandono de certas carreiras e projetos profissionais, por parte das mulheres. Marques (2011) destaca, assim, que haveria "múltiplas masculinidades na caracterização de um contexto profissional" (Marques, 2011, p. 231), no qual a vivência das identidades profissionais se articula com o prestígio das profissões e com as localizações de classe dos seus profissionais.

Dependendo da organização ou entidade, pode haver uma cultura sexista, na qual emergem múltiplas masculinidades, seguindo diferentes estratégias, ora de controle, ora de cumplicidade ou de resistência entre elas, e em relação às mulheres no geral. Um contexto profissional será caracterizado, assim, por diversas masculinidades e determinadas hierarquias[285]. Uma "brincadeira" entre os médicos, encontrada na pesquisa

[284] Interessante a citação que Marques faz (2011) de pesquisa realizada por Cassell (2000 apud Marques, 2011), na qual, a partir de entrevistas com cirurgiões, foi relatado de forma louvável o programa do cirurgião chefe que, de tão rigoroso e exigente em termos de dedicação de tempo, fez com que todos os casamentos dos cirurgiões em seu departamento fossem dissolvidos. De acordo com os entrevistados, tanto o chefe quanto os subordinados estavam orgulhosos disso e acreditavam que a cirurgia deveria vir em primeiro lugar, em segundo, e sempre. Essa hiper-dedicação coroaria a masculinidade de um homem.

[285] Como vimos anteriormente, quando houve um projeto de popularização da educação no Brasil, era necessário um grande contingente de professores. Esse espaço foi cedido às mulheres, por elas terem "naturalmente" certas qualidades maternas, as quais poderiam ser utilizadas nesse serviço. A construção cultural dessas diferenças de gênero fornece as justificativas para a manutenção da desigualdade simbólica e material, da qual os homens, como grupo, usufruem (de forma também desigual, em função das hierarquias entre as masculinidades).

realizada por Marques (2011), fornece um exemplo dessa hierarquia na medicina, entre suas várias especialidades. Ao se referir aos cirurgiões, outros médicos apontaram que "eles são os médicos de ponta e nós os médicos do ponto" (Marques, 2011, p. 319). Os cirurgiões eram, majoritariamente, um grupo masculino. Faltam pesquisas em nosso país, na área de psicodinâmica do trabalho, que unam os estudos de gênero, com a interseccionalidade com raça, para o desvelamento das hierarquias e jogos de poder (e das masculinidades) dentro das organizações e de profissões, bem como seus impactos (inclusive identitários) sobre as pessoas.

Em suma, certas profissões são "masculinas" porque demandam performances culturalmente atribuídas aos homens[286], de um lado; e, por outro, porque a dedicação exigida leva as mulheres a terem que escolher entre a profissão e a vida pessoal. Grande parte desiste ou escolhe trabalhar em regime de tempo parcial[287] (Marques, 2011), o que dificulta a ascensão e o destaque na carreira, bem como a obtenção dos mesmos rendimentos masculinos[288]. No caso dos homens, como vimos no capítulo anterior, não se trata de escolha, mas de liberdade para acolher seu projeto, nutrido e mantido pela dedicação do dispositivo amoroso da esposa ou companheira. Como afirmamos anteriormente, o dispositivo amoroso das mulheres é um dos maiores fatores de proteção à saúde mental dos homens e alimento para o desenvolvimento de suas carreiras.

---

[286] Na pesquisa realizada por Marques (2011), "o cirurgião é representado como pragmático, rápido, decidido, frontal, pouco expressivo emocionalmente, líder, viril e agressivo; o magistrado como seguro, íntegro, isento, imparcial, estável e muito trabalhador; o montador como auto-disciplinado, concentrado, resistente à pressão, orgulhoso da profissão e com grande capacidade de abstração e intelectualização; o motorista como auto-controlado física e emocionalmente, rápido nas reacções, corajoso, forte, decidido e moralmente sério" (p. 454). As mulheres para se "adequarem" ao ambiente dessas profissões precisam demonstrar níveis superiores de competência, evitar exibir particularidades associadas ao sexo feminino (como, por exemplo, roupas e muitos acessórios de "mulher") e aderir a uma concepção andrógina do profissional – isso contraria o discurso da não discriminação das mulheres, segundo o autor.

[287] Como vimos, elas são interpeladas, identitariamente, por outras questões, muitas vezes ressentidas como "mais urgentes".

[288] Ainda teríamos que citar aqui o assédio e a violência sexual contra as mulheres no mundo do trabalho. Isso é marcado por dois aspectos que julgo essenciais: de um lado, a não aprendizagem do controle e da renúncia sexual por parte dos homens, ou seja, o *entitlement* no quesito atividade e abordagem ativa sexual. Faz parte da masculinidade hegemônica acreditar que isso é um direito, simplesmente, do ser homem. Por outro lado, há a novidade, apesar de nem tanto recente, das mulheres ocupando, cada vez mais, postos de trabalho diferenciados, de *status* ou considerados masculinos. Mesmo que a relação seja de coleguismo de trabalho, o assédio é uma lembrança, mediante a tentativa de dominação, de que ela é *simplesmente* uma *mulher* (categoria do grupo inferior) e que, pelo fato de trabalhar, não deixou de sê-lo. Faz-se mister destacar que, por mais possa haver desrespeito no assédio, muitas mulheres podem se aprazer nessa abordagem em função do dispositivo amoroso, da prateleira do amor. O fato de se estar em ambiente de trabalho não desliga esse dispositivo e nem o caráter, para muitas, inebriante, de alguém se interessar, seja de que modo for, por elas.

Sobre as barreiras raciais no mundo laboral, faz-se mister destacar que o acesso aos postos superiores (de maior prestígio, reconhecimento e remuneração) não é aberto a todos os homens (Vergne, Vilhena, Zamora & Rosa, 2015). Aqui o bloqueio vem acompanhado pela violência estrutural expressa por meio do baixo índice de escolaridade, ainda vigente, dentre os homens negros em nosso país. O letramento e a escolaridade, em nossa cultura, podem propiciar mobilidade e ascensão social, como vimos ter sido a estratégia de entrada das mulheres brancas brasileiras no mercado de trabalho[289]. Segundo Mello (2010), o porte de diploma superior, no Brasil, se daria na seguinte distribuição: 11,4% de mulheres brancas, contra 6,2% dos homens brancos; 4,5 das mulheres negras e apenas 1,8% dos homens negros (Mello, 2010). Como podemos ver, os homens negros são a parte da população mais alheia e excluída nesse processo[290]. Não é à toa, portanto, que a luta dos movimentos negros pelo sistema de cotas[291] seja bastante importante e intervenha, também, na questão identitária.

As razões para a baixa escolaridade dos homens negros são muitas e históricas, mas dentre elas gostaria de destacar o mito da animalidade: como afirmava Fanon, um homem negro não é um homem, ele é negro. Ele é reduzido a seu corpo[292] e a seu pênis, sendo desqualificada sua capacidade intelectual[293] (Hooks, 2015b), capital importante na mascu-

[289] No entanto, ancorada na opressão de classe de mulheres trabalhadoras mais pobres, sobretudo negras e nordestinas, as quais cumpriam as "obrigações" femininas do lar, permitindo que as brancas se lançassem em sua vida profissional. Muitas discussões feministas atuais se focam exclusivamente nessa questão (opressão das mulheres brancas sobre as demais), a qual penso ser relevante (sobretudo a conscientização das mulheres brancas), mas, a meu ver, perde-se o centro do problema: o privilégio concedido aos homens, sobretudo brancos e hetero. Eles continuam a ser poupados e beneficiados, como se o trabalho do lar fosse um problema a ser resolvido exclusivamente pelas mulheres.

[290] Em média, os trabalhadores brancos recebem salários melhores do que o de pessoas negras. No entanto "a vantagem da mulher branca em relação aos homens negros tende a desaparecer quando são introduzidas variáveis de controle, tais como escolaridade e grupo ocupacional" (Mello, 2010, p. 9). O grupo em maior desvantagem é o das mulheres negras. E o grupo mais privilegiado o de homens brancos. Como conclui a autora: "O mais notável é que, exercendo ocupações ' tipicamente' femininas, os homens brancos ainda obtêm melhor remuneração que os demais grupos" (p. 12).

[291] Artes & Ricoldi (2015) fizeram uma importante análise sobre as mudanças ocorridas entre os anos de 2000 e 2010 no que tange ao quadro de estudantes de graduação brasileiros. As autoras demonstram ter havido aí um aumento da presença da população negra, sobretudo das mulheres. No entanto, como elas mesmas afirmam, esse resultado ainda está longe de representar uma real participação, levando em consideração a composição da população brasileira. Ou seja, ainda há uma hiper-representação de brancos e uma sub-representação de negros.

[292] Não é à toa, portanto, a expectativa "naturalizada" de que o negro seja superdotado em habilidades corporais diversas, como dança, futebol, força física, bem como a relação imaginária privilegiada entre o trabalho braçal e a negritude (Nkosi, 2014).

[293] Interessante pensar na diferença de sentido do uso da palavra "hiperdotado" para homens brancos e negros. No caso de homens brancos, em geral refere-se à capacidade intelectual; no caso de homens negros, em geral, refere-se ao tamanho do pênis e ao desempenho sexual.

linidade hegemônica branca. Como afirma Souza (2009), além de ter seu pênis *racializado*[294], a inteligência dos homens negros foi avaliada na proporção inversa do tamanho de seu pênis[295]. Trata-se de um pênis, nas palavras de Nkosi (2004), sem falo. Em suma, além das dificuldades para sua entrada na escola, muitas vezes devido à pobreza e à exclusão social (como afirma Sueli Carneiro, temos a racialização da pobreza), enfrenta várias formas de racismo explícitas e implícitas, das quais, por exemplo, há uma expectativa (por parte dos próprios professores e colegas brancos) de que não se destaque muito e, ainda, que aprenda a ser dócil, idiota e subalterno (Hooks, 2015b)[296], ou seja, a se comportar "apropriadamente". É nesse sentido que Nkosi (2014) ressalta que falar de racismo não é apenas falar do negro, mas das fantasias que expressam uma racialização da subjetividade tanto de brancos quanto de negros, em diferentes níveis de hierarquia e tipos de masculinidades.

Para Hooks (2015b), antes do genocídio, nas ruas, de jovens negros, começa-se o genocídio cultural, tanto nas instituições educacionais, as quais não estão preparadas para recebê-los, quanto nos obstáculos sociais que devem enfrentar. Aqui no Brasil, podemos sublinhar, também, a persistência de representações racistas, propaladas pelo movimento eugênico da primeira metade do século XX, atribuídas à população negra até os dias atuais. Como Serra & Schucman (2012)[297] apontam, essas representações seriam: são preguiçosos; mais violentos; sexuais; não têm muitos princípios éticos; são mais afeitos ao divertimento do que ao esforço, diferentemente dos brancos – esses sim, idealmente dedicados ao trabalho e aos estudos. Se a masculinidade branca é representada como

[294] Segundo o autor, há um temor psíquico por parte dos homens brancos em relação ao negro "macrofálico": esse último encarnaria os fantasmas e temores da branquitude, a qual projeta no homem negro uma hipervirilidade sexual (Souza denomina de "mitologia falomáquica"). Além disso, aponta o autor, o negro é visto sob os estereótipos de ser "vadio" e "perigoso".

[295] Tratam-se de irmãs gêmeas, nas palavras de Nkosi (2014) a crença na superioridade corporal do negro e em sua inferioridade intelectual.

[296] Muitos casos de "fracasso escolar" levam à culpabilização da própria criança negra, de modo que são invisibilizadas as forças sociais aí atuantes, como, por exemplo, o racismo e o sexismo. Em casos de garotos negros brilhantes, há também uma tentativa de se tornar "invisível", para não sofrer o rechaço simbólico e social da branquitude. Bell Hooks (2015b) traz interessantes histórias de pensadores negros para exemplificar essa ideia.

[297] Essas autoras encontraram, em suas entrevistas de pesquisa, uma "gradação" da branquitude. Assim, por exemplo, há aqueles que seriam considerados como mais brancos: os verdadeiramente descendentes dos europeus, sem nenhum "sujinho" de mestiçagem com negros e indígenas. Mas haveria, também, aqueles que, apesar da pele clara, possuiriam traços "tipicamente" mestiços e seriam menos brancos por isso (não seriam considerados brancos fora do Brasil). Esses últimos seriam os "brancos brasileiros". Por exemplo, "branco nordestino" não seria branco propriamente dito. A branquitude sem misturas seria a "melhor" de todas, nessa perspectiva. As autoras concluem que a eugenia, tão propalada no começo do século XX, persiste nos dias atuais em um racismo escamoteado, porém bem presente.

a ideal, as representações da masculinidade negra são relacionadas ao fracasso (Souza, 2009; Nkosi, 2014[298]).

Se o nível de escolaridade é um dos fatores mais correlacionados, na literatura científica, com o salário, com a entrada no mercado de trabalho, com a manutenção do emprego e com a saída do desemprego (Araújo & Antigo, 2016; Neves, Gonçalvez & Lima, 2015; Ribeiro, 2017), faz-se necessário problematizar essa questão ao se pensar na situacionalidade das masculinidades negras em nosso país[299].

Além disso, faz-se mister sublinhar que, em uma cultura como a nossa, na qual o (sucesso no) trabalho é imperativo para os homens em geral, estar simbólica, e muitas vezes materialmente, excluído do acesso a essa performance, pode ter efeitos bastante adversos na autoestima e no sofrimento psíquico. Pode levar, também, ao hiperinvestimento em outras possibilidades prescritas (pela branquitude) dentro do próprio dispositivo da eficácia, tal como a virilidade sexual, como forma de resguardar uma âncora identitária de "homem", como veremos mais adiante.

É preciso também destacar, na realização da virilidade laborativa, o surgimento histórico da figura do *workaholic*[300]. Ápice de realização dos mecanismos da virilidade laborativa, esse trabalhador compulsivo é frequentemente louvado mediante elogios que escamoteiam o seu vício, e muitas vezes seu sofrimento: "ele é um pau para toda obra!", é uma frase-metáfora frequentemente repetida, a qual aponta para a realização viril do esforço. Executivos, empresários, diretores, gerentes, cargos de liderança e de alto poder parecem exigir um funcionamento psicodinâmico dessa espécie. Muitos deles têm 70% do tempo de sua vida,

[298] Segundo Nkosi (2014), o homem negro não é um homem de verdade: "dadas as barreiras objetivas e subjetivas oferecidas pela sociedade colonial (durante ou após a escravidão), não dispõe dos recursos sociais necessários para corresponder às expectativas patriarcais de masculinidade" (p. 90). Como não possui referenciais fetichizados, "como ponto de partida para agenciar sua identificação e é só a partir do corpo que o negro será visto (...) será a partir dele que se afirmará" (p. 90).

[299] Araújo & Antigo (2016) apontam que quanto mais escolarizado, menor o efeito adverso das características pessoais na empregabilidade de uma pessoa no Brasil. Bando e Lester (2014) apontam outro dado importante: a correlação positiva, no Brasil, entre alto nível socioeconômico e suicídio, de um lado; e baixo nível socioeconômico e homicídio, de outro. As taxas de homicídio são maiores em jovens negros, com baixa escolaridade. Pode-se e deve-se refletir sobre as possibilidades abertas (ou fechadas) no advir identitário das masculinidades para essa parcela da população. Na impossibilidade do exercício da virilidade laborativa, na masculinidade hegemônica, a violência viril pode exercer papel fundamental como âncora identitária. Ver o interessante trabalho etnográfico realizado por Cecchetto, no Rio de Janeiro (2004).

[300] Termo cunhado por Wayne Oates, em 1968, em *On being a workaholic*, no qual relata sua própria experiência de ser viciado em trabalho e a compara com o alcoolismo. É necessário distinguir os *workaholics* dos *worklovers*, que seriam aqueles apaixonados pelo trabalho, que se dedicam a ele intensamente, mas mantendo boas relações sociais e sentindo intensa satisfação no que estão fazendo. Há protagonismo, escolha, envolvimento com a tarefa e realização.

ou mais, dedicado ao trabalho (12 horas ou mais, diárias), reservando 20 minutos apenas, por exemplo, em muitos casos, para o almoço (Serva & Ferreira, 2006). Além disso, a vida pessoal, amorosa e familiar é colocada em segundo plano – preço que pode custar caro anos depois (Finazzi-Santos & Siqueira, 2011[301]).

Segundo Serva & Ferreira (2006), a partir da análise da literatura na área, as características do *workaholic* seriam: a) tais indivíduos gastam grande parte de seu tempo com as atividades do trabalho, abdicando de aspectos sociais (família, amigos, lazer); b) persistem em pensar em trabalho, mesmo quando não estão trabalhando; c) trabalham muito além do que é razoavelmente esperado ou do que é necessário para atender suas necessidades econômicas básicas. Rara ou dificilmente tiram férias e, quando tiram, são poucos dias, ou não conseguem se desligar totalmente do trabalho[302]. Sentem uma pressão para a eficácia e o sucesso.

"Vivi em função do trabalho" ou "Me casei com meu trabalho" não é uma frase incomum de se ouvir desses homens, em uma idade mais avançada. Apesar de certos benefícios nessa posição (como por exemplo, o benefício narcísico de poder performar a masculinidade hegemônica, ter acesso a bens de consumo, o aumento do capital "amoroso" no acesso à prateleira do amor, o reconhecimento de sucesso por outros homens e a opressão, também, de outras masculinidades subalternas), muitos homens são levados ao adoecimento e à morte, por causa do trabalho. Dentre as formas de adoecimento, podemos destacar: esgotamento físico e mental, stress, infarto, úlcera gástrica, distúrbios do sistema imunológico – "decorrência das preocupações e do ritmo impostos pelo trabalho" (Serva & Ferreira, 2006, p. 195). Se o *Workaholismo* antes era visto como uma patologia, uma forma de adoecimento, com o crescimento do número de casos, passou a ser visto como "normal", mesmo em estudo da área das organizações (Serva & Ferreira, 2006).

[301] Os autores relatam um estudo de caso onde evidenciam uma vida de entrega excessiva, quase exclusiva ao trabalho, por parte de um homem, deixando em segundo plano mulher e filhos. Próximo da aposentadoria, a mulher desiste do casamento e o homem tenta salvá-lo, pedindo remoção do setor; o pedido é negado pela direção, tendo em vista a necessidade da empresa de seu desempenho sempre exemplar. Nesse momento, se abre, de forma cruel, a não equidade de relações entre ele e a empresa e o quanto se dedicou de forma cega (servidão voluntária) a ela. Por outro lado, sua dedicação lhe custou as relações familiares. O fim é trágico: o conflito leva-o ao suicídio. Faz-se mister destacar aqui a retirada dos benefícios do dispositivo amoroso da esposa e suas consequências na saúde mental do sujeito.

[302] Muitos se sentem culpados por "estarem à toa", ou "desperdiçando tempo". A metáfora de base para essas vivências é o lema do capitalismo *Time is money*. O tempo passou a ser vivido como um recurso do qual se dispõe e tem valor (no caso, cambiável por dinheiro). Sobre essa metáfora ver Lakoff & Johnson (1986). A internet potencializou ainda mais o tempo de trabalho, ao borrar os limites físicos entre trabalho e casa, ou vida pessoal.

É necessário pensar aqui não apenas as questões psíquicas implicadas, bem como o contexto histórico e o espaço social (das organizações) no qual esse fenômeno ocorre, mas também, e sobretudo, como o ideal de masculinidade hegemônica participa e ajuda a configurar ativamente esse quadro. Faz-se mister também questionar o quanto o funcionamento psicodinâmico desses homens, nas masculinidades, é explorado por parte das empresas. Nesse sentido, poucos desses homens conseguem ser bem-sucedidos e ter, ao mesmo tempo, uma vida pessoal equilibrada.

No entanto, mesmo em casos de sucesso, não é possível manter esse desempenho laboral por toda a vida, como vimos por meio das perguntas provocativas de Welzer-Lang. O autor questiona assim o que ocorre quando a performance da virilidade laborativa é bloqueada, impedida ou simplesmente impotente, seja por problemas de saúde, seja pelo envelhecimento. Aqui é preciso abordar duas situações nas quais os homens são colocados em xeque, identitariamente: o desemprego e a aposentadoria (por doença, incapacidade inata ou adquirida, por tempo de trabalho ou velhice).

Segundo Nolasco (1995a, p. 65), "o desemprego passou a ser a condição para que os homens entrem em contato com os sentimentos de desvalorização e de angústia, transformando-se na representação temida no universo masculino". Se, anteriormente, era relacionado à vulnerabilidade de classes sociais mais pobres, hoje afeta a todas as camadas da população. Azize (2009) aponta, nesse sentido, o fenômeno contemporâneo do "desemprego executivo". Segundo o autor, o que é colocado em xeque não é apenas a possibilidade de sobrevivência, mas o desejo de manutenção do status e o constrangimento social nesse sentido[303]. O que é colocado em xeque em um homem desempregado é sua masculinidade.

---

[303] Necessário, portanto, levar em consideração, além do gênero, a interseccionalidade com escolaridade e classe social. Pamplona (2013) aponta que é evidente a relação entre taxa de desemprego como fator determinante de maior ou menor presença de trabalho informal, como por exemplo, os ambulantes na rua. No entanto a informalidade do trabalho afeta mais a saúde mental de mulheres do que de homens, pelo sentido subjetivo que ela adquire. Como afirma Ludermir (2000), "Se para os homens o trabalho informal significa autonomia e concretização do sonho de não ter patrão, para as mulheres, além da carga adicional de trabalho e da monotonia, representa uma oportunidade limitada e não reconhecida do uso de suas capacidades" (p. 656). Isso porque elas já realizam um trabalho invisível e não remunerado que são as tarefas domésticas. Em geral, em um período de recessão são as mulheres a parcela da população mais afetada pelo desemprego. Além disso, as consequências são maiores para a população negra do que a branca (Martins, 2012). Cabe ainda a pergunta: os desempregados executivos (com maior nível de escolaridade e condição socioeconômica) se encaixariam nessas análises? Como seriam para eles a perda de *status* e a informalidade? Trazer a complexificação da análise para a interseccionalidade de gênero e outros fatores é fundamental. É necessária a realização de mais estudos qualitativos nesse campo.

O tema do desemprego tem sido razoavelmente abordado pelo campo da psicologia, sobretudo pela perspectiva da saúde mental (Coelho-Lima, Costa & Bendassolli, 2013), ou seja, em atenção a aspectos referentes aos trabalhadores desempregados. Porém são muito poucas ainda as contribuições da Psicologia Social do Trabalho, especificamente no enfoque psicodinâmico. Da mesma forma, faltam operadores clínicos (na psicologia clínica) para lidar com esse fenômeno (Abs & Monteiro, 2010[304]). Outro aspecto relevante é a quase inexistência de pesquisas com recortes específicos da população desempregada por gênero, idade, escolaridade, raça/etnia, deficiência física e classe (Coelho-Lima, Costa & Bendassolli, 2013). Como vimos até aqui, esse recorte é importante para qualificar os impactos subjetivos (e identitários) do desemprego.

Há também situações de desemprego temporárias, em função do adoecimento físico e/ou mental e, em alguns desses casos, pode-se chegar a uma aposentadoria por invalidez, a qual também questiona a possibilidade de exercício da masculinidade. Gostaria aqui de trazer exemplos provindos de pesquisas que eu e (ex)componentes do grupo que coordeno, realizamos junto a pacientes homens, internados em hospital psiquiátrico, ou em tratamento no CAPS[305]. Os dois temas que mais se destacaram na fala desses homens foi o trabalho e a atividade sexual (Zanello & Bukowitz, 2012; Zanello, Fiuza, Costa, 2015). No entanto o modo como o conflito em relação ao tema do trabalho se apresentou foi diferente: em homens em crise ou em surto (internados na ala psiquiátrica), surgiu, sobretudo, de forma narcísica inflacionada, por meio do delírio (de ser riquíssimo, magnata; de ser um grande inventor, um diretor de filme famosíssimo etc.). Por outro lado, nos homens que, mesmo em sofrimento psíquico, estavam razoavelmente mais estáveis (em tratamento no CAPS), apareceu em uma posição de queixa de não poder prover. Aqui nos chamou a atenção a relação temporal do jogo conflitivo identitário: a angústia se mostrava mais intensa quando a capacidade de trabalhar e prover nunca havia existido. De outra parte, aqueles que já haviam ocupado ou exercido essa performance, de forma razoavelmente satisfatória, conseguiam encontrar uma solução de compromisso mais apaziguadora.

---

[304] Segundo os autores, isso acarreta um entendimento limitado de diversas psicopatologias que chegam aos consultórios, públicos ou particulares.

[305] Ribeiro (2013) aponta, a partir de pesquisas realizadas por outros autores, que apenas 15% a 25% dos pacientes psiquiátricos conseguem trabalhar (não apenas conseguir o trabalho, mas mantê-lo).

Abaixo, trago trechos de falas e relatos de pacientes psiquiatrizados e/ou em tratamento no CAPS, para demonstrar a presença da exigência da virilidade laborativa e sexual (mesmo que antecipando o próximo tópico) no exercício da masculinidade (hegemônica). Vamos apresentar também falas de mulheres para explicitar, pela comparação, o funcionamento dos dispositivos.

No caso de Júnior, 25 anos: a virilidade apareceu no relato do exercício de inúmeros papéis que, segundo ele, lhe davam destaque social. Seu discurso levava a crer que o desempenho dessas funções e a relação com personalidades famosas era para ele algo corriqueiro e, portanto, tratado como irrelevante. O paciente relatou ser ex-jogador da seleção brasileira; ser técnico de informática, função que "dominava plenamente", considerando "besteira" qualquer atividade a ser desempenhada no computador; ter servido ao Exército Brasileiro, onde foi atirador de elite; ter lecionado; ser usuário de maconha, mas só fumar o *skank*, variação mais forte da substância; produzir lança-perfume, mas não vender pessoalmente, pois tinha pessoas vendendo para ele; roubar carros, o que demonstrava seu "poder", fazendo com que as meninas se aproximassem. Disse ainda que seu tio era juiz, um "nome importante", que não permitiria que o sobrinho fosse preso por envolvimento com drogas e que seu pai havia sido delegado. Também relatou ser cantor da banda de *rap* Racionais e ter sido o cantor Bruno da dupla sertaneja Bruno e Marrone quando era gordo.

No caso do paciente Edson, 38 anos, ficou evidente a grandiosidade atribuída a todas as coisas que ele realizava. Ele não era apenas um soldado de Exército Brasileiro, mas um atirador de elite. Não viajava para qualquer lugar, ia à Marte, acompanhado de ninguém mais ninguém menos do que os cantores Martinho da Vila e Martinália. Ele era o pai da consagrada atriz Susana Vieira e seu parceiro de trabalho era o produtor internacional Steven Spielberg. Do desenho animado Caverna do Dragão, Edson nos contou ser o Mestre dos Magos, detentor de todos os saberes.

Por fim, outro paciente, Fernando, relatou dominar inúmeras profissões: "*Eu sou marceneiro, sou pedreiro, sou eletricista, sou pintor, sou encanador, trabalho com artesanato, trabalho com vendas, faço muita coisa. O melhor muro que tem lá* (referindo-se à cidade onde mora) *foi eu que fiz*". No entanto depois que entrou "nessa depressão" não consegue mais realizar as tarefas que anteriormente executava. Meio choroso, nos pergunta, em tom de culpa, e auto e hetero reprovação: "*Eles me deixam aqui internado, não deixam eu sair... quero saber quem é que vai pagar as contas lá de casa*".

Júlio, 29 anos, quando perguntamos a ele se era casado, "*Sô não! Já tive um monte de rapariga*" (risadas). "*Já, já... Eu já tive um bucado de rapariga*" *Professora* (chamando uma das entrevistadoras): *Eu já tive um bucado de rapariga. Já tive um tanto de rapariga. Já tive cinco rapariga*". A entrevistadora então perguntou: "*Você teve filhos com alguma ou se casou?*". O paciente respondeu: "*Tive não, tive não, não. Só fiquei namorando elas cinco, elas cinco, elas cinco. Eu só fiquei namorando elas cinco. Eu tive sim um movimento com elas... Sabe o que é? Sabe o que é? Eu dormia com as cinco. Heeeee!* (risadas) *Eu dormia com as cinco mulhé*". Entrevistadora: "*Como você fazia pra administrar tantas mulheres?*". Júlio: "*Era fácil*".

Já Márcio, outro paciente, foi direto ao assunto: "*Eu sou atentado... E eu gosto... Ainda mais que a minha esposa é a Kelly Key né, aí eu apronto mesmo. Ela fica 'braba' comigo. Fica indignada comigo. Mas eu não to nem aí! Você acha que ligo?! Eu tava traindo ela com a Angélica... Mas não dá nada...*"

Interessante ressaltar que nos casos de surto (delírio, sobretudo em diagnósticos de esquizofrenia e transtorno delirante) o tema da virilidade sexual e de seu desempenho surgiram como a temática mais recorrente, seguida pela temática do trabalho; já nos casos mais estabilizados ou de outros diagnósticos, nos quais havia uma posição mais queixosa, ou menos inflacionada/ delirante, foi mais recorrente a temática do trabalho (ou da impossibilidade de exercê-lo) e, depois, a queixa de impotência ou outras dificuldades, tais como baixa libido (muitas vezes como efeito colateral da medicação), no exercício da virilidade sexual. Passemos agora aos recortes de casos clínicos femininos.

Fabrícia, 38 anos, entrou com mais de 8 processos contra o dono do verdurão de seu bairro. Dizia que ele estava apaixonado por ela e a perseguia sem parar. Exemplos de perseguição que apareceram em sua fala: caminhões que vendiam frutas na frente de sua casa e tocavam músicas "para ela" (como "Mina do condomínio", do Seu Jorge), policiais que piscavam o farol para ela (segundo ela, enviados pelo dono do verdurão) etc. Ela dizia que todos os tribunais e mesmo o STF estavam comprados pelo homem, pois sua intenção era ficar com ela acima de tudo. Inclusive o acusava de tê-la feito tropeçar e cair no chão, machucando um dos seios que, por causa disso, desenvolveu um câncer. Apesar do sofrimento no delírio trazido pela paciente, aponta-se que sua vivência não era apenas de ser desejada, mas hiperbolicamente desejada.

Rebeca, por seu turno, em nossas conversas na internação psiquiátrica, afirmava categoricamente, várias vezes, ao falar de sua beleza: "*Eu sou linda assim porque os outros têm inveja de mim*". Não bastava ser um objeto de desejo masculino, mas também, há que se destacar a comparação com outras mulheres para ressaltar suas qualidades de beleza.

Já Fernanda nos puxou para um canto do pátio (da internação) para mostrar a fotografia de seu namorado: ninguém menos que Leonardo diCaprio. Referia-se a ele como "*Leonardo diCaprio Obama Bush*". Não bastava ser um ator famoso quem a escolheu, tinha que ser revestido com muito poder. O delírio exercia uma função reparadora, narcísica, pois representava, por seu reverso, um *upgrade* da própria paciente na prateleira do amor.

Por fim, Mara, 28 anos, nos disse: "*(...) minha filha pequenininha... Eu tenho que levar pra escola. Tem quatro anos, é o primeiro ano dela na escola*". Ao que perguntamos: "*Quem está cuidando dela agora?*". A paciente respondeu: "*É o irmão dela e o pai. Mas não tão cuidando do jeito que eu cuido não. Eu faço a comida na hora certa, eu trabalho de sete até nove horas, chego em casa faço a comida, dou banho nela, arrumo ela, penteio o cabelinho dela, levo ela pra escola... Eu to sofrendo demais, dá uma dor...*". Havia outras pessoas para cuidarem de sua filha, mas os cuidados dela eram "insubstituíveis".

No caso das mulheres, também percebemos uma diferença entre aquelas que estavam em surto e as que estavam apenas em crise. Nos casos delirantes, o principal tema foi o amor, o ser escolhida por alguém importante, rico, famoso; também apareceu o tema das relações familiares, dentre as quais o dispositivo materno, como a capacidade de ter vários filhos ("*tô grávida de 10 filhos! Tá pensando o quê? Sou boa de pica*" nos dizia uma delas). Já nos casos de crise ou de pacientes mais estáveis, encontramos queixas mais recorrentes de culpa relacionada à incapacidade do exercício dos cuidados maternos e da casa e, em segundo lugar, o sofrimento no amor, por se sentir fora do mercado amoroso (por exemplo, por ter engordado em função dos medicamentos) ou por estar casada com um homem a quem não se amava, mas pelo menos a tinha escolhido de alguma forma (era um "salva-dor").

Em todos os trechos dos casos aqui relatados, podemos ver o funcionamento narcísico, em sua dimensão gendrada. Considero o conceito de narcisismo uma das maiores contribuições de Freud para a clínica humana (Freud, 1914; Freud, 1924). É um conceito central para entender o funcionamento psicodinâmico. Porém, a meu ver, não há como se pensar narcisismo que não seja por essa perspectiva do gênero. Isso devolve o social e o político à clínica (para desfazê-la de certo ranço universalista e a-histórico); ao mesmo tempo, traz para os estudos de gênero as singularidades biográficas e a dimensão do sofrimento, mas também da realização pessoal, profundamente gendradas.

Em relação à aposentadoria e ao que ela coloca em xeque acerca da masculinidade, Nolasco (1995a) destaca que "ao trabalhar, um homem vai se distanciando de sua vida pessoal e passa a investir somente na instituição da qual faz parte, estabelecendo com ela um vínculo de total exclusividade e dependência" (p. 61). Como indicamos, "Eu gostaria de saber o que fazer de mim, pois só vivi para essa instituição, e, de um dia para outro, não existe mais nada" (Nolasco, 1995a, p. 61) é uma frase comum em homens que foram bem-sucedidos no cumprimento da virilidade laborativa, no dispositivo da eficácia. Em pesquisa que realizamos em uma instituição asilar (Zanello, Campos & Henderson, 2015), essa "constatação" foi recorrente dentre os homens. O hiperinvestimento no trabalho pode ser um fator de risco para a saúde mental deles, levando mesmo alguns ao suicídio quando próximos, ou logo depois, da aposentadoria (Meneghel, Gutierrez, Silva, Grubits, Hesler & Ceccon, 2012[306]; Minayo, Meneghel & Cavalcante, 2012). Há a perda do trabalho como referência existencial e como escudo, no sentido da manutenção da "honra", em função da diminuição ou do desaparecimento do *status* (Minayo, Meneghel & Cavalcante, 2012)[307].

Esse aspecto se vê ainda mais agravado quando acompanhado de perdas de pessoas importantes e limitações físicas à autonomia e à vida sexual (impotência). A sensação de inutilidade ("Não sirvo para mais nada") e de ser um peso para os familiares não é infrequente. Daí a necessidade, como política pública, dos programas de preparação para a aposentadoria (França & Soares, 2009). Em geral, o ócio da aposentadoria é ressentido, por muitos homens, como uma transgressão ou desvio de tudo aquilo que foi performado no decorrer de toda sua vida. As mulheres, por seu turno, podem continuar investidas no dispositivo materno, cuidando dos netos e de pessoas adoecidas na família. Nesse sentido, o envelhecimento e os desafios a ele relacionados (no envelhecer) parecem interpelar de forma mais radical (na raiz, visto que identitariamente) os homens do que as mulheres[308].

Alguns fatores de resiliência são apontados como decisivos no processo de aposentadoria dos homens: interesse e investimento em outras

[306] Segundo as autoras, mulheres idosas se suicidam quando não podem mais cuidar e trabalhar; e homens, após mudanças no papel de provedor, dentre as razões, devido à aposentadoria (mas também ao desemprego). Gênero é um fator de vulnerabilidade ao suicídio, tanto para homens quanto para mulheres.

[307] Isso ocorre não apenas no meio urbano, mas também no rural.

[308] Como mostramos em nossa pesquisa (Zanello, Campos & Henderson, 2015), para eles sobra quase nada de âncora identitária. Por isso, são comuns discursos proferidos sobre um passado "de glória", no qual se desempenhou funções importantes, cargos de poder, se ganhou muito dinheiro e se teve uma vida sexual cheia de aventuras. Há pouco sobre o que se falar no presente. No que tange ao xeque mate identitário colocado pelo envelhecer, os dados levantados por Minayo, Meneghel e Cavalcante (2012) corroboram com os nossos.

atividades (fora do trabalho), apoio da família e de amigos. No entanto outras variáveis interseccionais precisam ser levadas em consideração na análise de cada caso, tais como: a) o valor da previdência a ser recebido (por exemplo, se é trabalhador rural ou urbano, pois as iniquidades ainda persistem[309]); b) se o homem, apesar de se aposentar, continuará sendo o provedor, seja por meio do salário da previdência (Areosa & Bulla, 2010), seja pela execução de novos trabalhos, como no mercado informal para os homens de baixa escolaridade (Cockell, 2014), ou em consultorias/prestação de serviços mais especializados, para os de alta (França & Vaughan, 2008).

Em suma, o trabalho e o valor atribuído a ele (e a seu sucesso) desempenham um papel bastante importante no ideal da masculinidade hegemônica. Passaremos agora ao outro pilar identitário do dispositivo da eficácia: a virilidade sexual.

Virilidade sexual

O imperativo da virilidade sexual é marcado por dois pontos, um positivo, no sentido de produzir performances, e outro negativo, no sentido de ser interditado, execrado. Como apontei anteriormente, o positivo seria a injunção identitária de que um "homem de verdade" é um "fodedor", comedor sexual ativo; e o negativo, implica a proibição de qualquer prazer ou experiência anal. De um lado, o "coma!", do outro, o "mantenha o cu fechado!"[310]. Abordaremos cada um desses pontos separadamente, mas não devemos nos esquecer de que funcionam como dois lados da mesma moeda viril. Pênis e cu, dois amparos corporais para a identidade masculina. Se manter o cu fechado é colocado como pré-requisito para a masculinidade, ele não a garante, mas sem isso, ela não se torna possível.

[309] E qual *status* tal pensão proporcionará em seu meio socioeconômico. Sobre as iniquidades da previdência social urbana e rural, e gênero, ver Brumer (2002) e Kreter e Bacha (2006).

[310] Por isso há tanta resistência, dentre o público masculino brasileiro, a se realizar o exame de próstata. Segundo Gomes, Nascimento, Rebello e Araújo (2008), o toque retal é temido pela possibilidade de provocar "arranhaduras na masculinidade". Exemplos de falas masculinas coletadas pelos autores: "Não vai me enfiar o dedo porque sou macho, compadre. Essa mentalidade afasta o homem, acho que o homem associa à penetração"; "Sexo anal, que eu acho que é o que acabam associando ao toque retal"; "Ninguém vai me enfiar o dedo porque eu sou macho"; "Eu acho que existe um medo muito grande da excitação. Do excitar-se com isso e de isso poder ser mostrado para o outro, justamente a zona anal, é o grande temor do homem, pode ter a possibilidade de sentir algum prazer nessa área ou de poder pelo menos sentir essa área, é um grande risco".

O desempenho sexual (o que se faz ou se deixa de fazer, quantas vezes e com quanta intensidade) é um fator importante na masculinidade hegemônica atual e fica inscrito em um "continuísmo auto-erótico" (Nolasco, 1995a, p. 70): "Também nas relações sexuais estão embutidas noções de produtividade e eficiência a serem apresentadas ao outro". Azize e Araújo (2003) apontam, nesse sentido, o quanto a valoração laboral da "eficiência" se viu cada vez mais aderida à representação de virilidade e foi importada para a vida sexual. A virilidade laboral reflete-se, assim, na virilidade sexual, sendo comuns metáforas daquela esfera, por parte dos homens, para se referirem à potência sexual. Exemplos seriam as palavras "desempenho" e "performance" para descrever o ato sexual: aqui "o que conta é a 'excelência de desempenho'" (Azize & Araújo, 2003, p. 141). Parte do próprio gozo masculino traduz-se na capacidade do poder de fazer gozar (Bourdieu, 1998). Além disso, segundo Azize e Araújo (2003), não se trata apenas de atingir um padrão viril assumido como dominante, mas também, de parecer, transparecer, falar, demonstrar essa situação. Em outras palavras, *provar*.

Um "verdadeiro" homem demonstra assim sua potência, seja por meio do número de parceiras que consegue/conquista, seja na duração e nas performances da transa[311]. Metáforas em português brasileiro não faltam para apontar uma analogia de base com a conquista, a dominação e a guerra, tais como: "foder"[312], "dar uma bombada", "dar uma pistolada", "bater o bife", "passar a vara" etc. Como sublinha Nolasco (1995a, p.71):

> O imaginário masculino está permeado por marcas de força, poder e dominação, tanto do outro quanto de si. No âmbito sexual não é diferente, os homens limitam seu prazer a dominar e subjugar, reproduzindo no âmbito privado o que se passa na esfera pública.

Grande parte das metáforas relacionadas ao ato sexual enaltecem o penetrador, entendido como ativo, e desqualificam a(o) penetrada(o). Em geral, de tanto circularem nos espaços de diferentes sociabilidades, tornam-se metáforas mortas (o sentido metafórico passa a ser o literal

[311] Muitas vezes, o próprio orgasmo da mulher é ressentido como o coroamento de sua potência sexual, em "saber fazer gozar".

[312] Termo altamente ambíguo e usado em uma diversidade de outras situações que não a sexual. Segundo Misse (2007), "no conjunto, a ação de 'foder' está associada a um significado ambíguo: 'penetrar com o pênis' e/ou 'ferir', 'desgraçar', 'vencer', 'praticar ato indesejável para quem o receber', 'arrebentar'" (p. 64-65).

– Searle, 1995), mas, na verdade, as mais vivas (Lakoff & Johnson, 1986) justamente por estruturarem o modo de ser, de ver o mundo e de sentir (e viver a masculinidade). Ou seja, elas validam e legitimam, na vida sexual, as hierarquias gendradas, nas quais o feminino ou o que se supõe ser relacionado às mulheres, é compreendido como algo a ser conquistado (e usado) e inferior. O que se firma é a masculinidade na heterossexualidade, marcada pela "impenetrabilidade". Como apontamos, pode-se tomá-la literalmente, mas também devemos tomá-la em seu sentido metafórico e afetivo: a velha ideia de que um homem de verdade "não chora", é intocável e controla seus sentimentos. "Ser penetrado é", assim, "abdicar do poder" (Bersani, 1995, p. 101)[313]. Abaixo, segue uma tabela delineada por Michel Misse (2007) sobre as analogias dos termos verbais, em português, relacionados à atividade e à passividade, da relação de prestígio entre o "penetrar" e a de estigma com o "ser penetrado".

Tabela 1- Significados relacionados à ideia de "ativo" e sua relação com o prestígio, de um lado; e, de outro, "passivo" e sua relação com o estigma, no português brasileiro. Retirado de Misse (2007, p. 66).

Termo verbal	Duplo significado na frase	Indicadores
"Foder" (ativo)	a) penetrar com o pênis em; b) desgraçar, ferir, arruinar.	Prestígio
"Fodido" (passivo)	a) penetrado pelo pênis de; b) infeliz, ferido, desgraçado.	Estigma
"Trepar" (ativo)	a) subir a, elevar-se, difamar a; b) realizar o coito em/com.	Prestígio
"Comer" (ativo)	a) ingerir, engolir, alimentar-se; b) penetrar com o pênis em.	Prestígio
"Comido" (passivo)	a) ingerido, engolido, destruído; b) penetrado pelo pênis.	Estigma
"Abrir" (ativo)	a) desimpedir, descerrar, dar acesso; b) fraquejar, delatar, deixar-se vencer, facilitar, revelar segredo.	Estigma
"Fechar" (ativo)	a) impedir, encerrar, completar; b) matar, fazer sucesso, colocar dentro, ultrapassar impedindo o outro.	Prestígio

[313] Sáez & Carrascosa (2016) apontam a relação diferenciada, gendrada, entre boca e ânus (as duas aberturas do corpo ligadas pelo tubo digestivo) para homens e mulheres, dentro da heteronormatividade: "Os homens podem falar em público, mas não devem dar o cú. Pelo contrário, o processo de produção da subjetividade feminina heterossexual exigirá uma privatização da boca (privatização dos signos emitidos) e uma abertura pública do ânus e da vagina, tecnicamente regulada. As mulheres têm que se calar e são penetráveis" (Sáez e Carrascosa, 2016, p. 82).

O principal foco é o pênis, pois "os homens entram na relação sexual com seus genitais, e são exclusivamente os agentes de carícia" (Nolasco, 1995a, p. 71). Como aponta Nolasco (1995a), "é tamanha a importância que os homens dão a seus genitais que se referem aos mesmos não como parte do corpo, mas como um outro" (p. 41). O "pau duro"[314] passa a ser uma metáfora consistente e resistente do sinônimo de virilidade, renovada e fortalecida, ainda mais, pelos avanços do processo de farmacologização da sexualidade masculina, como veremos adiante ao tratar da questão da "descoberta" do Viagra.

Nolasco aponta assim que, em geral, para os homens, "os afetos surgem como elementos estranhos e inquietantes" (Nolasco, 1995a, p. 99): "A ausência de uma linguagem afetiva, a incapacidade para se entregar às demandas do encontro amoroso- e nele poder consumar uma experiência de cumplicidade- são para os homens efeito do tratamento que habitualmente aprenderam a dar a seus afetos" (p. 99). Como vimos anteriormente, há uma interpelação para o embrutecimento afetivo: "Durante a socialização de um menino, em nenhum momento lhe é estimulado estabelecer com a menina uma relação que fique fora das fronteiras do objeto. Já na infância a aproximação de um menino com uma menina é vista como uma relação de namoro" (Nolasco, 1995a, p. 131). Nesse sentido, são comuns as brincadeiras "dá a mão para sua namoradinha!", "Dá um beijinho" ou, outro exemplo banal, no período de festas juninas, escolher um menino e uma menina (inclusive já em berçários e maternais) para serem o "casal" da festa. Nolasco continua:

> Na medida em que eles vão crescendo esta dimensão se torna cada vez mais acentuada, assumindo características eminentemente reprodutoras. O sexo, neste contexto, se opõe a qualquer outra possibilidade de contato entre um homem e uma mulher, confirmando a expectativa que nossa cultura tem para os gêneros: empurrá-los um para o outro. Os homens crescem sem conhecer quem é uma mulher, mas aprendem desde cedo a identificar quem deve ser a mulher, produto do imaginário da cultura do Ocidente, com a qual deverão se "relacionar". (Nolasco, 1995a, p. 131)

---

[314] No capítulo dedicado às mulheres, já apresentamos nossa leitura gendrada sobre a explicação freudiana da inveja do pênis nas mulheres. Mas não podemos deixar de mencionar um comentário astuto feito por Léo Bersani, em seu artigo "Es el recto una tumba?". O autor afirma que a inveja do pênis, na verdade, descreve os homens, como eles se sentem por tê-lo. Essa leitura promove uma reviravolta no olhar.

Para o autor (Nolasco, 1995a), submissão, quietude e passividade[315] são qualidades opostas àquelas pelas quais serão socializados os meninos:

> Contudo, essas qualidades serão desejadas nas mulheres (...) a estratégia para a iniciação sexual dos meninos será oposta à das meninas, todavia com ambiguidades e contradições mais sutis e difíceis de serem apontadas. Sobre uma pretensa liberdade sexual, os meninos estarão sendo controlados pela estimulação contínua do discurso e do desejo sexual. Seus comportamentos estarão sendo avaliados e comparados à norma socialmente definida para os homens. E para eles é necessário serem reconhecidos pela virilidade (...). Há uma expectativa para que tenham muitas namoradas, iniciem vida sexual o mais precocemente possível e sejam excelentes amantes. (Nolasco, 1995a, p. 68)

Quanto mais "difícil" ou disputada (cobiçada) a mulher na prateleira do amor, maior o coroamento viril do homem que a "conseguiu". Trata-se de "troféus exibidos aos demais e que têm por função polir a imagem de virilidade" (Nolasco, 1995a, p. 69). "Essa conquista não foi fácil", reforça a satisfação viril-narcísica do rapaz. Há aí uma competição entre pares e uma sensação de vitória. Interligada a isso está a satisfação narcísica da mulher "escolhida": quanto mais empoderado, sob o dispositivo da eficácia (sobretudo a virilidade laborativa, coroada com status de poder e dinheiro) o homem que a escolheu seja, e quanto mais cobiçado por outras mulheres da prateleira, maior o impacto narcísico de ser "escolhida" por esse homem. Se o homem é empoderado e desejado, isso implica em um *upgrade* para ela na bolsa do amor, pois, como vimos, ser escolhida é fator identitário de validação para as mulheres em nossa cultura. Nesse sentido, faz diferença ser escolhida pelo Zé da esquina ou pelo Cauã Raymond (ou qualquer outro galã/empresário cotado do momento).

O casamento e o compromisso são representados para e dentre os próprios homens, em nossa cultura, como um "ter sido vencido", um "cárcere" (como vimos, por exemplo, nos enfeites de bolo, no capítulo dedicado às mulheres), um ser patrulhado (nesse último caso, é comum

---

[315] Segundo Michel Misse (2007), na base da estigmatização da passividade encontramos um deslocamento de características físicas das mulheres para atributos psicológicos. A construção do ideal de masculinidade é tomada como a normalidade: "O 'normal' é associado ao estereótipo de 'ativo' e o 'estigmatizado' ao de 'passivo', correspondendo o primeiro à função sexual do heterossexual masculino e o segundo, à função do heterossexual feminino" (p.45). Ainda: "A mútua referência entre 'passivo sexual' e o conjunto do comportamento sexual feminino (ou de seu 'equivalente' homossexual) envolve uma distinção ideológica entre superioridade e vantagem do 'ativo' em relação à inferioridade e desvantagem do 'passivo'" (p. 47).

a metáfora "vou ligar para a patroa" ou, quando ela liga, dizer "vou atender a rádio patrulha"). Firestone (1976) aponta assim que "sua ambivalência com relação à 'inferioridade' das mulheres torna-se evidente: comprometendo-se com uma, ele de algum modo cedeu à abominada identificação feminina, que a partir daí ele deve negar repetidamente, se quiser manter sua dignidade dentro da comunidade masculina" (Firestone, 1976, p. 158). Os homens policiam, assim, a sexualidade uns dos outros, "proibindo-se mutuamente de colocar o amor sexual e a família no centro de suas vidas" (Wolf, 1992, p. 192). Por outro lado, virar pai significa, muitas vezes, ter passado "de consumidor a fornecedor"- piada repetida, às gargalhadas, por muitos homens.

No entanto, ainda que a virilidade sexual seja uma injunção imperativa aos homens, por meio da masculinidade hegemônica, ela não se coloca da mesma forma e nem é acessível da mesma maneira a todos eles. Aqui é necessário pensarmos em duas interseccionalidades importantes, que colocam em xeque o (sentido do) funcionamento da virilidade sexual, no dispositivo da eficácia: a racial e a de orientação sexual. Também é necessário abordarmos a situação na qual a própria possibilidade da virilidade sexual é colocada em questão: a perda (ainda que gradual) da potência sexual ou a impotência, muitas vezes "normal", advinda com o processo de envelhecimento masculino.

Em relação à questão racial, como vimos, é um dado estatístico que homens negros ainda não têm acesso, no Brasil, à mesma mobilidade social, econômica e educacional dos homens brancos. Quando um dos pilares identitários do dispositivo da eficácia não "funciona" como deveria (ou não está disponível), a tendência é haver um hiperinvestimento no outro pilar, como forma de ser legitimado e "aceito", dentro da masculinidade hegemônica (branca e heterossexual). No caso dos homens negros, isso ocorre pela injunção a uma hipersexualidade ativa, como forma de afirmação viril (mas que acaba por validar a masculinidade da branquitude).

Pinho (2004) destaca, nesse sentido, que

> (...) antes de tudo, o homem negro é representado como um corpo negro, o seu próprio corpo (...) o corpo negro masculino é fundamentalmente corpo-para-o-trabalho e corpo sexuado. Está, desse modo, decomposto ou fragmentado em partes: a pele; as marcas corporais da raça (cabelo, feições, odores); os músculos ou força física; o sexo, genitalizado dimorficamente como o pênis, símbolo

> falocrático do *plus* de sensualidade que o negro representaria e que, ironicamente, significa sua recondução ao reino dos fetiches animados pelo olhar branco. (Pinho, 2004, p. 67)

Exemplos de produtos culturais que representam esses valores e são verdadeiras tecnologias de gênero e de raça (de um sexismo racializado) não faltam, como podemos ver na canção que se tornou bastante popular no Brasil, em 1993: "Lá vem o negão", do grupo Cravo e Canela (mas gravada por vários artistas famosos). "Negão", segundo Souza (2009), seria o oposto do "neguinho": fisicamente forte e dotado com uma excepcional capacidade sexual, seria marcado por uma sensualidade e um apetite sexual insaciável. Abaixo, podemos ver a persistência desse personagem "homem negro", estereotipado na canção.

Lá vem o negão

Cravo e Canela

Lá vem o negão/ Cheio de paixão/ Te catá, te catá, te catá/ Querendo ganhar todas menininhas/ Nem coroa ele perdoa não/ Fungou no cangote/ Da linda morena/ Te catá, te catá, te catá/ Loirinha a cafungada do negão/ É um problema/ Loirinha a cafungada do negão/ É um problema/ Se ninguém soube lhe amar/ Pode se preparar chegou a salvação/ Só alegria, pode se arrumar/ Que chegou o negão/ Mas se é compromissada/ É melhor não vacilar/ Basta um sorriso um olhar/ Para o negão te catar/ Lá vem o negão/ Cheio de paixão/ Te catá, te catá, te catá/ Querendo ganhar todas menininhas/ Nem coroa ele perdoa não (...)/ Vem negão, vem depressa/ É o mulherio a gritar/ Vem negão, a hora é essa/ Vamos deitar e rolar/ Na praia, na rua, no supermercado/ Na feira é a maior curtição/ As garotinhas já vem requebrando/ Pra ficar com esse negão.

Como afirma Souza (2009), "o grande perigo deste mito é que mesmo ele sendo desumanizante, ele garante algum status perante as mulheres e, principalmente, perante outros homens, sendo talvez o único que esta pessoa acredita ter" (p. 105). Ou seja, da mesma forma que apontamos um possível empoderamento colonizado das mulheres, tanto na maternidade, quanto, e sobretudo, ao se sentirem ocupando um "bom lugar" na prateleira do amor (de acordo com o ideal estético), também podemos sublinhar um empoderamento colonizado para os homens negros, ditado a partir da masculinidade hegemônica branca. O investimento sobre a forma física e os músculos também cumprem esse papel[316]. Se para homens brancos pode ser um *plus*, como capital no acesso à prateleira do amor e à afirmação frente aos pares, não são, no entanto, por ele definidos (símbolos de status de poder e dinheiro são mais eficazes, visto que inscritos na masculinidade hegemônica).

E quando, sendo negro, não é possível se firmar identitariamente pelo menos pela virilidade sexual? "O negro que por algum motivo não corresponda a alguns destes estereótipos vivencia um sofrimento psíquico intenso, pois além de não ser reconhecido como homem por ser negro, não consegue ser reconhecido como homem negro em todos os atributos reificados que envolvem este reconhecimento" (Nkosi, 2014, p. 92). Aqui a heteronormatividade é ainda mais inflacionada. O que lhe restaria de capital viril, por exemplo, caso seja gay ou impotente? Vamos tratar agora dessas outras duas possibilidades de interseccionalidade, ainda que não exclusivamente em homens negros.

Como já apontamos, a homossexualidade masculina é compreendida, no imaginário social, como uma apassivação do homem, processo esse que o levaria a assemelhar-se a uma "mulherzinha". De um lado, há o não cumprimento da injunção negativa, "manter o cu fechado", e de outro, e como consequência (pelo menos imaginária), é erodida a possibilidade de ser o "fodedor" ativo, o que o colocaria em xeque no cumprimento da masculinidade hegemônica. Como vimos, a homofobia passou a ocupar, historicamente, um espaço inerente (como pré-requisito) da masculinidade hegemônica em nossa cultura, sendo central na polarização desta com as masculinidades cúmplice, subordinada e marginalizada (Allan, 2016). Assim como ocorre com homens negros, na impossibilidade de atender a um dos pilares do dispositivo da eficácia não é incomum, dentre os homens gays, o hiperinvestimento no outro pilar: na virilidade laborativa. Não é à toa que o capitalismo tire proveito do mundo gay como um dos grandes nichos, lucrativos, de consumo.

É importante ressaltar, também, que a experiência homoerótica e a homossexualidade (coisas distintas) interpelam identitariamente de forma diferente homens e mulheres. No caso deles, coloca em xeque se

[316] Cecchetto (2004) aponta o quanto o corpo é, em certos estilos das masculinidades, um capital viril importante, desempenhando um papel central em sua configuração. Não é só estética, busca-se uma distinção por meio de sua virilização (algumas vezes até com marcas de deformidades, como no caso dos lutadores). Os grupos estudados pela autora foram os frequentadores do funk, do jiu-jitsu e do baile charme. A autora também demonstra a conexão dos distintos significados entre violência e masculinidade, e suas diferentes consequências nesses grupos.

são *verdadeiramente* homens, machos. No caso delas, há maior fluidez porque a experiência homoerótica não abala os dois pilares fundamentais do processo de subjetivação do tornar-se mulher em nossa cultura, quais sejam, os dispositivos amoroso e materno. Pelo contrário, como apontamos, em uma relação homossexual, ambas as mulheres são capazes de lucrar com o abastecimento de investimento afetivo do dispositivo amoroso uma da outra. No caso dos homens, uma simples experiência homoerótica é capaz de questioná-los se são *verdadeiramente* homens, ou se são "bichas", "veados"[317].

Em um país sexista como o Brasil, heterossexual-centrado, discutir essas questões é fundamental, pois ainda carregamos a pecha de sermos um dos países que, além de matar mais mulheres (feminicídios), mais mata pessoas LGBT, sobretudo travestis (Leopoldo & Colling, 2017). E quem mais mata, disparadamente, são os homens. Em que essas pessoas os ameaçam? Segundo Sáez e Carrascosa (2016) e Allan (2016) é necessário abrir uma reflexão "por trás": ou seja, (re)pensar a analidade e sua colonização em nossa cultura. Segundo esses autores, o ânus é um órgão sexual, apesar de não ser considerado genital; além disso, é universal (pois todo mundo tem um) e subversivo, pois transcende o sistema binário sexo/gênero. Nas palavras de Preciado (2002): "Pelo ânus, o sistema tradicional da representação sexo/gênero vai à merda" (p. 32). Ou é "um órgão ou um lugar que desafia a definição atual do que é o sexo e o genital" (Sáez & Carrascosa, 2016, p. 22). Apesar de essa discussão extrapolar o escopo deste livro, penso que ela é fundamental por colocar em xeque a masculinidade hegemônica. Alguns pressupostos são questionados, tais como:

a) a relação (mais imaginária do que biunívoca e necessária) entre prazer anal e homossexualidade masculina; pois existe o sexo e o prazer anal entre casais hetero (não apenas homens penetrando mulheres, mas casais que curtem o jogo oposto); mulheres lésbicas e trans que se penetram etc. Ou seja, sodomia[318] e homossexualidade masculina não são a mesma coisa[319], apesar de que, desde o século XIX, o ânus passou

[317] Allan (2016) dedicou um capítulo de seu livro *Reading from behind* para tratar do tema da "perda da virgindade" dentre os homossexuais como não sendo entendida apenas como a primeira experiência sexual, mas a própria definição de uma identidade configurada pela orientação sexual.

[318] Vimos o quanto a sodomia foi perseguida na história ocidental, sobretudo pela Igreja. O principal motivo é que se tratava de um sexo não procriador (mesmo que se desse entre marido e mulher), ou seja, colocava em xeque a estrutura familista (de base heterossexual) propagada por ela.

[319] Mesmo um ato genital idêntico pode significar coisas diversificadas, em momentos históricos diferentes ou em culturas variadas.

a trabalhar para definir a sexualidade (a qual deve ser, sem sombra de dúvida, heterossexual para o verdadeiro "macho"; Allan, 2016);

b) a representação do receptor do coito anal como alguém que sofre e, portanto, ser "fodido" como algo ruim (Allan, 2016; Sáez & Carrascosa, 2016). Aqui, preciso destacar, penso que o elo intermediário tem a ver com a misoginia – a ideia equivocada de que a passividade é naturalmente o lugar das mulheres no ato sexual e, se elas são inferiores, apenas seres inferiores aceitariam estar nesse lugar. Ou seja, "o rechaço do sexo anal passivo entre os homens hetero têm relação com certo exercício de poder, como ocupar um lugar de superioridade, de dominação (...) a repulsa a ser penetrado é um elemento fundamental da identidade masculina do homem heterossexual" (Sáez & Carrascosa, 2016, p. 126). Associa-se, portanto, ao binômio ativo-passivo, dominador-dominado, amo-escravo, ganhador-perdedor, forte-fraco, poderoso-submisso etc.[320]. Léo Bersani sublinha a necessidade de ir além da representação do prazer que se realiza no poder, para se pensar também no prazer na ausência e na perda de controle. Esse autor conclui: o reto seria uma tumba onde se enterra o ideal masculino da subjetividade orgulhosa[321]. É importante ressaltar, ainda, que a abertura para se pensar em um erotismo anal foi realizada por Freud e a psicanálise (Freud, 1908; Freud, 1913; Freud, 1917); no entanto a ênfase foi mais na retenção e na expulsão, e muito pouco na recepção de algo e no prazer descrito por certas pessoas de "se sentir preenchido" (Allan, 2016);

c) a ideia de passividade relacionada ao "ser penetrado" é equivocada. Segundo Sáez & Carrascosa (2016), pode haver muita atividade naquele que recebe, como o movimento dos esfíncteres e uma posição de certo domínio na qual se escolhe como e de que modo "ser metido".

Os autores sugerem a necessidade de se pensar em uma ANA-Lética, uma ética da passividade, de negação do poder, de um "orgulho passivo". Esse é um campo a ser explorado. Em 20 anos de clínica, nunca atendi um homem cujos conflitos não passassem pela atividade sexual (ereção, relação, penetração etc.) e pelo fantasma da analidade (sobretudo aqueles que tiveram alguma experiência infantil, nem que fosse

[320] Palmieri (apud Sáez & Carrascosa, 2016, p. 108) aponta que "o homem faz-se macho quando penetra (...) A mulher é a parte do mundo debaixo, onde o dever a converte em esposa, mãe e filha. Nesse mundo, as mulheres têm o dever de estar subordinadas, portanto, de serem penetradas e fecundadas para voltar a reproduzir ao homem e, por último, para morrer sofrendo. A vagina é o espaço para a transferência de poder de uma geração à outra".

[321] Para ele, isso deveria ser celebrado como potencial de morte e abertura de outras possibilidades de advires.

ao acaso, como por exemplo, algum adulto ter medido a temperatura de seu corpo com um termômetro colocado em seu ânus).

Além disso, precisamos questionar as interseccionalidades aí existentes[322]:

> (...) trata-se de ver o que o cu coloca em jogo. Ver por que o sexo anal provoca tanto desprezo, tanto medo, tanta fascinação, tanta hipocrisia, tanto desejo, tanto ódio. E especialmente revelar que esta vigilância de nossos traseiros não é uniforme: depende se o cu penetrado é branco ou negro, se é o de uma mulher ou de um homem ou é um/uma trans; se neste ato se é ativo ou passivo; se é um cu penetrado por um dildo, um pênis ou um punho; se o sujeito penetrado se sente orgulhoso ou envergonhado; se é penetrado com uma camisinha ou sem ela; se é um cu rico ou pobre; católico ou muçulmano. São nestas variáveis que vamos ver desdobrar a polícia do cu; é nessa rede onde o poder se exerce, e onde se constrói o ódio, o machismo, a homofobia e o racismo. O cu parece muito democrático, todo mundo tem um. Mas veremos que nem todo mundo pode fazer o que quer com seu cu. (Sáez & Carrascosa, 2016, p. 22)

No caso da homossexualidade masculina, diferentemente da feminina, valores identitários (de ser um "verdadeiro" homem) são colocados em xeque em geral e, muitas vezes, há uma reprodução da hierarquia binária de gênero e a manutenção do falocentrismo, típico das relações tradicionais, historicamente estabelecidas. Nesse sentido, podemos afirmar que a subversão do dispositivo da sexualidade não necessariamente leva à subversão dos dispositivos de gênero, não sendo incomum a existência de homens gays misóginos (Baére, Zanello & Romero, 2015). A misoginia persiste, assim, como um valor importante na afirmação das masculinidades, mesmo naquelas consideradas subordinadas.

[322] Allan (2016), por exemplo, dedica um capítulo de seu livro para tratar da racialização do ânus, apontando como a dominação étnica, feita por homens brancos, também passou pela passivização de outros homens, de outras raças e etnias. Santos & Pereira (2016) realizaram um importante estudo nas saunas paulistanas, mostrando, por exemplo, como existe uma racialização do desejo na relação entre clientes e michês, a qual é permeada pelas relações de quem pode ter poder e quem é submetido. No caso, clientes brancos e michês negros (lidos como "morenaços" e representados naquela relação que já apontamos entre negritude e hiperssexualização). No entanto mesmo michês negros têm repulsa por clientes negros, por ressentirem ser humilhante manter uma relação passiva com um cliente negro ativo. Como afirmam os autores, "No caso da sauna, o estigma do 'passivo sexual' atua em conjunto à racialização dos corpos (...). Raça é signo: raça significa a relação de poder entre senhor e escravo, entre o homem branco e o negro; enfim, raça adquire sentido na linguagem cotidiana através da cor" (p. 146). Ou seja, mantêm-se as hierarquias presentes em nossa cultura.

Por fim, é preciso abordar a questão da impotência sexual, a qual coloca em xeque identitariamente o homem, pois a masculinidade, como sintoma, utiliza a atividade do pênis ereto como estandarte de sustentação imaginária da potência fálica (Grassi & Pereira, 2001). Nesse caso, falhar é ressentido como uma aproximação a uma posição "feminina", de um homem homossexual ("mulherzinha" no imaginário social).

Segundo Giami, Nascimento e Russo (2009), no século passado houve a passagem/transformação da compreensão da impotência como desordem psicossexual, para uma interpretação etiológica de cunho biomédico, traduzida no termo "disfunção erétil". Essa última abarcou não apenas a impotência em si, mas vários níveis de dificuldade de rigidez. "Nesse processo, que começa com a definição das classificações e diagnósticos, paralelamente vai se 'criando' a doença, o tratamento e a população a ser tratada", sublinha Rohden (2009, p. 103). De certo número de homens com a queixa de impotência houve, cada vez mais, um aumento considerável da população masculina abarcada por esse "transtorno". Nesse sentido, chegou-se à afirmação atual de que 40% dos homens, depois da faixa dos 40 anos, sofre ou sofrerá de algum "transtorno erétil" (termo por demais amplo).

É nesse contexto que devemos compreender o surgimento, o sucesso e os desdobramentos sociais e psíquicos da aparição do Viagra no mercado farmacêutico, em 1998: "(...) o remédio tem se convertido em algo destinado a melhorar a performance sexual sem restrição e sem destinação a um grupo específico" (Rohden, 2009, p. 101). Houve investimento pesado em propagandas, por parte da indústria farmacêutica. "A divulgação de estudos sobre impotência sexual para um vasto público possibilitou ampliar o mercado potencial do remédio" (Brigeiro & Maksud, 2009, p. 75). O Brasil, país profundamente sexista, com uma masculinidade hegemônica configurada historicamente, nesse momento, no dispositivo da eficácia (cujo um dos pilares é a virilidade sexual), mostrou-se um campo fértil e bastante receptivo à proliferação desses discursos e à venda irrestrita da "pílula milagrosa", mesmo que houvesse efeitos colaterais que poderiam colocar em risco a vida de seus usuários. Em um ano, o Viagra vendeu 5 milhões de unidades; em três anos, tornou-se o medicamento mais vendido do país. Em 2008, foi superado pela venda do Cialis, o qual se tornou o medicamento mais vendido do país, perdendo apenas para o Dorflex (Azize, 2011). O eco foi encontrado nas representações historicamente construídas de "voracidade e excesso sexual do brasileiro" (Brigeiro & Maksud, 2009, p. 76). Sua contrapartida foi o aumento do constrangimento associado à não virilidade, ou seja, a ideia de que não se pode e nem se deve falhar nunca. Abaixo, selecionei algumas falas de usuários do medicamento (retiradas de vários artigos), bem como de manchetes de jornais/revistas e de propagandas de laboratórios que produzem o Viagra e seus equivalentes.

> *Uma das maiores frustrações do homem é a insatisfação sexual. De repente um comprimido vem e diz: vai ser feliz, homem! Vai ser feliz, humanidade! Vai se realizar, homem! Vai se realizar, mulher! Como é que não vou elogiar esse comprimido?. (fala de Paulo Santana em entrevista ao Globo Repórter em 28 de maior de 1998)* (Retirada de Brigeiro & Maksud, 2009).
>
> Cidadão morre feliz por overdose de tesão (manchete de jornal popular, retirada de Brigeiro & Maksud, 2009).
>
> Ereção fatal (manchete de jornal popular, retirada de Brigeiro & Maksud, 2009).
>
> *Quando um senhor toma o Viagra, é como se estivesse colocando o motor de um BMW em um fusca* (depoimento de um médico para um jornal popular; Brigeiro & Maksud, 2009).
>
> Chegou a Hora de mostrar o H maiúsculo que está no princípio de todo Homem brasileiro (propaganda do medicamento Helleva, produzido pelo Laboratório Cristália. Retirado de Faro, Chazan, Rohden & Russo, 2010).
>
> Viagra sildenafila citrato. Uma sólida relação com a rigidez (propaganda do Viagra. Retirada de Faro, Chazan, Rohden & Russo, 2010).
>
> Rigidez é o objetivo. Rigidez é a diferença. Rigidez mantém equilíbrio nas relações (propaganda do Viagra em folder entregue aos médicos. Retirada de Faro, Chazan, Rohden & Russo, 2010).
>
> *Dia 22 de abril foi um marco em minha vida. Naquela tarde eu tomei meu primeiro comprimido de Viagra. Essa pílula é milagrosa. Há cerca de um ano, comecei a ter dificuldade em ir até o fim do ato sexual. Com o Viagra fiz sexo por quase 50 minutos. Foi a glória! A sensação de perder a potência sexual é deprimente. Eu me julgava um incapaz, um velho. Prefiro morrer daqui a um ano a viver dez sem funcionar* (entrevista concedida por Pastore à *Veja*, em 1998. Retirada de Azize & Araújo, 2003, p. 138).

Segundo Rohden (2009), o que se criou foi "a noção de que a ereção, símbolo da virilidade e da identidade masculinas, é efetivamente instável, sujeita a vários tipos de percalços" (p. 100). Dessa forma, o uso do medicamento, além de ter sido ampliado pela própria definição de transtorno erétil, entendido como um problema orgânico, encontrou outros sentidos, tais como ter efeito placebo ao propiciar segurança, "caso alguma coisa falhe" (fala de um paciente que levava uma drágea de Viagra em seus encontros amorosos)[323]; e, também, um uso recreativo ("droga de estilo de vida"; Azize, 2006), como nos casos em que o que se busca é o *enhancement*, ou seja, não consertar alguma coisa, mas aumentar ainda mais a potência[324], como tecnologia de otimização e manejo de si (Azize & Araújo, 2003; Rohden, 2012): "dar cinco numa tarde só".

Em outras palavras, vende-se a promessa de que a potência sexual, um dos símbolos pilares, identitário, da masculinidade hegemônica, está disponível/acessível para todos os homens e que só não é homem com H, quem não quer[325]. Ou seja, vende-se a ideia de democratização de acesso aos ideais de performance de gênero, por meio do consumo. Aqui não podemos deixar de fazer uma analogia com o abarcamento do ideal estético, na prateleira do amor, pelo capitalismo. Como vimos, ser bela, para as mulheres, deixou de ser um mero detalhe estético, para ser um dever ético. Caso não sejam belas, são consideradas "desleixadas", pois o que se vende é que depende delas se tornarem bonitas ou não. O mesmo se passa, no universo dos homens, no que tange à virilidade sexual. Assim, a relação entre construção subjetiva gendrada (e fabricada pelas tecnologias de gênero) e consumo/lucro são intimamente relacionadas no sistema capitalista.

É preciso destacar, ainda, duas questões distintas, mas que se encontram. De um lado, a medicalização da sexualidade masculina[326] (Giami,

---

[323] Azize & Araújo (2003) apontam, no entanto, que a própria ansiedade de performance, ou seja, aquela cobrança e autoexpectativa relacionadas a ter que ter ereção, ser bom de cama etc. não é tratada.

[324] Buscar um *improvement*, um estado de *better than well* (Azize, 2011).

[325] Segundo Rohden (2009), "o que prevalece é uma redução da experiência sexual e da subjetividade dos homens à norma anatômico-fisiológica da ereção, na maioria dos casos vista apenas no contexto das relações heterossexuais" (p. 105).

[326] Carrara, Russo & Faro (2009) realizaram uma interessante leitura da implementação da Política de Atenção à Saúde do Homem no Brasil, em 2008, demonstrando o objetivo de medicalização do corpo masculino, por meio da "focalização na caracterização da disfunção erétil como problema de saúde pública" (659). Segundo os autores, na campanha da Sociedade Brasileira de Urologia, responsável pelo lobby político da criação da Política de Atenção à Saúde do Homem no Brasil, seria "significativo que, dentre os vários perigos letais que rondariam os homens, a disfunção erétil tenha sido escolhida para tema de uma campanha cujo título promete um genérico "esclarecimento da saúde do homem". Um dos grandes obstáculos à promoção da

Nascimento & Russo, 2009), sob a tutela da proibição do próprio envelhecimento do corpo e da necessidade de manutenção de um pênis erétil como sinônimo de saúde e bem-estar para os homens[327], ou seja, colocando na própria definição de saúde valores, agora legitimados cientificamente, da masculinidade hegemônica[328]. Isto é, há "uma marcada referência aos estereótipos de gênero que estão tanto presentes nas pré-concepções defendidas pelos pesquisadores quanto naquilo que é retransmitido à sociedade na fase de promoção de um novo diagnóstico e tratamento" (Rohden, 2009, p. 104). De outro lado, o crescimento da indústria farmacêutica, que viu na insegurança criada (por meio de várias tecnologias de gênero, como novelas, jornais[329], revistas de grande circulação como a *Veja*[330]) quanto à ereção nos homens (pautada, portanto, na ameaça identitária à masculinidade), um grande nicho lucrativo. Em outras palavras, a sexualidade ativa, gendrada, é incitada, e associada como sinônimo de "ser homem";

---

saúde dos homens, conforme repetido inúmeras vezes ao longo do processo de construção da nova política, é justamente a centralidade da ideia de invulnerabilidade, ou seja, da ideia de potência, na construção da masculinidade hegemônica" (p. 665). Isto é, "ao centrar a felicidade dos homens na potência sexual, vista como capacidade de obter uma ereção, a campanha acaba reforçando a centralidade dos valores que supostamente pretende combater" (p. 666). Segundo Rohden (2012), a medicalização da "disfunção erétil" foi o segundo momento histórico, no Brasil, da medicalização da sexualidade masculina, tendo sido antecedida, no início do século XX, pelo combate à sífilis. Nesse momento, sob forte influência das ideias eugênicas, o que se pregava era a necessidade de contenção sexual, de autocontrole, para combater a degeneração e o excesso sexual (a sífilis era compreendida como uma doença venérea relacionada a esses fatores).

[327] Podem-se encontrar vários artigos que adotam esse pressuposto, tal como podemos constatar nesses excertos: "Apesar de não ser letal, a DE (disfunção erétil) compromete o bem-estar e a qualidade de vida, bem como pode indicar a existência de doenças subjacentes, sobretudo aquelas relacionadas ao sistema cardiovascular" (Abdo, Oliveira Jr., Scanavino & Martins, 2006, p. 424). E ainda: "Homens com DE apresentam menos atividade sexual e prejuízo da qualidade de vida" (p.424). Ou em Galati, Alves Jr., Delmaschio e Horta (2014): "Homens com dificuldades sexuais apresentam uma menor qualidade de vida em seu funcionamento sexual, bem como uma diminuição dos aspectos emocionais na qualidade de vida" (p.243) e "homens com DS (dificuldades sexuais) sofrem prejuízos em sua autoestima e em sua autoconfiança" (249).
Podemos ver como é naturalizada a assunção do valor da vida sexual para o bem-estar dos homens. Interessante é que pouco ou nada se problematize acerca do papel do ideal da masculinidade hegemônica como elo entre ambos os fatores, apesar de os próprios autores apontarem o desemprego como um considerável fator de risco para a DE, bem como a queda da autoestima como decorrência dela. Em suma, a saúde erétil, símbolo de masculinidade, é erigida como símbolo também de saúde física e emocional masculina (Rohden, 2009).

[328] Medrado, Lyra e Azevedo (2011) criticam o reducionismo da atenção à saúde do homem, em uma política centrada no pênis, apontando a necessidade de a política pública ter, como uma de suas metas, a transformação da ordem de gênero.

[329] Brigeiro e Maksud (2009) realizaram uma análise desses discursos no Extra e no Globo, e concluem: "Encontramos nas reportagens a pressão por um desempenho da virilidade a qualquer custo. Não importa o alto preço das pílulas, o risco de vida para os que sofrem de problemas de pressão e do coração e menos ainda a tentação de uma overdose. A honra e a manutenção de sua virilidade sobrepassa todos os riscos, que inclusive se incluem no rol de suas vicissitudes. Evoca-se com muita naturalidade a sexualidade masculina como naturalmente excessiva; a disposição para o sexo estaria compondo uma essência do ser homem, mesmo que o corpo não respondesse a tal intento" (p. 85).

[330] Azize & Araújo (2003) realizaram uma análise dos discursos sobre medicalização da impotência sexual presente na Veja entre os anos de 1991 e 2001, englobando, portanto, o ano de lançamento do Viagra, em 1998.

e, quando não possível de ser exercida, vende-se a ideia de que deve ser "curada" mediante medicamentos. O que se busca ou vende não é apenas a cura do sintoma físico, mas uma reparação narcísica por meio da reafirmação da possibilidade de exercício de um dos pontos fundamentais da masculinidade hegemônica atual.

Em suma, o dispositivo da eficácia, como masculinidade hegemônica no Brasil (dentre diferentes matrizes de masculinidades locais e subordinadas), nesse momento histórico, se erige identitariamente em duas virilidades fundamentais, pilares, que dão a prova de um "verdadeiro" homem: a laborativa e a sexual. Os valores aqui representados seriam, portanto, os de desempenho, produtividade, sucesso profissional/financeiro e *atividade*[331] sexual, levados, muitas vezes, ao extremo. A experiência a se evitar é a da falha (falta de eficácia) ou da impotência (sexual e laborativa). Situações estruturais (como algum problema físico ou mental) ou circunstanciais (tais como desemprego, aposentadoria etc.) que colocam em xeque a possibilidade da eficácia ou sua perda, nos dois âmbitos acima apresentados, geralmente se constituem como experiências de grande sofrimento para os homens. Esse sofrimento deve ser compreendido para além da situação, pois o que se coloca em xeque é a possibilidade (identitária) do exercício de certa masculinidade.

[331] Passividade sexual não é prova de "macheza", mas de feminilidade, o que seria execrável. No fulcro da homofobia masculina, encontramos uma grande misoginia. Ver nossas pesquisas sobre xingamentos.

CONCLUSÕES

Como vimos, em nossa cultura, os processos de subjetivação são gendrados. Para as mulheres, o caminho privilegiado de subjetivação historicamente configurado são os dispositivos amoroso e materno; para os homens, o dispositivo da eficácia.

Dizer que as mulheres se subjetivam pelo dispositivo amoroso implica em sublinhar que elas se subjetivam em uma relação consigo mesmas mediada pelo olhar de um homem que as valide ou as escolha. A metáfora que criei para isso foi a da prateleira do amor. Essa prateleira é mediada por um ideal estético profundamente perverso, moldado do começo do século passado para cá: ele é branco, louro, magro e jovem. Quanto mais distante desse ideal, maior o possível impacto sobre a autoestima das mulheres e a sensação de ser "encalhada" (reflexo do preterimento afetivo masculino socialmente construído). A beleza passou a ser um capital matrimonial, o qual deve ser perseguido, consumido. Ou seja, deixou de ser um atributo meramente estético para ser um dever ético. Não se trata apenas de efetivamente "ser escolhida", mas de se sentir *passível de ser escolhida*, de se sentir "desejável". Quanto maior o descontentamento consigo, maior o potencial de consumo de técnicas e intervenções com diversas promessas de embelezamento. Além disso, ao serem subjetivadas na prateleira do amor, as mulheres se subjetivam em uma relação de rivalidade umas com as outras, pois ou se quer brilhar mais (para ter mais chance de ser "escolhida"), ou apagar o brilho alheio. Essa forma de amar é o principal fator de desempoderamento das mulheres, e por seu reverso, o principal fator de empoderamento e nutrição afetiva dos homens. São eles os erigidos como avaliadores das mulheres, tanto física quanto moralmente. Quem avalia os homens são os próprios homens, na casa dos homens. Por fim, as mulheres aprendem a se responsabilizar pela economia afetiva das relações e por sua manutenção. Nesse sentido, em geral, as relações heterossexuais, em nossa cultura, são profundamente assimétricas. Os homens aprendem a amar muitas coisas, enquanto as mulheres aprendem a amar os homens. A subversão do dispositivo da sexualidade em mulheres lésbicas não as leva necessariamente a desconstruir o dispositivo amoroso. Por isso que comumente se diz que "lésbicas não namoram, se casam!". No entanto a experiência amorosa entre elas se constitui como fator de risco menor (ou como um fator de maior proteção psíquica), pois ambas podem nutrir-se do dispositivo amoroso da outra.

O dispositivo materno se constituiu do século XVIII para cá e se trata da construção do sentimento materno entendido como "natural". No fundo, como vimos, refere-se a um borramento ideológico entre a capacidade de procriar (ter um útero) e a capacidade de cuidar, naturalizando essa última. Como performance, o cuidar é uma possibilidade de todos os seres humanos; no entanto tem sido interpelada a apenas uma parcela da população, aquela que tem útero. As mulheres se subjetivam assim em um heterocentramento (diferentemente dos homens, que se subjetivam em um ego-centramento, ego-ísmo), no qual aprendem a priorizar os outros, sobretudo maridos e filhos, em detrimento de si mesmas. Mesmo sem filhos, uma mulher será demandada a ser cuidadora. Além disso, passou a ser vista como responsável pela manutenção, o funcionamento e o cuidado da casa e dos afazeres domésticos. Daí que haja tantos artigos discutindo o adoecimento das mulheres nesse lugar. Como vimos, houve especificidades importantes no que tange a diferença de lugares ocupados por mulheres brancas e negras na história de nosso país. No entanto foram também os homens os maiores beneficiados desse processo, os maiores recebedores desses cuidados. Não é à toa que um dos principais fatores de risco para a saúde mental deles, no Brasil, seja ser solteiro, divorciado ou viúvo. Um último ponto a se destacar no processo de subjetivação das mulheres é a performance do silêncio como fator mediador dos conflitos. Elas se calam, para manter o bem-estar dos outros.

O processo de subjetivação dos homens se dá pelo dispositivo da eficácia, marcado pela virilidade sexual e laborativa. Em poucas palavras, implica em dizer que um "verdadeiro" homem deve ser um "fodedor" e um trabalhador. Há também uma injunção negativa: ele deve manter, real e imaginariamente, o cu fechado, sob pena de ser visto como um homem em falta, um homem "desvirtuado", um "boiola", um "gay". Como vimos, no fulcro desse processo de subjetivação, na masculinidade hegemônica, temos a misoginia, um horror às mulheres e a suas qualidades. Ser homem é não ser uma "mulherzinha". Nesse sentido, os homens são interpelados a se "endurecerem": na relação consigo mesmos (tanto em seus afetos como em seus corpos), na relação com as mulheres e na relação com outros homens. O *status* e o dinheiro (com seu poder de compra) coroam a esfera laborativa. É por essa via também que se deu, historicamente, a entrada do homem na formação da família burguesa monogâmica: ser pai é ser, antes de tudo, trabalhador provedor. Na esfera sexual, firmou-se a ideia de quantidade (de "fodas", de parceiras etc.), de duração da ereção e, também, de fazer gozar a parceira como coroamento narcísico do próprio desempenho. Masculinidades subalternas, que não têm acesso à execução desses ideais hegemônicos, encontram outras vias de busca de reconhecimento legitimador identitário. Como vimos, quando não é possível sustentar um dos dois pilares, busca-se um hiperinvestimento no outro pilar (seja no laborativo, seja no sexual) – quando isso é possível. A violência virilista também se apresenta como uma busca dessa afirmação.

Pelo fato de haver um profundo gendramento e racialização nos processos de subjetivação, cria-se, em geral, vulnerabilidades identitárias diferenciadas para homens (brancos e negros) e mulheres (brancas e negras) em nossa cultura. Em relação especificamente ao gênero, tema do nosso livro, isso implica em dizer que:

a) mulheres e homens são interpelados psiquicamente por diferentes fatores potencialmente promotores de crise e sofrimento (por exemplo, mulheres têm maior tendência a se afetar com problemas no casamento e na família do que homens; por outro lado, o impacto identitário das dificuldades financeiras e no trabalho são maiores sobre eles). Isso se justifica porque diferentes situações/circunstâncias os colocam e as colocam em xeque identitariamente. Quanto mais o que estiver em jogo for a vivência identitária, maior o potencial de sofrimento. Para elas, podemos citar os seguintes exemplos: término de uma relação amorosa ("Me dediquei muito à minha carreira e não dei atenção a ele"; "sou feia, estou gorda"; "Não sou feminina, não sei cuidar dos outros"); um problema que o filho apresente na escola ("Não sou uma mãe suficientemente boa, sou egoísta, não tenho tanto tempo quanto deveria para meus filhos"). Para eles, alguns exemplos: perder ou não arrumar emprego – ou diminuir o status dele ("sou um fracassado!"); a aposentadoria ("o que faço da minha vida agora?", "Casei com o trabalho!"); ver os amigos comprando um carro novo, fazendo uma viagem, construindo uma casa, ou qualquer signo de status ("Sou pobre e fodido, fracassei na vida"); dar-se conta de que sua ereção não é mais a mesma ou não está à altura do que gostaria ("Prefiro morrer tomando Viagra a ser broxa!")[332].

b) mulheres e homens expressam o sofrimento psíquico, em geral, de forma diferente. Isso implica tanto as emoções (como vimos, configuradas na cultura, de forma gendrada), quanto às formações sintomáticas privilegiadas. Nesse sentido, observa-se que mulheres tendem, pelo próprio processo gendrado de subjetivação, à internalização: deprimem e choram – implodem; já homens, expressam-se pela externalização: majoritariamente, bebem/consomem drogas ou apresentam comportamento de espectro antissocial.

Além disso, é preciso destacar que uma performance gendrada que se constitui como fator de risco para a saúde mental de homens ou mulheres em determinada etapa do ciclo vital, pode vir a ser fator de proteção em outra. Ou seja, é necessário pensar as relações de gênero de forma fluida e interseccional, também, com as diferentes etapas da vida. Mais do que algo biológico (fruto das mudanças hormonais, por exemplo), é necessário considerar que as mudanças físico-corporais e sociais colocam os diferentes sujeitos em lugares de maior ou menor desempoderamento, os situam em diferentes posições em relação aos ideais (hegemônicos) de gênero. Aqui, gostaria de relatar, sucintamente, um exemplo de pesquisa qualitativa que empreendemos nestes últimos anos e que evidencia essa "fluidez" e mudança configuracional.

Foi realizada uma pesquisa qualitativa no tema "Saúde mental, gênero e velhice" (Zanello, Campos & Henderson, 2015), com entrevistas semiestruturadas com pessoas idosas e análise de conteúdo, bem como etnografia com duas visitas semanais a uma instituição geriátrica no período de um ano. Os dados levantados apontaram núcleos temáticos semelhantes entre homens e mulheres (tais como relações amorosas; sexualidade; relação profissional; sentido do envelhecer; relação com o corpo/estética/aparência; internação; relação com a família etc.), porém com sentidos completamente distintos. Por exemplo, a relação familiar foi significada de forma diferente: para os homens, estar em um asilo não foi ressentido como traição, mas como abandono (muito vezes "merecido", segundo eles, pelo pouco investimento que fizeram na família). Para as mulheres, pelo contrário, foi ressentido como traição, em função do alto investimento que fizeram, segundo elas, nessas relações.

---

[332] Todas as frases foram retiradas ou de casos clínicos ou de sujeitos entrevistados em pesquisas.

Para as mulheres, o ser cuidadora, parte do dispositivo materno, foi relatado como um fator de responsabilidade que pesou no decorrer de suas vidas, ou seja, apresentou-se como um fator de risco para sua saúde mental. Por outro lado, na situação asilar, configurou-se como fator de proteção: de todos os investimentos, gendrados, durante a vida, esse foi o que lhes restou. Nesse sentido, divertiam-se fazendo botinha de crochê para o filho do enfermeiro, cuidando de outros idosos etc. O que percebemos é que havia um investimento pulsional na vida atual. Isso se fez evidente no tempo verbal utilizado pelas idosas em sua fala, o qual se dava quase sempre no presente. O que também lhes garantiu vários ganhos secundários como atenção e carinho dos cuidadores.

Os homens, por outro lado, usavam em sua fala, sobretudo, o pretérito imperfeito, para contar como havia sido seu grande desempenho sexual ou seu sucesso profissional (*"Eu trabalhava, trabalhava e fodia, todo dia. Ah, eu trabalhava muito!"*). O tempo verbal, predominantemente no passado no caso deles, apontava para a (quase) impossibilidade de investimento pulsional no presente ou de realização (narcísica, identitária) do/no dispositivo da eficácia (tanto na virilidade laborativa – estavam aposentados – quanto na sexual). Havia um esvaziamento de sentido no presente. Pudemos perceber que uma parte destes idosos se mantinha, inclusive, isolada.

Em relação ao dispositivo amoroso nas idosas: encontramos muitas queixas sobre o envelhecimento (mais no sentido estético, mas, também, no sentido da saúde). A maioria das mulheres era viúva e as demais, separadas. Porém quase todas pensavam a vida amorosa como algo que já havia terminado, indisponível para elas. Os idosos, diferentemente, mostraram desejo (frustrado) de estabelecer novas relações, sobretudo a vontade de ter uma vida sexual ativa. Assim, se a experiência das mulheres era a de estar fora da prateleira (do amor), a dos homens era a de estar fora do páreo.

O silêncio, como estratégia de sobrevivência, típico das mulheres em nossa cultura, também obteve sentidos diferentes no desenrolar da vida das idosas: quando mais jovens, fonte de sofrimento ("ter que engolir sapos"), mas na situação asilar, estratégia plena de ganhos secundários (não reclamar da comida, por exemplo, as fazia serem vistas pela equipe de cuidadores como mais gentis, educadas, simpáticas e a receberem consequentemente mais atenção, carinho, presentinhos etc.). Os homens, diferentemente, acostumados a nomear o mal-estar e a lutar como protagonistas, reclamavam, e acabavam sendo vistos como "chatos" e "reclamões". A equipe dispensava a eles, nesse sentido, apenas os cuidados prescritos e necessários.

Em suma, o mais surpreendente nesta pesquisa foi perceber a configuração interpelada aos dispositivos (e aos mecanismos neles implicados) pela fase da vida. Sobressaiu o caráter temporal e contextual de fatores gendrados que podem ser considerados em certo momento da vida como fatores de risco e, em outros, como fatores de proteção à saúde mental, e vice-versa.

Outra questão que precisa ser destacada, pois se tornou cada vez mais importante no decorrer desses anos de pesquisa: se o gênero, em culturas sexistas como o Brasil, é estrutural nos processos de subjetivação, pode (e deve) ser utilizado nas intervenções na clínica. Aqui há que se levar em conta dois aspectos: de um lado, a necessidade de analisarmos o nível de sofrimento/(des)estruturação dos sujeitos com quem iremos trabalhar; e, segundo, deve-se partir do conhecimento da configuração local dos dispositivos para se pensar nas intervenções. Em relação a esse último fator, é primordial a realização de um estudo prévio (etnográfico, qualitativo) acerca das singularidades das interseccionalidades presentes em cada grupo ou comunidade (ou na biografia da pessoa), antes de propor ou realizar qualquer intervenção.

Em relação ao primeiro aspecto, destaco que a perspectiva de gênero tanto pode ser usada como instrumento de resgate identitário (com sujeitos em grave crise ou desorganizados psiquicamente), quanto como desconstrutora de "verdades"/valores gendrados aprisionantes (e invisíveis), ajudando a nomear o mal-estar (consequente) e criando novas possibilidades de vir-a-ser. Vamos apresentar brevemente duas experiências de intervenção realizadas em cada um desses sentidos.

A primeira delas ocorreu em um hospital psiquiátrico, na ala de internação feminina, no ano de 2009. Em uma pesquisa anteriormente realizada (Zanello & Bukowitz, 2012), em 2008, percebemos que grande parte das queixas das mulheres se referia ao amor, seja pela perda do amado ou por abandono/ traição[333]. Em uma situação ordinária de visita à ala, o som estava ligado e tivemos a oportunidade de presenciar a exe-

[333] Nessa época ainda não havíamos chegado à elaboração dos dispositivos para a compreensão clínica dos casos.

cução de uma música sertaneja, famosa na época ("Chora, me liga" de João Bosco e Vinícius):

Chora me Liga

Não era pra você se apaixonar/ Era só pra gente ficar/ Eu te avisei/ Meu bem, eu te avisei/ Você sabia que eu era assim/ Paixão de uma noite/ Que logo tem fim/ Eu te falei/ Eu te falei/ Meu bem eu te falei/ Não vai ser tão fácil assim/ Você me ter nas mãos/ Logo você/ Que era acostumada a brincar com outro coração/ Não venha me perguntar/ Qual a melhor saída/ Eu sofri muito por amor/ Agora eu vou curtir a vida/ Chora, me liga/ Implora meu beijo de novo/ Me pede socorro/ Quem sabe eu vou te salvar/ Chora, me liga/ Implora meu amor/ Pede por favor/ Quem sabe um dia eu volto a te procura.

A reação das mulheres foi impressionante: a maioria dançava fazendo caras e bocas, e mesmo aquelas em estado catatônico reagiam e sintonizavam com a canção. A maioria delas se empolgava com a letra, a qual retratava uma situação inversa daquela que encontramos na maior parte de suas queixas. Tratava-se de uma situação de retorno do homem que havia abandonado uma mulher e agora era ela quem o desprezava. Ou seja, havia catarse naquela atividade de dançar e cantar[334].

Surgiu então a ideia de um projeto de oficinas semanais de música e dança a serem realizadas nessa ala. Foram escolhidas músicas sertanejas que retratassem situações semelhantes àquela representada na situação que presenciamos. Além disso, contabilizamos o número de contenções na ala, para comparar os dias em que havia oficina com aqueles em que ela não ocorreu. Em um semestre, observamos que houve uma redução de contenções no dia das oficinas, sendo o número delas, na maior parte das vezes, zero (ou seja, não houve "cura", mas houve redução de danos). Essa experiência foi publicada (Zanello & Sousa, 2009). Também realizamos posteriormente oficinas de "beleza" (na qual trabalhávamos os cabelos, fazíamos as unhas umas das outras, levávamos maquiagem e cremes hidratantes), as quais tinham efeitos terapêuticos bem similares. O importante a salientar é que nessas intervenções não houve a proposição de quebras de performances gendradas, ou seja, as músicas retratavam mulheres poderosas, gostosas, desejadas por outros homens, "por cima" ("bem colocadas" na prateleira do amor ou mantenedoras da busca de certo ideal de beleza). A ideia era utilizar o gênero

[334] Como já discutimos em outro artigo, a catarse é uma dos fatores inespecíficos mais importantes das etnoterapias em geral e da psicoterapias em específico. Ver Zanello & Martins (2012).

como *pharmakon*: o que havia sido veneno, foi usado como soro antiofídico (remédio)[335]. A nosso ver, não há como desconstruir o gênero com mulheres em situações como essa (de crise ou surto), mas de utilizá-lo como resgate mediante performances prescritas no próprio dispositivo que as adoeceu. A desconstrução deve ocorrer em outro momento, quando os sujeitos estiverem mais organizados psiquicamente.

Com os homens, realizamos inicialmente oficinas de dança, mas houve várias reclamações por parte da equipe médica, afirmando que fazia muito barulho e deixava os pacientes muito exaltados. Modificamos então nossa tática. Passamos a realizar oficinas de ping pong, na qual desafiávamos os pacientes a jogar conosco, dificultando o jogo, mas permitindo que eles ganhassem ao final. O resultado era, para alguns, uma verdadeira explosão de alegria e gritos de "uhuuuuuuuuu! Toma!". Quando passávamos perto da ala masculina, alguns se referiam ao estagiário homem: "tá com medo né? Hahahahaha vem jogar maninho!". Não conseguimos realizar uma pesquisa na evolução dos pacientes, pois a equipe dessa ala era bem mais reticente às nossas propostas do que a da ala feminina.

A segunda experiência foi realizada em um CAPS, com um grupo de conversa entre mulheres (fora de surto ou crise, portanto, mais organizadas psiquicamente) em uma perspectiva feminista. Assim como na experiência anterior, havíamos feito uma pesquisa e levantado pontos temáticos nas queixas dos(as) usuários(as) (Zanello, Fiuza & Costa, 2016). Dentre as mulheres se destacaram o dispositivo materno e o amoroso, além da presença de várias situações de violência que eram invisibilizadas e psiquiatrizadas no serviço. O grupo se encontrava uma vez por semana, durante um ano, e a fala era livre. Nossas intervenções buscavam, sobretudo, visibilizar e desnaturalizar o sofrimento gendrado, criando alternativas performáticas de vir(em) a ser mulher(es). A troca de experiências e o apoio grupal parecem ter sido/ser fatores que facilitaram o fortalecimento dessas mulheres.

Gostaria aqui de dar um exemplo dentre vários que ocorreram e que podem ser lidos em capítulo de livro já publicado (Pedrosa & Zanello, 2016). Nesse grupo, havia uma queixa, muito recorrente, de cansaço físico em função da quantidade de afazeres domésticos. Ou seja, ainda

[335] Usamos aqui a metáfora de Platão, utilizada pelo filósofo no Cap VII de *A República*.

que diagnosticadas com algum transtorno mental, essas mulheres continuavam a exercer todo o trabalho em casa. Além disso, a maioria se queixava de uma falta de reconhecimento dos maridos em relação ao trabalho exercido. Segundo elas, quando eles chegavam em casa diziam: "Cansada de quê? Você passou o dia todo em casa!". Os filhos, além de não cooperarem, viam aquelas tarefas como sendo "naturalmente" parte do papel de mães que elas deveriam desempenhar. Uma das componentes do grupo teve então a seguinte ideia: cansada da tarefa infindável de lavar louças durante todo o dia (seus filhos não lavavam nem um copo), retirou do armário o número de copos, pratos, talheres etc. exato para o número de membros da família. Além disso, colocou nos utensílios uma etiqueta com o nome de cada um. Ou seja, cada um seria responsável pela manutenção e limpeza de seus próprios utensílios, sem acesso a outros limpos, pois o armário foi trancado. Esse exemplo provocou risada no grupo, mas serviu como reflexão e ideia para outras mulheres cuja queixa era a mesma. Para além da solução prática encontrada, faz-se mister apontar que o que se desenhou foi uma nova *possibilidade* de performance não prescrita dentro de um papel idealizado de mulher como cuidadora do lar e dos outros. É esse papel que estava em processo de desconstrução, com a consequente possibilidade de liberdade de escolha e novas construções performáticas.

Uma queixa também bastante recorrente entre essas mulheres referia-se a relações abusivas, apontando para o funcionamento adoecido do dispositivo amoroso. Várias intervenções foram utilizadas, com um grande uso de metáforas para ajudar no processo de nomeação, driblando a resistência afetiva aí presente (Zanello, 2007).

Outro ponto que gostaria de destacar, a partir da experiência desses anos de estudos e pesquisas, é que aquilo que mais adoece psiquicamente é o lugar social de desempoderamento simbólico, mas também material-econômico, no qual se é colocado. Aparentemente, cada cultura, em certo momento histórico, elege quais grupos (a partir de certas características) ocupam esse lugar: mulheres, negros, velhos etc. O gênero e a raça têm sido os aspectos mais embrenhados em nosso país, em termos de persistência histórica e transversalidade, na manutenção desses lugares, traduzindo as diferenças físicas em profundas desigualdades simbólicas, sociais, educacionais, laborativas, sexuais e de acesso ao espaço público. Daí a necessidade de se repensar a teoria e o papel da psicoterapia sob esse viés, sob pena de a prática clínica se constituir como um dos meios pelos quais a dominação masculina foi reabilitada, em uma linguagem marcada pela doçura (Singly, 1993).

Como afirmei na introdução do livro, é urgente, a meu ver, a realização de uma verdadeira faxina epistemológica nas teorias da psicologia clínica, pois ela se tornou "reacionária em sua essência" (Firestone, 1976, p. 84). Penso que é importante, também, evitarmos os perigos do psicologismo, o qual deve ser tão criticado quanto o fenômeno da psiquiatrização. A discussão de gênero pode trazer uma nova luz sobre a relação entre o social e o individual, entre a clínica e a política, colocando em xeque valores, inclusive, do(a) próprio(a) terapeuta:

> O que um terapeuta seleciona quando escuta, quando hierarquiza o que escuta e quando faz uma intervenção estará muito influenciado não só pelos recursos teóricos com que orienta sua tarefa, mas também, e fundamentalmente, pela ideologia pessoal implícita nas teorias que utiliza. (Coria, 1996, p. 134-135)

Faz-se mister destacar, no entanto, que não apenas a psicoterapia pode provocar mudanças ou avanços no descentramento dos lugares exaltados pelo discurso hegemônico (ideal estético da prateleira do amor, certa forma de amar nas mulheres, "maternidade"; e enaltecimento do sucesso no trabalho, do desempenho ativo sexual, ou do próprio uso da violência virilista), mas também outras práticas culturais, promotoras de outras possibilidades de afirmação identitária, tais como grupos de conscientização, experiências religiosas de matriz afro e a própria militância, por exemplo. Ainda precisamos desenvolver estudos em nosso país, de um ponto de vista dos processos de subjetivação, acerca da tomada de consciência da identidade de gênero e a racial, e seus possíveis impactos afetivos e existenciais nos sujeitos. Mesmo em psicoterapia, como afirmava Clara Coria, a identidade de gênero não é ponto de partida, mas ponto de chegada. Não que a clínica deva ser confundida com militância: não se trata de convencer ninguém de nada, mas de construir uma clareza de que várias experiências subjetivas são mediadas por forças sociais históricas compartilhadas com outras mulheres e homens, brancas(os) e negras(os) – desnaturalizando sua ocorrência, permitindo que se fale de outro lugar sobre certas experiências e sentimentos. Uma das coisas mais difíceis, nesse sentido, é o processo de descolonização dos afetos, nos dispositivos. Descolonizar deve ser um trabalho cotidiano, mas cuja instauração pode ser facilitada pelo trabalho em grupo, de reflexão e de desnaturalização, problematizando o que parece ser evidente, automático, invisível (e que nem por isso deixa de provocar sofrimento). Colocar em palavras é dar corpo, rosto, voz, delinear, proporcionando a possibilidade de ocorrência dos trabalhos de simbolização e elaboração psíquica, bem como a abertura para diferentes possibilidades de advir.

Este livro teve como intuito provocar a abertura para uma conversa, um lance inicial para se pensar as interseccionalidades da subjetividade e o sofrimento com o qual nos deparamos na clínica *psi*, mas também em outros serviços de atendimento social, no Brasil. Mais do que respostas, espero ter trazido questões; mais do que verdades, espero ter proporcionado desconstruções. E, se no final, restar mais dúvidas do que certezas, esse já terá sido um bom começo.

REFERÊNCIA BIBLIOGRÁFICA

Abdo, C.H.N.; Oliveira Jr., W.M.; Scanavino, M.T. & Martins, F.G. (2006). *Rev. Assoc. Med. Bras.*; 52(6), pp. 424-429.

Abs, D. & Monteiro, J.K. (2010). Práticas da psicologia clínica en face do sofrimento psíquico causado pelo desemprego contemporâneo. *Psicologia em Estudo*, 15(2), pp. 419-426.

Adams, Carol. (2012). *A política sexual da carne: a relação entre carnivorismo e a dominância masculina*. São Paulo: Alaúde.

Adeponle, A; Groleau, D.; Kola, L.; Kirmayer, L. & Gureje, G. (2017). Perinatal depression in Nigeria: perspectives of women, family caregivers and health care providers. *International Journal of Mental Health Systems*, 11(27), pp. 1-13.

Agambem, G. (2009). *O que é o contemporâneo? e outros ensaios*. Chapecó: Argos, 2012.

Albuquerque, C.V.F. (2011). A eugenia e o mito da superioridade racial branca: racismo no Brasil moderno. Recuperado em 23/06/2017, da Biblioteca da Capoeira http://bibliotecadacapoeira.blogspot.com.br/2011/05/eugenia-e-o-mito-da-superioridade.html

Albuquerque, G.V.P. & Pires, V.R.O. (2015). *Mulheres inspiradoras*. Brasília: Gráfica Teixeira.

Allan, J.A. (2016). *Reading from behind. A cultural analysis of the anus.* Saskatchevan: University of Regina Press.

Amantino, M. & Freire, J. (2013). Ser homem... Ser escravo. In: Del Priore, M. & Amantino, M. (Orgs). *História dos homens no Brasil*. São Paulo: UNESP, pp. 15-48.

Amaral, M.A. (2004). *Tarsila*. São Paulo: Globo.

Andrade, P.R.; Ribeiro, C.A.& Ohara, C.V.S. (2009). Maternidade na adolescência: sonho realizado e expectativas quanto ao futuro? *Rev. Gaúcha Enferm.*, 30(4), pp. 662-668.

Appignanesi, L. (2011). *Tristes, loucas e más*. Rio de Janeiro: Record.

Arango, A.C. (1991). *Os palavrões- Virtudes terapêuticas da obscenidade*. São Paulo: Editora Brasiliense.

Araripe, M. (1999). *Linguagem sobre sexo no Brasil*. Rio de Janeiro: Lucerna.

Araújo, J.P.F & Antigo, M.F. (2016). Desemprego e qualificação da mão de obra no Brasil. *Revista de Economia Contemporânea*, 20(2), pp. 308-335.

Araújo, N.B. & Mandú, E.N.T. (2015). Construção social de sentidos sobre a gravidez-maternidade entre adolescentes. *Texto Contexto Enferm*, 24(4), pp. 1139-1147.

Araújo, R.M.B. (1995). *A vocação do prazer: a cidade e a família no Rio de Janeiro republicano*. Rio de Janeiro: Rocco.

Arendt, H. (2001). *A condição humana*. Rio de Janeiro: Forense Universitária.

Areosa, V.C. & Bulla, L.C. (2010). O envelhecimento humano e as novas configurações familiares: o idoso como provedor. *Psicologia*, XXIV, 1, pp. 161-171.

Ariès, P. (1978). *História social da infância e da família*. Rio de Janeiro: LCT.

Arilha, M; Unbehaum, S.G. & Medrado, B. (2001). Introdução. In: Arilha, M; Unbehaum, S.G. & Medrado (Orgs.). *Homens e masculinidades. Outras palavras*. Rio de Janeiro: Editora 34, pp. 9-28.

Artes, A.C.A. & Carvalho, M.P. (2011). Labor as determinant of school discrepancy in Brazil: myth or reality? *Cad. Pagu*, 2(34), pp. 41-74.

Artes, A.M. & Ricoldi, A.M. (2015). Acesso de negros no ensino superior: o que mudou entre 2000 e 2010. *Cadernos de Pesquisa*, 45(158), pp. 858-881.

Audoin-Rouzeau, S. (2013). A grande guerra e a história da virilidade. In: Corbin, A.; Courtine, J.J. & Vigarello, G. *História da virilidade (vol 2). O triunfo da virilidade. O século XIX*. Petrópolis: Editora Vozes, pp. 503-512.

Azevedo, C.M.M. (1987). *Onda negra, medo branco*. Rio de Janeiro: Paz e Terra.

Azevedo, K.R. & Arrais, A.R. (2006). O mito da mãe exclusiva e seu impacto na depressão pós-parto. *Psicologia: Reflexão e Crítica*, 19(2), pp. 269-276.

Azize, R. (2006). Saúde e estilo de vida: divulgação e consumo de medicamentos em classes médias urbanas. In: Leitão, D.; Lima, D. & Machado, R.P. (Orgs). *Antropologia e consumo: diálogos entre Brasil e Argentina*. Porto Alegre: AGE, pp. 119-137.

Azize, R.L. (2009). Desemprego executivo: a crítica ao terceiro espírito do capitalismo no cinema contemporâneo. *Rev. bras. Ci. Soc.*, 24(69), pp. 81-91.

Azize, R. L. (2010). *A nova ordem cerebral: a concepção de 'pessoa' na difusão neurocientífica*. Tese de doutorado, Programa de Pós-Graduação em Antropologia Social, Museu Nacional, Universidade Federal do Rio de Janeiro.

Azize, R. (2011). A "evolução da saúde masculina": virilidade e fragilidade no marketing da disfunção erétil e da andropausa. In: Goldenberg, M. (Org). *Corpo, envelhecimento e felicidade*. Rio de Janeiro: Civilização Brasileira, pp. 181-197.

Azize, R. & Araújo, E. S. (2003). A pílula azul: uma análise de representações sobre masculinidade em face do Viagra. *Antropolítica*, 14, pp. 133-151.

Badinter, E. (1985).*Um amor conquistado- O amor materno*. Rio de Janeiro: Nova Fronteira.

Badinter, E. (1992). *XY De l'identité masculine*. Paris: Odile Jacob.

Badinter, E. (2011). *O conflito: a mulher e a mãe*. Rio de Janeiro: Record.

Baére, F.; Zanello, V. & Romero, A.C. (2015). Xingamentos entre homossexuais: transgressão da heteronormatividade ou replicações dos valores de gênero? . *Revista Bioética*, 3(3), pp. 623-633.

Bando, D.H. & Lester, D. (2014). An ecological study on suicide and homicide in Brazil. *Ciência & Saúde Coletiva*, 19(4), pp. 1179-1189.

Barbosa. P.Z. & Rocha-Coutinho, M.L. (2012). Ser mulher hoje: a visão de mulheres que não desejam ter filhos. *Psicologia & Sociedade*, 24(3), pp. 577-587.

Bard, C. (2013). A virilidade no espelho das mulheres. In: Corbin, A.; Courtine, J.J. & Vigarello, G. *História da virilidade (vol 3). A virilidade em crise? Séculos XX-XXI*. Petrópolis: Editora Vozes, pp. 116-153.

Basaglia, F. (1983). *Mujer, locura y sociedad*. México: Universidad Autonoma de Puebla.

Bassanezi, C. (1996). *Virando as páginas, revendo as mulheres: relações homem-mulher e revistas femininas (1945-1964)*. Rio de Janeiro: Civilização Brasileira.

Beauvoir, S. (1980). O segundo sexo, vol. 2. Rio de Janeiro: Nova Fronteira.

Bebbington, P.E.; Hurry, J. ; Tennant, C.; Sturt, E. & Wing, J.K. (1981). Epidemiology of mental disorders in Camberwell. *Psychol Med*, 11, pp. 561-580.

Belotti, E.G. (1983). *Educar para a submissão: o descondicionamento da mulher.* Petrópolis: Vozes.

Bermúdez, M. de M. (2013). Connel y el concepto de masculinidades hegemónicas: notas críticas desde la obra de Pierre Bourdieu. *Estudos Feministas*, 21(1), pp. 283-300.

Bersani, L. (1995). Es el recto una tumba? In: Llamas, R. (Comp). *Construyendo identidades*, Madrid: Siglo Veintiuno, pp. 79-115.

Bertaud, J.P. (2013). O exército e o brevê de virilidade. In: Corbin, A.; Courtine, J.J. & Vigarello, G. *História da virilidade (vol 2). O triunfo da virilidade. O século XIX.* Petrópolis: Editora Vozes, pp. 74-94.

Boiger, M. & Mesquita, B. (2012). The construction of emotion in interactions, relationships, and cultures. *Emotion Review*, 4(3), pp. 221-229.

Bolsanello, M.A. (1996). Darwinismo social, eugenia e racismo "científico": sua repercussão na sociedade e na educação brasileiras. *Educar*, 12, pp. 153-165.

Bonato, N.M.C. (2007). Feminização do magistério: contribuições da Federação Brasileira Pelo Progresso Feminino-1922. *30a. Reunião da ANPED.* Recuperado em 2 maio, 2017, de http://30reuniao.anped.org.br/trabalhos/GT02-3437--Int.pdf

Borch-Jacobsen, M. (2013). *La fabrique des folies- de la psychanalyse au psychopharmarketing.* Paris: Éditions Sciences Humaines.

Bordo, S. (1997). O corpo e a reprodução da feminidade: uma apropriação feminista de Foucault. In: Jaggar, A. M. & Bordo, S. R. (Orgs). *Gênero, corpo, conhecimento.* Rio de Janeiro: Record/ Rosa dos temos, pp. 19-41.

Borges, M.L. (2005). Gênero e desejo: a inteligência estraga a mulher? *Estudos Feministas*, 13(3), pp. 667-676.

Borlot, A.M.M. & Trindade, Z.A. (2004). As tecnologias de reprodução assistida e as representações de filho biológico. *Estudos de Psicologia*, 9(1), pp. 63-70.

Bosi, E. (1979). *Memória e sociedade: lembranças de velhos.* São Paulo: T.A. Queiroz.

Botello, H.A. & Alba, A.L. (2015). El efecto de la maternidad sobre los salarios femeninos en Latinoamérica. *Semestre Económico*, 18(37), s/p.

Bourdieu, P. (1998). *La domination masculine.* Paris: Seuil.

Braidotti, R. (1994). *Nomadic Subjects. Embodiment and sexual difference in contemporary feminist theory.* New York: Columbia University Press.

Brigeiro, M. & Maksud, I. (2009). Aparição do Viagra na cena pública brasileira: discursos sobre corpo, gênero e sexualidade na mídia. *Estudos Feministas*, 17(1), pp. 71-88.

Brinkmann, S. (2005). Human Kinds and *Looping effect*s in Psychology. *Theory & Psychology*, 15(6), pp. 769-791.

Brinkmann, S. (2008). Identity as *Self*-Interpretation. *Theory & Psychology*, 18(3), pp. 404-422.

Brugère, F. (2008). *Le sexe de la sollicitude.* Paris, Seuil.

Brumer, A. (2002). Previdência social rural e gênero. *Sociologias*, 4, pp. 50-81.

Butler, J. (1990). Actos performativos y constitución del género: un ensayo sobre fenomenología y teoría feminista. In: Case, S.-H. (Orgs.). *Performing Feminisms: Feminist Critical Theory and Theatre*, Baltimore: Johns Hopkins Press, pp. 296-314.

Butler, J. (2012). *Problemas de gênero. Feminismo e subversão da identidade.* (4ª edição). Rio de Janeiro: Civilização Brasileira.

Cacchioni, T. (2015). *Big Pharma, women, and the labour of love*. Toronto: University of Toronto Press.

Campos, I. O. & Zanello, V. (2016) Saúde mental e gênero: o sofrimento psíquico e a invisibilidade das violências *Vivência: Revista de Antropologia*, 48, pp. 105-118.

Camus, A. (2008). *O mito de Sísifo*. Rio de Janeiro: Record.

Caplan, P. J. (2012). Who decides if mothers are crazy? From Freud's Mother to Today's. In: Wong, G. (Org). *Moms gone mad: Motherhood and madness, oppression and resistance*, Bradford: Demeter Press, pp. 79-92.

Carmo, E.C.; Fernandes, T. & Oliveira, E.M. (2012). Esteróides anabolizantes: do atleta ao cardiopata. *Rev. Educ. Fís./UEM*, 23(2), pp. 307-318.

Carneiro, F. (2006). Nossos passos vêm de longe. In: Werneck, J.; Mendonça, M. & White, E. (Orgs). *Nossos passos vêm de longe*. Rio de Janeiro: Pallas/Criola, pp. 22-41.

Carneiro, S. (2004). Raça, gênero e ações afirmativas. In: Bernardino, J. & Galdino, D. (Orgs.). *Levando a raça a sério: ações afirmativas*. Rio de Janeiro: DP&A.

Carneiro, S. (2011). *Racismo, sexismo e desigualdade no Brasil*. São Paulo: Selo Negro.

Carneiro, S. (2017). Sobrevivente, testemunha, porta-voz (entrevista com Sueli Carneiro). *Revista Cult*, 223, ano 20.

Carol, A. (2013). A virilidade diante da medicina. In: Corbin, A.; Courtine, J.J. & Vigarello, G. *História da virilidade (vol 3). A virilidade em crise? Séculos XX-XXI*. Petrópolis: Editora Vozes, pp. 35-81.

Carrara, S.; Russo, J.A. & Faro, L. (2009). *A política de atenção à saúde do homem no Brasil*: os paradoxos da medicalização do corpo masculino. *Physis – Revista de Saúde Coletiva*, 19(3), pp. 659-678.

Carrara, S. & Saggese, G. (2011). Masculinidades, violência e homofobia. In: Gomes, R. (Org). *Saúde do homem*. Rio de Janeiro: Fiocruz, pp. 201-225.

Casares, A.M. (2008). *Antropología del* género. Culturas, mitos y estereotipos sexuales. Madrid: Ediciones Catedra.

Cecchetto, F.R. (2004). *Violência e estilos de masculinidades*. Rio de Janeiro: FGV Editora.

Cecchetto, F.R.; Farias, P.S.; Silva, P.R.P. & Corrêa, J.S. (2012). Onde os fracos não têm vez: discursos sobre anabolizantes, corpo e masculinidades em uma revista especializada. *Physys Revista de Saúde Coletiva*, 22(3), pp. 873-893.

Chamon, M. (2005). *Trajetórias de feminização do magistério: ambiguidades e conflitos*. Belo Horizonte: Autência/FCH-FUMEC.

Chesler, P. (2005). *Women and madness*. New York: Palgrave Macmillan.

Chrisler, J.C. & Robledo, I.J. (2002). Raging hormones? Feminist Perspectives on Premenstrual Syndrome and Postpartum Depression. In: Ballou, M. & Brown, L. (Orgs.). *Rethinking Mental Health & Disorder. Feminist Perspectives*. New York: Guilford, pp. 174-197.

Climaco, D. (2008). Das transformações da dominação masculina. *Cad. Pagu*, 30, jan/junho, pp. 437-443.

Cockell, F.F. (2014). Idosos aposentados no mercado de trabalho informal: trajetórias ocupacionais na construção civil. *Psicologia & Sociedade*, 26(2), pp. 461-471.

Coelho-Lima, F.; Costa, A.L.F & Bendassolli, P.F. (2013). A produção científica brasileira acerca do desemprego. *Univ. Pychol.*, Bogotá, Colômbia, 12(4), pp. 1283-1299.

Collins, P. (2009). *Black feminist thought*. New York: Routledge.

Connell, R.W. (2000). *Understanding men: gender sociology and the new international research on masculinities*. Clarck Lecture, Department of Sociology, University of Kansas, 19 September, 2000.

Connell, R.W. (2005). *Masculinities*. Berkely: University of California Press.

Connell, R. (2016). *Gênero em termos reais*. São Paulo: nVersos.

Connell, R.W. & Messerschmidt, J.W. (2005). Hegemonic masculinity: Rethinking the concept. *Gender Society*, 19, pp. 829-859.

Connell, R.W. & Messerschmidt, J.W. (2013). Masculinidade hegemônica: repensando o conceito. *Revista de Estudos Feministas*, 21(1), pp. 241-282.

Conrad, P. (2007). *The medicalization of society: on the transformation of human conditions into treatable disorders*. Baltimore: John Hopkins University Press.

Coombs, R. (1991). Marital status and personal well-being: a literature review. *Family relations*, 40, pp. 97-102.

Corbin, A. (2013a). Introdução. In: Corbin, A.; Courtine, J.J. & Vigarello, G. *História da virilidade (vol 2). O triunfo da virilidade. O século XIX*. Petrópolis: Editora Vozes, pp. 7-12.

Corbin, A. (2013b). A virilidade reconsiderada sob o prisma do naturalismo. In: Corbin, A.; Courtine, J.J. & Vigarello, G. *História da virilidade (vol 2). O triunfo da virilidade. O século XIX*. Petrópolis: Editora Vozes, pp. 15-73.

Corbin, A. (2013c). A necessária manifestação da energia sexual. In: Corbin, A.; Courtine, J.J. & Vigarello, G. *História da virilidade (vol 2). O triunfo da virilidade. O século XIX*. Petrópolis: Editora Vozes, pp. 152-192.

Corbin, A. (2013d). A obrigação da virilidade, fonte de ansiedade e angústia. In: Corbin, A.; Courtine, J.J. & Vigarello, G. *História da virilidade (vol 2). O triunfo da virilidade. O século XIX*. Petrópolis: Editora Vozes, pp. 439-461.

Coria, C. (1996). *O sexo oculto do dinheiro- Formas de dependência feminina*. Rio de Janeiro: Record/Rosa dos Tempos.

Costa, S.G. (2014). Conforto, proteção social e emprego doméstico (Brasil e região fluminense, 1960-2000). *Serv.Soc.Soc.*, 120, pp. 767-794.

Costa, S.S.S. (2006). A gravidez desejada em adolescentes de classes populares. In: Werneck, J.; Mendonça, M. & White, E. (Orgs). *Nossos passos vêm de longe*. Rio de Janeiro: Pallas/Criola, pp. 127-129.

Courtine, J.J. (2013). Impossível virilidade. In: Corbin, A.; Courtine, J.J. & Vigarello, G. *História da virilidade (vol 3). A virilidade em crise? Séculos XX-XXI*. Petrópolis: Editora Vozes, pp. 07-12.

Cruz, M.S. (2005). Uma abordagem sobre a história da educação dos negros. In: Romão, J. (Org). *História da educação do negro e outras histórias*. Brasília: Ministério da Educação/Secretaria de Educação Continuada, Alfabetização e Diversidade, pp. 21-33.

Daibert Jr., R. (2013). Entre homens e anjos: padres e celibato no período colonial no Brasil. In: Del Priore, M. & Amantino, M. (Orgs). *História dos homens no Brasil*. São Paulo: UNESP, pp. 49-84.

Damamme, A. & Paperman, P. (2009). Care domestique: délimitations et transformations. In: Molinier, P.; Laugier, S. & Paperman, P. *Qu'est-ce que le care?*. Paris: Payot & Rivage, pp. 133-155.

Dantas, G. & Zanello, V. Depressão, mulheres e gênero: análise da produção brasileira. Artigo submetido.

Daum, M. (2016). *Selfish, shallow, and self-absorbed. Sixteen writers on the decision not to have kids*. New York: Picador.

Davis, A. (2016). *Mulheres, raça e classe*. São Paulo: Boitempo.

Del Priore, M. (1994). *A mulher na história do Brasil*. São Paulo: Contexto.

Del Priore, M. (2000). *Corpo a corpo com a mulher- Pequena história das transformações do corpo feminino no Brasil*. São Paulo: SENAC.

Del Priore, M. (2009). *Ao sul do corpo. Condição feminina e mentalidades no Brasil Colônia*. São Paulo: Unesp.

Del Priore, M. (2011). *História de amor no Brasil*. São Paulo: Contexto.

Del Priore, M. (2013). País de ontem: transformações da paternidade no século XIX. In: Del Priore, M. & Amantino, M. (Orgs). *História dos homens no Brasil*. São Paulo: UNESP, pp. 153-184.

Deleuze, G. (1990). Que és um dispositivo? In: *Michel Foucault, Filósofo*. Barcelona: Gedisa, pp. 155-161. Tradução Wanderson Flor do Nascimento.

Demartini, Z.B.F. & Antunes, F.F. (2002). Magistério primário: profissão feminina, carreira masculina. In: Campos, M.C.S.de S. & Silva, V.L.G. *Feminização do magistério: vestígios do passado que marcam o presente*. Bragança Paulista: EDUSF, pp. 13-27.

Derrida, J. (1997). *A Farmácia de Platão*. Tradução de Rogério Costa, 2ª. edição. São Paulo: Editora Iluminuras.

Dias, A.R.; Machado, C.; Gonçalves, R.A. & Manita, C. (2012). Repertórios interpretativos sobre o amor e as relações de intimidade de mulheres vítimas de violência: Amar e ser amado violentamente? *Análise Psicológica*, 1-2, pp. 143-159.

Dias, M.L. (1991). *Suicídio: testemunhos de adeus*. São Paulo: Brasiliense.

Dimen, M. (1997). Poder, sexualidade e intimidade. In: Jaggar, Alison M. & Bordo, Susan R. (Orgs). *Gênero, corpo, conhecimento*. Rio de Janeiro: Record/ Rosa dos Tempos, pp. 42-62.

Diniz, G. & Pondaag, M. (2004). Explorando significados do silêncio e do segredo nos contextos de violência doméstica. In: Maluschke, G.; Bucher-Maluschke, J.N.S. & Hermanns, K. (Orgs). *Direitos Humanos e Violência- Desafios da Ciência e da Prática*. Fortaleza: Fundação Konrad Adenauer, 2004, pp. 171-185.

Diniz, G. & Pondaag, M. (2006). A face oculta da violência contra a mulher: o silêncio como estratégia de sobrevivência. In: Almeida, A.; Santos; M.F.; Diniz, G. & Trindade, Z. (Orgs). *Violência, Exclusão Social e Desenvolvimento Humano. Estudo em Representações Sociais*. Brasília: UnB, pp. 232-259.

Dush, C.M.K. & Amato, P.R. (2005). Consequences of relationship status and quality for subjective well-being. *Journal of Social and Personal Relationships*. 22(5), pp. 607-627.

Eckman, P. (2011). *A linguagem das emoções*. São Paulo: Lua de Papel.

Edmonds, R. (2012). The persistence and destructiveness of mother-blame in psychological theory. In: Wong, G. (Org.). *Moms gone mad: Motherhood and madness, oppression and resistance*. Bradford: Demeter Press, pp. 48-63.

El Far, A. (2007). Crítica social e ideias médicas nos excessos do desejo: uma análise dos "romances para homens" de finais do século XIX e início do XX. *Cadernos Pagu*, 28, pp. 285-312.

Engel, M. (2004). Psiquiatria e feminilidade. In(Del Priore, M. (Org.). *História das mulheres no Brasil*. São Paulo: Contexto, pp. 322-361

Esteban, M.L. (2011). *Critica del pensamiento amoroso. Temas contemporaneos*. Barcelona: Bellaterra.

Fanon, F. (2008). *Pele negra, máscaras brancas*. Salvador: EdUFBA.

Faraj, S.P.; Martins, B.M.C.; Santos, S.S.; Arpini, D.M. & Siqueira, A.C. (2016). "Quero entregar meu bebê para adoção": o manejo de profissionais de saúde. *Psicologia: Teoria e Pesquisa*, 32(1), pp. 151-159.

Farge, A. (2013). Virilidades populares. In: Corbin, A.; Coutine, J.J. & Vigarello, G. (Orgs.). *História da virilidade* (vol.1). *Da invenção da virilidade. Da antiguidade às Luzes*. Petrópolis: Editora Vozes, pp. 495-523.

Farias, R. & Moré, C.O.O. (2012). Repercussões da gravidez em adolescentes de 10 a 14 anos em contexto de vulnerabilidade social. *Psicologia, Reflexão e Crítica*, 25(3), pp. 596-604.

Farias, P.S.; Cecchetto, F. & Silva, P.R.P. (2014). Homens e mulheres com H(GH): gênero, masculinidades e anabolizantes em jornais e revistas de 2010. *Cadernos Pagu*, 42, pp. 417-446.

Faro, L.; Chazan, L.K.; Rohden, F. & Russo, J. (2010). Homem com "H". A saúde do homem nos discursos de marketing da indústria farmacêutica. *Fazendo Gênero 9. Diásporas, Diversidades, Deslocamentos*. Florianópolis: UFSC.

Fausto-Sterling, A. (2000). *Sexing the Body: Gender, Politics and the Construction of Sexuality*. New York: Basic Books.

Finazzi-Santos, M.A. & Siqueira, M.V.S. (2011). Considerações sobre trabalho e suicídio: um estudo de caso. *Rev. Bras. Saúde Ocup.*, 36(123), pp. 71-83.

Firestone, S. (1976). *A dialética do sexo- um estudo da revolução feminista*. Petrópolis: Ed. Vozes.

Flaubert, G. (2002). *Madame Bovary*. São Paulo: Nova Cultural.

Flor, W. & Zanello, V. (2014). Uma história da silêncio sobre gênero e loucura- Parte I. Sobre o que não se fala em uma arqueologia do silêncio: as mulheres em História da Loucura. In: Zanello, V. & Andrade, A.P.M. (Orgs). *Saúde Mental e Gênero- Diálogos, Práticas e Interdisciplinaridade*. Curitiba: Appris, pp. 17-28.

Fónagy, I. (1970). "Les bases pulsionnelles de la phonation". *Revue Française de Psychanalyse*, 1, XXXIV, pp. 101-136.

Fónagy, I. (1983). *La vive voix – Essais de psycho-phonétique*. Paris: Payot.

Fonseca, C. (2012). Mães "abandonantes": fragmentos de uma história silenciada. *Revista de Estudos Feministas*, 20(1), pp. 13-32.

Forna, A. (1999). *Mãe de todos os mitos. Como a sociedade modela e reprime as mães*. Rio de Janeiro: Ediouro.

Forth, C. (2013). Masculinidades e virilidades no mundo anglófono. In: Corbin, A.; Courtine, J.J. & Vigarello, G. *História da virilidade (vol 3). A virilidade em crise? Séculos XX-XXI*. Petrópolis: Editora Vozes, pp. 154-186.

Foucault, M. (1975). *Doença mental e psicologia*. Rio de Janeiro: Tempo Brasileiro.

Foucault, M. (1982). *História da loucura*. São Paulo: Perspectiva.

Foucault, M. (1993). *História da sexualidade 1: A vontade de saber*. Rio de Janeiro: Graal.

Foucault, M. (1996). *Microfísica do poder*. Rio de Janeiro: Graal.

Foucault, M. (2004). *O nascimento da clínica*. Rio de Janeiro: Forense Universitária.

Fox Keller, E. (1995). Gender and Science: Origin, History, and Politics. *Osiris (*Constructing knoledge in the History of Sceince), 10, pp. 26-38.

Fraisse, G. (1979). *Femmes toutes mains. Essais sur le service domestique*. Paris: Seuil.

Fraisse, G. (1993). Sur l'incompatibilité supposé de l'amour et du feminisme. *Esprit*, 19, pp. 71-77.

França, L.H.F.P. & Soares, D.H.P. (2009). Preparação para a aposentadoria como parte da educação ao longo da vida. *Psicologia: Ciência & profissão*, 29(4), pp. 738-751.

França, L.H.F.P. & Vaughan, G. (2008). Ganhos e perdas: atitudes dos executivos brasileiros e neozelandeses frente a aposentadoria. *Psicologia em Estudo*, 13(2), pp. 207-216.

Freire, M. (2008). 'Ser mãe é uma ciência': mulheres, médicos e a construção da maternidade científica na década de 1920. *História, Ciências, Saúde*, 15, pp. 153-171.

Freire, M.M. de L. (2006). *Mulheres, mães e médicos. Discurso maternalista em revistas femininas (Rio de Janeiro e São Paulo, década de 1920*. Tese de doutorado. Fiocruz: Rio de Janeiro.

Freud, S. (1893-1895) *Estudos sobre histeria*. E.S.B. Vol. II. Rio de Janeiro: Imago, 1974.

Freud, S. (1908). "Caráter e erotismo anal" [1908]. E.S.B. Vol. IX. Rio de Janeiro: Imago, 1974, pp. 171-181.

Freud, S. (1913). A Disposição à Neurose Obsessiva. Uma Contribuição ao Problema da Escolha da Neurose [1913]. E.S.B. Vol. XII, pp. 335-349.

Freud, S. (1914) "Sobre o Narcisismo: uma introdução (1914)". E.S.B. Vol. XIV. Rio de Janeiro: Imago, 1974, p. 83-119.

Freud, S. (1917). As Transformações do Instinto Exemplificadas no Erotismo Anal [1917]. E.S.B. Vol. XVII, pp. 131-141.

Freud, S. (1974a). "Conferência XVII: O sentido dos sintomas". *E.S.B.Vol. XVI*, 305-322. Rio de Janeiro: Imago.

Freud, S. (1974b). "Conferência XXIII: Os caminhos de formação dos sintomas". *E.S.B.Vol. XVI*, pp. 419-437. Rio de Janeiro: Imago.

Friedan, B. (1971). *Mística feminina*. Petrópolis: Vozes.

Galati, M.C.R.; Alvez Jr., E.O.A.; Delmaschio, A.C.C. & Horta, A.L.M. (2014). Sexualidade e qualidade de vida em homens com dificuldades sexuais. *Psico-USF*, 19(2), pp. 243-252.

Garcia, C.C. (1995). *Ovelhas na névoa. Um estudo sobre as mulheres e a loucura*. Rio de Janeiro: Record/Rosa dos Tempos.

Garcia, S.M. (2001). Conhecer os homens a partir do gênero e para além do gênero. In: Arilha, M; Unbehaum, S.G. & Medrado (Orgs.). *Homens e masculinidades. Outras palavras.* Rio de Janeiro: Editora 34, pp. 31-50.

Geertz, C. (2008). *A interpretação das culturas*. Rio de Janeiro: LTC.

Geledés (2012). *A inserção do negro no futebol brasileiro*. Recuperado em 23 junho, 2017, http://www.geledes.org.br/a-insercao-do-negro-no-futebol-brasileiro/#gs.KrCAwCI

Giami, A.; Nascimento, K.C. & Russo, J. (2009). Da impotência à disunção erétil. Destinos da medicalização da sexualidade. *Physis- Revista de Saúde Coletiva*, 19(3), pp. 637-658.

Gilligan, C. (1982). *Uma voz diferente. Psicologia da diferença entre homens e mulheres da infância à idade adulta*. Rio de Janeiro: Rosa dos Tempos.

Glenn, E.N. (2009). Le travail forcé: citoyenneté, obligation statutaire et assignation des femmes au care. In: Molinier, P.; Laugier, S. & Paperman, P. *Qu´est-ce que le care?*. Paris: Payot & Rivage, pp. 113-131.

Goldenberg, M. (1990). *A outra. Um estudo antropológico sobre a identidade da amante do homem casado*. Rio de Janeiro: Revan.

Gomes, R.; Nascimento, E.F.; Rebello, L.E.F.S. & Araújo, F.C. (2008). As arranhaduras da masculinidade: uma discussão sobre o toque retal como medida de prevenção do câncer prostático. *Ciência & Saúde Coletiva*, 13(6), pp. 1975-1984.

Gone, J.P & Kirmayer, L.L. (2010). On the wisdom of considering culture and context in psychopathology. In: Millon, T.; Krueger, R.F. & Simonsen, E. (Orgs). *Contemporary Directions in Psychopathology: Scientific Foundations of the DSM V and ICD 11*. New York: Guilford press, pp. 72-96.

Good, B. & Kleinman, A. (1985). Culture and Depression. In: Kleinman, A. & Good, B. (eds.). *Culture and Depression. Studies in the Anthropology and Cross-Cultural Psychiatry of Affect and Disorder*. University of California Press, 1985, pp. 491-505.

Granato, T.M. & Aiello-Vaisberg, T.M.J. (2012). Narrativas interativas sobre o cuidado materno e seus sentidos afetivo-emocionais. *Psicologia Clínica*, 25(I), pp. 17-35.

Grassi, M.V.F.C. & Pereira, M.E.C. (2001). O "sujeito-sintoma" impotente na disfunção erétil. Ágora: E*studos em Teoria Psicanalítica*, 4(1), pp. 53-76.

Guillet, F. (2013). O duelo e a defesa da honra viril. In: In: Corbin, A.; Courtine, J.J. & Vigarello, G. *História da virilidade (vol 2). O triunfo da virilidade. O século XIX*. Petrópolis: Editora Vozes, pp. 97-152.

Hacking, I. (1995). The *looping effects* of human kinds. In: Sperber, D.; Premack, A.J. (Orgs). *Causal Cognition: A multidisciplinary debate*. Oxford Scholarship online. Recuperado em 12/12/2016. http://www.oxfordscholarship.com/view/10.1093/acprof:oso/9780198524021.001.0001/acprof-9780198524021-chapter-12

Hahner, J. E. (2003). *Emancipação do sexo feminino: a luta pelos direitos da mulher no Brasil, 1850-1940*. Florianópolis: Ed Mulheres/Santa Cruz do Sul: EDUNISC.

Haraway, D. (2000). Manifesto Ciborgue. Ciência, tecnologia e feminismo-socialista no final do século XX. in *Antropologia do Ciborgue*. As vertigens do pós-humano. Belo Horizonte: Autêntica Editora.

Haroche, C. (2013). Antropologias da virilidade: o medo da impotência. In: Corbin, A.; Courtine, J.J. & Vigarello, G. *História da virilidade (vol 3). A virilidade em crise? Séculos XX-XXI*. Petrópolis: Editora Vozes, pp. 15-34.

Hooks, B. (2006a). Vivendo de amor. In: Werneck, J.; Mendonça, M.; White, E. (Orgs). *Nossos passos vêm de longe*. Rio de Janeiro: Pallas/Criola, pp. 188-198.

Hooks, B. (2006b). Love as the practice of freedom. In: Kooks, B. *Outlaw Culture. Resisting representations*. Nova Iorque: Routlege, pp. 243-250.

Hooks, B. (2015a). *Feminist Theory- from margin to center.* Nova York: Routledge.

Hooks, B. (2015b). Escolarizando homens negros. *Estudos Feministas*, 23(3), pp. 677-689.

IBGE (Instituto Brasileiro de Geografia e Estatística). (2012). *PME*. Brasília. Recuperado em 17 outubro, 2016, de http://www.ibge.gov.br/home/estatistica/indicadores/trabalhoerendimento/pme_nova/Mulher_Mercado_Trabalho_Perg_Resp_2012.pdf

IBOPE (2016). *Pesquisa Brasileira de mídia.* Presidência da República, Brasil. Recuperado em 11 março, 2017, de file:///C:/Users/Usuario/Downloads/Pesquisa%20Brasileira%20de%20M%C3%ADdia%20-%20PBM%202016.pdf

IPEA (2014). SIPS- Sistema de Indicadores de Percepção Social. *Tolerância social à violência contra as mulheres*.

Iriart, J.A.B.; Chaves, J.C. & Orleans, R.G. (2009). Culto ao corpo e uso de anabolizantes entre praticantes de musculação. *Cad. Saúde Pública*, 25(4), pp. 773-782.

Izecksohn, V. (2013). Quando era perigoso ser homem. Recrutamento compulsório, condição masculina e classificação social no Brasil. In: Del Priore, M. & Amantino, M. (Orgs). *História dos homens no Brasil*. São Paulo: UNESP, pp. 267-297.

Jablonka, I. (2013). A infância ou a "viagem rumo à virilidade". In: Corbin, A.; Courtine, J.J. & Vigarello, G. *História da virilidade (vol 2). O triunfo da virilidade. O século XIX*. Petrópolis: Editora Vozes, pp. 37-73.

Jeremiah, E. (2006). Motherhood to mothering and beyond. Maternity in recent Feminist Thought. *Mothering and feminism*., 8 (1/2), pp. 21-33.

Joaquim, M.S. (2001). *O papel da liderança religiosa feminina na construção da identidade negra*. Rio de Janeiro: Pallas/São Paulo: Educ.

Kaufman, M. (1999). Men, Feminism, and Men's Contradictory Experiences of Power. In Kuypers, J.A. (Org.). *Men and Power*. Halifax: Ferwood Books, pp. 59-83.

Kaur, R. (2017). *Outros jeitos de usar a boca*. São Paulo: Planeta.

Kehl, M.R. (2007). *Deslocamento do feminino*. Rio de Janeiro: Imago.

Kimball, M. (1975). Women, sex role stereotypes & mental health. In: Smith, D.E. & David, S.J. (Orgs) *Women look at psychiatry*. Vancouver: Press Gang Publishers, pp. 121-142.

Kimmel, M. (1998). A produção simultânea de masculinidades hegemônicas e subalternas. *Horizontes Antropológicos*, ano 4, 9, pp. 103-117.

Kimmel, M. (2011). Three and a half things men have learned from feminist scholarship. *Journal of Feminist Scholarship* 1. Recuperado em 2 julho, 2017, de http://www.jfsonline.org/issue1/authorintro/kimmel/

Kimmel, M. (2009). "Bros before Hos" The guy code. In: *Guyland-The perilous world where boys become men. Understanding the critical years between 16 and 26.* New York: Harper Collins, s/p.

Kimmel, M. (2016). Masculinidade como homofobia: medo, vergonha e silêncio na construção da identidade de gênero. *Equatorial*, 3(4), pp. 97-124.

Kirmayer, L.J. (1994). Is the concept of mental disorder culturally relative? In: S.A. Kirk & S. Einbinder (Orgs). *Controversal issues in mental health*. Boston: Allynand Bacon, pp. 1-20.

Kirmayer, L.J. (2007). Cultural psychiatry in historical perspective. In: Bhugra, D. & Bhui, K. (Eds). *Textbook of cultural Psychiatry*. Cambridge: Cambridge University press, pp. 3-19.

Kitayama, S. & Park, H. (2007).Cultural shaping of *self*, emotion, and well-being: How does it work? *Social and Personality Psychology Compass*, 1(1), pp. 202-222.

Kreter, A.C. & Bacha, C.J.C. (2006). Avaliação da equidade da Previdência no meio rural do Brasil. *Rev. Econ.* Sociol. Rural, 44(3), pp. 467-502.

Kritzman, L. (2013). A virilidade e seus "outros": A representação da masculinidade paradoxal. In: Corbin, A.; Coutine, J.J. & Vigarello, G. (Orgs.). *História da virilidade* (vol.1). *Da invenção da virilidade. Da antiguidade às Luzes*. Petrópolis, pp. 217-241.

Lafargue, P. (2012). *O direito à preguiça*. Rio de Janeiro: Achiamé.

Lagarde, M. (1998). *Identidad Genérica y Feminismo*. Sevilla: Instituto Andaluz de la Mujer.

Lagarde, M. (2001). *Claves feministas para la negociacion en el amor*. Managua: Puntos de Encuentro.

Lagarde, M. (2011). *Los cautiverios de las mujeres. Madresposas, monjas, putas, presas y locas*. Madrid: San Cristobal.

Lagarde, M. (2013). *Solidão como arma política*. Curitiba: Herética Difusão Lesbofeminista Independente.

Lakoff, G. & Johnson, M. (1986). *Metaforas de la vida cotidiana*. Madrid: Catedra.

Lamas, M. (1986). La antropologia feminista y la categoria "género". *Nueva Antropologia*, VIII, 30, s/p.

Laqueur, T. (2001). *Inventando o sexo- Corpo e gênero dos gregos a Freud*. Rio de Janeiro: Relume-Dumará.

Lauretis, T. (1984). A tecnologia do gênero. In: Hollanda, Heloísa Buarque. *Tendências e Impasses- O feminismo como crítica da cultura*. Rio de Janeiro: Rocco, pp. 206-242.

Le Breton, D. (2003). *Adeus ao corpo*. Campinas: Papirus.

Le Breton, D. (2009). *As paixões ordinárias. Antropologia das emoções*. Petrópolis: Vozes.

Le Gall, J.M. (2013). A virilidade dos clérigos. In: Corbin, A.; Coutine, J.J. & Vigarello, G. (Orgs.). *História da virilidade* (vol. 1). *Da invenção da virilidade. Da antiguidade às Luzes*. Petrópolis, p. 242-263.

Leavitt, J. (1996). Meaning and feeling in the anthopology of emotions. *American Ethnologist*, 23(3), pp. 514-539.

Lee, K.S. & Ono, H. (2012). Marriage, Cohabitation and hapiness: A cross-national analysis of 27 countries. *Journal of marriage and family*, 74, pp. 953-972.

Leopoldo, R. & Colling, L. (2016). Por uma ética da passividade. Prefácio. In: Sáez, J. & Carrascosa, S. *Pelo cu. Políticas anais*. Belo Horizonte: Letramento, pp. 9-17.

Lévi-Strauss, C. (1982). *As estruturas elementares de parentesco*. Petrópolis: Vozes.

Lima, J.C.C. (2001). Solidão e contemporaneidade no contexto das classes trabalhadoras. *Psicologia: Ciência e Profissão*, 21(4), pp. 52-65.

Lins, P.G.A.; Patti, E.A.M.R.; Peron, A.C. & Barbieri, V. (2014). O sentido da maternidade e da infertilidade: um discurso singular. *Estudos de Psicologia*. 31(3), pp. 387-392.

Lipovetsky, G. (2000). *A terceira mulher: permanência e revolução do feminino*. Lisboa: Instituto Piaget.

Littlewood, R. (2002). *Pathologies of the West. An Anthropology of Mental Illness in Europe and America*. New York: Cornell University Press.

Lo Bianco, A.C.A. (1985). Psicologização do feto. In: Figueira, S. (Org.). *A cultura da psicanálise*. São Paulo: Brasiliense, pp. 94-115.

Lombroso, C. & Ferrero, G. (1896). *La femme criminelle et la prostitué*. Paris. Ancienne Librairie Germer Baillière.

Louro, G.L. (1997a). *Mulheres na sala de aula*. In: Del Priore, M. (Org.). História das mulheres no Brasil. São Paulo: Contexto, pp. 443-481.

Louro, G.L. (1997b). *Gênero, sexualidade e educação. Uma perspectiva pós-estruturalista*. Petrópolis: Vozes.

Louro, G.L. (2000). *Currículo, gênero e sexualidade*. Porto: Editora Porto.

Ludermir, A.B. (2000). Inserção produtiva, gênero e saúde mental. *Cad. Saúde Pública*, 16(3), pp. 647-659.

Lutz, C.A. (1996). Engendered emotion: gender, power and rhetoric of emotional control in american discourse. In: Harré, R. & Parrot, W.G. *Social, Cultural and Biological Dimensions*. London: Sage, pp. 152-170.

Machado, L.Z. (2001). *Masculinidades e violências. Gênero e mal-estar na sociedade contemporânea*. Séria Antropologia 290. Brasília.

Maia, C. (2011). *A invenção da solteirona: conjugalidade moderna e terror moral*. Florianópolis: Ed. Mulheres.

Maior, M.S. (1980). *Dicionário do palavrão e termos afins*. Recife: Guararapes.

Maluf, S.W. (2010). Gênero, saúde e aflição: políticas públicas, ativismo e experiências sociais. In: Maluf, S.W. & Tornquist, C.S. (Orgs.). *Gênero, saúde e aflição: abordagens antropológicas*. Santa Catarina, pp. 21-67.

Mansanera, A.R. & Silva, L.C. (2000). A influência das ideias higienistas no desenvolvimento da psicologia no Brasil. *Psicologia em Estudo*, 5(1), pp. 115-137.

Mansur, L.H.B. (2003). Experiências de mulheres sem filhos: a mulher singular no plural. *Psicologia: Ciência e Profissão*, 23 (4), pp. 2-11.

Marcello, F.A. (2005). Enunciar-se, organizar-se, controlar-se: modos de subjetivação feminina no dispositivo da maternidade. *Rev. Bras. Educ.*, 29, pp. 139-151.

Marques, A.M. (2011). *Masculinidades e profissões: discursos e resistências*. Lisboa: Calouste Gulbenkian.

Martin, E. (2006). *A mulher no corpo- Uma análise cultural da reprodução*. Rio de Janeiro: Garamond.

Martínez-Hernáez, A. (2000). *What's behind the symptom? On psychiatric observation and anthropological understanding*. Amsterdam: Harwood Academic Publishers.

Martins, A.L. (2003). *Aí vai meu coração. As cartas de Tarsila do Amaral e Anna Maria Martins para Luís Martins.* São Paulo: Editora Planeta do Brasil.

Martins, B.M.C.; Faraj, S.P.; Santos, S.S. & Siqueira, A.C. (2015). Entregar o filho para adoção é abandoná-lo? Concepções de profissionais de saúde. *Psicologia: Ciência e Profissão*, 35(4), pp. 1294-1309.

Martins, F.(2003). *Psicopathologia II – Semiologia Clínica*. Brasília: Laboratório de Psicopatologia e Psicanálise/ABRAFIP.

Martins, F. (2013). *Ensaios acerca dos sintomas simbólicos. Da cabrita desvalida ao senhor do mundo, um pouco de todos nós*. Brasília: Finatec/UnB.

Martins, T.C.S. (2012). O negro no contexto das novas estratégias do capital: desemprego, precarização e informalidade. *Serv. Soc. Soc.*, n. 111, 00. Pp. 450-467.

Masiero, A. L. (2002). "Psicologia das raças" e religiosidade no Brasil: uma interseccção histórica. *Psicologia: Ciência e Profissão*, 22(1), pp. 66-79.

Massi, M. (1992). *Vida de mulheres: cotidiano e imaginário*. Rio de Janeiro: Imago.

Matos, M.I.S. (2001). *Meu lar é o botequim. Alcoolismo e masculinidade*. São Paulo: Companhia Editora Nacional.

Matos, M. I.S. (2003). Delineando corpos. As representações do feminino e do masculino no discurso médico (São Paulo 1890-1930). In: Matos, M. I.S. & Soihet, R. (Org.). *O corpo feminino em debate*. São Paulo: UNESP, pp. 107-127.

Medrado, B. (1997). *O masculino na mídia: repertórios sobre masculinidade na propraganda televisiva brasileira*. Dissertação (Mestrado em Psicologia Social). PUC/SP, São Paulo.

Medrado, B.; Lyra, J. & Azevedo, M. (2011). ʻEu não sou só próstata, eu sou homem!›. Por uma política pública de saúde transformadora da ordem de gênero. In: Gomes, R. (Org.). *Saúde do homem*. Rio de Janeiro: Fiocruz, pp. 39-74.

Mello, L.G. (2010). A complexa teia de desigualdade racial e de gênero no mercado de trabalho brasileiro. Anais do *Fazendo Gênero 9 – Diásporas, Diversidades, Deslocamentos*. UFSC, Santa Catarina.

Melo, V.A. (2013). Novas *performances* públicas masculinas: o esporte, a ginástica, a educação física (século XIX). In: Del Priore, M. & Amantino, M. (Orgs.). *História dos homens no Brasil*. São Paulo: UNESP, pp. 119-152.

Meneghel, S.N.; Gutierrez, D.M.D.; Silva, R.M.; Gubits, S.; Hesler, L.Z. & Ceccon, R.F. (2012). Suicídio de idosos sob a perspectiva de gênero. *Ciência & Saúde Coletiva*, 17(8), pp. 1983-1992.

Mikucka, M. (2015). *The life satisfaction advantage of being married and gender specialization*. MPRA. Université Catholique de Louvain/Belgique. Recuperado em 05/05/2017. http://onlinelibrary.wiley.com/doi/10.1111/jomf.12290/abstract

Millett, K. (2010). *Política sexual*. Madri: Cátedra.

Minayo, M.C.S.; Meneghel, S.N. & Cavalcante, F.G. (2012). Suicídio de homens idosos no Brasil. *Ciência & Saúde Coletiva*, 17(10), pp. 2665-2674.

Miskolci, R. (2012). *O desejo da nação: masculinidade e branquitude no Brasil de fins do XIX*. São Paulo: Annablume/Fapesp.

Misse, M. (2007). *O estigma do passivo sexual- um símbolo de estigma no discurso cotidiano*. Rio de Janeiro: Booklink/NECVU/IFICS/UFRJ.

Mohanty, C.T. (1992). Feminist Encounters: Locating the Politics of Experience. In Barrett, M. & Phillips, A. (Orgs.). *Desestabilizing theory- Contemporary feminist debates*. California: Standford University Press, pp. 74-92.

Molinier, P.; Laugier, S. & Paperman, P. (2009). Qu´est-ce que le care? (Introduction). In: Molinier, P.; Laugier, S. & Paperman, P. *Qu´est-ce que le care?*. Paris: Payot & Rivage, pp. 7-31.

Money, J. & Ehrhardt, A.A. (1972). *Man and woman, boy and girl*. Baltimore: John Hopkins University Press.

Monteiro, M. (2013). Masculinidades em revista: 1960-1990. In: Del Priore, M. & Amantino, M. (Orgs.). *História dos homens no Brasil*. São Paulo: UNESP, pp. 335-358.

Monteiro, S. & Cechetto, F. (2011). Discriminação, cor/raça e masculinidade no âmbito da saúde: contribuições da pesquisa social. In: Gomes, R. (Org). *Saúde do homem*. Rio de Janeiro: Fiocruz, pp. 129-144.

Moraes, Castiel & Ribeiro (2015). "Não" para jovens bombados, "sim" para velhos empinados: o discurso sobre anabolizantes e saúde em artigos da área biomédica. *Cad. Saúde Pública*, 31(6), pp. 1131-1140.

Mott, L. (1988). *Escravidão, homossexualidade e demonologia*. São Paulo: Ícone.

Moura, S. & Araújo, M.F. (2004). A maternidade na história e a história dos cuidados maternos. *Psicologia Ciência e Profissão*, 24 (1), pp. 44-55.

Moutinho, L. (2004). *Razão, "cor" e desejo*. São Paulo: Ed. UNESP.

Müller, A. (2013). Não se nasce viril, torna-se: juventude e virilidade nos "anos 1968". In: Del Priore, M. & Amantino, M. (Orgs). *História dos homens no Brasil*. São Paulo: UNESP, pp. 299-333.

Neves, M.C.R.; Gonçalvez, M.F. & Lima, J.E. (2015). Mundos distintos e realidades semelhantes: empregabilidade dos jovens no Nordeste e Sudeste brasileiros. *Revista Bras. Est. Pop.*, 32(2), pp. 335-356.

Nicholson, L. (2000). Interpretando o gênero. *Revistas de Estudos Feministas*, Santa Catarina, 8(2), pp. 8-41.

Nichter, M. (1981). Idioms of distress: alternatives in the expression of psychosocial distress: a case study from India. *Culture, medicine and Psychiatry*, 5, 379-408.

Nichter, M. (2010). Idioms of distress revisited. *Cult Med Psychiatry*, 34, pp. 401-416.

Nkosi, D.F. (2014). O pênis sem o falo: algumas reflexões sobre homens negros, masculinidades e racismo. In: Blay, E.A. (coord.). *Feminismos e masculinidades*. São Paulo: Cultura Aacadêmica, pp. 75-104.

Nolasco, S. (1995a). *O mito da masculinidade*. Rio de Janeiro: Rocco.

Nolasco, S. (1995b). A desconstrução do masculino: uma contribuição crítica à análise de gênero. In: Nolasco, S. (Org.). *A desconstrução do masculino*. Rio de Janeiro: Rocco, pp. 15-29.

Novaes, J. V. (2006). *O intolerável peso da feiúra- Sobre as mulheres e seus corpos*. Rio de Janeiro: PUC/Garamond.

Pacheco, A.C.L. (2013). *Mulher negra: afetividade e solidão*. Salvador: EdUFBA.

Pamplona, J.B. (2013). Mercado de trabalho, informalidade e comércio ambulante. *Rev. Bars. Est. Pop.*, 30(1), pp. 225-249.

Pantoja, A.L.N. (2003). "Ser alguém na vida": uma análise sócio-antropológica da gravidez/ maternidade na adolescência, em Belém do Pará, Brasil. *Cad. Saúde Pública*, 19(2), pp. 335-343.

Paperman, P. (2009). D´une voix discordante: désentimentaliser le care, démoraliser l´éthique. In: Molinier, P.; Laugier, S. & Paperman, P. *Qu´est-ce que le care?*. Paris: Payot & Rivage, pp. 89-110.

Patel, V. (2005). Gender and mental health: a review of two textbooks of psychiatry. *Economic and Political Weekly*, 40(18), pp. 1850-1858.

Pateman, C. (2013). *O contrato sexual*. São Paulo: Paz e Terra.

Patias, N.D. & Buaes, C.S. (2012). "Tem que ser uma escolha da mulher"! Representações de maternidade em mulheres não mães por opção. *Psicologia & Sociedade*, 24(2), pp. 300-306.

Pedro, J. M. (2011). Relações de gênero como categoria transversal na historiografia contemporânea. *Topoi*, 12(22), pp. 270-283.

Pedrosa, M. & Zanello, V. (prelo). Impactos da violência sobre a saúde mental das mulheres no Brasil: análise das políticas públicas. Artigo no prelo na Revista Estudos e Pesquisas em Psicologia (UERJ).

Pedrosa, M. & Zanello, V. (2016). Xingamentos e violência psicológica: análise psicodinâmica dos papéis sociais de gênero em relações violentas. In: Tavares, S.B.; Stabile, P.B.T. & Carvalho, M.M. (Orgs.). *Direitos humanos das mulheres: múltiplos olhares*. Goiânia: UFG, pp. 133-152.

Perez, J. (1969). *Provérbios brasileiros*. Rio de Janeiro: Tecnoprint.

Perrot, M. (2012). *Minha história das mulheres*. São Paulo: Contexto.

Phillips, A. (1992). Universal Pretensions in Political Thought. In Barrett, M. & Phillips, A. *Desestabilizing theory- Contemporary feminist debates*. California: Standford University Press, pp. 10-30.

Phillips, K. A. & First, M. B. (2008). *Gênero e Idade – considerações no diagnóstico psiquiátrico: agenda de pesquisa para DSM-V*. In W. E. Narrow.; First, M.B.; Sirovatka, P.J. & Regier, D.A.(Orgs.). Gênero e Idade- Considerações no Diagnóstico Psiquiátrico. São Paulo: Roca, pp. 3-5.

Pigenet, M. (2013). Virilidades operárias. In: Corbin, A.; Courtine, J.J. & Vigarello, G. *História da virilidade (vol 2). O triunfo da virilidade. O século XIX*. Petrópolis: Editora Vozes, pp. 249-301.

Pinho, O. (2004). Qual é a identidade do homem negro? *Espaço Aberto*, 22, pp. 64-69.

Pinto, C.R.J. (2003). *Um história do feminismo no Brasil*. São Paulo: Perseu Abramo.

Pitt-Rivers, J. (1965). Honra e posição social. In: Peristiany, J.G. *Honra e vergonha: valores das sociedades mediterrânicas*. Lisboa: Fundação Calouste Gulbenkian, pp. 11-59.

Pollock, G. (1990). Missing women. Rethinking early thoughts on images of women. In: Squires, C. (Org.). *The critical image*. Seatle: Bay Press, pp. 202-220.

Portela, C. (2016). *Mulher na mídia- A contrução da identidade feminina na Revista Veja*. Teresina: EdufPI.

Porto, D. (2008). Trabalho doméstico e emprego doméstico: atribuições de gênero marcadas pela desigualdade. *Revista Bioética*, 16(2), pp. 287-303.

Preciado, B. (2002). *Manifiesto contra-sexual* – ***Prácticas subversivas de identidad sexual.*** Madrid: Opera Prima.

Queiroz, V.S. & Aragón, J.A.O. (2015). Alocação de tempo em trabalho pelas mulheres brasileiras. *Estud. Econ.*. 45(4), pp. 787-819.

Rabelo, A.O. (2010). Contribuições dos Estudos de Gênero às Investigações que Enfocam a Masculinidade. *Ex aequo*, 21, pp. 161-176.

Raïd, L. (2009). Care et politique chez Joan Tronto. In: Molinier, P.; Laugier, S. & Paperman, P. *Qu´est-ce que le care?*. Paris: Payot & Rivage, pp. 57-87.

Rawlins, R. (2012). "The first rule is that mother should govern her own feelings"- Modern chilrearing advice and the discipline of maternal emotions. In: Wong, G. (Org.). *Moms gone mad: Motherhood and madness, oppression and resistance*. Ontário: Demeter Press, pp. 35-47.

Revenin, R. (2013). Homossexualismo e virilidade. In: Corbin, A.; Courtine, J.J. & Vigarello, G. *História da virilidade (vol 2). O triunfo da virilidade. O século XIX*. Petrópolis: Editora Vozes, pp. 462-502.

Ribeiro, M.A. (2013). Trabalho e "loucura": articulações psicossociais possíveis? Reflexões da perspectiva da Psicologia Social do Trabalho. *Univ. Psychol.*, Bogotá, Colômbia, 12(4), pp. 1269-1281.

Ribeiro, M.G. (2017). Desigualdades de renda: a escolaridade em questão. *Educ. Soc.*, Campinas, 38(138), pp. 169-188.

Rios, M.G. & Gomes, I.C. (2009a). Casamento contemporâneo: revisão de literatura acerca da opção de não ter filhos. *Psicologia em estudo*, 26(2), pp. 215-225.

Rios, M.G. & Gomes, I.C. (2009b). Estigmatização e conjugalidade em casais sem filhos por opção. *Psicologia em estudo*, 14(2), pp. 311-319.

Rohden, F. (2009). Diferenças de gênero e medicalização da sexualidade na criação do diagnóstico das disfunções sexuais. *Estudos Feministas*, 17(1), pp. 89-109.

Rohden, F. (2012). Accessed through sex; the medicalization of male sexuality at two different moments. *Ciência e Saúde Coletiva*, 17(10), pp. 2645-2654.

Rodrigues, C. (2009). *Coreografias do feminino*. Florianópolis: Editora Mulheres, 2009.

Rodrigues, J. T. (2003). A medicação como única resposta: uma miragem do contemporâneo. *Psicologia em Estudo*, 8(1), pp. 13-22.

Rubin, G. (1975). The Traffic in Women. Notes on the "Political Economy" of Sex. In: Reiter, Rayna (ed.) *Toward an Anthropology of Women*. New York: Monthly Review Press, pp. 157-210.

Ryder, A.G.; Ban, L.M. & Chentsova-Dutton, Y.E. (2011). Towards a cultural-clinical psychology. *Social and Personality Psychology Compass*, 5, pp. 960-975.

Sáez, J. & Carrascosa, S. (2016). *Pelo cu. Políticas anais*. Belo Horizonte: Letramento.

Saffiotti, H.I.B. (1987). *O poder do macho*. São Paulo: Moderna.

Saffiotti, H.I.B. (2004). *Gênero, patriarcado, violência*. São Paulo: Fundação Perseu Abramo.

Salerno, L.P. & Cunha, M.T.S. (2011). Discursos para o feminino em páginas da revista Querida (1958-1968): aproximações. *Educar em Revista*, 40, pp. 127-139.

Sant'Anna, D.B. (2013). Masculinidade e virilidade entre a *Belle Époque* e a República. In: Del Priore, M.; Amantino, M. (Orgs). *História dos homens no Brasil*. São Paulo: UNESP, pp. 245-266.

Santos, E.A. (2008). Profissão docente: uma questão de gênero? *Fazendo Gênero 8- Corpo, Violência e Poder*. Florianópolis: UFSC.

Santos, E.N. & Pereira, P.P.G. (2016). Amores e vapores: saunda, raça e prostituição viril em São Paulo. *Estudos Feministas*, 21(1), pp. 133-154.

Santos, G.A. (2004). *Mulher negra, homem branco*. Rio de Janeiro: Pallas.

Santos, K.A. (2012). Teenage pregnancy contextualized: understanding reproductive intentions in a Brazilian shanytown. *Cad. Saúde Pública*, 28(4), pp. 655-664.

Sartre, M. (2013).Virilidades gregas. In: Corbin, A.; Coutine, J.J. & Vigarello, G. (Orgs.). *História da virilidade* (vol.1). *Da invenção da virilidade. Da antiguidade às Luzes*. Petrópolis, pp. 19-70.

Sau, V. (1976). *Mujer: matrimonio y esclavitud*. Madrid: Ediciones Jucar.

Scavone, L. (2001). Maternidade: transformações na família e nas relações de gênero. *Revista Interface*, 5(8), pp. 47-60.

Schnoor, E. (2013). "Riscando o chão": masculinidade e mundo rural entre a Colônia e o Império. In: Del Priore, M. & Amantino, M. (Orgs). *História dos homens no Brasil*. São Paulo: UNESP, pp. 85-117.

Schwengber, S.D.S. & Piccinini, C.A. (2005). A experiência da maternidade no contexto da depressão materna no final do primeiro ano de vida do bebê. *Estudos de Psicologia*, 22(2), pp. 143-156.

Scott, J. (1990). Gênero: uma categoria útil para análise histórica. *Educação & Realidade*, 15(2), pp. 71-99.

Searle, J. (1995). *Expressão e Significado- Estudo da teoria dos atos de fala*. São Paulo: Martins Fontes.

Sedgwick, E.K. (2007). A epistemologia do armário. *Cadernos Pagu*, 28, pp. 19-54.

Seeger, A., Da Matta, R. & Viveiros de Castro, E. B. (1987). A construção da pessoa nas sociedades indígenas brasileiras. In J. P. de Oliveira Filho (Org.), *Sociedades indígenas e indigenismo no Brasil.* Rio de Janeiro: Ufrj/Editora Marco Zero, pp. 11-29.

Segalen, M. (1980). *Mari et femme dans la societé paysanne*. Paris: Flammarion.

Serra, L.N. & Schucman, L.V. (2012). Branquitude e progresso: a Liga Paulista de Higiene Mental e os discursos paulistanos na contemporaneidade. *Estudos e Pesquisas em Psicologia*, 12(1), pp. 288-311.

Serva, M.; Ferreira, J.L.O. (2006). O fenômeno workaholic na gestão de empresas. *Revista de Administração Pública*, 40(2), pp. 179-200.

Shriver, L. (2016). Be here now means be gone later. In: Daum, M. (Org). *Sixteen writers on the decision not to have kids*. New Yourk: Picador, pp. 77-96.

Showalter, E. (1987). *The female Malady- Women, Madness and English culture 1830-1980*. London: Pantheon Books.

Shweder, R.A. (1988). Suffering in style. *Culture, Medicine and Psychiatry*, 12, pp. 479-497.

Silva, G. & Araújo, M. (2005). Da interdição escolar às ações educacionais de sucesso: escolas dos movimentos negros e escolas profissionais, técnicas e tecnológicas. In: Romão, J. (Org.). *História da educação do negro e outras histórias*. Brasília: Ministério da Educação/Secretaria de Educação Continuada, Alfabetização e Diversidade, pp. 65-78.

Simon, R.W. (2014). Twenty years of the Sociology of Mental Health: The Continued Significance of Gender and Marital Status for Emotional Well-Being. In R.J. Johnson., **Turner,** R.J. & **Link,** B.G. (Eds. (eds.). *Sociology of Mental Health*. Springer Briefs in Sociology, pp. 21-51.

Simon, R.W. & Lively, K. (2010). Sex, anger and depression. Social Forces, 88(4), pp. 1543-1568.

Singly, F. (1993). Les habits neufs de la domination masculine. *Esprit*, 11(196), pp. 54-64

Smith, J. & Morrow, M. (2012). Mothers, madness and labour of feminist practice. Responding to women in the perinatal period. In: Wong, G. (Org.). *Moms gone mad: Motherhood and madness, oppression and resistance*. Ontário: Demeter Press, pp. 21-34.

Soihet, R.(1989). *Condição feminina e formas de violência. Mulheres pobres e ordem urbana, 1890-1920*. Rio de Janeiro: Forense Universitária.

Sousa, D.D.; Prado, L.C. & Piccinini, C.A. (2011). Representações acerca da maternidade no contexto da depressão pós-parto. Psicologia: Reflexão e Crítica, 24(2), pp. 335-343.

Sousa, L. P. & Guedes, D.R. (2016). A desigual divisão sexual do trabalho: um olhar sobre a última década. *Estudos Avançados*, 30(87), pp. 123-139.

Souza, N.S. (1983). *Tornar-se negro*. Rio de Janeiro: Graal.

Souza, R.R. (2009). As representações do homem negro e suas consequências. *Revista* Fórum Identidades, Ano 3, 6, pp. 97-115.

Souza, V.S. (2008). Por uma nação eugênica: higiene, raça e identidade nacional no movimento eugênico brasileiro dos anos 1910 e 1920. *Revista Brasileira de História da Ciência*, 1(2), pp. 146-166.

Souzas, R. & Alvarenga, A.T. (2007). Direitos sexuais, direitos reprodutivos: concepções de mulheres negras e brancas sobre liberdade. *Saúde Sociedade*, 16(7), pp. 125-132.

Spivak, G. (1998). Can the subaltern speak? In: Williams, P. and Chrisman, L. (Eds). *An Introduction to colonial discourse and post-colonial theory*. NY and London: Harvester-Wheatsheat, pp. 175-235.

Stinson, B & Kuhn, M. (2008). *O código Bro.* Rio de Janeiro: Intrínseca.

Stoller, R. (1968). *Sex and gender*. Nova Iorque: Science House.

Stoller, R. J. (1988). *Observando a imaginação erótica*. Rio de Janeiro: Imago.

Swain, T.N. (2011). *Diferença sexual: uma questão de poder.* (Texto apresentado no I Simpósio de Gênero e Literatura da Universidade Federal do Ceará- agosto 2011). Recuperado em 18 agosto, 2012, de http://www.tanianavarroswain.com.br/brasil/diferenca%20sexual

Swain, T.N. (2012). *La construction des femmes : le renouveau du patriarcat* (Texto inédito apresetando em Lausanne, França), 2012. Recuperado em 18 agosto, 2012, de http://www.tanianavarroswain.com.br/labrys/labrys23/filosofia/anahita.htm

Szasz, T. (1980). *Ideologia e doença mental – Ensaio sobre a desumanização psiquiátrica do homem*. Rio de Janeiro: Zahar.

Taraud, C. (2013). A virilidade em situação colonial: do final do século XVIII à Grande Guerra. In: Corbin, A.; Courtine, J.J. & Vigarello, G. *História da virilidade (vol 2). O triunfo da virilidade. O século XIX*. Petrópolis: Editora Vozes, pp. 414-436.

Thomaz, R. (2015). Feminismo, maternidade e mídia: relações historicamente estreitas em revisão. *Galaxia*, São Paulo, 29, pp. 155-166.

Thuillier, J.P. (2013). Virilidades romanas: *vir, virilitas, virtus*. In: Corbin, A.; Coutine, J.J. & Vigarello, G. (orgs). *História da virilidade* (vol. 1). *Da invenção da virilidade. Da antiguidade às Luzes*. Petrópolis, pp. 73-122.

Tolstoi, L. (2011) *Anna Karienina*. São Paulo: Cosac Naif.

Trindade, Z.A.; Coutinho, S.M.S. & Cortez, M.B. (2016). Ainda é proibido não ser mãe? A não maternidade tratada nas publicações científicas da Psicologia. In: Zanello, V. & Porto, M. (Orgs.). *Aborto e (não) desejo de maternidades*. Brasília: CFP, pp. 141-163.

Trindade, Z.A. & Enumo, S.R.F. (2002). Triste e incompleta: uma visão feminina da mulher infértil. *Psicologia* USP, 13(2), pp. 151-182.

Tronto, J. (2009). Care démocratique et démocraties du care. In: Molinier, P.; Laugier, S. & Paperman, P. *Qu´est-ce que le care?*. Paris: Payot & Rivage, pp. 35-55.

Ussher, J.M. (1993). *The psychology of the female body*. London: Routledge.

Ussher, J.M. (2011). *The madness of women*. Nova York: Routledge.

Van Den Bergh, J.H. (1965). *Metablética*. São Paulo: Mestre Jou.

Vergne, C.M.; Vilhena, J.; Zamora, M.H. & Rosa, C.M. (2015). A palavra é... genocídio: a continuidade de práticas racistas no Brasil. *Psicologia & Sociedade*, 27(3), pp. 516-528.

Vianna, C.P. (2001). O sexo e o gênero da docência. *Cadernos Pagu*, 17/18, pp. 81-103.

Vianna, C.P. (2013). A feminização do magistério na educação básica e os desafios para a prática e a identidade coletiva docente. In: Yannoulas, S.C. (Org). *Trabalhadoras. Análise da feminização das profissões e ocupações*. Brasília: Abaré, pp. 159-180.

Vieira, E.M. (2002). *A medicalização do corpo feminino*. Rio de Janeiro: Fiocruz.

Vigarello, G. (2013a). Introdução. A virilidade, da Antiguidade à Modernidade. In: Corbin, A.; Coutine, J.J.& Vigarello, G. (Orgs.). *História da virilidade* (vol. 1). *Da invenção da virilidade. Da antiguidade às Luzes*. Petrópolis, pp. 11-16.

Vigarello, G. (2013b). A virilidade moderna: convicções e questionamentos. In: Corbin, A.; Coutine, J.J. & Vigarello, G. (Orgs.). *História da virilidade* (vol.1). *Da invenção da virilidade. Da antiguidade às Luzes*. Petrópolis, pp. 205-216.

Vigarello, G. (2013c). Virilidades esportivas. In: Corbin, A.; Courtine, J.J. & Vigarello, G. *História da virilidade (vol 3). A virilidade em crise? Séculos XX-XXI*. Petrópolis: Editora Vozes, pp. 268-301.

Viveiros de Castro, E. (1996). Os pronomes cosmológicos e o perspectivismo ameríndio. *Mana*, 2 (2), pp. 115-144.

Viveiros de Castro, E. (2002). *A inconstância da alma selvagem*. São Paulo: Cosac Naify.

Weber, M. (2004). *A ética protestante e o espírito do capitalismo*. São Paulo: Companhia das Letras.

Weeks, J. (2001). O corpo e a sexualidade. In: Louro, G.L. (Org.). *O corpo educado. Pedagogias da sexualidade*. Belo Horizonte: Autêntica, pp. 35-82.

Welzer-lang, D. (2001). A construção do masculino: dominação das mulheres e homofobia. *Revista de Estudos Feministas*, 9(2), pp. 460-482.

Welzer-lang, D. (2008). *Les hommes et le masculin*. Paris: Payot.

Widiger, T. A. & First, M. B. (2008). Gênero e Idade – considerações no diagnóstico psiquiátrico: agenda de pesquisa para DSM-V. In W. E. Narrow.; First, M.B.; Sirovatka, P.J. & Regier, D.A. (Orgs.). Gênero e Idade- Considerações no Diagnóstico Psiquiátrico. São Paulo: Roca, pp. 124-134.

Wierzbicka, A. (1994). Emotion, Language and Cultural *Scripts*. In: Kitayama, S & Markus, H. (Orgs.). *Emotion and Culture: Empirical Studies of Mutual Influence*. Washington: American Psychological Association, pp. 133-196.

Williams, D.R.; Takeuchi, D.T. & Adair, R.K (1992). Marital status and pychiatric disorders among blacks and whites. *Journal of Health and Social Behavior*, 33(2), pp. 14-157.

Wittig, M. (1992).*The straight mind and other essays*. Boston: Beacon Press, 1992.

Wittgenstein, L. (1991). *Investigações Filosóficas*. Os Pensadores. São Paulo: Nova Cultural. 1991.

Wolf, N. (1992). *O mito da beleza- como as imagens de beleza são usadas contra as mulheres*. Rio de Janeiro: Rocco, 1992.

Wollstonecraft, M. (2016). *Reivindicação dos direitos da mulher*. São Paulo: Boitempo.

Woolf, V. (1985). *Um teto todo seu*. Rio de Janeiro: Nova Fronteira.

Xavier, A. & Zanello, V. (prelo). Ouvindo o inaudito: mal-estar da maternidade em mães ofensoras atendidas em um CREAS. In: Lago, M.; Uziel, A.P. (Orgs.). *Psicologia e relações de gênero*.

Zanello, V. (2007a). A metáfora no trabalho clínico. Guarapari: Ex-Libris.

Zanello, V. (2007b). O amor (e a mulher): uma conversa (im)possível entre Clarice Lispector e Sartre. *Estudos Feministas*, 15(33), pp. 531-539.

Zanello, V. (2008). *Xingamentos: entre a ofensa e a erótica*. In: Fazendo Gênero 8, 2008, Florianópolis. Fazendo Gênero 8. Florianópolis: UFSC. Recuperado em 3 agosto, 2015, de http://www.fazendogenero.ufsc.br/8/sts/ST33/Valeska_Zanello_33.pdf.

Zanello, V. (2010). Loucura e mulheres: questões de gênero para a psicologia clínica. In: Zanello, V.; Stevens, C.; Almeida, T.; Brasil, K. (Orgs.). *Gênero e feminismos: convergências (in)disciplinares*. Brasília: ExLibris, pp. 307-320.

Zanello, V. (2014a). A saúde mental sob o viés de gênero: uma releitura gendrada da epidemiologia, da semiologia e da interpretação diagnóstica. In: Zanello, V. & Andrade, A.P.M. (Orgs.). *Saúde Mental e Gênero- Diálogos, Práticas e Interdisciplinaridade*. Curitiba: Appris, pp. 41-58.

Zanello, V. (2014b). Saúde mental, mulheres e conjugalidade. In: Stevens, C.; Oliveira, S. & Zanello, V. (Orgs.). *Gênero e Feminismos: Articulações e perspectivas*. Florianópolis: Ed. Mulheres, pp. 108-118.

Zanello, V. (2016a). Dispositivo materno e processos de subjetivação: desafios para a Psicologia. In: Zanello, V. & Porto, M. (Orgs.). *Aborto e (não) desejo de maternidade(s): questões para a psicologia*. Brasília: CFP, pp. 121-140.

Zanello, V. (2016b). Saúde mental, gênero e dispositivos. In: Dimenstein, M.; Leite, J.; Macedo, J.P.; Dantas, C. (Org.). *Condições de vida e saúde mental em assentamentos rurais*. São Paulo: Intermeios Cultural, pp. 223-246.

Zanello, V. (2017). Violência contra a mulher: o papel da cultura na formação de meninos e meninas. In: In: Viza, B.H.; Sartori, M; Zanello, V. (Orgs.). *Maria da Penha vai à escola: Educar para prevenir e coibir a violência doméstica e familiar contra a mulher*. Brasília: TJDFT, pp. 24-38.

Zanello, V. & Bukowitz, B. (2012). Insanity and culture: an approach to the gender relations in the speeches of psychiatrized patients. *Labrys*, 20-21. (Edition Française. online). Recuperado em 22 maio, 2012, de http://www.tanianavarroswain.com.br/labrys/labrys20/bresil/valeska.htm

Zanello, V.; Bukowitz, B. & Coelho, E. (2011). Xingamentos entre adolescentes em Brasília: linguagem gênero e poder. *Interacções*, 7 (17), pp. 151-69.

Zanello, V.; Campos, L. & Henderson, G. (2015). Saúde mental, gênero e velhice na instituição geriátrica. Psicologia: Teoria e Pesquisa, 31(4), pp. 543-550.

Zanello, V.; Fiuza, G. & Costa, H. (2015). Saúde mental e gênero: facetas gendradas do sofrimento psíquico. *Fractal*, 7(3), pp. 238-246.

Zanello, V. & Flor W.(2014). Uma história da silêncio sobre gênero e loucura- Parte II. Sobre *A loucura e as épocas* e as mulheres: para uma escuta do não dito e do não pensado. In: Zanello, V. & Andrade, A.P.M. (Orgs). *Saúde Mental e Gênero- Diálogos, Práticas e Interdisciplinaridade*. Curitiba: Appris, pp. 29-40.

Zanello, V. & Gomes, T. (2010). Xingamentos masculinos: a falência da virilidade e da produtividade. *Caderno Espaço Feminino*, 23(1-2), pp. 265-80.

Zanello, V. & Gouveia, M. (2016). Psiquiatria e racismo. In: Lemos, F.S.; Galindo, D.; ; Bicalho, P.P.G.; Ferreira, E.T.A.; Cruz, B.A.; Nogueira, T.S.;Neta, F.T.B. & Aquime, R.H.S. (Orgs.). *Práticas de judicialização e medicalização dos corpos no Contemporâneo*. Brasília: CRV, 2016, pp. 63-71.

Zanello, V.; Hösel, G.; Soares, L. S. B.; Alfonso, L. A. & Santos, M.S. (2015). Grupos anônimos de apoio: uma leitura dos fatores terapêuticos a partir da análise dos atos de fala. In: Gandolfo, M.I.; Tafuri, I. & Chatelard, D. (Orgs.). *Psicologia Clínica e Cultura Contemporânea (volume 3)*. Brasilia: Technopolitik, pp. 413-427.

Zanello, V. ; Macedo, G. & Romero, A.C. (2011). Entrevistas de evolução psiquiátricas: entre a doença mental e a medicalização. *Mental* (Barbacena), 9, pp. 621-640.

Zanello, V. & Martins, F. (2010). O reencontro da clínica com a metáfora. *Psicologia em Estudo* (Impresso), 15, pp. 189-196.

Zanello, V. & Martins, F. (2012). Contribuições da teoria dos atos de fala para a pesquisa e a avaliação das (psico)terapias. In: Viana, T.C.; Diniz, G.; Fortunato, L. & Zanello, V. (Org.). *Psicologia Clínica e Cultura* Contemporânea. Brasília: Liber Livros, pp. 341-359.

Zanello, V. & Romero, A. C. (2012). "Vagabundo" ou "vagabunda"? Xingamentos e relações de gênero. *Revista Labrys*. Recuperado em 21 setembro, 2014, de http://www.tanianavarroswain.com.br/labrys/labrys22/libre/valeskapt.htm

Zanello, V. & Silva, R. M. (2012). Saúde mental, gênero e violência estrutural. *Revista Bioética*, 20 (2), pp. 267-79.

Zanello, V. & Sousa, G. (2009). Mais música, menos haldol: uma experiência entre música, pharmakon e loucura. *Mental*, Barbacena, 7(13), s/p.

Zwang, G. (2000). *O sexo da mulher*. São Paulo: UNESP.

SOBRE A AUTORA

E-mail:
valeskazanello.escritora@gmail.com

Blog:
saudementalegenero.wordpress.com

Instagram:
@zanellovaleska

Valeska Zanello é psicóloga e filósofa pela Universidade de Brasília, com doutorado em Psicologia (UnB) com período sanduíche na Université Catholique de Louvain (Bélgica). É professora do Departamento de Psicologia Clínica da Universidade de Brasília. Orientadora de mestrado e doutorado no Programa de Pós-Graduação em Psicologia Clínica e Cultura (PPGPSICC), na mesma universidade. Coordena o grupo de pesquisa "Saúde Mental e Gênero" (foco em mulheres), no CNPq. Foi representante do Conselho Federal de Psicologia no Conselho Nacional dos Direitos da Mulher (SPM) no período de 2014 a 2016. Membro do Grupo de Estudos Feministas (GEFEM) e do Núcleo de Estudos e Pesquisa sobre a Mulher (NEPEM), da UnB. Autora de vários artigos e livros no campo da Saúde Mental, Gênero e Interseccionalidades com raça e etnia, desenvolve pesquisas sobre: a) Tecnologias de gênero (músicas, filmes, livros etc.) e contituição subjetiva; b) Adoecimento psíquico e saúde mental de mulheres em sociedades sexistas, como a brasileira, utilizando-se das categorias analíticas do dispositivo amoroso e materno; c) Masculinidades e dispositivo da eficácia (casa dos homens e cumplicidades; imaginário erótico; e violências); d) Técnicas de intervenção em gênero; e) Violências (explícitas e implícitas) contra as mulheres; f) Educação não sexista.